2015

中国政府债券市场年报

中国国债协会　编

中国财经出版传媒集团
中国财政经济出版社

图书在版编目（CIP）数据

2015 中国政府债券市场年报 / 中国国债协会编．—北京：中国财政经济出版社，2016.11
ISBN 978－7－5095－7072－2

Ⅰ．①2…　Ⅱ．①中…　Ⅲ．①债券市场－中国－2015－年报　Ⅳ．①F832.51

中国版本图书馆 CIP 数据核字（2016）第 272374 号

责任编辑：肖　蕾　　　　　责任校对：张　凡
封面设计：录文通

中国财政经济出版社出版

URL：http：//www.cfeph.cn
E－mail：cfeph @ cfeph.cn

社址：北京市海淀区阜成路甲 28 号　邮政编码：100142
营销中心电话：88190406　北京财经书店电话：64033436　84041336
北京京华虎彩印刷有限公司印刷　各地新华书店经销
880×1230 毫米　16 开　20.25 印张　511 000 字
2016 年 11 月第 1 版　2016 年 11 月北京第 1 次印刷
印数：1—2000　定价：48.00 元
ISBN 978－7－5095－7072－2/F·5665
（图书出现印装问题，本社负责调换）
本社质量投诉电话：010－88190744
打击盗版举报热线：010－88190492、QQ：634579818

编辑委员会名单

编辑说明

2015年是全面落实《深化财税体制改革总体方案》关键的一年。党的十八届三中全会部署的“改进预算管理制度、完善税收制度、建立事权和支出责任相适应的制度”三大任务，有序有力有效推进。新的《中华人民共和国预算法》开始实施，预算管理制度改革取得决定性进展。实行更加积极的财政政策，适度提高财政赤字率，进一步加大地方政府债券发行规模，推行政府债券置换，效果明显。通过国债和地方债管理改革，配合系列财政政策工具的实施，为供给侧结构性改革助力。

2015年，我国国债、地方债管理和政府债券市场进行了新的改革与探索。一是推进国债发行改革创新，为结构性改革提供有力保障。国债期限不断丰富，形成了从3个月到50年的短、中、长期合理分配的期限结构；国债发行管理创新加快推进，完善国债续发行、预发行等一系列改革措施，有效提高国债发行市场化程度；优化招投标控制，确保中央财政国债筹资足额、及时到位。2015年，国债发行规模首次突破2万亿元，为我国稳增长、调结构政策实施提供了有力的资金保障。此外，从2015年第四季度开始，按周滚动发行3个月贴现国债，国债收益率曲线3个月期限收益率作为人民币短期债务工具代表性利率，进入IMF特别提款权利率篮子，有力推动人民币国际化进程。二是加强地方政府债务管理，防范化解地方政府债务风险。依新《预算法》，对地方政府债务实行限额管理，将地方政府债务分类纳入预算管理，初步建立合理控制地方政府债务规模长效机制。本着“自发自还、统一规则、分类管理、统筹推进”之原则，进一步规范地方政府债务管理和市场化发行工作，全面推行地方政府债券自发自还改革，积极开展存量债务置换工作，通过定向承销方式减少对债券市场的冲击。2015年地方债发行工作平稳有序，全年发行3.8万亿元。此举不但降低地方政府融资成本，也为地方经济建设提供了资金保障，同时有效防控地方政府债务风险。三是加强国债、地方债市场建设，促进债券市场健康发展。2015年，国债、地方债发行量5.9万亿元，约占我国债券市场发行规模的26%，国债、地方债余额约15万亿元，约占债券市场存量的比重超过30%，国债、地方债已经成为债券市场的主要品种。通过继续开展国债远期交易、国债期货等国债衍生品交易，活跃国债二级市场；通过将地方债纳入国库现金管理、货币政策操作、商业银行的抵（质）押品范围，提高地方债流动性；通过建立健全国债收益率曲线，为债券市场其他金融产品定价提供了重要基准。

当前，地方债已成为政府债券市场的重要组成，地方债管理、发行、兑付和交易情况通过年报一并反映。因此，从今年起，将年报名称由“中国国债市场年报”更名为“中国政府债券市场年报”。

《2015中国政府债券市场年报》共分为五篇：

第一篇“综合篇”。重点反映2015年我国宏观经济运行情况和中央预算实施情况，政府主管部门政府债券管理改革和发展情况，以及政府债券理论研究成果。此篇采用了楼部长2016年6月29日在第十二届全国人民代表大会常务委员会第二十一次会议上所作的《关于2015年中央决算的报告》；刘昆副部长在“财政金融政策协调配合下的结构性改革研讨会”上的发言《增强财政金融协调 共同推进结构性改革》。同时采用了主管司局有关领导的讲话。

第二篇“政府债券市场分析”。从政府主管部门，市场中介机构等方面和角度，系统回顾2015年政府债券管理改革和政府债券市场发展的情况。

第三篇“政府债券数据统计”。提供2015年政府债券发行、兑付及国债二级市场交易情况等相关数据资料。

第四篇“政府债券法规制度文件”。收集2015年出台的有关国债和地方政府债券方面的文件。归纳为法律规范、国债管理制度文件、地方政府债务管理制度文件、国债发行、交易文件四类。

第五篇“附录”。本篇收录2015年金融债券相关发行兑付数据，为读者提供了更为广泛的债券市场资料。

本年报编辑工作，得到了财政部、中国人民银行、中国证监会等政府主管部门领导高度重视和政策指导；中央国债登记结算有限责任公司、上海证券交易所、深圳证券交易所等单位在有关篇章和数据收集方面给予了大力支持和帮助，在此一并致谢！

尽管我们不断努力改进年报编辑出版工作，但难免有不足、遗漏和错误之处，恳请广大读者给予批评指正，同时希望广大读者多提宝贵意见和建议，使年报内容更广泛、更全面、更符合市场需要。

《中国政府债券市场年报》编辑部

目　　录

第一篇　综合篇

一、宏观经济 …………………………………………………………………………………（ 3 ）
2015 年中央经济工作会议主要精神 ……………………………………………………（ 3 ）
关于 2015 年中央和地方预算执行情况与 2016 年中央和地方预算草案的报告（摘录）
——2016 年 3 月 5 日在第十二届全国人民代表大会第四次会议上
…………………………………………………………………… 财政部部长　楼继伟（ 7 ）
关于 2015 年中央决算的报告
——2016 年 6 月 29 日在第十二届全国人民代表大会常务委员会第二十一次会议上
…………………………………………………………………… 财政部部长　楼继伟（ 13 ）
2015 年中国货币政策大事记（摘录） ……………………………………………………（ 18 ）
二、政府债券管理改革和发展 …………………………………………………………………（ 24 ）
增强财政金融协调　共同推进结构性改革
——刘昆副部长在财政金融政策协调配合下的结构性改革研讨会上的发言 ……………（ 24 ）
杨瑞金副司长在 2015 年债券市场投资策略论坛的讲话 …………………………………（ 28 ）
杨瑞金副司长在 2015 年全年国债会议上的讲话 ……………………………………………（ 31 ）
杨瑞金副司长在地方政府债券业务培训班上的讲话 ………………………………………（ 37 ）
冯冰副主任在亚洲债券估值国际研讨会上的讲话 …………………………………………（ 41 ）
三、政府债券管理理论研究与实践探究 …………………………………………………………（ 43 ）
发展短期国债　丰富财政政策和货币政策工具
……………………………………………………… 杨瑞金　唐龙生　柳建光　巩方强　潘淑珍（ 43 ）
提高国债流动性　健全国债收益率曲线
——国债流动性情况调查报告 ………………………… 杨瑞金　唐龙生　柳建光　巩方强（ 49 ）
关于银行间债券市场国债做市业务的调研报告 ………………………… 冯冰　韦士歌　潘虹（ 53 ）

第二篇　政府债券市场分析

一、国债市场分析 …………………………………………………………………………（59）
2015 年国债管理及市场运行情况 ………………………………… 财政部国库司（59）
2015 年一季度国债发行兑付情况与二季度展望 ……………………… 财政部国库司（63）
2015 年上半年国债发行管理回顾与下半年展望 ……………………… 财政部国库司（67）
2015 年前三季度国债发行情况回顾与四季度展望 …………………… 财政部国库司（74）
2015 年国债发行管理回顾与 2016 年展望 ………………………… 财政部国库司（79）
2015 年储蓄国债发行情况综述 …………………………………… 中国人民银行国库局（85）
2015 年交易所债券市场概况 ………………………………… 中国证监会市场监管部（92）
2015 年国债市场年度分析报告 ……………………… 中央国债登记结算有限责任公司（94）
上海证券交易所 2015 年债券市场综述 ………………………………… 上海证券交易所（105）
深圳证券交易所 2015 年国债市场概述 ………………………………… 深圳证券交易所（106）
中国国债协会 2015 年工作总结及 2016 年工作计划 …………………… 中国国债协会（108）
二、地方政府债券市场分析 ……………………………………………………………（116）
2015 年地方政府债券发行工作总结报告 …………………………… 财政部国库司（116）
2015 年地方政府债券市场年度分析报告 ……………… 中央国债登记结算有限责任公司（119）

第三篇　政府债券数据统计

一、国债发行、兑付、交易数据 ………………………………………………………（131）
2015 年中央财政国债余额情况表 …………………………………………………（131）
2015 年国债发行情况表 ……………………………………………………………（132）
2015 年还本付息国债品种和条件 …………………………………………………（135）
2015 年全国银行间债券市场国债现券日交易量统计表 …………………………（137）
2015 年全国银行间债券市场国债指数统计表 ……………………………………（140）
2015 年全国银行间债券市场国债现券交易结算情况统计表 ……………………（147）
2015 年全国银行间债券市场国债交易结算情况月度统计表 ……………………（153）
2015 年全国银行间债券市场国债质押式回购交易结算情况统计表 ……………（154）
2015 年全国银行间债券市场国债买断式回购交易结算情况统计表 ……………（155）
2015 年末记账式国债余额剩余期限结构统计表（按持有者结构划分） …………（156）

2015 年全国银行间债券市场机构投资者国债现券交易额排名 …………………………… (157)
2015 年上海证券交易所国债指数与现券日交易量统计表 ……………………………… (196)
2015 年上海证券交易所国债交易情况月度统计表 …………………………………… (203)
2015 年上海证券交易所机构投资者国债现券交易额排名 ……………………………… (204)
2015 年上海证券交易所债券质押式回购日交易情况统计表 …………………………… (209)
2015 年上海证券交易所机构投资者债券质押式回购交易额排名 ……………………… (218)
2015 年深圳证券交易所国债现券交易情况月度统计表 ……………………………… (224)
2015 年深圳证券交易所机构投资者国债现券交易额排名 ……………………………… (225)
二、地方政府债券发行、兑付数据 ………………………………………………………… (228)
2015 年地方政府一般债务余额决算表 ………………………………………………… (228)
2015 年地方政府专项债务余额决算表 ………………………………………………… (229)
2015 年地方债券发行情况表 …………………………………………………………… (230)
2015 年地方政府债券还本付息条件 …………………………………………………… (256)

第四篇　政府债券法规制度文件

一、法律规范 …………………………………………………………………………………… (259)
《中华人民共和国预算法》（节选） ……………………………………………………… (259)
二、国债管理制度文件 ………………………………………………………………………… (261)
财政部关于印发《2015 年记账式国债招标发行规则》的通知 ……… 财库［2015］31 号（261）
财政部　中国人民银行关于印发《2015 年储蓄国债发行额度管理办法》的通知
………………………………………………………………………… 财库［2015］56 号（266）
财政部　中国人民银行关于 2015 年储蓄国债（电子式）发行兑付有关事宜的通知
………………………………………………………………………… 财库［2015］72 号（270）
三、地方政府债务管理制度文件 ……………………………………………………………… (272)
关于对地方政府债务实行限额管理的实施意见 ……………………… 财预［2015］225 号（272）
2015 年地方政府一般债券预算管理办法 ………………………………… 财预［2015］47 号（275）
财政部关于印发《地方政府一般债券发行管理暂行办法》的通知 … 财库［2015］64 号（278）
财政部关于做好 2015 年地方政府一般债券发行工作的通知 ………… 财库［2015］68 号（280）
2015 年地方政府专项债券预算管理办法 ………………………………… 财预［2015］32 号（286）
财政部关于印发《地方政府专项债券发行管理暂行办法》的通知 … 财库［2015］83 号（289）
财政部关于做好 2015 年地方政府专项债券发行工作的通知 ………… 财库［2015］85 号（291）
关于 2015 年采用定向承销方式发行地方政府债券有关事宜的通知

…………………………………………………………………… 财库［2015］102号（296）

四、国债发行、交易文件 ………………………………………………………………（298）

财政部关于公布2015年关键期限国债、50年期国债、储蓄国债和第一季度国债发行计划的通知 ………………………………………… 财办库［2015］3号（298）

财政部关于公布2015年第二季度国债发行计划的通知 …………… 财办库［2015］55号（300）

财政部关于公布2015年第三季度国债发行计划的通知…………… 财办库［2015］232号（301）

财政部关于公布2015年第四季度国债发行计划的通知…………… 财办库［2015］311号（302）

关于2015年记账式国债现货交易量排名的通知…………………… 财库便函［2016］5号（303）

第五篇 附 录

2015年国家开发银行金融债券（人民币）发行情况表 ………………………………（307）

2015年中国进出口银行金融债券发行情况表 ……………………………………………（308）

2015年中国农业发展银行金融债券发行情况表 …………………………………………（309）

2015年商业银行金融债券发行情况表 ……………………………………………………（310）

第一篇

综　合　篇

一、宏观经济

2015年中央经济工作会议主要精神

2015年12月18日至21日中央经济工作会议在北京举行。

会议指出，今年以来，面对错综复杂的国际形势和艰巨繁重的国内改革发展稳定任务，我们按照协调推进“四个全面”战略布局的要求，贯彻落实去年中央经济工作会议决策部署，加强和改善党对经济工作的领导，坚持稳中求进工作总基调，牢牢把握经济社会发展主动权，主动适应经济发展新常态，妥善应对重大风险挑战，推动经济建设、政治建设、文化建设、社会建设、生态文明建设和党的建设取得重大进展。经济运行总体平稳，稳中有进，稳中有好，经济保持中高速增长，经济结构优化，改革开放向纵深迈进，民生持续改善，社会大局总体稳定。今年主要目标任务的完成，标志着“十二五”规划可以胜利收官，使我国站在更高的发展水平上。同时，由于多方面因素影响和国内外条件变化，经济发展仍然面临一些突出矛盾和问题，必须高度重视，采取有力措施加以化解。

会议认为，认识新常态、适应新常态、引领新常态，是当前和今后一个时期我国经济发展的大逻辑，这是我们综合分析世界经济长周期和我国发展阶段性特征及其相互作用作出的重大判断。必须统一思想、深化认识，切实把思想和行动统一到党中央重大判断和决策部署上来。必须克服困难、闯过关口，坚持辩证法，一方面我国经济发展基本面是好的，潜力大，韧性强，回旋余地大，另一方面也面临着很多困难和挑战，特别是结构性产能过剩比较严重。这是绕不过去的历史关口，加快改革创新，抓紧做好工作，就能顺利过关。必须锐意改革、大胆创新，必须解放思想、实事求是、与时俱进，按照创新、协调、绿色、开放、共享的发展理念，在理论上作出创新性概括，在政策上作出前瞻性安排，加大结构性改革力度，矫正要素配置扭曲，扩大有效供给，提高供给结构适应性和灵活性，提高全要素生产率。

会议指出，引领经济发展新常态，要努力实现多方面工作重点转变。推动经济发展，要更加注重提高发展质量和效益。稳定经济增长，要更加注重供给侧结构性改革。实施宏观调控，要更加注重引导市场行为和社会心理预期。调整产业结构，要更加注重加减乘除并举。推进城镇化，要更加注重以人为核心。促进区域发展，要更加注重人口经济和资源环境空间均衡。保护生态环境，要更加注重促进形成绿色生产方式和消费方式。保障改善民生，要更加注重对特定人群特殊困难的精准帮扶。进行资源配置，要更加注重使市场在资源配置中起决定性作用。扩大对外开放，要更加注重推进高水平双向开放。

会议强调，推进供给侧结构性改革，是适应和引领经济发展新常态的重大创新，是适应国际金融危机发生后综合国力竞争新形势的主动选择，是适应我国经济发展新常态的必然要求。

会议指出，明年是全面建成小康社会决胜阶段的开局之年，也是推进结构性改革的攻坚之年。做好经济工作要全面贯彻党的十八大和十八届三中、四中、五中全会精神，以邓小平理论、

“三个代表”重要思想、科学发展观为指导，加强和改善党对经济工作的领导，统筹国内国际两个大局，按照“五位一体”总体布局和“四个全面”战略布局，牢固树立和贯彻落实创新、协调、绿色、开放、共享的发展理念，适应经济发展新常态，坚持改革开放，坚持稳中求进工作总基调，坚持稳增长、调结构、惠民生、防风险，实行宏观政策要稳、产业政策要准、微观政策要活、改革政策要实、社会政策要托底的总体思路，保持经济运行在合理区间，战略上坚持持久战，战术上打好歼灭战，着力加强结构性改革，在适度扩大总需求的同时，去产能、去库存、去杠杆、降成本、补短板，提高供给体系质量和效率，提高投资有效性，加快培育新的发展动能，改造提升传统比较优势，增强持续增长动力，推动我国社会生产力水平整体改善，努力实现“十三五”时期经济社会发展的良好开局。

会议强调，明年及今后一个时期，要在适度扩大总需求的同时，着力加强供给侧结构性改革，实施相互配合的五大政策支柱。

第一，宏观政策要稳，就是要为结构性改革营造稳定的宏观经济环境。积极的财政政策要加大力度，实行减税政策，阶段性提高财政赤字率，在适当增加必要的财政支出和政府投资的同时，主要用于弥补降税带来的财政减收，保障政府应该承担的支出责任。稳健的货币政策要灵活适度，为结构性改革营造适宜的货币金融环境，降低融资成本，保持流动性合理充裕和社会融资总量适度增长，扩大直接融资比重，优化信贷结构，完善汇率形成机制。

第二，产业政策要准，就是要准确定位结构性改革方向。要推进农业现代化、加快制造强国建设、加快服务业发展、提高基础设施网络化水平等，推动形成新的增长点。要坚持创新驱动，注重激活存量，着力补齐短板，加快绿色发展，发展实体经济。

第三，微观政策要活，就是要完善市场环境、激发企业活力和消费者潜力。要做好为企业服务工作，在制度上、政策上营造宽松的市场经营和投资环境，鼓励和支持各种所有制企业创新发展，保护各种所有制企业产权和合法利益，提高企业投资信心，改善企业市场预期。要营造商品自由流动、平等交换的市场环境，破除市场壁垒和地方保护。要提高有效供给能力，通过创造新供给、提高供给质量，扩大消费需求。

第四，改革政策要实，就是要加大力度推动改革落地。要完善落实机制，把握好改革试点，加强统筹协调，调动地方积极性，允许地方进行差别化探索，发挥基层首创精神。要敢于啃硬骨头、敢于涉险滩，抓好改革举措落地工作，使改革不断见到实效，使群众有更多获得感。

第五，社会政策要托底，就是要守住民生底线。要更好发挥社会保障的社会稳定器作用，把重点放在兜底上，保障群众基本生活，保障基本公共服务。

会议认为，明年经济社会发展特别是结构性改革任务十分繁重，战略上要坚持稳中求进、把握好节奏和力度，战术上要抓住关键点，主要是抓好去产能、去库存、去杠杆、降成本、补短板五大任务。

第一，积极稳妥化解产能过剩。要按照企业主体、政府推动、市场引导、依法处置的办法，研究制定全面配套的政策体系，因地制宜、分类有序处置，妥善处理保持社会稳定和推进结构性改革的关系。要依法为实施市场化破产程序创造条件，加快破产清算案件审理。要提出和落实财税支持、不良资产处置、失业人员再就业和生活保障以及专项奖补等政策，资本市场要配合企业兼并重组。要尽可能多兼并重组、少破产清算，做好职工安置工作。要严格控制增量，防止新的产能过剩。

第二，帮助企业降低成本。要开展降低实体经济企业成本行动，打出“组合拳”。要降低制度性交易成本，转变政府职能、简政放权，进一步清理规范中介服务。要降低企业税费负担，进一步正税清费，清理各种不合理收费，营造公平的税负环境，研究降低制造业增值税税率。要降低社会保险费，研究精简归并“五险一金”。要降低企业财务成本，金融部门要创造利率正常化的政策环境，为实体经济让利。要降低电力价格，推进电价市场化改革，完善煤电价格联动机制。要降低物流成本，推进流通体制改革。

第三，化解房地产库存。要按照加快提高户籍人口城镇化率和深化住房制度改革的要求，通过加快农民工市民化，扩大有效需求，打通供需通道，消化库存，稳定房地产市场。要落实户籍制度改革方案，允许农业转移人口等非户籍人口在就业地落户，使他们形成在就业地买房或长期租房的预期和需求。要明确深化住房制度改革方向，以满足新市民住房需求为主要出发点，以建立购租并举的住房制度为主要方向，把公租房扩大到非户籍人口。要发展住房租赁市场，鼓励自然人和各类机构投资者购买库存商品房，成为租赁市场的房源提供者，鼓励发展以住房租赁为主营业务的专业化企业。要鼓励房地产开发企业顺应市场规律调整营销策略，适当降低商品住房价格，促进房地产业兼并重组，提高产业集中度。要取消过时的限制性措施。

第四，扩大有效供给。要打好脱贫攻坚战，坚持精准扶贫、精准脱贫，瞄准建档立卡贫困人口，加大资金、政策、工作等投入力度，真抓实干，提高扶贫质量。要支持企业技术改造和设备更新，降低企业债务负担，创新金融支持方式，提高企业技术改造投资能力。培育发展新产业，加快技术、产品、业态等创新。要补齐软硬基础设施短板，提高投资有效性和精准性，推动形成市场化、可持续的投入机制和运营机制。要加大投资于人的力度，使劳动者更好适应变化了的市场环境。要继续抓好农业生产，保障农产品有效供给，保障口粮安全，保障农民收入稳定增长，加强农业现代化基础建设，落实藏粮于地、藏粮于技战略，把资金和政策重点用在保护和提高农业综合生产能力以及农产品质量、效益上。

第五，防范化解金融风险。对信用违约要依法处置。要有效化解地方政府债务风险，做好地方政府存量债务置换工作，完善全口径政府债务管理，改进地方政府债券发行办法。要加强全方位监管，规范各类融资行为，抓紧开展金融风险专项整治，坚决遏制非法集资蔓延势头，加强风险监测预警，妥善处理风险案件，坚决守住不发生系统性和区域性风险的底线。

会议强调，推进结构性改革，必须依靠全面深化改革。要加大重要领域和关键环节改革力度，推出一批具有重大牵引作用的改革举措。要大力推进国有企业改革，加快改组组建国有资本投资、运营公司，加快推进垄断行业改革。要加快财税体制改革，抓住划分中央和地方事权和支出责任、完善地方税体系、增强地方发展能力、减轻企业负担等关键性问题加快推进。要加快金融体制改革，尽快形成融资功能完备、基础制度扎实、市场监管有效、投资者合法权益得到充分保护的股票市场，抓紧研究提出金融监管体制改革方案；加快推进银行体系改革，深化国有商业银行改革，加快发展绿色金融。要加快养老保险制度改革，完善个人账户，坚持精算平衡，提高统筹层次。要加快医药卫生体制改革，在保基本、强基层的基础上，着力建立新的体制机制，解决好群众看病难看病贵问题。

会议指出，要继续抓好优化对外开放区域布局、推进外贸优进优出、积极利用外资、加强国际产能和装备制造合作、加快自贸区及投资协定谈判、积极参与全球经济治理等工作。要改善利用外资环境，高度重视保护外资企业合法权益，高度重视保护知识产权，对内外资企业要一视同仁、公平对待。要抓好“一带一路”建设落实，发挥好亚投行、丝路基金等机构的融资支撑作用，抓好重大标志性工程落地。

会议强调，要坚持瞄准全面建成小康社会目标，牢牢抓住发展这个第一要务不放松，科学确定经济社会发展主要预期目标，把握好稳增长和调结构的平衡，稳定和完善宏观经济政策，加大对实体经济支持力度。坚持大力推进结构性改革，着力解决制约发展的深层次问题。坚持深入实施创新驱动发展战略，推进大众创业、万众创新，依靠改革创新加快新动能成长和传统动能改造提升。要用新思路新举措深挖内需潜力，持续扩大消费需求，发挥好有效投资对稳增长调结构的关键作用，深入推进新型城镇化。要大力优化产业结构，加快推进现代农业建设，着力抓好工业稳增长调结构增效益。要加快形成对外开放新格局，培育国际竞争新优势。要推动绿色发展取得新突破。要保住基本民生、兜住底线。要健全督查激励问责机制，促进各方面奋发有为、干事创业。

会议强调，要坚持中国特色社会主义政治经济学的重大原则，坚持解放和发展社会生产力，坚持社会主义市场经济改革方向，使市场在资源配置中起决定性作用，是深化经济体制改革的主线。要坚持调动各方面积极性，充分调动人的积极性，充分调动中央和地方两个积极性，注重调动企业家、创新人才、各级干部的积极性、主动性、创造性。要提高舆论引导能力，善于把握本质、主流和趋势，善于把握社会心理，善于把握时、度、效，深度分析，主动发声，澄清是非，更有针对性做好舆论引导工作。

会议号召，这次中央经济工作会议，既是对明年经济工作的全面部署，也是对推进结构性改革的重点部署。各级领导干部务必把思想统一到党中央决策部署上来，把握正确方向，脚踏实地推进，推动改革发展稳定各项工作不断取得实实在在的成效，推动实现更高质量、更有效率、更加公平、更可持续发展。

关于2015年中央和地方预算执行情况与2016年中央和地方预算草案的报告（摘录）

——2016年3月5日在第十二届全国人民代表大会第四次会议上

财政部部长 楼继伟

一、2015年中央和地方预算执行情况

2015年，中央和地方预算执行情况较好。

（一）落实全国人大预算决议情况

按照十二届全国人大三次会议有关决议，以及全国人大财政经济委员会的审查意见，创新完善财政宏观调控，稳步推进财税体制改革，努力促进经济社会持续健康发展。

积极推进财税法治建设。增强各级政府和部门、单位的预算法治意识，将预算法各项要求落到实处。

全面树立预算的权威性和严肃性。坚持先有预算、后有支出，硬化预算约束。进一步细化预算编制，加快支出预算指标分解下达工作节奏，完善预算监管体系，扩大纳入全国人大审查预决算的部门范围，首次公开分地区、分项目专项转移支付预算。开展地方财政预决算公开情况专项检查，增强地方财政透明度。

提高积极财政政策的针对性和有效性。根据经济运行情况，在区间调控基础上实施定向调控和相机调控，加强预调微调，促进经济在合理区间运行。一是保持必要的支出强度。二是加大减税降费力度。三是强化财政资金政策的导向作用。

深化财税体制改革。有序推出一批新的改革举措，完善落实机制，推动改革落地生根。一是加快预算管理制度改革。二是深入推进税制改革。三是稳步推进财政体制改革。

严肃财经纪律。认真落实中央八项规定精神和国务院“约法三章”，严格控制一般性支出，中央本级“三公”经费预算比2014年下降11.7%。健全厉行节约反对浪费相关制度，加强会议定点管理，调整中央和国家机关差旅住宿费标准。完善基本支出定额标准，加快项目支出定额标准体系建设，改进项目支出预算管理。开展涉农资金专项整治行动，严肃查处相关问题和责任人，公开曝光违反财经纪律的典型案例，进一步规范管理、堵塞漏洞。加大财政监督和督促落实力度，推动稳增长财税政策取得实效。

（二）2015年预算收支情况

1. 一般公共预算。全国一般公共预算收入152216.65亿元，比2014年同口径（下同）增长5.8%。加上使用结转结余及调入资金8055.12亿元，收入总量为160271.77亿元。全国一般公共预算支出175767.78亿元，增长13.2%。加上补充中央预算稳定调节基金703.99亿元，支出总量为176471.77亿元。收支总量相抵，赤字16200亿元，与预算持平。

中央一般公共预算收入69233.99亿元，为预算的100%，增长7%。加上从中央预算稳定调节基金调入1000亿元，收入总量为70233.99亿元。中央一般公共预算支出80730亿元（其中，中央本级支出25549亿元，中央对地方税收返还和转移支付55181亿元），完成预算的99.1%，增长8.6%。加上补充中央预算稳定调节基金703.99亿元，支出总量为81433.99亿元。收支总量相抵，中央财政赤字11200亿元，

与预算持平。2015 年末，中央财政国债余额 106599.59 亿元，控制在年度预算限额 111908.35 亿元以内；中央预算稳定调节基金余额 1156.37 亿元。

地方一般公共预算本级收入 82982.66 亿元，增长 4.8%，加上中央对地方税收返还和转移支付收入 55181 亿元，地方一般公共预算收入 138163.66 亿元。再加上地方财政使用结转结余及调入资金 7055.12 亿元，收入总量为 145218.78 亿元。地方一般公共预算支出 150218.78 亿元，增长 13.2%（剔除使用结转结余及调入资金后增长 7.9%）。收支总量相抵，地方财政赤字 5000 亿元，与预算持平。

中央一般公共预算收支执行具体情况如下：

（1）主要收入项目执行情况。国内增值税 20996.82 亿元，为预算的 97.7%，主要是工业生产者出厂价格持续下降导致减收较多。国内消费税 10542.16 亿元，为预算的 94.1%，主要是提高卷烟、成品油消费税的实际收入低于预期。进口货物增值税、消费税和关税合计 15071.51 亿元，为预算的 82.4%，主要是进口大宗商品价格下行、进口额大幅下降。企业所得税 17639.23 亿元，为预算的 102.9%。个人所得税 5170.89 亿元，为预算的 106.2%。出口货物退增值税、消费税 12867.02 亿元，为预算的 105%。非税收入 6996.91 亿元，为预算的 163.9%，主要是部分金融机构及中央企业上缴利润增加。

（2）主要支出项目执行情况。教育支出 1357.05 亿元，增长 8.3%；外交支出 478.34 亿元，增长 32.8%；国防支出 8868.5 亿元，增长 10.1%；公共安全支出 1584.16 亿元，增长 7.2%；一般公共服务支出 1056.19 亿元，增长 0.5%；债务付息支出 2866.9 亿元，增长 11.3%。

中央对地方税收返还和转移支付 55181 亿元，完成预算的 98.7%，增长 6.7%。

2. 政府性基金预算。全国政府性基金收入 42330.14 亿元，全国政府性基金相关支出 42363.85 亿元。

中央政府性基金收入 4112.02 亿元，为预算的 94.2%，增长 5.2%。中央政府性基金支出 4356.42 亿元，完成预算的 85.7%，增长 7.5%。

地方政府性基金本级收入 38218.12 亿元，下降 17.7%。地方政府性基金相关支出 39339.36 亿元。

3. 国有资本经营预算。全国国有资本经营预算收入 2560.16 亿元，全国国有资本经营预算支出 2078.57 亿元。

4. 社会保险基金预算。全国社会保险基金收入 44660.34 亿元，为预算的 103.6%。其中，保险费收入 32518.48 亿元，财政补贴收入 10198.15 亿元。全国社会保险基金支出 39356.68 亿元，完成预算的 102.3%。当年收支结余 5303.66 亿元，年末滚存结余 57002.33 亿元。

（三）2015 年主要支出政策落实情况

推动教育改革发展。支持实施第二期学前教育三年行动计划。落实农村义务教育经费保障机制和城市义务教育学生免学杂费政策，实施现代职业教育质量提升计划，改革中央高校预算拨款制度，支持特殊教育发展，健全国家助学贷款、国家助学金等资助政策体系。

落实创新驱动发展战略。深化中央财政科技计划管理改革，完成大部分科技计划优化整合工作，集中资源支持体现国家战略意图的重大科技任务。加大对公共科技活动特别是基础研究的支持力度。支持实施科技重大专项。保障科研院所开展自主选题研究，改善科研条件。启动首台（套）重大技术装备保险补偿机制试点。

支持做好社会保障和就业工作。企业退休人员基本养老金水平继续提高，月人均达到 2270 元。城乡居民基本养老保险基础养老金最低标准由每人每月 55 元提高到 70 元。推进机关事业单位养老保险制度改革，深入实施高校毕业生就业促进计划、大学生创业引领计划，加大对低保对象、孤儿、残疾人等困难群体救助工作的支持力度。继续提高优抚对象等人员抚恤和生活补助标准。

深化医药卫生体制改革。新型农村合作医疗和城镇居民基本医疗保险财政补助标准提高到每人每年 380 元，个人缴费标准相应提高到每人每年 120 元。基本公共卫生服务项目年人均财政补助标准由 35 元提高到 40 元，在全国所有县（市）推开县级公立医院综合改革，继续支持基层医疗卫生机构和村卫生室实施基本药物制度。推进住院医师规范化培训。完善城乡医疗救助和疾病应急救助制度。

推进农业可持续发展。扩大重金属污染耕地修复治理、地下水超采区综合治理试点范围。在部分地区开展农业“三项补贴”改革试点。推进节水供水重大水利工程、区域规模化高效节水灌溉和高标准农田建设。进一步加大财政扶贫资金投入，加强草原生态保护，实施国家水土保持重点建设工程，统筹推进农村综合改革相关试点。支持开展农村土地承包经营权确权登记。

加强环境保护和节能减排。增加投入，突出重点，提升大气污染防治效果。推进地下综合管廊和海绵城市建设试点，在 38 个重点区域开展重金属污染防治。以流域为单元，实施国土江河综合整治试点。继续推进重点防护林保护等生态工程。在近 2 万个村庄开展环境综合整治，加大对农村环保基础设施运行管理的支持。推动新能源和可再生能源产业发展。建立全方位支持政策体系，全年新能源汽车生产量、销售量分别增长约 4 倍和 3 倍。深入开展节能减排财政政策综合示范。

完善住房保障政策。实行实物配租与租赁补贴并举，开展运用 PPP 模式投资建设和运营管理公共租赁住房试点。支持棚户区改造开工 601 万套、农村危房改造 432 万户。

促进文化繁荣发展。推动落实国家基本公共文化服务指导标准，加快构建现代公共文化服务体系，推进基层综合性文化服务中心建设。加强文化遗产保护和中国传统村落保护。促进骨干文化企业和创意文化产业发展。加强重点媒体国际传播能力建设，提升国家文化软实力。

二、2016 年中央和地方预算草案

2016 年我国经济长期向好的基本面没有变，经济韧性好、潜力足、回旋余地大的基本特征没有变，经济持续增长的良好支撑基础和条件没有变，经济结构调整优化的前进态势没有变。同时，“三期叠加”影响凸显，结构性矛盾导致全要素生产率增速放缓，经济下行压力依然较大。2016 年财政形势更加严峻，平衡收支面临极大压力。

根据面临的财政经济形势，2016 年预算编制和财政工作要按照党中央、国务院决策部署，坚持稳中求进工作总基调，实行宏观政策要稳、产业政策要准、微观政策要活、改革政策要实、社会政策要托底的总体思路，继续实施积极的财政政策并加大力度，加快推进财税体制改革，促进供给侧结构性改革、适度扩大总需求，支持去产能、去库存、去杠杆、降成本、补短板，推动产业结构调整和培育发展新动力；坚持依法理财，认真贯彻落实预算法各项要求；加大财政资金统筹使用力度，盘活存量，用好增量，优化结构，提高绩效；坚持过紧日子，厉行节约，重点保障基本民生支出，压缩其他支出，从严控制一般性支出；加强政府债务管理，有效防范财政风险，努力实现“十三五”时期经济社会发展的良好开局。

（一）2016 年财政政策

2016 年继续实施积极的财政政策并加大力度。主要体现在：一是进一步减税降费。二是扩大财政赤字规模。三是调整优化支出结构。四是加大财政资金统筹使用力度。

主要支出政策如下：

教育方面。进一步完善城乡义务教育经费保障机制，统一义务教育学校生均公用经费基准定额。继续实施农村义务教育薄弱学校改造计划等重大项目，继续实施现代职业教育质量提升计划。支持普惠性幼儿园发展。完善高校预算拨款制度。健全家庭经济困难学生资助政策体系。

科技方面。完成中央财政科技计划优化整合，建成公开统一的国家科技管理平台，建立依托专业机构管理科研项目的机制。大力支持自然科学基金、科技重大专项和重点研发计划。加快实施国家科技成果转化引导基金，启动银行贷款风险补偿。推动在重大创新领域组建一批国家实验室。完善稳定支持机制，促进科研院所改革发展。实施科研项目后补助管理机制。

社会保障和就业方面。2016年中央财政按城市、农村低保人均补助水平分别提高5%、8%对地方补助。

2016年1月1日起，按6.5%左右提高企业和机关事业单位退休人员养老金标准，建立基本工资正常调整机制，完善职工养老保险个人账户，完善养老保险制度改革方案。

完善鼓励高校毕业生到科技型、创新型中小企业和城乡基层就业创业政策，研究规范公益性岗位政策，推动农民工平等获得公共就业服务。

医药卫生方面。建立健全合理分担、可持续的医保筹资机制，将城乡居民基本医疗保险财政补助标准由每人每年380元提高到420元，个人缴费标准由每人每年120元提高到150元，新增筹资主要用于提高基本医疗保障水平，并加大对城乡居民大病保险的支持力度。将基本公共卫生服务项目年人均财政补助标准由40元提高到45元。

脱贫攻坚方面。2016年中央财政扶贫资金增加201亿元，增长43.4%。进一步推广资产收益扶贫试点，大力推动易地扶贫搬迁，支持贫困县统筹整合使用财政涉农资金，集中力量解决突出贫困问题。

农业方面。调整现有农业支出结构，加大对农业可持续发展的支持力度。

支持实施藏粮于地、藏粮于技战略，保障农产品有效供给，保障口粮安全。

支持粮食等流通体制改革。

生态环保方面。加大大气污染治理力度。推进实施水污染防治行动计划。开展山水林田湖系统治理修复试点。实施新一轮退耕还林还草和草原生态保护补助奖励政策。落实天然林保护全覆盖政策，适当提高天然林保护工程补助和森林生态效益补偿标准。加强湿地保护，扩大退耕还湿范围。加大新能源汽车推广力度，加快充电基础设施建设。支持能源清洁化利用，集中用煤、加强脱污、严控散煤。完善可再生能源发电补贴机制，及早实现平价上网。扩大节能减排财政政策综合示范、跨省流域上下游横向生态补偿机制试点范围。推进环境监测体制改革，加快建立中央与地方各负其责的环境监测体系。

保障性安居工程方面。继续开展运用PPP模式投资建设和运营管理公共租赁住房试点，落实棚户区改造税费优惠政策和贷款贴息政策，积极推进棚改货币化安置和政府购买棚改服务。全年计划棚户区改造开工600万套，农村危房改造314万户。

文化体育方面。推动基本公共文化服务标准化均等化，提高公共文化服务供给体系质量和效率。支持繁荣社会主义文艺创作，推动文化交流与传播。完善文化产业政策扶持体系。推进实施全民健身战略。支持中国足球改革发展。做好2016年里约热内卢奥运会备战和参赛经费保障。

国防和军队建设方面。支持深化国防和军队改革，全面加强军队革命化现代化正规化建设，推动经济建设和国防建设融合发展，不断提高履行使命任务能力，维护国家主权、安全、发展利益。

化解过剩产能及人员安置方面。坚持"市场倒逼、企业主体、地方组织、中央支持"，推动地方政府和中央企业综合运用兼并重组、债务重组和破产清算等方式加快化解钢铁、煤炭行业过剩产能，省级政府对本地区化解过剩产能负总责。

（二）2016年收入预计和支出安排

1. 一般公共预算。中央一般公共预算收入70570亿元，比2015年执行数同口径增长2.2%。从中央预算稳定调节基金调入1000亿元，从中央政府性基金预算、中央国有资本经营预算调入315亿元，合计收入总量为71885亿元。中央一般公共预算支出 85885 亿元，增长 6.3%（加上使用以前年度结转资金 1725 亿元，同口径增长 6.7%）。收支总量相抵，中央财政赤字 14000 亿元，比 2015 年增加 2800 亿元。中央财政国债余额限额 125908.35 亿元。中央预算稳定调节基金余额 156.37 亿元。

中央一般公共预算支出，分中央本级支出、对地方税收返还、对地方一般性转移支付、对地方专项转移支付、中央预备费反映。

中央本级支出 27355 亿元，增长 7%。其中：科学技术支出 2706.43 亿元，增长 9.1%；外交支出 519.71 亿元，增长 8.6%；国防支出 9543.54 亿元，增长 7.6%；公共安全支出 1668.15 亿元，增长 5.3%；一般公共服务支出 1201.38 亿元，增长 13.7%；债务付息支出 3299.29 亿元，增长 15.1%。中央本级“三公”经费按零增长安排。

对地方税收返还 5088.57 亿元，与 2015 年执行数基本持平。

对地方一般性转移支付 32017.82 亿元，增长 12.2%。

对地方专项转移支付 20923.61 亿元，下降 3.2%。

地方一般公共预算本级收入 86630 亿元，增长 3.6%，加上中央对地方税收返还和转移支付收入 58030 亿元、地方财政调入资金 400 亿元，地方一般公共预算收入合计为 145060 亿元。地方一般公共预算支出 152860 亿元，剔除上年使用结转结余及调入资金后同口径增长 6.3%。地方财政赤字 7800 亿元，比 2015 年增加 2800 亿元，通过发行地方政府一般债券弥补。地方政府一般债务余额限额 107072.4 亿元。

汇总中央和地方预算，全国一般公共预算收入 157200 亿元，增长 3%。加上调入资金 1715 亿元，可安排的收入总量为 158915 亿元。全国一般公共预算支出 180715 亿元，剔除地方上年使用结转结余及调入资金后同口径增长 6.7%。赤字 21800 亿元，比 2015 年增加 5600 亿元。

2. 政府性基金预算。中央政府性基金收入 4271.65 亿元，增长 5%。加上上年结转收入 248.17 亿元，中央政府性基金收入总量为 4519.82 亿元。中央政府性基金支出 4519.82 亿元，增长 5.5%。其中，中央本级支出 3405.23 亿元，增长 12.8%；对地方转移支付 1114.59 亿元，下降 11.9%。

地方政府性基金本级收入 32902.09 亿元，下降 12.4%。其中，国有土地使用权出让收入 28248.6 亿元，下降 13.2%。加上中央政府性基金对地方转移支付收入 1114.59 亿元、地方政府专项债务收入 4000 亿元（比上年增加 3000 亿元），地方政府性基金相关收入为 38016.68 亿元。地方政府性基金相关支出 38016.68 亿元。其中，国有土地使用权出让收入相关支出 32024.08 亿元，下降 2.6%。地方政府专项债务余额限额 64801.9 亿元。

汇总中央和地方预算，全国政府性基金收入 37173.74 亿元，下降 10.7%，加上上年结转收入 248.17 亿元和地方政府专项债务收入 4000 亿元，全国政府性基金相关收入总量为 41421.91 亿元。全国政府性基金相关支出 41421.91 亿元，下降 1.2%。

3. 国有资本经营预算。2016 年进一步健全国有资本经营预算制度。一是将中央国有资本经营预算调入一般公共预算的比例由 2015 年的 16% 提高到 19%。二是将中国铁路总公司等 68 户企业纳入中央国有资本经营预算实施范围。三是优先安排资金用于解决国有企业历史遗留问题、化解过剩产能及人员安置。

中央国有资本经营预算收入 1400 亿元，下降 13.2%。加上上年结转收入 397.23 亿元，中央国有资本经营预算收入总量为 1797.23 亿元。中央国有资本经营预算支出 1551.23 亿元，增长 37.3%。

地方国有资本经营预算本级收入 894.7 亿元，下降 5.5%。加上中央国有资本经营预算对地方转移支付收入 360 亿元，地方国有资本经营预算收入 1254.7 亿元。地方国有资本经营预算支出 1067.82 亿元，增长 29.2%。

汇总中央和地方预算，全国国有资本经营预算收入2294.7亿元，下降10.4%，加上上年结转收入397.23亿元，全国国有资本经营预算收入总量为2691.93亿元。全国国有资本经营预算支出2259.05亿元，增长23.3%。

4. 社会保险基金预算。全国社会保险基金收入47144.19亿元，增长5.6%。其中，保险费收入34376.59亿元，财政补贴收入10848.04亿元。全国社会保险基金支出43546.53亿元，增长10.6%。本年收支结余3597.66亿元，年末滚存结余60600亿元。

三、切实做好2016年财政改革与管理工作

（一）贯彻实施好预算法。

（二）加快财政体制和税制改革。

（三）提高预算执行效能。

（四）创新财政投入方式。

（五）加强地方政府债务管理。

关于2015年中央决算的报告

——2016年6月29日在第十二届全国人民代表大会常务委员会第二十一次会议上

财政部部长 楼继伟

全国人民代表大会常务委员会:

受国务院委托,我向全国人大常委会提出2015年中央决算报告和中央决算草案,请审查。

2015年,面对错综复杂的国际形势和艰巨繁重的国内改革发展稳定任务,各地区、各部门坚决贯彻党中央、国务院决策部署,认真落实十二届全国人大三次会议有关决议以及全国人大财政经济委员会审查意见,主动适应经济发展新常态,坚持稳中求进工作总基调,经济社会发展稳中有进、稳中有好。在此基础上,财政改革发展工作取得新进展,中央决算情况总体较好。

一、中央一般公共预算收支决算情况

2015年,中央一般公共预算收入69267.19亿元,为预算的100.1%。加上年初从中央预算稳定调节基金调入1000亿元,收入总量为70267.19亿元。中央一般公共预算支出80639.66亿元,完成预算的99%。加上补充中央预算稳定调节基金827.53亿元,支出总量为81467.19亿元。收支总量相抵,中央财政赤字11200亿元,与预算持平。年末中央财政国债余额106599.59亿元,控制在国债余额限额111908.35亿元以内。

与向十二届全国人大四次会议报告的执行数相比,2015年中央一般公共预算收入增加33.2亿元,主要是在库款报解整理期,进口货物增值税和消费税、关税、专项收入、行政事业性收费等收入增加。中央一般公共预算支出减少90.34亿元,主要是年终据实结算项目地方上解数额增加,相应冲减中央对地方税收返还。收入增加和支出减少两者合计123.54亿元,全部用于补充中央预算稳定调节基金(包含在前述补充中央预算稳定调节基金的827.53亿元中)。加上中央政府性基金收入结转按规定补充中央预算稳定调节基金的98.12亿元,2015年末中央预算稳定调节基金余额1283.49亿元。

从收入决算的具体情况看,税收收入62260.27亿元,为预算的95.8%。其中:国内增值税20996.95亿元,为预算的97.7%。国内消费税10542.16亿元,为预算的94.1%。进口货物增值税、消费税和关税合计15094.19亿元,为预算的82.5%,主要是进口大宗商品价格下行、进口额大幅下降。企业所得税17640.08亿元,为预算的102.9%。个人所得税5170.52亿元,为预算的106.2%。车辆购置税2792.56亿元,为预算的88.1%,主要是汽车销售量增长低于预期,并且从2015年10月1日起对1.6升及以下排量汽车减半征收车辆购置税。出口货物退增值税、消费税12867.19亿元,为预算的105%。非税收入7006.92亿元,为预算的164.1%,主要是部分金融机构及中央企业上缴利润增加。

从支出决算的具体情况看，中央本级支出25542.15亿元，完成预算的102.1%。其中：教育支出1358.17亿元，完成预算的105.2%。科学技术支出2478.39亿元，完成预算的95.8%。外交支出476.78亿元，完成预算的98.6%。国防支出8868.51亿元，完成预算的100%。公共安全支出1584.17亿元，完成预算的102.7%。一般公共服务支出1055.3亿元，完成预算的105%。债务付息支出2866.91亿元，完成预算的96.8%。

中央对地方税收返还和转移支付55097.51亿元，完成预算的98.5%。其中：税收返还5018.86亿元，完成预算的97.4%。一般性转移支付28455.02亿元，完成预算的97.3%，其中，均衡性转移支付18471.96亿元，完成预算的99.8%；老少边穷地区转移支付1256.95亿元，完成预算的100.1%。专项转移支付21623.63亿元，完成预算的100.4%。

中央预备费预算500亿元，实际支出353.46亿元，剩余的146.54亿元全部转入中央预算稳定调节基金（包含在前述补充中央预算稳定调节基金的827.53亿元中）。

2015年，中央一般公共预算支出使用以前年度结转资金1370.46亿元，其中，中央本级使用739.45亿元，中央对地方转移支付使用631.01亿元。扣除实际拨付的资金和按权责发生制列支的资金后，当年中央一般公共预算支出结余790.34亿元，其中，中央预备费结余146.54亿元，其他支出结余643.8亿元，均补充中央预算稳定调节基金。

中央预算周转金规模没有发生变化，2015年末余额为354.03亿元，主要用于调剂预算年度内季节性收支差额。

2015年，中央行政事业单位财政拨款“三公”经费支出合计53.73亿元，比预算数减少9.43亿元。其中：因公出国（境）经费17.44亿元，减少1.94亿元；公务用车购置及运行费30.87亿元，减少3.72亿元；公务接待费5.42亿元，减少3.77亿元。

2015年，中央基建投资支出4776亿元。其中：中央本级支出1099.87亿元，对地方转移支付3676.13亿元。主要用于保障性安居工程和城镇基础设施建设、“三农”建设、重大基础设施建设、边疆少数民族地区发展、自主创新和结构调整、社会事业和社会治理、节能环保和生态建设等项目。

二、中央政府性基金收支决算情况

2015年，中央政府性基金收入4118.19亿元，为预算的94.4%。加上地方上解收入6.12亿元和2014年结转收入656.13亿元，收入总量为4780.44亿元。中央政府性基金支出4363.42亿元，完成预算的85.8%，主要是铁路建设基金等部分基金按照以收定支原则安排，收入未完成预算，支出相应减少；部分项目执行中未完全具备实施条件。其中：中央本级支出3024.49亿元，对地方转移支付1338.93亿元。中央政府性基金收大于支417.02亿元。其中，结转下年继续使用249.84亿元；单项政府性基金结转超过其当年收入30%的部分98.12亿元，按规定补充中央预算稳定调节基金；由政府性基金预算转列一般公共预算的5个项目结余69.06亿元，2016年调入一般公共预算。与执行数相比，中央政府性基金收入（含地方上解收入）决算数增加12.29亿元，支出决算数增加7亿元。

三、中央国有资本经营收支决算情况

2015年，中央国有资本经营收入1613.06亿元，为预算的104.1%。加上2014年结转收入143.98亿元，收入总量为1757.04亿元。中央国有资本经营支出1362.57亿元，完成预算的80.4%，主要是厂办大集体改革和“三供一业”分离移交工作进展低于预期。其中：中央本级支出1235.36亿元，包括调入一般公共预算用于保障改善民生支出230亿元；对地方转移支付127.21亿元。中央国有资本经营预算结转下年支出394.47亿元。与执行数相比，中央国有资本经营收入决算数与执行数基本一致，支出决算数增加2.9亿元。

按照预算法和国务院有关规定，对2015年中央财政部分收支事项实行权责发生制，包括预算已经安排当年应支未支的工资和社保资金、国库集中支付年终结余以及国务院批准的其他特殊事项等。有关具体情况已向全国人大常委会专门作了书面报告。对上述中央财政实行权责发生制事项资金，财政部将在预算执行中加强管理，及时拨付，尽快发挥资金效益。

中央一般公共预算、政府性基金、国有资本经营收支项目预算数、决算数及其对比分析，详见中央决算草案。草案在报国务院审定、提请全国人大常委会审查批准之前，已经国务院审计部门审计，并根据审计意见作了相应修改。需要说明的是，目前各项社会保险基金统筹级次在地方，机关事业单位养老保险尚未全面启动实施，中央本级暂未编制社会保险基金决算。

2015年是实施新预算法的第一年。我们严格落实预算法各项要求，着力提高积极财政政策的针对性和有效性，财政在促进经济平稳增长、民生持续改善和社会和谐稳定中发挥了重要作用。

一是认真贯彻实施预算法。增强预算法治意识，把预算法各项规定作为预算管理的基本遵循，全面树立预算的权威性和严肃性。进一步细化预算编制，压缩代编预算规模，及时批复部门预算。硬化预算约束，加强对部门组织实施项目的督促检查，加快预算执行进度。抓紧配套制度建设，预算法实施条例修订草案已向社会公开征求意见，出台中央对地方专项转移支付管理办法，修订财政总预算会计制度，发布政府综合财务报告编制操作指南。深入推进预算公开，政府支出预决算细化公开到项级科目，中央部门预决算基本支出公开到经济分类款级科目，首次公开中央对地方税收返还和转移支付分地区预算。完善政府预算体系，将地方教育附加等11个项目由政府性基金预算转列一般公共预算；建立中央对地方国有资本经营预算转移支付机制，中央国有资本经营预算调入一般公共预算比例提高至16%。进一步优化转移支付结构，增加一般性转移支付规模，中央专项转移支付项目从2014年的150项减少为2015年的96项。大力推进预算绩效管理，157个中央部门开展了绩效评价试点，将部分重点民生政策和重大专项的绩效评价报告提交全国人大常委会。推动实行中期财政规划管理，组织中央部门编制三年滚动规划。建立规范的地方政府举债融资机制，对地方政府债务实行限额管理和预算管理，完善地方政府债务风险评估和预警机制，地方政府债券全面实现省级政府自发自还。加大监督检查力度，开展涉农资金专项整治行动，进一步严肃财经纪律。

二是促进经济稳定增长与结构优化。扩大结构性减税范围，实行普遍性降费，清理规范涉企收费，为实体经济发展减负添力。全面清理结转结余，全国财政收回存量资金3880亿元，其中，中央财政收回179亿元，地方各级财政收回3701亿元，按照国务院要求和有关制度规定，统筹安排用于新增中央投资及棚户区改造、城市基础设施建设等经济社会发展重点领域。发行地方政府债券置换到期存量债务3.2万亿元，较大幅度减轻了地方财政利息负担。完成大部分中央财政科技计划优化整合工作，深化科技成果使用、处置和收益管理改革，设立国家中小企业发展基金和新兴产业创业投资引导基金，启动首批小微企业创业创新基地城市示范，开展首台（套）重大技术装备保险补偿机制试点，积极推动大众创业、万众创新。完善农业“三项补贴”政策，建立健全全国农业信贷担保体系，推进节水供水重大水利工程和高标准农田建设，发展多种形式适度规模经营，加快发展现代农业。扩大重金属污染耕地修复治理、地下水超采区综合治理试点范围，进一步整合资金，加强大气、土壤和水环境保护。完善新能源汽车推广应用扶持政策，加快充电基础设施建设。大力推广政府和社会资本合作（PPP）模式，推进地下综合管廊、海绵城市建设试点。

三是切实保障改善民生。支持扩大普惠性学前教育资源，落实农村义务教育经费保障机制和城市义务教育学生免学杂费政策，实施现代职业教育质量提升计划，改革中央高校预算拨款制度，健全国家助学贷款等资助政策体系。继续提高企业退休人员基本养老金水平，推进机关事业单位养老保险制度改革，建立职业年金制度，同步调整机关事业单位工作人员基本工资。在全国推开县级公立医院综合改革，城市公立医院综合改革试点扩大到100个城市。基本公共卫生服务补助标准由每人每年35元提高到40元。新型农村合作医疗和城镇居民基本医疗保险财政补助标准由每人每年320元提高到380元，个人缴费标准相应提高到每人每年120元。支持棚户区改造开工601万套、农村危房改造432万户。提高低保、优抚等标准，完善救助制度建设。强化农村脱贫攻坚投入保障机制，推动实施了一批效果突出的减贫项目。推进基层综合性文化服务中心建设，加快构建现代公共文化服务体系。

委员长、各位副委员长、秘书长、各位委员，今年以来，我国经济运行总体平稳、处在合理区间，随着前期采取的一系列政策措施效应不断显现，当前经济运行稳中向好因素增多，但经济下行压力仍然较大。1—5月，全国一般公共预算收入69880亿元，同比增长8.3%，其中中央一般公共预算收入29678亿元，同比增长0.6%。全国一般公共预算支出66528亿元，同比增长13.6%，其中中央本级支出10220亿元，同比增长3.8%，各项重点支出得到较好保障。从目前情况看，后期全国财政收入形势不容乐观，实现全年预算目标需要付出较大努力。

下一步，我们将深入贯彻习近平总书记系列重要讲话精神，按照“五位一体”总体布局和“四个全面”战略布局，认真落实党中央、国务院决策部署和十二届全国人大四次会议有关决议以及本次会议要求，牢固树立和贯彻落实创新、协调、绿色、开放、共享的新发展理念，稳定和完善财政宏观调控政策，着力加强供给侧结构性改革，适度扩大总需求，抓好去产能、去库存、去杠杆、降成本、补短板，促进经济平稳健康发展。同时，加快推进财税体制改革，全面贯彻实施预算法，进一步加强预算管理，防范财政潜在风险。重点做好以下工作：

一是发挥好积极财政政策的作用。落实各项减税降费政策，增强企业发展动力。有序推进地方政府债务置换，帮助地方减轻利息负担，腾出资金补短板。加快资金拨付进度，支持铁路公路等交通基础设施建设，积极推进棚户区和农村危房改造。规范推广运用PPP模式，着力推进PPP立法，用好1800亿元引导基金，促进更多项目落地。继续支持地方政府和中央企业综合运用兼并重组、债务重组和破产清算等方式，加快化解钢铁、煤炭行业过剩产能，解决好人员安置问题。支持农业种植结构调整，促进农业布局优化。进一步推进玉米收储制度改革和棉花、大豆目标价格改革。大力支持实施易地扶贫搬迁等脱贫攻坚重点工程，加强扶贫资金监管。落实更加积极的就业政策，支持做好高校毕业生、中职毕业生等就业工作。全面完成中央财政科技计划管理改革，加快实施科技成果转化引导基金，推动企业技术创新。

二是加快财税体制改革。密切跟踪全面推开营改增试点运行情况，加强对企业的指导和服务，及时解决改革中遇到的问题，确保所有行业税负只减不增。落实中央和地方增值税收入划分过渡方案，保持现有财力格局总体稳定，充分调动地方积极性。推进中央与地方财政事权和支出责任划分改革，出台改革指导意见，并选取部分领域率先启动改革试点。进一步加强专项转移支付清理整合和统筹使用。加大对财政困难县的基本财力保障力度，推动完善省以下财政体制。组织实施资源税总体改革及水资源税试点，配合做好环境保护税、关税等立法工作。全面加强预算绩效管理，增强花钱的责任意识和效率意识，2016年中央部门绩效目标要实现全覆盖，建立健全重点民生政策和重大专项绩效评价机制，自觉接受人大监督。继续深入推进预算公开工作，提高预算透明度。

三是进一步规范和完善预算管理。抓紧修订出台预算法实施条例。加强财政收入管理，依法实施税收征管。严格执行人大批准的预算，健全预算执行动态监控体系，强化预算执行主体的责任，推动资金尽快到位、政策尽快落实、项目尽快落地。进一步加强财政库款管理，建立健全资金调度与库款规模挂钩机制，以及盘活财政存量资金与预算编制、执行挂钩机制。完善基本支出和项目支出定额标准体系，加强项目库建设，提高预算编制和管理的精准化水平。完善国库集中收付管理，加快国库管理电子化进程。推进财政库底目标余额管理制度改革，健全国库现金流量预测体系，加强中央国库现金管理，力争2016年底前省级财政实现国库现金管理全覆盖。积极推进经济分类决算编制工作，建立规范的工作机制和制度。规范政府投资基金的设立、运作和风险控制，促进政府投资基金稳健运行。切实整改审计查出问题，对违反现行规章制度的，立即落实责任，坚决予以纠正和处理；属于财政管理的问题，通过改进资金管理、加强检查监督等措施落实整改；涉及体制机制方面的问题，通过深化改革、完善制度努力加以解决。

四是加强地方政府债务管理。加强债务限额管理，所有地方政府债务都要纳入限额并严格按照限额举借债务，控制债务规模。强化地方政府债务监督，所有政府债务都要分类纳入预算，定期向社会公开债务限额、举借、使用、偿还等情况，主动接受本级人大和社会监督。进一步完善地方政府债券发行管理制度，提高债券流动性。加快建立权责发生制政府综合财务报告制度，全面分析和评估债务风险状况，对高风险地区进行预警并督促建立债务风险化解和应急处置机制。加快推进地方融资平台公司市场化转型。切实履行政府债务偿还责任，妥善处理存量债务，坚决禁止各种变相、违规举债和担保行为。地方政府只能通过发行政府债券方式举债和为外债转贷提供担保，除此之外不得以任何方式举债，也不得为任何单位和个人的债务以任何方式提供担保。对地方政府违法违规举债或担保，以及违反规定替企业偿债的，责令改正，并严格按照预算法规定追究地方政府相关负责人的责任，处理结果向社会公开。委员长、各位副委员长、秘书长、各位委员，依法加强财政预算管理，更好发挥财政职能作用，对于实现全年经济社会发展目标十分重要。我们将在以习近平同志为总书记的党中央领导下，全面贯彻落实党的十八大和十八届三中、四中、五中全会精神，接受全国人大常委会的审查和监督，按照党中央、国务院决策部署，强化责任担当，积极主动作为，扎实做好财政改革发展各项工作，为实现“十三五”时期经济社会发展良好开局作出积极贡献！

2015 年中国货币政策大事记（摘录）

1 月

1 月 21 日，中国人民银行与瑞士国家银行签署合作备忘录，就在瑞士建立人民币清算安排有关事宜达成一致，并同意将人民币合格境外机构投资者（RQFII）试点地区扩大到瑞士，投资额度为 500 亿元人民币。

1 月 22 日，中国人民银行与中国保险监督管理委员会联合发布 2015 年第 3 号公告，允许保险公司在全国银行间债券市场发行资本补充债券。

1 月 28 日，中国人民银行向全国人大财经委员会汇报 2014 年货币政策执行情况。

2 月

2 月 5 日，中国人民银行下调金融机构人民币存款准备金率 0.5 个百分点。同时，为进一步增强金融机构支持结构调整的能力，加大对小微企业、"三农"以及重大水利工程建设的支持力度，对小微企业贷款占比达到定向降准标准的城市商业银行、非县域农村商业银行额外降低人民币存款准备金率 0.5 个百分点，对中国农业发展银行额外降低人民币存款准备金率 4 个百分点。

2 月 6 日，中国人民银行印发《关于在全国开展分支机构常备借贷便利操作的通知》（银发［2015］43 号）和《关于印发〈中国人民银行再贷款与常备借贷便利抵押品指引（试行）〉的通知》（银发［2015］42 号），在前期 10 省（市）分支机构试行常备借贷便利操作的基础上，在全国推广分支机构常备借贷便利，完善中央银行对中小金融机构提供流动性支持的渠道。

2 月 10 日，发布《2014 年第四季度中国货币政策执行报告》。

3 月

3 月 1 日，中国人民银行下调金融机构人民币贷款和存款基准利率。其中，金融机构一年期贷款基准利率下调 0.25 个百分点至 5.35%；一年期存款基准利率下调 0.25 个百分点至 2.5%，同时结合推进利率市场化改革，将金融机构存款利率浮动区间的上限由存款基准利率的 1.2 倍调整为 1.3 倍；其他各档次存贷款基准利率及个人住房公积金存贷款利率相应调整。

3 月 18 日，中国人民银行与苏里南中央银行签署了规模为 10 亿元人民币/5.2 亿苏里南元的双边本币互换协议。

3 月 20 日，国务院批复同意《国家开发银行深化改革方案》和《中国进出口银行改革实施总体方案》，要求中国人民银行会同有关单位按照方案要求和职责分工认真组织实施。

3 月 25 日，中国人民银行与亚美尼亚中央银行签署了规模为 10 亿元人民币/770 亿亚美尼亚德拉姆的双边本币互换协议。

3 月 26 日，中国人民银行发布 2015 年第 7 号公告，简化信贷资产支持证券发行管理流程，提高发行管理效率和透明度，促进受托机构与发起机构提高信息披露质量，切实保护投资人合法权益，推动信贷资产证券化业务健康发展。

3 月 30 日，为进一步完善个人住房信贷政策，支持居民自住和改善性住房需求，促进房地产市场平稳健康发展，中国人民银行、住房城乡建设部和中国银行业监督管理委员会联合发布《关于个人住房贷款政策有关问题的通知》（银发［2015］98号）。

3月30日，中国人民银行与澳大利亚储备银行续签了规模为2000亿元人民币/400亿澳大利亚元的双边本币互换协议。

3月31日，中国人民银行货币政策委员会召开2015年第一季度例会。

3月31日，《存款保险条例》公布，自2015年5月1日起施行。

4月

4月1日，国务院批复同意《存款保险制度实施方案》，明确存款保险基金管理工作由中国人民银行承担，履行存款保险职责，要求人民银行会同有关部门按照《存款保险条例》等法律法规认真组织实施。

4月10日，中国人民银行与南非储备银行签署了规模为300亿元人民币/540亿南非兰特的双边本币互换协议。

4月15日，中国人民银行向全国人大财经委员会汇报2015年第一季度货币政策执行情况。

4月17日，中国人民银行与马来西亚国家银行续签了规模为1800亿元人民币/900亿马来西亚林吉特的双边本币互换协议。

4月20日，中国人民银行下调金融机构人民币存款准备金率1个百分点。同时，有针对性地实施定向降准，对农信社、村镇银行等农村金融机构额外降低人民币存款准备金率1个百分点，统一下调农村合作银行存款准备金率至农信社水平，对中国农业发展银行额外降低人民币存款准备金率2个百分点。

4月29日，人民币合格境外机构投资者（RQFII）试点地区扩大至卢森堡，初始投资额度为500亿元人民币。

5月

5月8日，发布《2015年第一季度中国货币政策执行报告》。

5月9日，中国人民银行发布［2015］第9号公告，取消银行间债券市场交易流通审批，明确依法发行的各类债券发行完成后即可直接在银行间债券市场交易流通，并强化了信息披露、加强投资者保护等要求，进一步促进了债券市场规范发展。

5月10日，中国人民银行与白俄罗斯共和国国家银行续签了规模为70亿元人民币/16万亿白俄罗斯卢布的双边本币互换协议。

5月11日，中国人民银行下调金融机构人民币贷款和存款基准利率。其中，金融机构一年期贷款基准利率下调0.25个百分点至5.1%；一年期存款基准利率下调0.25个百分点至2.25%，同时结合推进利率市场化改革，将金融机构存款利率浮动区间的上限由存款基准利率的1.3倍调整为1.5倍；其他各档次存贷款基准利率及个人住房公积金存贷款利率相应调整。

5月15日，中国人民银行与乌克兰国家银行续签了规模为150亿元人民币/540亿乌克兰格里夫纳的双边本币互换协议。

5月25日，中国人民银行与智利中央银行签署了规模为220亿元人民币/22000亿智利比索的双边本币互换协议。同日，双方签署了在智利建立人民币清算安排的合作备忘录，并同意将RQFII试点地区扩大到智利，投资额度为500亿元人民币。

6月

6月2日，中国人民银行发布《大额存单管理暂行办法》并正式实施。大额存单是由银行业存款类金融机构面向非金融机构投资人发行的记账式大额存款凭证。大额存单的推出有利于有序扩大负债产品市场化定价范围，健全市场化利率形成机制；也有利于进一步锻炼金融机构的自主定价能力，培育企业、个人等市场参与者的市场化定价理念，为继续推进存款利率市场化进行有益探索并积累宝贵经验。

6月15日，经国务院批准，中国人民银行

货币政策委员会组成人员调整。连维良、史耀斌、张晓慧、田国立、樊纲、黄益平、白重恩担任货币政策委员会委员。朱之鑫、胡晓炼、马建堂、胡怀邦、钱颖一、陈雨露、宋国青不再担任货币政策委员会委员职务。

6月27日，中国人民银行与匈牙利中央银行签署了在匈牙利建立人民币清算安排的合作备忘录和《中国人民银行代理匈牙利央行投资中国银行间债券市场的代理投资协议》，并同意将RQFII试点地区扩大到匈牙利，投资额度为500亿元人民币。

6月28日，中国人民银行针对性地对金融机构实施定向降准，对“三农”贷款占比达到定向降准标准的城市商业银行、非县域农村商业银行降低存款准备金率0.5个百分点，对“三农”或小微企业贷款达到定向降准标准的国有大型商业银行、股份制商业银行、外资银行降低存款准备金率0.5个百分点，降低财务公司存款准备金率3个百分点。

6月28日，中国人民银行下调金融机构人民币贷款和存款基准利率，以进一步降低企业融资成本。其中，金融机构一年期贷款基准利率下调0.25个百分点至4.85%；一年期存款基准利率下调0.25个百分点至2%；其他各档次贷款及存款基准利率、个人住房公积金存贷款利率相应调整。

7月

7月3日，发布《2014年中国区域金融运行报告》。

7月7日，中国人民银行与南非储备银行签署了在南非建立人民币清算安排的合作备忘录。

7月13日，中国人民银行货币政策委员会召开2015年第二季度例会。

7月14日，中国人民银行印发《关于境外央行、国际金融组织、主权财富基金运用人民币投资银行间市场有关事宜的通知》（银发［2015］220号），对境外央行类机构简化了入市流程，取消了额度限制，允许其自主选择中国人民银行或银行间市场结算代理人为其代理交易结算，并拓宽其可投资品种。

7月15日，中国人民银行向全国人大财经委员会汇报2015年上半年货币政策执行情况。

7月15日、7月20日，国家外汇储备分别向国家开发银行、进出口银行注资480亿美元、450亿美元，顺利完成改革方案要求的资本金补充工作。

7月18日，为鼓励金融创新，促进金融健康发展，明确监管责任，规范市场秩序，经党中央、国务院同意，中国人民银行等十部委联合印发《关于促进互联网金融健康发展的指导意见》（银发［2015］221号）。

7月24日，发布中国人民银行公告［2015］第19号，明确境内原油期货交易跨境结算管理规定。

8月

8月7日，发布《2015年第二季度中国货币政策执行报告》。

8月10日，国务院印发《关于开展农村承包土地的经营权和农民住房财产权抵押贷款试点的指导意见》，明确由人民银行会同中央农办等11部门，按职责分工成立试点工作指导小组，慎重稳妥推进农村承包土地的经营权抵押贷款试点和农民住房财产权抵押、担保、转让试点工作。

8月11日，中国人民银行发布关于完善人民币兑美元汇率中间价报价的声明。自2015年8月11日起，做市商在每日银行间外汇市场开盘前向中国外汇交易中心提供的报价应主要参考上日银行间外汇市场的收盘汇率，并结合上日国际主要货币汇率变化以及外汇供求情况进行微调。

8月26日，中国人民银行下调金融机构人民币贷款和存款基准利率，以进一步降低企业融资成本。其中，金融机构一年期贷款基准利率下调0.25个百分点至4.6%；一年期存款基准利率下调0.25个百分点至1.75%；其他各档次贷款及存款基准利率、个人住房公积金存贷款利率相应调整。同时，放开一年期以上（不含一年期）定期存款的利率浮动上限，活期存款以及一年期以下定期存款的利率浮动上限不变。

8 月 31 日，中国人民银行发布《关于加强远期售汇宏观审慎管理的通知》（银发［2015］273 号），将远期售汇纳入宏观审慎管理框架，对开展代客远期售汇业务的金融机构收取外汇风险准备金。

9 月

9 月 3 日，中国人民银行与塔吉克斯坦中央银行签署了规模为 30 亿元人民币/30 亿索摩尼的双边本币互换协议。

9 月 6 日，中国人民银行下调金融机构人民币存款准备金率 0.5 个百分点。同时，有针对性地实施定向降准，额外降低县域农村商业银行、农村合作银行、农村信用社和村镇银行等农村金融机构存款准备金率 0.5 个百分点，额外下调金融租赁公司和汽车金融公司存款准备金率 3 个百分点。

9 月 7 日，中国人民银行印发《关于进一步便利跨国企业集团开展跨境双向人民币资金池业务的通知》（银发［2015］279 号）。

9 月 15 日，中国人民银行改革存款准备金考核制度，由时点法改为平均法考核。即维持期内，金融机构按法人存入的存款准备金日终余额算术平均值与准备金考核基数之比，不得低于法定存款准备金率。同时，存款准备金考核设每日下限。即维持期内每日营业终了时，金融机构按法人存入的存款准备金日终余额与准备金考核基数之比，可以低于法定存款准备金率，但幅度应在 1 个（含）百分点以内。

9 月 17 日，中国人民银行与阿根廷中央银行签署了在阿根廷建立人民币清算安排的合作备忘录。

9 月 23 日，中国人民银行货币政策委员会召开 2015 年第三季度例会。

9 月 25 日，中国人民银行印发《关于推广信贷资产质押再贷款试点的通知》（银发［2015］299 号），决定在上海、天津、辽宁、江苏、湖北、四川、陕西、北京、重庆等 9 省（市）推广信贷资产质押再贷款试点。

9 月 29 日，中国人民银行与赞比亚中央银行签署了在赞比亚建立人民币清算安排的合作备忘录。

9 月 30 日，发布中国人民银行公告［2015］第 31 号，开放境外央行（货币当局）和其他官方储备管理机构、国际金融组织、主权财富基金依法合规参与中国银行间外汇市场。

9 月 30 日，为进一步改善住房金融服务，支持合理住房消费，中国人民银行和银监会联合发布《关于进一步完善差别化住房信贷政策有关问题的通知》（银发［2015］305 号）。

10 月

10 月 8 日，人民币跨境支付系统（一期）成功上线运行。

10 月 16 日，中国人民银行向全国人大财经委员会汇报 2015 年前三季度货币政策执行情况。

10 月 20 日，为落实第七次中英经济财金对话成果，中国人民银行在伦敦采用簿记建档方式，成功发行了 50 亿元人民币央行票据，期限 1 年，票面利率 3.1%。这是中国人民银行首次在中国以外地区发行以人民币计价的央行票据。

10 月 20 日，中国人民银行与英格兰银行续签了规模为 3500 亿元人民币/350 亿英镑的双边本币互换协议。

10 月 24 日，中国人民银行下调金融机构人民币贷款和存款基准利率，以进一步降低社会融资成本。其中，金融机构一年期贷款基准利率下调 0.25 个百分点至 4.35%；一年期存款基准利率下调 0.25 个百分点至 1.5%；其他各档次贷款及存款基准利率、人民银行对金融机构贷款利率相应调整；个人住房公积金贷款利率保持不变。同时，对商业银行和农村合作金融机构等不再设置存款利率浮动上限，这标志着中国利率管制的基本放开，利率市场化改革取得关键性进展。

10 月 24 日，中国人民银行下调金融机构人民币存款准备金率 0.5 个百分点。同时，为加大金融支持“三农”和小微企业的正向激励，对符合标准的金融机构额外降低存款准备金率 0.5 个百分点。

11 月

11 月 2 日，为满足境外中央银行、货币当局、其他官方储备管理机构、国际金融组织以及主权财富基金在境内开展相关业务的实际需要，中国人民银行办公厅发布《关于境外中央银行类机构在境内银行业金融机构开立人民币银行结算账户有关事项的通知》（银办发［2015］227 号）。

11 月 6 日，发布《2015 年第三季度中国货币政策执行报告》。

11 月 6 日，为支持内地与香港公开募集证券投资基金互认工作，中国人民银行、国家外汇管理局发布《内地与香港证券投资基金跨境发行销售资金管理操作指引》（中国人民银行、国家外汇管理局公告［2015］第 36 号）。

11 月 9 日，为促进中国与瑞士之间的双边贸易和投资，便利人民币和瑞士法郎在贸易投资结算中的使用，满足经济主体降低汇兑成本的需要，经中国人民银行授权，中国外汇交易中心宣布在银行间外汇市场开展人民币对瑞士法郎直接交易。

11 月 23 日，人民币合格境外机构投资者（RQFII）试点地区扩大至马来西亚，投资额度为 500 亿元人民币。

11 月 25 日，首批境外央行类机构在中国外汇交易中心完成备案，正式进入中国银行间外汇市场。

11 月 27 日，中国银行间市场交易商协会接受加拿大不列颠哥伦比亚省在中国银行间债券市场发行 60 亿元人民币主权债券的注册。

11 月 30 日，国际货币基金组织执董会决定将人民币纳入特别提款权（SDR）货币篮子，SDR 货币篮子相应扩大至美元、欧元、人民币、日元、英镑 5 种货币，人民币在 SDR 货币篮子中的权重为 10.92%，新的 SDR 篮子将于 2016 年 10 月 1 日生效。

12 月

12 月 4 日，上海市公积金管理中心在银行间债券市场发行首单 70 亿元住房公积金个人住房贷款资产支持证券。

12 月 7 日，中国银行间市场交易商协会接受韩国政府在中国银行间债券市场发行 30 亿元人民币主权债券的注册。

12 月 14 日，中国人民银行与阿联酋中央银行续签了规模为 350 亿元人民币/200 亿阿联酋迪拉姆的双边本币互换协议。同日，双方签署了在阿联酋建立人民币清算安排的合作备忘录，并同意将人民币合格境外机构投资者（RQFII）试点地区扩大至阿联酋，投资额度为 500 亿元人民币。

12 月 16 日，中国人民银行、国家发展改革委、财政部、银监会、证监会、保监会、扶贫办等七部门联合召开全国金融助推脱贫攻坚电视电话会议，学习贯彻落实党的十八届五中全会、中央扶贫开发工作会议精神和《中共中央、国务院关于打赢脱贫攻坚战的决定》，总结交流扶贫开发金融服务工作成效与经验，安排部署扶贫开发金融服务各项工作。

12 月 17 日，人民币合格境外机构投资者（RQFII）试点地区扩大至泰国，投资额度为 500 亿元人民币。

12 月 22 日，为贯彻落实《生态文明体制改革总体方案》和十八届五中全会精神，中国人民银行发布 2015 年第 39 号公告，在银行间债券市场推出绿色金融债券。

12 月 23 日，中国人民银行货币政策委员会召开 2015 年第四季度例会。

12 月 27 日，十二届全国人大常委会第十八次会议全体会议通过了《关于授权国务院在北京市大兴区等 232 个试点县（市、区）、天津市蓟县等59个试点县（市、区）行政区域分别暂时调整实施有关法律规定的决定》，人民银行牵头推动的农村承包土地的经营权和农民住房财产权抵押贷款试点获得法律授权，至2017年12月31日前试行。

12月31日，中国人民银行印发《支农再贷款管理办法》（银发［2015］395号），规范支农再贷款管理，明确了支农再贷款发放对象、申请、发放与收回、管理、监督等事项，引导地方法人银行业金融机构扩大涉农信贷投放，降低“三农”融资成本。

二、政府债券管理改革和发展

增强财政金融协调　共同推进结构性改革

——刘昆副部长在财政金融政策协调配合下的结构性改革研讨会上的发言

财政部副部长　刘昆

推进结构性改革，是适应和引领经济发展新常态的重大举措。习近平总书记在 2015 年 11 月召开的中央财经领导小组第十一次会议上强调，在适度扩大总需求的同时，着力加强供给侧结构性改革。12 月召开的中央经济工作会议明确要求，宏观政策要为结构性改革营造稳定的宏观经济环境。财政政策和货币政策是国家实施宏观调控的两大经济手段。财政政策主要通过运用结构性减税、阶段性提高财政赤字率等手段，调节财政收支，从供需两端推动结构性改革。货币政策主要通过数量型和价格型手段对货币供应进行总量调节和定向调节，保持流动性合理充裕和社会融资总量适度增长，对结构性改革营造适宜的货币金融环境。按照党中央、国务院统一部署，我国持续实施积极的财政政策和稳健的货币政策。财政部与人民银行密切合作，共同推进结构性改革，财政政策与货币政策形成较强的宏观调控合力，才能较好发挥两大政策功能作用。

2015 年财政金融政策协同发力

过去一年，财政金融政策协同发力，在财政政策方面，实行了更加积极的财政政策，适度提高了财政赤字率，进一步加大地方政府债券发行规模，推行政府债券置换，加快支出进度，大力推进 PPP 模式，效果是明显的。

一是推进国债发行改革创新，为结构性改革提供有力保障。国债是财政政策与货币政策的重要结合点。国债是财政筹资的重要手段，通过国债规模的扩张与收缩可以实现逆周期调控；同时，国债也是重要的金融产品，是央行实施货币政策调控、金融机构进行资产负债管理的重要工具。近年来，积极财政政策力度不断加大，国债发行规模逐年增加，2015 年首次突破 2 万亿元，为我国稳增长、调结构政策实施提供了有力的资金保障。在人民银行等部门的大力支持下，财政部不断丰富国债期限，形成了从 3 个月到 50 年的短、中、长期合理分配的期限结构；加快推进国债发行管理创新，实行了国债续发行、预发行等一系列改革措施，有效提高了国债发行市场化程度；适应利率市场化新形势，配合人民银行多次降息降准政策要求，及时调整储蓄国债发行利率。2015 年，财政部从第四季度开始按周滚动发行 3 个月贴现国债，有效促进人民币成功纳入 SDR 货币篮子，有力推动人民币国际化进程。

二是加强地方政府债务管理，防范化解地方政府债务风险。地方政府债务管理，事关地方经济社会可持续发展。党的十八届三中全会《决定》明确提出，要建立规范合理的中央和地方政府债务管理和风险预警机制。为落实上述要求，财政部会同有关部门在摸清地方政府债务“家底”基础上，对地方政府债务实行限额管理，将地方政府债务分类纳入预算管理，初步建立合理控制地方政府债务规模长效机制。

同时，全面推行地方政府债券自发自还改革，积极开展存量债务置换工作。为保障地方政府债券顺利发行，人民银行通过下调存款准备金率、存贷款基准利率等方式，创造了良好的市场环境。财政部、人民银行密切配合，研究引入了定向承销方式，直接将银行贷款等存量债务置换为地方政府债券，减少了对债券市场的冲击。总体来看，2015 年地方债发行工作平稳有序，全年发行 3.83 万亿元，降低地方政府融资成本，为地方经济建设提供了资金保障。

三是加强国债、地方债市场建设，推动债券市场发展。2015 年，我国债券市场发行规模约 22 万亿元，国债、地方债发行量近 6 万亿元，占比达到 27%；国债、地方债余额约 15 万亿元，占债券市场存量的比重超过 30%，国债、地方债已经成为债券市场的主要品种。财政部与人民银行等部门密切配合，推动国债衍生产品创新，推出了国债远期交易、国债期货等，积极研究国债做市支持机制，活跃国债二级市场；将地方债纳入国库现金管理、货币政策操作、商业银行的抵（质）押品范围，提高地方债流动性。建立健全国债收益率曲线，在财政部门户网站上发布了“中国国债收益率曲线”，为债券市场其他金融产品定价提供了重要基准，促进债券市场健康发展。

四是实施国库现金管理，加强与货币政策协调配合。国库现金管理与货币政策联系紧密。近年来，财政部不断加强国库现金流量分析预测，完善国库现金月报体系，开展中央财政国库现金流量按季分月预测和年末年初按月逐日滚动预测，并与人民银行初步建立国库现金流量预测信息会商机制，互通交流国库现金预测信息，对于加强和改进宏观调控，促进财政政策与货币政策协调配合发挥了积极作用。财政部会同人民银行稳步开展国库现金管理操作，2015 年中央国库现金管理操作规模 5100 亿元，北京等 6 个地区开展国库现金管理操作 6600 亿元，有利于保持流动性稳定，并支持实体经济发展。

当然，我们也注意到金融政策的创新与发展，并主动配合和响应。如存款保险制度建立、农村“两权”抵押贷款试点、绿色金融和科技金融发展、互联网金融创新、外债宏观审慎监管试点等方面，财政政策都发挥了不错的协同效应。此外，财政部与人民银行还在重大国家战略中进行了极有默契的动态协作，如落实“一带一路”战略，参与组建丝路基金，成功加入欧洲复兴开发银行，成立中非、中拉等产能合作基金等方面。

当前，财政金融协调已经形成了较丰富的实践经验，也初步形成了具有示范性、复制性、推广性的案例和模式。今后一个时期，我们要进一步拓展协调范围，深化协作机制，增强战略性和规范性，强化针对性和有效性，提升协同效果。

2016 年需要财政金融着力突破的四个重点

今年是全面建成小康社会决胜阶段的开局之年，也是推进结构性改革的攻坚之年，我们的财政金融协调要服务于这个大局。中央经济工作会议指出了“宏观政策要稳、产业政策要准、微观政策要活、改革政策要实、社会政策要托底”的总体思路，并提出了“去产能、去库存、去杠杆、降成本、补短板”的五大任务，结构性改革涉及全局，财政金融协调重任在肩。

第一，要保持经济运行在合理区间，积极财政政策加大力度，稳健货币政策灵活适度。这是宏观政策要稳、微观政策要活的要求。2016 年宏观经济环境十分复杂，稳增长的压力仍在加大，客观上要求政府保持较高支出规模，并着力降低市场主体的投资和运营成本。因此，从财政政策来说，减税和赤字政策并举已势成必然。结构性改革需要政府的助力和市场的动力，所以，减税应立足于改善市场总体环境，激化微观主体的投资和创新创业热情。我们需要金融政策在降低融资成本、拓展融资渠道、支持中小微企业发展中给予更有力的支撑。而赤字率适度提高，将增加国债发行规模和合理确定地方政府新增债务限额，同时要避免政府融资对企业融资的“挤出”。这些也都需要货币金融政策实施更加有效的配合，以保持流动性合理充裕和社会融资总量适度增长。

在金融领域，财政将积极采取措施，主动作为，完善国有金融资本管理制度，在支持推进国有金融机构改革，构建多层次、专业化的金融机构体系等方面形成合力。

第二，切实提高供给体系的质量和效率，提高投资的有效性。提高投资的有效性，既要加快培育新的发展动能，又要改造提升传统比较优势，形成持续增长的动力。落实产业政策要准、改革政策要实、社会政策要托底的总体要求，财政金融政策措施和市场机制必须实现有机结合。从财政来看，核心是要形成去产能、降成本、补短板的体制机制。为此，在不良资产处置、人员安置和生活保障等方面，发挥财政政策的作用，既保持社会稳定，又激活存量资源，消除僵尸企业。进一步降低企业税费负担，正税清费，营造公平的税负环境，适度降低社会保险费。支持企业技术改造和设备更新，加快技术、产品创新。补齐软硬基础设施短板，加强农业现代化基础设施建设，提高投资有效性和精准性，加大投资于人的力度。在财政政策发力的同时，金融政策也需要协同作用。建立健全促进企业兼并重组、股权置换等活动的资本市场体系；创造利率市场化的政策环境，支持市场竞争和金融创新；创新金融支持方式，提高企业技术改造投资能力，推进股债结合投融资方式的发展；支持 PPP 项目和政府引导基金，增强政府的投资引导能力。

大力支持改进金融服务薄弱环节、增强服务实体经济的能力。大力支持发展普惠金融和绿色金融，支持完善多层次资本市场，促进股权和债权等直接融资，发展专业担保机构，促进解决“三农”、小微企业的融资问题。

第三，增强风险防控意识和能力，科学防范和化解风险。风险既是结构性改革的动力，也是结构性改革的阻力，需要在防范和控制风险的前提下推进结构性改革，也要着力在结构性改革推进中释放和化解风险。目前，我国经济运行风险的重点是地方政府债务和金融风险。防控地方政府性债务风险，要进一步加强完善地方政府债务管理，将政府存量债务还本付息纳入年初预算，建立地方政府债务限额及债务收支情况随同预算公开的常态机制；妥善处理存量债务，切实履行政府债务偿债责任，严格将置换债券资金用于偿还符合条件的政府债务；强化风险预警，督促风险较高的地区制订中长期债务风险化解规划，新增债券安排与各地区风险程度挂钩。对于金融风险则需要加强监管，规范各类融资行为，开展金融风险专项整治，遏制非法集资蔓延势头，加强风险监测预警，妥善处理风险案件。这两类风险的治理需要财政金融政策更加紧密有序的协调配合。

第四，深入开展国际财经合作，深度参与全球经济金融治理。结构性改革需要良好的外部环境。面对复杂的国际经济形势，中央经济工作会议提出了优化对外开放区域布局、推进外贸优进优出、积极利用外资、积极参与全球治理等要求。财政部将以落实“一带一路”战略为基础，深化国际财经合作，服务创新、推动改革、促进发展。遵循开放、包容、透明的原则，通过多边规则和程序，推动亚洲基础设施投资银行、金砖国家新开发银行建设，提高运营效率；做好主办 2016 年 G20 峰会财金渠道会议相关工作，推动 G20 各国加强宏观经济政策协调、推进结构性改革、促进基础设施投资；完善多双边对话机制建设等。这些内容和议题都具有典型的财政金融的跨界属性，需要我们加强协调才能有效应对。

同样，财政也将积极参与并支持金融领域的开放。如适应加入 SDR“货币篮子”后的人民币国际化新环境；完善市场化汇率形成机制，保持人民币汇率在合理均衡水平上的基本稳定；完善外汇储备经营管理等内容。

今年是“十三五”的开局之年，创新、协调、绿色、开放和共享五大理念，是“十三五”的核心，也是经济社会持续健康发展的内在要求。我们要坚持发展是第一要务，以提高发展质量和效益为中心，加快形成引领经济发展新常态的体制机制和发展方式；要坚持不懈地推进结构性改革，完善国家治理，优化宏观调控，加强政策协同。

从财政来看，要全面发挥财政政策的结构性调控优势，采取有利渠道和方式，深入化解结构性矛盾；建立健全有利于转变经济发展方式、形成全国统一市场、促进社会公平正义的现代财政制度；建立税种科学、结构优化、法律健全、规范公平、征管高效的税收制度。从金融来看，则需要加快金融体制改革，提高金融服务实体经济效率，健全商业性金融、开发性金融、政策性金融、合作性金融，形成分工合理、相互补充的金融体系。我们要完善以财政政策、货币政策为主，产业政策、区域政策、投资政策、消费政策、价格政策协调配合的政策体系，进一步增强财政货币政策协调性。我们要坚持总量调节和定向施策并举、短期和中长期结合、国内和国际统筹、改革和发展协调的要求，完善宏观调控，采取相机调控、精准调控措施，适时预调微调，更加注重调整结构、扩大就业、稳定物价、提高效益、防控风险、保护环境，取得“十三五”经济社会发展的全面胜利。

杨瑞金副司长在2015年债券市场投资策略论坛的讲话

公共债务管理问题事关一国经济社会发展和财政稳定，世界各国都高度重视。2001年，IMF、世界银行制定发布《公共债务管理指南》（以下简称《指南》），作为指导各国开展公共债务管理的基本规范。2013年，IMF、世界银行启动了《指南》修订工作，财政部国库司代表中国参与修订，提出了多项修订建议并被采纳。2014年，新版《指南》修订完成并重新公布。新版《指南》指出，公共债务管理的主要目标是，在中长期时间内，以尽可能低的成本及可承受的风险水平满足政府融资需求和支付义务，实现政府债务水平和经济增长的可持续性。债务管理应当立足于良好的宏观经济政策和财政金融政策，以确保公共债务水平和经济增长的可持续性。

政府债券是公共债务管理的重要工具，主要包括国债、地方债，具有财政与金融双重功能，对促进经济平稳较快增长和金融发展有重要作用。从财政收入角度看，政府债券是各级政府为实现公共财政职能、平衡财政收支、按照有借有还的信用原则筹集财政资金的一种方式，是政府债务管理的重要组成部分。从金融角度看，国债是公认的“金边债券”，地方债属于基本没有信用风险的“银边债券”，是金融市场的重要产品。特别是国债，提供金融市场的基准利率，是财政政策与货币政策的重要结合点。

作为政府债券发行管理部门，多年来，财政部密切跟踪金融市场情况，以合理成本进行筹资，并深化国债、地方债发行管理市场化改革，确保政府债务的可持续性发展。经过多年建设，目前国债、地方债市场已经得到一定发展，特别是国债市场，已经成为中央财政进行国债筹资、各类投资者进行国债投资、金融机构开展资产负债管理以及中央银行实施公开市场操作调控货币供给的重要场所。

2014年，面对复杂多变的国内外经济金融环境，财政部按照深化财税体制改革有关要求，统筹考虑国债和地方债发行节奏，合理安排国债发行计划，圆满完成了国债、地方债发行任务，并积极推进政府债券发行管理改革创新，取得了明显成效。

一、圆满完成国债、地方债发行任务

2014年，财政部发行国债约1.76万亿元，发行规模创历史新高，为实施积极财政政策提供了有力的资金保障。其中发行储蓄国债约3200亿元，发行记账式国债约1.44万亿元。

与此同时，财政部代地方政府发行地方债13期，发行面值2908亿元；指导自发自还试点地区发行地方债30期，发行面值1092亿元，有力促进了地方社会经济持续健康发展。

二、进一步深化国债发行市场化改革

一是健全完善招标发行体系。在多年实践基础上，不断健全完善“1年期以下国债采用多重价格招标、关键期限国债采用混合式招标、超长期国债采用单一价格招标”的发行体系，通过鼓励充分竞争揭示国债真实价格，促进市场健康发展。

二是全面实施国债续发行。续发行机制有助于减少“债券碎片”，形成规范有序的国债到期结构，提高国债二级市场的流动性。2014 年，财政部不断完善国债续发行机制，继续采取年内短周期续发行为主的模式，目前已实现 3 年期和 5 年期新发 1 次、续发 1 次，7 年期和 10 年期新发 1 次、续发 2 次的稳定续发行机制。

三是稳步开展国债预发行。国债预发行有助于加强国债一、二级市场价格的衔接，提高国债定价基准作用和市场效率。2014 年，财政部会同人民银行、证监会积极推进预发行试点工作，将预发行试点券种从 7 年期国债扩大至全部关键期限国债，并推动银行间债券市场正式启动了国债预发行试点。

四是积极推进国债期货交易业务。国债期货有利于促进完善国债的市场化定价机制，为金融机构提供更多的避险工具和资产配置方式。近年来，财政部积极配合有关部门研究推进国债期货交易业务。2014 年，开始启动实施国债充抵期货保证金业务，有力促进了国债期货交易业务的开展。

五是发布关键期限国债收益率曲线。为贯彻落实十八届三中全会关于“健全反映市场供求关系的国债收益率曲线”精神，2014 年 11 月 2 日，财政部在门户网站首次发布了中国关键期限国债收益率曲线。这一举措有利于加大国债收益率曲线的应用宣传力度，增强其社会影响力，对于发挥国债市场化利率的定价基准作用，促进国债市场持续稳定健康发展具有重要意义。

六是按市场化原则组建新一届（2015—2017 年）国债承销团。适应国债承销资格行政审批事项取消后的新形势，按照公开、公平、竞争的原则和存量考核、增量竞争的方式，确定了 38 家储蓄国债承销团成员、50 家记账式国债承销团成员，组建起了新一届国债承销团。

三、稳步推进地方债发行管理改革

开展地方债自发自还，是落实十八届三中全会、中央经济工作会议提出的“建立规范合理的中央和地方政府债务管理和风险预警机制”、“着力防控债务风险”等要求的重要举措。2014 年，经国务院批准，上海、浙江、广东、深圳、江苏、山东、北京、江西、宁夏、青岛 10 个省份试点地方债自发自还。财政部在认真开展前期研究，深入实地调研的基础上，研究制定了地方债自发自还相关制度，并对 10 个省份发债工作进行了全程指导。

一是初步建立地方债自发自还制度体系。在广泛征求各方面意见基础上，研究制定了《2014 年地方债自发自还试点办法》、《2014 年地方债自发自还试点信息披露工作的指导意见》、《2014 年地方债自发自还试点信用评级工作的指导意见》等一系列制度办法，规范地方债自发自还试点相关工作。

二是认真指导地方财政部门规范透明开展组织工作。指导地方财政部门加强对债券市场研究，合理制定发债计划；按照公平、公开、公正原则组建本地区政府债券承销团；规范开展信用评级和信息披露；采用市场化招标方式确定票面利率及各承销团成员承销额。要求地方财政部门邀请当地监察、审计等部门观察员和财政部门内部监督员共同监督招标现场。

总体来看，2014 年地方债自发自还试点工作进展平稳有序，各方面反映良好。地方债自发自还试点实现了地方政府在地方债融资方面责权利相匹配，有利于推动建立“借、用、还”相统一的地方政府性债务管理机制，有效降低了地方政府融资成本，“倒逼”了地方政府预算信息公开透明，推动了地方债市场健康发展。

四、2015 年重点工作

（一）深化国债发行市场化改革

贯彻落实十八届三中全会《决定》提出的“发展并规范债券市场”、“健全反映市场供求关系的国债收益率曲线”等要求，以及中央经济工作会议关于继续实施积极财政政策的总体部署，2015 年，财政部将进一步深化国债管理制度改革，着力健全反映市场供求关系的国债收益率曲线，推动国债市场健康发展。

一是研究开展记账式国债发行券款对付（DVP）。券款对付具有高效率、低风险的特点，被国际结算组织在世界范围内推荐使用。目前，我国记账式国债发行操作为“先交钱、后交券”，存在1个工作日的时间间隔，且招标日与上市日一般间隔5个工作日，这样会使国债承销团成员面临国债价格波动风险。在记账式国债发行结算中使用DVP，将实现缴款与债权确认的同步完成，有利于大幅提高结算效率，切实保障国债认购人权益。2014年，财政部在前期研究基础上，形成了实施DVP的初步思路。下一步，财政部将进一步研究相关改革方案，择机实施改革。

二是研究推进关键期限国债票面利率标准化工作。国债要素标准化是发达市场经济国家普遍做法。近年来，我们积极推进国债要素标准化工作，已完成了国债期限、发行方式、付息频率的标准化，有力地促进了国债市场的发展。但目前票面利率标准化尚未实现，仍存在票面利率基本变动单位（0.01%）过小、票面利率较零散等问题。票面利率标准化有利于进一步提高国债市场运行效率，夯实国债收益率曲线的市场基础，增强国债收益率曲线的定价指导作用。2014年，财政部对发达国家有关经验做法进行了深入研究，结合我国实际，形成了相关工作基本思路。下一步，财政部将研究制定我国国债票面利率标准化方案，适时开始实施。

三是进一步完善国债发行机制。完善国债续发行机制，形成稳定、规范的关键期限国债续发行模式，减少债券碎片，提高二级市场流动性和国债收益率曲线深度。完善国债预发行机制，推动银行间债券市场制定预发行交易细则并正式开展国债预发行交易；指导交易所债券市场完善预发行机制，促进一、二级市场衔接，丰富投资者利率管理工具。

四是推动国债二级市场发展。近年来，财政部会同人民银行积极开展国债做市支持机制研究，提出了国债做市支持机制的基本原则和初步方案，下一步，将研究推出有关措施，支持完善国债做市制度，增强国债定价的准确性，提高国债市场运行效率。

（二）进一步推进地方债发行机制改革

为贯彻落实新《预算法》和《国务院关于加强地方政府性债务管理的意见》对地方政府性债务管理的有关要求，2015年，财政部将进一步推进地方债发行机制改革，促进建立以政府债券为主的地方政府举债融资机制。

一是积极推进地方政府一般债券自发自还试点工作。在总结近年来地方债发行机制改革经验的基础上，进一步完善一般债券自发自还相关制度，并扩大一般债券自发自还试点省份范围。

二是平稳启动地方政府专项债券发行工作。专项债券是我国债券市场的新品种，目前财政部正在进行深入研究。下一步，财政部将制定专项债券发行兑付制度，对专项债券发行方式、信息披露、信用评级、债券登记托管和上市、还本付息等方面提出指导性意见，指导地方规范有序开展专项债券发行工作；同时，做好各项技术准备和配套工作，保障发行工作平稳启动。

三是逐步完善地方债发行定价机制。财政部将继续加强对地方债发行工作的指导，增强地方政府、地方债承销商等对债券市场化定价的理解，减少非市场化因素对地方债发行定价的影响，真正发挥市场在地方债定价中的决定性作用。

四是继续加强地方债信用评级和信息披露工作。引导评级机构完善地方政府信用评级体系，提升信用评级的独立性和公信力，提高地方债信用评级的市场化水平。按照深入推进预决算公开等有关要求，结合地方债发行需要，逐步丰富地方债发行信息披露内容，提高信息披露质量，真正对地方财政信息公开形成“倒逼”，防范地方政府债务风险，保护投资者权益。

五是统筹国债、地方债发行工作，推动地方债市场发展。统筹国债与地方债，以及地方各省份债券之间的发行工作，把握协调债券发行节奏，合理引导投资者预期。不断丰富地方债品种和期限结构，提高地方债市场流动性，完善地方债市场基础设施，引导各类市场主体积极参与地方债市场，促进地方债市场不断健康发展。

杨瑞金副司长在2015年全年国债会议上的讲话

一、2015年政府债券平稳发行

2015年，全球经济复苏缓慢，国内经济下行压力较大，财政收支矛盾比较突出，防范化解地方政府性债务风险任务较重。面对错综复杂的经济形势，党中央、国务院把握经济大势，保持调控定力，继续实行积极财政政策和稳健的货币政策，全面规范地方政府性债务管理。

发行政府债券是财政筹资的重要手段，是国家宏观调控的重要工具，也是加强规范地方政府性债务管理的重要措施。为有效落实党中央、国务院有关决策部署，2015年财政部加大了政府债券发行规模，国债、地方债发行规模均创历史新高。在承销团成员的积极参与下，全年国债、地方债发行进展顺利，有力保障了积极财政政策的有效实施，降低了地方政府债务风险，促进了国家经济社会发展。

国债发行方面。2008年以前，我国国债发行年度规模低于9000亿元。2009年，在实施积极财政政策的背景下，国债发行规模首次突破1万亿元，达到1.4万亿元。以后几年，国债年度发行规模均保持在1.4万亿元至1.8万亿元之间。2015年，国债发行规模再创历史新高，计划发行量首次超过2万亿元，达到2.07万亿元。截至12月14日，已发行国债面值2.05万亿元，较2014年增加约2900亿元，增长16.6%。其中，记账式国债招标发行78次，较2014年增加19次；发行面值1.75万亿元，较2014年增加约3100亿元。储蓄国债发行14期，面值3000.41亿元，较2014年减少约200亿元，其中3年期1368.22亿元，5年期1317.79亿元。

地方债发行方面。按照国务院关于加强地方政府性债务管理的有关要求，2015年是地方政府性债务置换工作全面启动的第一年，全年共下达3.2万亿元置换额度。同时，为保障地方落实调结构、稳增长的积极财政政策措施，新增地方债券发行额度6000亿元，全年地方债发行总规模达到3.8万亿元，较上年增加3.4万亿元，增长8.5倍。截至12月14日，共有34个省份发行地方债38267.7亿元（含一些省份为在建项目后续融资发行的部分债券），除个别省份外，绝大部分省份已完成2015年下达新增和置换债券额度的发行工作。从发行利率情况看，7月底之前公开发行的地方债与同期限国债基本持平，8月以来与同期限国债的利差逐步增加，公开发行的地方债发行利率总体比国债利率高20—40个基点，采用定向承销方式发行的地方债发行利率整体比同期限国债利率高15%左右。地方债发行的市场化定价水平越来越高，发行利率基本得到市场认可。

二、政府债券发行管理创新不断推进

政府债券市场是金融市场体系的重要基础。深化推进政府债券发行管理市场化改革，完善政府债券市场，是落实党中央、国务院提出的“发展并规范债券市场”、“健全反映市场供求关系的国债收益率曲线”、“建立规范合理的中央和地方政府债务管理和风险预警机制”的必然要求。2015年，在有关部门的大力支持下，财政部继续坚持市场化方向，进一步深化政府债券管理改革，积极推动政府债券市场发展，有效发挥了政府债券调控经济、稳定金融等职能作用。

（一）进一步深化记账式国债市场化改革

1. 完善短期国债发行机制。短期国债是国债的重要组成部分，西方发达市场经济国家的短期国债，在国债管理、宏观调控以及金融市场发展中发挥着重要作用。但在我国，一直以来，短期国债发行规模较小，流动性较差，未起到应有的作用。2015 年，在我国积极争取将人民币纳入 SDR 货币篮子的过程中，IMF 提出希望中方能按周滚动发行 3 个月主权债券，以提高3 个月国债收益率的准确性，将其作为 SDR 中人民币利率的计算依据。以此为契机，财政部果断决策，从四季度起按周滚动发行 3 个月贴现国债。为保障 3 个月贴现国债顺利发行，财政部建立了承销团成员对 3 个月贴现国债需求报送机制，及时了解市场需求，统筹安排发行规模，并缩短招标日与上市日时间间隔，优化内部发债流程。截至 12 月 14 日，已滚动发行 10 期，承销团成员投标踊跃，每期招标倍数都超过 2 倍，发行利率与二级市场收益率基本一致。3 个月贴现国债按周滚动发行工作的顺利开展，为促进人民币纳入 SDR 货币篮子，推动人民币国际化，提供了有力支持，同时，对促进完善短端国债收益率曲线发挥了积极作用。IMF 在评估人民币加入 SDR 时认为，财政部定期滚动发行 3 个月、6 个月短期国债，能够促进市场发展，改善短期国债流动性，符合 SDR 利率篮子有关规定。

此外，为完善短期国债发行机制，发展短期国债市场，进一步提高国债管理市场化水平，财政部组织上海证券交易所、中央国债登记结算公司、中国银行、中信证券、汇丰银行、杭州银行等单位成立了“短期国债发行策略”课题组。课题组分析了我国短期国债市场现状与问题，研究了境外发达经济体短期国债市场经验，以及国内各类机构投资者对国债的需求，并提出了完善短期国债发行策略的建议。

2. 优化招投标控制。2015 年 6 月底，短期记账式国债连续出现两次未足额发行情况，对国债发行产生了一些不利影响。为此，财政部适当扩大了 2 年期（含）以下的记账式国债的中标剔除区间，其中，将 1、2 年期记账式附息国债中标剔除由 12 个标位扩大到 15 个标位，将 91、182、273 天记账式贴现国债中标剔除由 20 个、20 个、15 个标位统一扩大到 25 个标位，有效促进了国债足额发行。

此外，鉴于市场对短期国债定价分歧较大，为更全面反映市场对短期国债收益率要求，使承销团成员能投标更多标位，财政部对贴现国债的投标标位范围进行了适当调整，将 91、182、273 天贴现国债投标标位范围分别由 30 个、25 个、20 个标位扩大到 40 个、35 个、30 个标位，一定程度上提高了贴现国债定价市场化程度。

3. 积极推进国债续发行工作。国债续发行自 2013 年正式推出以来，对于减少国债碎片，促进提高二级市场流动性发挥了积极作用，广受投资者欢迎。2015 年，在已对 7、10 年期记账式国债实行新发一次、续发两次机制基础上，我们对 3、5 年期记账式国债也实行一次新发、两次续发的机制，进一步提高了国债流动性，优化了国债到期结构，促进完善了国债收益率曲线。

4. 完善承销团成员管理。为保障国债顺利发行，适当增加承销团成员义务，将乙类承销团成员最低投标义务从 1% 增加至 1.5%。同时，为激励承销团成员做好国债承销工作，促进国债市场平稳健康发展，进一步完善考核机制，增加了对预发行业务以及承销团成员报送月度、季度、年度报告等方面考核，以鼓励成员积极参与国债业务创新，促进成员切实履行主协议规定的义务。

5. 逐步健全反映市场供求关系的国债收益率曲线。国债收益率曲线是债券市场的基准曲线，是金融产品定价的参考基准。为贯彻落实党的十八届三中全会有关“健全反映市场供求关系的国债收益率曲线”要求，在 2015 年 3 个月、6 个月贴现国债实现按周、按月滚动发行的情况下，我们积极研究完善短端国债收益率曲线编制工作，并于 11 月 27 日，在财政部官网首次公布了3个月、6个月国债收益率，提高了国债收益率曲线的完整性，有利于进一步发挥国债定价基准作用，促进国债市场发展。

6. 研究建立国债做市支持机制。国债做市制度有助于完善国债定价机制，提高国债交易效率，推动国债市场健康发展。为匹配做市商权利和义务，提高做市商做市积极性，减少做市商做市风险，近年来，财政部会同人民银行、外汇交易中心积极研究建立国债做市支持机制。2015年，财政部会同人民银行、外汇交易中心细化随买、随卖操作方案，并初步达成一致意见。

（二）稳步推进储蓄国债管理改革

1. 研究完善储蓄国债定价机制。一直以来，储蓄国债发行利率以人民银行公布的同期限商业银行定期存款基准利率为基础上浮一定比例确定。随着利率市场化进程加速，2014年11月份，人民银行取消了5年期定期存款基准利率，原定价机制难以为继。2015年初，财政部会同人民银行，经认真研究，适当调整了储蓄国债定价机制调整，即3年期储蓄国债利率以3年期定期存款基准利率为基础，5年期储蓄国债利率以3年期储蓄国债利率为基础，并参考承销团成员同期限定期存款实际执行利率等上浮一定比例确定。为提高储蓄国债定价的合理准确性，财政部建立了承销团成员利率报送机制，及时跟踪了解银行存款实际利率执行情况，为合理确定储蓄国债发行利率提供了重要参考。从实际执行效果来看，该定价机制一定程度上缓解了利率市场化给储蓄国债定价带来的压力，基本保障了储蓄国债平稳顺利发行。

由于人民银行已经取消了定期存款利率上限，商业银行对于存款利率的设定拥有较大自主权，目前市场上定期存款利率的差异性已比较明显，预计人民银行今后也可能取消3年期定期存款基准利率，现行的储蓄国债定价机制将缺乏基础，需要提前研究建立新的储蓄国债定价机制。为此，2015年7月，我们会同人民银行国库局、国债公司以及工商银行、邮储银行、中信银行、北京银行、青岛银行等组成课题组，进行专题研究。课题组收集整理并研究分析了美国、英国、日本等发达市场经济国家固定利率储蓄国债的定价机制，结合我国储蓄国债管理需要和金融市场发展状况，形成了新的储蓄国债定价机制初步思路，即储蓄国债发行利率以同期限记账式国债平均收益率为基础，参考储蓄国债承销团成员同期限定期存款利率实际执行情况、大额可转让存单、理财产品以及专家咨询意见等确定。该研究对于建立适应利率市场化要求的储蓄国债定价机制具有重要参考价值。

2. 组织升级改造储蓄国债（电子式）发行管理信息系统。原储蓄国债（电子式）发行管理信息系统是在2009年开始使用的，一直以来未作重大改造。随着近年储蓄国债改革工作不断推进，管理制度机制不断完善，原储蓄国债（电子式）发行管理信息系统已不能很好满足业务管理需要；同时，原储蓄国债（电子式）发行管理信息系统存在信息化程度不够高、及时纠错能力不够强等问题，一定程度上影响了储蓄国债（电子式）业务的开展。2015年，我们会同人民银行国库局，组织国债公司及储蓄国债承销团成员对储蓄国债信息系统进行了全面升级改造。升级后的系统于10月底正式上线，运行平稳，顺利完成了2015年最后两期储蓄国债（电子式）的发行工作。新系统实现了储蓄国债发行关键环节业务操作信息化、自动化，建立了日间销售数据核对预警机制，有效提高了工作效率，降低了风险。

3. 进一步推进储蓄国债（电子式）网上银行销售工作。储蓄国债（电子式）网上银行销售是近年储蓄国债销售管理方面的一项主要创新。自2012年试点启动以来，取得了较好的成效，有效提高了投资者购买储蓄国债（电子式）的便利性，拓宽了储蓄国债（电子式）销售渠道，缓解了储蓄国债承销团成员柜面压力。2015年，财政部继续扩大储蓄国债（电子式）网上银行销售机构范围，新增光大银行等10家成员开展网上银行销售储蓄国债（电子式）业务，目前网银销售成员已经达到19家，占全部成员的一半。

4. 加强储蓄国债规范化管理。储蓄国债涉及广大个人投资者，如果出现问题，影响面广，对国家信誉损害大。2015 年，个别承销团成员出现了超额度销售、未按时兑付、销售不积极等情况，虽然及时采取措施予以纠正，但还是造成了一些负面影响。2015 年，我们进一步加强了对承销团成员的监管，加大违规行为处罚力度，通过暂停销售或抓取资格、调减发行额度、通报批评等对承销团成员违规行为形成震慑，促进承销团成员加强规范化管理。

（三）大力推进地方债发行机制改革

1. 建立健全地方债发行制度体系。根据国务院关于加强地方政府性债务管理有关规定，地方债按债券性质区分为一般债券、专项债券，按额度属性区分为新增债券、置换债券。不同类型的地方债，在发行要求上也有所不同，因此发行工作比以往更加复杂。为保障地方债发行工作规范有序开展，财政部针对不同类型地方债的特点，先后印发了《地方政府一般债券发行管理暂行办法》、《关于做好 2015 年地方政府一般债券发行工作的通知》、《地方政府专项债券发行管理暂行办法》、《关于做好 2015 年地方政府专项债券发行工作的通知》，对承销团组建、信用评级、信息披露、债券发行组织等各环节予以规范，为地方债发行工作顺利开展提供了有力的制度保障。

2. 创新地方债发行方式。2015 年地方债发行规模较往年成倍增加，如全部采用公开方式发行，可能会对金融市场造成一定的影响，引发利率上行，甚至造成发行困难。在此背景下，财政部会同人民银行、银监会研究引入了定向承销方式，明确 2015 年省级政府在财政部下达的置换债券限额内采用定向承销方式发行一定额度地方债，用于置换部分存量债务。从实际效果来看，定向承销方式，在一定程度上减少了地方债发行对债券市场的冲击，提高了地方政府存量债务置换效率，促进了地方债的顺利发行。

3. 加强对地方财政部门发债工作的指导。2015 年，是地方债首次全面由省级人民政府自发自还的第一年。对于绝大多数地方政府而言，地方债自发自还工作是一项全新业务，专业性强，操作复杂，因此挑战性大，任务比较艰巨。为帮助地方政府更加全面、准确理解把握政策要求，财政部加大了培训力度。4 月，财政部举办地方债发行业务专题培训班，对地方债发行工作作了全面部署，就地方债公开发行相关政策和操作实务对各地财政部门相关人员进行了系统的培训；5 月，在全国财政国库工作座谈会上，就采用定向承销方式发行地方债相关政策和操作实务向地方财政部门主管厅（局）领导及相关人员作了专门讲解。8 月，召开地方债定向承销业务培训班，对地方政府采用定向承销方式发行地方债进行培训，并总结前期地方债发行情况，分析存在的问题，研究解决措施。

同时，为协助地方政府规范做好地方债发行工作，财政部通过答疑、文件审核备案、组织对口帮扶等方式，协助地方财政部门开展相关业务，并向各期地方债发行现场派出观察员，现场指导地方政府熟练掌握发债操作、自觉遵守发行现场纪律规定。此外，财政部还积极引导地方财政部门和各金融机构进一步增强市场化意识，避免为过分追求低利率而采取非市场化行为。

（四）进一步加强与国债承销团成员的交流合作

国债承销团成员是国债市场运行、建设的重要参与者，专业能力强，从业经验丰富。一直以来，财政部都非常重视与承销团成员的交流合作，充分发挥承销团成员业务专长，促进提升国债发行管理水平。2015 年，财政部继续通过调研、召开季度例会、电子邮件、QQ 沟通等方式，进一步密切与承销团成员联系，并主动与承销团成员合作开展课题研究，鼓励承销团成员积极参与会议主题演讲、与我们分享月度、季度、年度国债承销与金融市场分析报告等，为改进国债发行管理工作提供了有力支持。

（五）加强国际交流合作

政府债券管理问题事关一国经济社会发展和

财政稳定，世界各国都高度重视，债券市场发达国家积累了许多宝贵经验和做法。为借鉴国外先进经验，促进国内国债市场发展，财政部继续加强国际交流合作。参加了 IMF 第 15 届公共债务管理会议、联合国贸发会议第四次债务管理会议、“本币债券支持基础设施发展”政策讨论会，组织地方财政部门赴德国进行地方债培训，增强我国在政府债务管理领域的话语权，并借鉴国际经验，支持我国国债、地方债改革。同时，扎实推进世行、亚行技援项目的开展，形成了“中国国债管理战略计量分析”课题研究报告、中国国债管理战略计量模型系统开发方案以及“中国地方政府债券市场发展”、“中国地方政府专项债券市场发展”研究报告，有利于促进提高我国政府债务管理水平、加强政府债务管理能力建设。

三、进一步深化政府债券管理改革

为深入贯彻落实党的十八届三中、四中、五中全会精神，2016 年，财政部将继续深化国债、地方债管理制度改革，着力健全反映市场供求关系的国债收益率曲线，促进建立健全规范合理的中央和地方政府债务管理机制。

（一）平稳完成国债发行工作

预计 2016 年我国仍将继续实施积极的财政政策，加之 2016 年国债到期还本量增加，2016 年国债发行规模较 2015 年将有较大幅度的增加。财政部将继续坚持公开、透明、市场化的原则，结合国库库款和国债市场需要，科学安排国债品种、期限结构、发行节奏，完善国债发行兑付等各项管理制度，并加强对经济金融环境和债券市场的分析研究，提高国债发行管理的应变能力，平稳完成国债发行工作，实现国债持续以合理成本筹资的目标。

（二）继续深化记账式国债发行市场化改革

1. 适当调整发行期限结构。一是全年实现按周滚动发行 3 个月国债，按月滚动发行 6 个月国债，完善短端国债收益率曲线。二是增加关键期限国债的发行频次，争取各关键期限国债每月都能发行一次，并适当增加单期发行规模，满足投资机构需求。三是适当增加 30 年期国债发行，逐步建立健全超长端国债收益率曲线。

2. 改进记账式国债发行安排。一是统一招标发行时间。目前招标时间不是很统一，属于国债期货可交割国债期限范围的记账式国债竞争性招标时间为招标日上午 10：35 至 11：35，其余期限招标时间为招标日上午 9：30 至 10：30，这在一定程度上增加了管理难度。2016 年，我们拟将所有期限的记账式国债竞争性招标时间统一为招标日 10：35 至 11：35。

二是优化追加投标、债权托管时间分配。由于 2016 年国债发行规模增大，国债发行频次也会随着增加，可能会出现同一时间段同时招标发行两期国债的情况。近年来关键期限国债追加情况较少，而托管工作量相对较大，为提高工作效率，拟将追加投标时间由目前的 20 分钟缩短为 15 分钟，债权托管时间由目前的 15 分钟延长至 20 分钟。

三是缩短招标日与上市日时间间隔。从 2015 年四季度起，3 个月贴现国债的招标日与上市日时间间隔已由 5 个工作日缩短为 3 个工作日，减少了投资者由于价格波动带来的风险。为进一步统一记账式国债的发行安排，拟将全部记账式国债的招标日与上市日时间间隔均由 5 个工作日缩短为 3 个工作日。

3. 完善承销团成员管理机制。预计 2016 年发行规模、频次增幅将较大，按照现行考核机制，承销团成员承销压力将进一步增加。为提高国债承销团的吸引力，我们将研究适当增加国债承销团成员权利，减轻承销团成员义务，进一步提高权利与义务的匹配性，促进国债承销团健康稳定发展，更好满足国债发行管理需要。

4. 完善记账式国债发行机制。推动银行间债券市场开展预发行交易，指导交易所债券市场完善预发行机制，如研究运用国债、地方债冲抵国债预发行履约保证金等。完善记账式国债续发行管理，对全部关键期限国债实行续发行。研究推进新发关键期限国债票面利率标准化工作，提高国债发行管理效率。

（三）进一步完善储蓄国债管理

1. 完善储蓄国债定价机制。适应利率市场化不断加速的要求，研究改进储蓄国债定价机制，更好满足财政筹资及投资者需求，并逐步确立储蓄国债利率在个人金融产品定价中的基准地位。

2. 研究丰富储蓄国债销售渠道。进一步改进储蓄国债（电子式）网上银行销售安排，扩大办理机构范围。同时，研究手机银行销售储蓄国债等问题，进一步丰富储蓄国债销售渠道，促进储蓄国债发行。

3. 加强规范储蓄国债发行管理。针对新储蓄国债（电子式）业务管理系统运行中存在的问题，研究解决措施，对系统进行升级优化。研究改进储蓄国债发行额度管理、考评措施，加强日常监管，提高储蓄国债发行规范化程度。

（四）深入推进地方债发行机制改革

按照实行积极财政政策的要求，预计2016年新增地方债券规模将增加，同时，置换债券规模也较大，地方债发行任务依然很重。

1. 进一步健全地方债自发自还相关制度。在总结2015年自发自还工作基础上，根据2016年地方债发行工作要求，制定印发关于做好2016年地方债发行管理工作的通知等制度文件。

2. 进一步提高地方债市场化定价水平。在进一步完善信息披露、信用评级等制度的基础上，推动相关各方按照市场化原则，平等协商，充分竞争，防止采取行政手段干预地方债发行定价的行为，逐步形成规范合理的地方债市场化定价机制。

3. 合理统筹国债、地方债发行节奏。继续密切跟踪金融市场形势，统筹国债与地方债、不同地区之间地方债的发行工作，把握协调债券发行节奏和市场应债能力。

4. 推动地方政府债券市场健康稳定发展。研究推进地方债投资群体多元化。积极建设地方政府债券二级市场，着力提高地方债流动性。探索建立地方债收益率曲线。

5. 继续加强对地方财政部门发债工作的指导。加强与有关部门的沟通协调，及时研究解决发债过程中遇到的实际问题，保障2016年地方债发行任务顺利完成。

杨瑞金副司长在地方政府债券业务培训班上的讲话

2015 年 4 月 13 日 西安

一、充分认识全面推进地方债发行机制改革的重要意义

（一）全面推进地方债发行机制改革是深化财税体制改革、建立现代财政制度的必然要求

财政是国家治理的基础和重要支柱，财税体制在治国安邦中始终发挥着基础性、制度性、保障性的作用。党的十八届三中全会明确提出要深化财税体制改革，建立现代财政制度。现代财政制度内涵丰富，其中很重要的一个方面就是要建立规范合理的中央和地方政府债务管理及风险预警机制。2015 年开始实施的新《预算法》赋予了地方政府依法适度举债融资权限，并且明确举债融资方式为发行地方政府债券。国发 43 号文进一步将地方政府债券分为一般债券和专项债券，要求地方政府举借债务要遵循市场化原则，建立地方信用评级制度，逐步完善地方政府债券市场。按照新修订的《预算法》和党中央、国务院决策部署，在 2014 年 10 个试点省份基础上，2015 年加快推进地方债发行机制改革步伐，所有省份地方债全部自发自还。改革任务比较繁重，时间也十分紧迫，同志们一定要提高认识，切实保障地方债发行机制改革全面平稳推进。

（二）全面推进地方债发行机制改革是防范和化解地方政府债务风险的迫切需要

针对近几年地方政府性债务规模不断增加、部分地区债务增长过快等问题，国务院及时出台了一系列加强地方政府性债务管理措施，取得了一定效果。目前我国政府性债务风险总体可控，但有的地方也存在一定风险隐患。全面规范地方政府债务管理的总体要求是，疏堵结合，开明渠，堵暗道，筑围墙，建立以政府债券为主体的地方政府举债融资机制。全面推进地方债发行机制改革就是要在堵住地方政府通过融资平台等暗道融资的同时，为地方政府打开通过发行地方政府债券融资的明渠。国发 43 号文明确，中央政府对地方政府债务实行不救助原则，地方政府对其举借的债务负有偿还责任，需要纳入本级预算管理。地方债自发自还明确发行人、偿还人为省级地方政府，符合责权利、借用还相统一的原则，有利于促进建立规范合理的中央和地方政府债务管理和风险预警机制，也有利于防范化解财政风险，促进本地区经济健康稳定发展。

（三）全面推进地方债发行机制改革是完善地方政府债券市场的必要基础

习近平总书记在审议《深化财税体制改革总体方案》的会议上指示，财税体制改革不是解一时之弊，而是着眼长远机制的系统性重构。加强地方政府债务管理作为财税体制改革的重要组成部分，也要着眼于长远，实现在中长期内地方政府能够以较低成本可持续筹资，以市场化方式防范和化解地方政府债务风险。完善的地方政府债券市场对促进地方政府顺利发行地方政府债券，以合理、较低成本实现及时有效筹资具有重要意义。国际货币基金组织、世界银行新修订的《公共债务管理指南》也明确要求，政府债务管理部门应当积极推动政府债券市场发展。从我国情况来看，2014 年末我国地方债存量已经超过 1.1 万亿元，2015 年新增债券和置换债券发行

后，地方债市场规模将进一步扩大。虽然近年来我国地方债市场实现了较快的发展，但当前地方债仍存在流动性较低、交易不活跃等问题。全面推进地方债发行机制改革，可以推动完善地方债市场化定价机制，提高地方债管理透明度，拓展地方债投资者基础，进一步促进地方债市场健康稳定发展。

二、2015年地方债发行工作总体思路和重点工作

为做好2015年地方债发行工作，按照部领导有关指示精神，财政部国库司在总结2014年地方债自发自还试点经验的基础上，从2014年第四季度起即着手研究2015年一般债券、专项债券发行有关事宜，采取实地调研、座谈会等形式向相关方面了解有关情况，并征求对初步工作思路的意见建议，在此基础上，形成了2015年推进地方债发行工作的总体思路，即“自发自还、统一规则、分类管理、统筹推进”。

（一）自发自还

就是省、自治区、直辖市（含经省政府批准自办债券发行的计划单列市）人民政府依法在限额内按照市场化原则自行组织本地区地方债发行、利息支付和本金偿还，发行兑付有关工作由省级政府财政部门负责办理。地方债实行限额管理，省、自治区、直辖市政府发行的一般债券、专项债券总规模不得超过当年本地区一般债券、专项债券限额。一般债券、专项债券发行应当遵循市场化原则，地方财政部门、承销团成员、信用评级机构及其他相关主体，不得以非市场化方式干扰一般债券、专项债券发行工作。

（二）统一规则

即地方债发行应当按照《预算法》、国发43号文等法律法规和财政部制定的相关制度规范有序开展，统一地方债在承销团组建、信用评级、信息披露、债券发行组织、债券发行现场管理、登记托管、还本付息和相关费用拨付等方面的规则，避免不同地区各行其是，不正当竞争，同时明确地方债发行各个工作环节的相关要求，为地方财政部门提供指导，提高相关工作的效率和质量。

（三）分类管理

即财政部分别制定一般债券与专项债券的发行管理制度。财政部已于3月份先后印发了《地方政府一般债券发行管理暂行办法》和《财政部关于做好2015年地方政府一般债券发行工作的通知》，4月初又先后印发了《地方政府专项债券发行管理暂行办法》和《财政部关于做好2015年地方政府专项债券发行工作的通知》。分别制定一般债券与专项债券的发行管理制度，主要是考虑到一般债券和专项债券在举债资金用途、预算管理方式和偿债资金来源等方面都有不同，因此，发行运作机制也有一定区别。地方财政部门应分别依据一般债券、专项债券管理制度，组织本地区相关发行工作。

（四）统筹推进

即财政部统筹把握地方债与国债、各地区之间地方债发行节奏和进度，并对自发自还经验不足的地区进行重点帮扶。为避免各地地方债发行一哄而上，干扰地方债市场平稳运行，相关制度文件要求相同期限的地方债与记账式国债、一般债券与专项债券、不同地区的地方债不在同一时段发行，并要求地方财政部门应当不迟于发行日前7个工作日将地方债发行安排报财政部备案，财政部按照“先备案先得”的原则协调各地债券发行时间等发行安排。此外，财政部将通过培训、答疑等方式，加强对地方财政部门发行地方债工作的指导；对发债经验不足的地区，将有针对性地进行帮扶，协助其做好制定相关制度、组织现场发行等工作。

2015年是全面推行地方债自发自还改革的第一年。除2014年10个试点省份外，这项改革对于地方财政部门是一项全新的工作，改革内容较多、工作量较大、任务比较艰巨，地方财政部门应着重做好以下几个环节的工作：

一是组建地方债承销团。承销团是地方债发

行工作的重要参与方。组建一个好的地方债承销团是地方债发行工作一个必要环节，也是重要基础。开展承销团组建工作，一是要遵循市场化原则。地方政府与承销团成员间是债券承销合同甲乙双方关系，也就是一种典型的契约关系。因此，要求组建工作公开、公平、公正，具体来讲，就是成员选择方法要科学合理，组建信息要公开透明、提前向社会公布，组建过程要公正、规范，并通过签订承销协议方式约束双方行为。二是要因地制宜选择成员。承销团成员综合实力，对于能否顺利完成地方债发行任务至关重要。一般来讲，应将机构综合实力作为选择成员的重要指标。各地在选择承销团成员时既要选择国有大型商业银行、全国性股份制商业银行等综合实力较强的全国性金融机构，同时，也要考虑对本地区情况比较熟悉、跟地方政府合作良好的区域性金融机构，结合实际情况，充分挖掘本土资源，将本地区有实力、有意愿的金融机构吸收进承销团。

二是规范开展信用评级。债券信用评级，是指评级机构对债券发行人按时、足额偿还债务的能力和意愿出具正式意见，它是投资者分析债券发行人和债券信用的重要参考。根据债券发行管理有关要求，对于自发自还地方债，需要开展相关信用评级，这样既能帮助投资者科学判断投资风险，同时通过引入市场监督机制，有利于防范地方政府债务风险。为保证信用评级发挥应有作用，地方财政部门要依法竞争择优选择信用评级机构，及时、准确向信用评级机构提供相关信息，并不得以任何形式进行干预，确保评级工作独立、客观、公正、有序开展。

三是积极进行信息披露。债券信息披露是债券发行人等主体，通过信息披露渠道，向投资者等相关方公开披露发行人财务和经营状况等对投资决策有较大影响的信息的过程。良好的信息披露，有助于消除发行人与投资者之间的信息不对称，规避市场信用风险，促进市场公开、公平、透明，是债券市场平稳运行的基础性安排。地方债实行自发自还后，地方财政部门不仅要在债券发行前、发行期间披露相关信息，债券存续期内也需要进行相关信息披露。同时，除披露债券发行兑付制度文件、债券基本信息、经济运行概况等信息外，还要披露财政收支、债务情况等信息，如果是专项债券，地方财政部门还要披露专项债券对应的政府性基金、调入专项收入以及项目等情况。为保证信息披露能满足债券发行基本要求，财政部在有关制度文件中对信息披露提出了最低要求，地方财政部门务必要严格执行；同时，也鼓励各地根据投资者需要和实际情况，积极披露其他相关信息。

四是严格债券发行管理。目前，债券公开发行有招标和承销两种方式。与承销方式相比，招标方式更加公正、透明，更加符合市场化要求。因此，财政部结合招标方式特点，要求对于单一期次发行额达到5亿元的地方债，地方财政部门必须采用招标方式发行。此外，发行现场管理工作也至关重要。由于投标信息直接关系承销团成员切身利益，各成员的投标信息都在发行现场汇集，如在发行期间泄露出去，将产生严重的不良影响。因此，地方财政部门在管理发行现场时要高标准严要求，严格比照记账式国债发行现场管理规定执行，包括采取派外部监督员进行现场监督，履行进出登记手续，上交通讯设备，发行期间严禁离开发行现场，发行现场进行无线电屏蔽等措施。

五是确保按时还本付息。地方债还本付息工作事关政府形象，代表政府信誉，责任重大。地方债自发自还后，还本付息工作将由地方财政部门自行完成。为确保还本付息资金按时、足额拨付给投资者，地方财政部门要制定还本付息制度办法、业务操作规程，及时、准确编制还本付息计划，并安排专人专岗负责。由于部分地方债资金转贷市、县使用，省级财政部门要及时提醒市、县财政部门按时上缴还本付息资金，并密切跟踪资金到账情况；如下级财政部门上缴资金确实存在困难，省级财政部门应使用本级财政资金先行垫付，再通过上下两级财政结算等方式予以扣回，确保不出现地方债违约情况。

三、几点要求

经国务院批准，2015 年第 1 批地方债置换存量债务额度为 1 万亿元，其中一般债券 8000 亿元，专项债券 2000 亿元；新增地方债额度 6000 亿元，其中一般债券 5000 亿元，专项债券 1000 亿元。2015 年地方债发行规模有了较大幅度增加，债券市场的接受也需要一个适应过程，地方债发行任务较为艰巨。为此，各地财政部门要及时向本地区相关领导汇报有关政策和工作进展，积极争取领导的理解和支持，高度重视、妥善安排，全力做好 2015 年地方债发行有关工作。

（一）制定地方债发行相关制度，严格按照规定规范开展相关工作

地方财政部门应当根据财政部有关制度规定，结合本地区实际情况，抓紧制定本地区一般债券、专项债券发行相关制度。在相关工作中，要严格按照《预算法》、国发 43 号文等法律法规，以及财政部和本地区有关制度文件等规定，规范有序开展相关工作。组建承销团、开展信息披露和信用评级、组织地方债发行兑付等相关文件原则上要在对外公布前报财政部备案，地方债发行兑付过程中出现重大事项要及时向财政部报告。

（二）树立推动地方债市场长期可持续发展的意识，不得以非市场化方式干扰地方债发行工作

近年来地方债发行机制改革不断深入，总体上各地财政部门对地方债的理解不断加深，市场化意识不断增强。但在 2014 年自发自还试点中，也因个别地区发行利率问题引发债券市场和新闻媒体热议及国务院领导的关注；2015 年个别省份选取地方债信用评级机构时，也因中标价格问题引发一定的负面反响。为此，我还是要再次强调，地方债发行是一个市场化行为，发行利率、信用评级等级是按照市场规则确定的，利率高低、评级等级高低不是衡量债券发行结果的唯一标准。各地财政部门要牢固树立市场化理念，避免为过分追求低利率和高评级而采取干预投标和评级等行为，努力为今后地方债工作的长期可持续性发展打下良好基础。

（三）开展对口帮扶，共同做好地方债发行工作

为充分发挥 2014 年试点地区经验优势，保障 2015 年地方债发行工作顺利推进，经征得 2014 年试点地区同意，财政部将组织 2014 年试点地区对 2015 年首次开展地方债自发自还工作的省份共同开展对口帮扶工作，其中，2013 年开展自发代还试点的 6 个省份每省对口帮扶 2 个省份，2014 年开展自发自还试点的其他 4 个省份每省对口 1 个省份，财政部直接帮扶其余 10 个省份。希望相关地区加强沟通，密切合作，开展帮扶的省份要积极传授经验，帮助对口省份做好具体工作；被帮扶的省份要虚心学习，充分借鉴其他省份此前自发自还试点经验，同时要结合自身实际，因地制宜开展相关工作。

（四）强化内部控制，加强人才建设

地方债自发自还相关工作环节多、流程长，各地财政部门要充分估计困难，加强内部控制，规范操作流程，把工作任务分解到部门、具体到项目、落实到岗位、量化到个人，建立层层负责、科学合理、行之有效的工作责任制，切实保障相关工作平稳推进。

同时，要注重人才队伍建设。地方财政部门的同志熟悉财政预算管理，但对债券市场相对陌生。各地财政部门要设置专门债券发行管理岗位，积极选调得力人员负责此项工作，相关人员不仅要懂财政、懂预算，还要认真学习金融市场相关知识，不断强化市场化意识。要通过培训等各种途径，尽快培养一支专业化队伍，为今后工作的进一步深入做好人才储备。

冯冰副主任在亚洲债券估值国际研讨会上的讲话

各位来宾、朋友们：

早上好！非常高兴能参加本次研讨会，与大家一起探讨第三方估值的定位与发展问题。国债作为一国本币市场上的基础资产、基础工具，又有信用风险较低和期限结构丰富等特征，因此编制和发布国债收益率曲线通常是第三方估值的基础和重中之重，也普遍受到各国政府的重视。2013年《中共中央关于全面深化改革若干重大问题的决定》中明确提出“健全反映市场供求关系的国债收益率曲线”，表明国债收益率曲线已得到中国国家层面的关注。在此，我向大家简要介绍一下近年来我们在完善国债市场基础，健全国债收益率曲线方面取得的一些进展。

一、坚持市场化方向，不断完善国债利率形成机制

从国际上看，新兴市场国家债券市场大多存在基础设施不完善及流动性较差等问题，在促进债券市场发展及收益率曲线形成方面，需要政府部门和市场资源的有效结合，共同发挥作用。作为国债管理部门，财政部一直坚持市场化方向，致力于与各方协调，共同推动国债市场的建设与发展。多年来，我们在深化国债管理制度，建立健全国债收益率曲线方面做了一些工作，对债券市场探索和编制国债收益率曲线起到了一定作用。

一是建立了集中托管系统和电子发行平台，不断完善承销团制度，采用市场化定价机制，有效提升了国债发行效率和定价的有效性与透明度。

二是持续提高国债管理的精细度，提前公布发行计划，定期均衡发行国债，对于提高国债发行政策的透明度，稳定投资者的国债供给预期，促进市场的平稳运行具有积极意义。

三是将1、3、5、7、10年五个期限确定为关键期限国债品种，连续滚动发行；定期发行50年期国债，成为法国、英国之后第三个发行50年超长期国债的国家；按周滚动发行3个月短期国债，按周滚动发行6个月短期国债，直接促进了国债收益率曲线的完善。

四是与人民银行、证监会等有关部门协调配合，建立了关键期限国债报价做市制度，以及恢复国债期货交易机制，增强了二级市场价格发现力度。

五是在国债和地方政府债招标发行中采用国债收益率曲线作为招投标参考，有效缓解了定价分歧和降低了定价的不确定性，提高了国债发行定价效率，并推动了国债收益率曲线的实际应用。

现在来看，以上几项工作对于完善国债收益率曲线的编制条件和市场基础发挥了重要作用。

二、国债收益率曲线的编制与应用取得明显进展

随着债券市场的发展，国债收益率曲线的市场基础正在逐渐改善，编制技术趋于成熟，市场认可度不断提升。借鉴主要发达国家财政部经验，2014年11月，财政部开始在网站首页按日发布含1、3、5、7、10年等关键期限国债收益率曲线，2015年11月起向短端延伸至3个月和

6个月。要说明的是，该曲线是由中央国债登记结算公司负责编制与提供的，在此感谢中央国债登记结算公司为国债收益率建设所做的积极贡献。

目前国债收益率曲线在经济管理、市场监管、债券投资管理、金融产品定价等方面取得了一些可喜的进展，在境内外宏观和微观层面发挥着积极有效的配套支持作用。

一是从宏观层面来看，国债收益率曲线3个月期限收益率作为人民币短期债务工具代表性利率，进入IMF特别提款权利率篮子；多项研究表明，国债收益率曲线可以较好地反映市场预期，从预期管理的角度为货币政策等宏观管理决策提供参考。

二是从微观层面来看，国债收益率曲线在机构交易定价、风险评估和公允价值计量方面也发挥着重要的作用。国债的定价与风险基准作用已经开始显现，目前已为其他债券品种、优先股和永续债等长期限金融产品提供了定价依据。随着中国利率市场化进程的进一步加快，可以预见，国债收益率曲线的利率基准作用将日益增强。

三、深化国债管理制度改革，健全国债收益率曲线

当前及今后一个时期，我们将从深化国债管理制度改革和完善市场运行机制层面着手，着力改善市场供求关系，努力提高国债市场流动性，进一步健全国债收益率曲线。

一是继续借鉴国际通行做法，开发运用国债管理计量分析工具，进一步优化国债结构和发债节奏。

二是与有关部门、广大市场参与者和投资者一道，研究完善国债二级市场运行机制，进一步改善国债流通质量和价格形成机制，如国债做市支持机制、经纪商机制等。

三是加强国债市场“盯市”、估值及市场监测，鼓励编制并实时公布国债公允价值和收益率曲线等市场信息，进一步发挥国债收益率曲线在中国金融市场的定价基准地位。

四是在人民币国际化大背景下，推动中国国债收益率曲线的境外应用与宣传，进一步提高中国国债管理政策透明度和中国国债市场的境外影响力。

希望这次会议能通过各国估值机构专家们的专业探讨，进一步提升对债券估值，包括债券收益率曲线的认识，并不断完善相关技术，提高质量，促进第三方估值在金融市场稳定与发展中发挥更大作用。

预祝本次会议圆满成功。

谢谢！

三、政府债券管理理论研究与实践探究

发展短期国债 丰富财政政策和货币政策工具

杨瑞金 唐龙生 柳建光 巩方强 潘淑珍

《中共中央关于制定国民经济和社会发展第十三个五年规划的建议》指出，要创新和完善宏观调控方式，增强财政政策和货币政策的协调性。在发达市场经济国家，国债是财政政策与货币政策的重要结合点之一，其中短期国债联通债券市场与货币市场，在政府债务管理和货币政策利率传导机制中发挥了重要作用。2006 年国债余额管理制度实施为我国发展短期国债清除了制度障碍，但由于投资者需求不稳定等因素，近年来我国短期国债发行量仍然较小，二级市场流动性较低，发展相对滞后。随着财税金融体制改革深入推进，特别是人民币纳入特别提款权（SDR）货币篮子后，发展短期国债的紧迫性加强。为此，我们组织上海证券交易所、中央国债登记结算有限责任公司以及国家开发银行、中国银行、杭州银行、汇丰银行（中国）、中信证券等5家国债承销团成员研究了主要市场经济国家发展短期国债情况，分析了新常态下我国发展短期国债的必要性和制约因素，在此基础上，建议把发展短期国债作为我国财政政策、货币政策协调配合的重要内容之一，更好地发挥短期国债在市场经济中的宏观调控作用。

一、新常态下发展短期国债的必要性

（一）近年来国债发行量快速增长，发展短期国债，有利于拓宽投资者群体，降低国债筹资风险

2008 年至 2015 年国债年发行量由约 8600 亿元增长至约 2 万亿元，增幅达 130%，年均增长约 20%。预计“十三五”时期，国债发行仍需保持较快增长。一方面，按照 GDP 年均增长 6.5%、赤字率保持在 3% 估算，“十三五”期间全国财政赤字累计约 12.4 万亿元。如中央财政赤字占全国财政赤字比例与 2014 年、2015 年大体相同，继续保持在 70% 左右，则 2016—2020 年各年中央赤字约为 1.5 万亿、1.6 万亿、1.7 万亿、1.9 万亿、2 万亿元左右，合计约 8.7 万亿元，“十三五”时期新增国债筹资约达 2015 年末国债余额（约 11 万亿元）的 79%。另一方面，由于 7 年、10 年期在我国国债发行中占比较大，2008 年积极财政政策实施以来发行的 7 年、10 年期国债将逐步于“十三五”时期到期，带来较大的借新还旧压力。

但是，我国国债投资者结构多元化程度较低，不利于投资者需求与国债发行量同步提高。当前，境内商业银行是我国国债主要投资者群体，持有约 65% 的国债。随着利率市场化推进，商业银行为保持利润稳定增长可能更加偏好较高收益的债券，减少对收益相对较低的国债的投资比例。并且，受监管规定等因素制约，商业银行二级市场交易较不活跃，商业银行持有大多数国

债不利于提高国债流动性。因此，需要吸引更多类型投资者参与国债投资。

与中长期国债相比，短期国债投资者结构更加多元化。例如，2015 年一季度末，境内商业银行持有短期国债比例约 30%，证券公司、基金、外资机构等其他投资者合计持有 70%。因此，发展短期国债有利于使国债的投资者结构更加多元化，从而分散国债筹资风险，为持续增长的国债筹资夯实投资者基础。

（二）在政府债务逐步积累、财政收支压力增大的情况下，提高短期国债占国债余额的比例，有利于减少国债付息支出，一定程度上扩大积极财政政策实施空间

按照上文估计，“十三五”期间国债余额将增加约 8.7 万亿元，较 2015 年末增长约 79%。随着国债余额增长，国债付息压力将逐渐增大。2015 年我国国债付息约 3600 亿元，“十三五”末，如付息支出增长 79%，将达到约 6500 亿元。

短期国债利率通常低于长期国债利率，例如，2015 年 10 月末，1 年期国债收益率为 2.35%，10 年期国债收益率为 2.91%，利差约为 70 个基点，因此，通过持续滚动发行短期国债实现部分中长期筹资功能，可以降低国债余额中的中长期国债比例，在一定程度上减少国债付息支出，从而腾出资金用于经济建设。

（三）发展短期国债，有利于完善国债收益率曲线、健全货币政策利率传导机制

党的十八届三中全会提出，加快推进利率市场化，健全反映市场供求关系的国债收益率曲线。发达市场经济国家，货币政策直接调控的政策利率一般是短期利率，然后通过以国债收益率曲线为主的市场传导机制影响中长期利率。因此，短期国债处于政策利率向中长期利率传导的关键环节，长、中、短期健全的国债期限结构可以为货币政策提供较为充足的操作工具，使货币政策的操作空间更大、操作更为有效。

与发达国家相比，我国短期国债起步较晚，存量较少，市场流动性不高，短期国债利率在货币市场中的基准地位不牢固，国债收益率曲线由短至长的传导机制不健全。有必要通过发展短期国债进一步完善国债收益率曲线，健全货币政策利率传导机制。

（四）适当增加短期国债发行比例，有利于引导长期利率下行，降低社会融资成本

国际清算银行在 2011 年发布的《主权债务管理与货币条件、金融稳定的相互作用》报告中指出，理论和实践表明，调整国债期限结构能够影响社会长期利率。2008 年金融危机以来，一些国家货币政策传导机制失灵，通过调整短期政策利率无法带动长期利率下行，为此，央行、财政部通过增加市场中短期国债流通量、降低长期国债流通量改变长、短期国债供求关系，降低长期利率。其中，美联储于 2011 年 9 月至 2012 年末开展“扭曲操作”，购买 6670 亿美元 6 年期至 30 年期国债，同时出售相同规模的 3 年期以下的国债，在不增加美联储持有国债规模的情况下，通过调节市场上流通的国债期限结构，降低长期利率。德国、法国财政部于 2008 年至 2010 年大幅增加短期国债发行占比，相应减少长期国债发行占比，以此降低长期利率，推动经济复苏。

2015 年 10 月，我国企业债券净融资占当月社会融资规模增量已达 53%，降低以国债收益率曲线为基准的债券市场利率，有利于降低社会融资成本。考虑到社会融资主要是长期融资，在“十三五”时期国债年度发行量仍将较快增长的环境下，通过调整国债期限结构，增加短期国债发行比例，减少长期国债发行比例，能够在一定程度上改善长期国债供求关系，降低长期国债收益率，有利于带动社会融资成本降低。

（五）发展短期国债，有利于推进人民币国际化，提升人民币作为国际储备货币的地位

人民币于 2015 年 11 月 30 日纳入了 SDR 货币篮子，SDR 利率以构成货币的短期国债利率加权计算得出，发展短期国债可以为计算 SDR 利率提供基础。渣打银行预计，人民币加入 SDR 后，将有至少 1 万亿美元的国际储备，转为

以人民币形式存储。只有为境外主体提供人民币投资途径，才能增强其接受和持有人民币的意愿。出于安全性和流动性考虑，短期国债是各国外汇储备投资的主要品种之一。

自2010年人民银行允许境外央行等三类机构投资银行间债券市场以来，外资机构持有人民币国债持续增长，其中短期国债占有较大比例。2012年末至2015年9月末，外资机构持有我国国债从约1300亿元增长至约4300亿元，增长约231%。2015年9月末，外资机构持有待偿期低于1年的国债约1500亿元，约占外资持有国债的35%左右，远高于我国短期国债余额占国债余额的比例。2015年7月，人民银行发布通知，取消了境外央行、国际金融组织、主权财富基金投资运用人民币投资银行间债券市场的额度限制，并将申请程序改为备案制，从准入方面拓宽了人民币回流渠道。发展短期国债将从产品方面进一步满足境外机构人民币投资需求，推进人民币国际化。

二、发展短期国债的国际经验

发达国家短期国债发行量较大，财政部、中国人民银行共同支持短期国债发行和短期国债流动性，促进财政政策和货币政策协调配合，充分发挥了短期国债在债务管理、财政管理和货币政策传导中的作用。以下主要以美国为例，介绍发达国家发展短期国债的经验。

（一）短期国债发行量大、发行频率高

根据OECD统计，OECD国家短期国债发行量约占年度国债发行量的50%，约占国债余额的10%。其中，2009年10月至2015年7月，美国共发行短期国债（T－Bills）1041期次30.5万亿美元，占全部国债发行期次的68.2%，占全部国债发行金额的71.2%。2015年7月末，美国短期国债余额约为1.4万亿美元，约占全部国债余额的11.25%。短期国债存量占比低于发行量占比，主要是由于短期国债期限较短，不断滚动到期。

（二）短期国债发行方式以定期滚动发行为主

美国每周二招标期限为4周的短期国债，每周一招标期限为13周和26周的短期国债，每四周的周二招标发行期限为52周的短期国债。固定期限、固定节奏、固定招标日、滚动发行的机制，有利于投资者形成长期稳定预期，提高国债收益率曲线短端关键点的流动性。2009年10月至2015年7月，美国4周、13周、26周、52周短期国债发行期次分别为291、291、291、73次，发行金额分别约为10万亿、8万亿、8万亿、2万亿美元。

（三）通过续发行方式，减少短期国债碎片

高频次发行多个期限的短期国债容易在债券市场上产生大量单期流通量小、期次繁多的碎片化的债券，增加投资者交易、管理的难度，降低短期国债流动性。为解决这一问题，美国财政部采用了续发行方式。由于短期国债采取贴现方式发行，不用付息，到期还本是投资者获得的唯一现金流，因此到期日相同的短期国债实质上是同一只债券。美国财政部将4周、13周、26周、52周短期国债到期日均设为周四，从而将多次发行的同一天到期的短期国债整合为一只债券。例如到期日为2015年4月30日的短期国债，代码为912796DY2，包括2014年4月29日、2014年10月27日、2015年1月26日、2015年3月31日四次招标发行，发行时对应的期限分别为52周、26周、13周、4周。通过四次发行，该只债券规模达到1190亿美元。

（四）央行通过公开市场操作等方式支持短期国债发行

在较为正常的宏观环境下，美联储公开市场操作一般通过操作短期国债达到调控短期利率的目标，从美国财政部公布的各期国债招标结果看，美联储通过公开市场账户认购了2001年8月至2009年9月美国短期国债发行量的16%，是除交易商外的第二大认购方。金融危机前，美联储公开市场账户中持有的债券几乎全部为国债，其中短期国债约占36%。此外，美联储要求公开市场一级交易商支持国债市场，提高和维持国债二级市场流动性。一级交易商有在国债二级市场维持一定的交易份额，提供国债双边报价的义务。

（五）交易商、基金、外国投资者踊跃参与短期国债投标，保障了短期国债需求

2009 年 10 月至 2015 年 7 月，交易商、基金、外国投资者合计承销了约 94% 的美国短期国债，各自占比分别为 69%、14% 和 11%。由于投资者需求旺盛，2015 年美国短期国债投标倍数（投标量/发行量）约为 4 倍，明显高于约为 3 倍的中长期国债投标倍数。

三、我国发展短期国债取得的进展与面临的困难

（一）主要进展

2006 年国债余额管理制度实施为我国发展短期国债清除了制度障碍，逐步形成期限为 3、6、9 个月的贴现国债品种，对完善国债收益率曲线、支持人民币纳入 SDR 货币篮子、调整国债到期分布发挥了重要作用。

2006 年之前，在发行额管理制度下，短期国债滚动发行重复占用发行额度，短期国债发行期次很少。2006 年我国开始实施国债余额管理制度，财政部可以更加科学安排国债期限结构，为短期国债滚动发行创造了条件。2006 年发行的 21 期记账式国债中，3、6 个月期限的国债占到 5 期。为应对国际金融危机，缓解中长期国债筹资压力，2009 年财政部大幅增加了短期国债发行量，并首次将记账式国债分为记账式附息国债和记账式贴现国债两个品种，其中 1 年期（含）以上为记账式附息国债，1 年期（不含）以下为记账式贴现国债。当年 3、6、9 个月期限的记账式贴现国债发行达到 26 期，仅比记账式附息国债少 6 期。2015 年第二季度起，财政部按月滚动发行 6 个月贴现国债，第四季度起，按周滚动发行 3 个月贴现国债，促进了人民币纳入特别提款权（SDR）货币篮子，并以此为基础于 2015 年 11 月在财政部官网上公布了 3、6 个月贴现国债收益率，进一步健全了国债收益率曲线。

同时，财政部积极运用短期国债调整国债到期分布，均衡国债发行。按照国债余额管理制度，一季度中央预算批准前，国债发行数额不应超过该季度到期国债还本数额。因此，与其他季度相比，一季度国债发行总体偏低；与市场需求相比，一季度国债供给略低；加大了其他季度国债发行压力。为均衡国债发行，财政部通过在二季度发行 9 个月国债、三季度发行 6 个月国债、四季度发行 3 个月国债，增加第二年一季度国债到期还本数额，从而提高第二年一季度国债发行数额，逐步改进国债发行的均衡性。

（二）我国发展短期国债面临的困难与原因

我国发展短期国债起步晚，市场相对不成熟，需求不稳定，有时不能足额募满，制约了短期国债发行。2014 年我国发行短期国债（1 年期记账式附息国债和 1 年期以下记账式贴现国债）15 期次 2667 亿元，约占全部记账式国债发行期次的 26%，占全部记账式国债发行金额的 19%；2015 年 6 月末，我国短期国债余额约 2664 亿元，占全部记账式国债余额的 3%。无论是发行占比，还是存量占比均低于发达国家。从投标情况看，我国短期国债需求波动大、变化快，容易出现不能足额募满的情况。往往一年中投标倍数最高和最低的期次都是短期国债。例如，2009 年 7 月 20 日发行的贴现债未足额发行，不到一个月后，8 月 10 日发行的贴现债投标倍数则达到了 3.18 倍。我国尚未形成稳定、容量较大、富有流动性的短期国债市场主要有以下原因：

一是与发达国家相比，我国货币政策相对缺乏对短期国债发行和短期国债流动性的支持。长期以来，我国短期国债不是人民银行进行公开市场操作的主要对象。国际金融危机前，人民银行对金融机构有指导地高频次、滚动发行央行票据，确立了央行票据在短期债券市场中的主导地位。2009 年底，央行票据余额约 4.6 万亿元，

约占债券市场余额的29%。央行票据与短期国债同质性较强，一定程度上挤压了短期国债的发展空间。国际金融危机以来，人民银行公开市场操作更多地采用了回购、逆回购的方式调节流动性，并创设了短期流动性调节工具、常备借贷便利、中期借贷便利、抵押补充贷款等新型工具。然而，在公开市场操作中，国债仅是与政策性金融债、央行票据并列的抵押品，人民银行没有通过与公开市场一级交易商直接进行短期国债交易、要求一级交易商为短期国债提供流动性等方式给予短期国债特殊支持。

二是中资银行是我国债券市场最主要的投资者，但与外资银行相比，其管理制度不利于短期国债投资。一方面从资金成本看，中资银行一般以7天回购均值作为基准，而大多数外资银行以银行间隔夜回购利率为基准，中资银行成本基准高于外资银行。由于短期国债利率常常低于7天回购利率但高于隔夜回购利率，使得中资银行很少大力投资短期国债。另一方面从风险管理看，大多数中资银行对于风险敞口以总量管理为主，而外资银行更多考虑了期限对风险的影响，在外资银行的风险管理制度下，买入10亿1年期国债的风险敞口大约等同于买入1亿10年国债。

三是各类机构实际免税效果不一，使得国债利息免征企业所得税带来的低收益一定程度上成为劣势。由于国债利息免征企业所得税，国债的绝对收益率水平低于风险权重同样为零的央行票据、政策性金融债等。但国债利息免征企业所得税对各类型机构的影响差异较大，部分投资者更倾向于征收企业所得税的债券、货币基金、同业存款等。例如，基金公司投资各类债券获得的利息均免征企业所得税，国债较其他同等级债券的利差不能通过免税得到弥补，更加偏好其他收益较高的债券品种。

四是由于信托、理财、债券等长期以来保持了刚性兑付，短期国债没有成为实际的无风险利率的代表。市场上同期限的各类投资产品均因收益更具优势而成为短期国债的替代品。

四、政策建议

短期国债在财政政策、货币政策中具有重要作用。当前我国发展短期国债仍然面临不少困难，需要财政部门、货币政策部门，将短期国债作为我国财政政策、货币政策协调配合的重要内容之一，共同推进短期国债发展，充分发挥短期国债在市场经济中的宏观调控作用。

（一）完善短期国债发行机制，在保障顺利发行的前提下，逐步增加短期国债发行规模，提高发行频次，丰富期限品种，满足功能发挥需要

一是保障短期国债顺利发行。及时了解短期国债的市场需求，合理确定每期发行规模，固定招标日期，缩短招标日与上市日间隔，适当扩大投标标位差，完善对承销团成员投标、承销贴现国债的考核办法，优化内部发债流程。二是定期滚动发行3个月、6个月、1年期国债，满足国债收益率曲线相应期限点定价需要。坚持按周滚动发行3个月国债，按月滚动发行6个期、1年期国债，逐步统筹1年期（含）以内国债发行、续发行安排。三是通过增加短期国债发行比例、降低中长期国债发行比例，引导长期利率下行，降低国债筹资成本。

（二）完善税收制度，扩大对外开放，发展多元化的短期国债投资者

一是完善税收制度，增强短期国债收益率基准作用和短期国债对国内机构的吸引力。短期国债折价发行，没有票面利率。建议研究明确对折价部分不予免征企业所得税，使短期国债收益率与其他债券更加具有可比性，增强短期国债收益率为其他短期金融产品定价的基准作用，并以此提高短期国债税前收益，吸引各类投资者。二是扩大对外开放，吸引境外投资者投资短期国债，促进人民币国际化。引入境外投资者进入短期国债市场有助于推动人民币国际化与利率市场化进程，也有利于增强短期国债市场流动性，优化市场投资者结构，扩展债券市场深度。稳妥有序吸

纳外资机构进入国债承销团。研究促进债券登记、结算等国债市场基础设施与其他国家互联互通以及境内发行的人民币国债在境外挂牌交易。同时，为避免跨境资金流动造成国债市场大幅波动的风险，财政部与人民银行应当就外国央行、主权财富基金等境外机构购买国债情况建立信息沟通机制。

（三）增强短期国债作为“准货币”用途，拓宽短期国债使用范围

短期国债由于期限短、安全性高、流动性强、违约风险低、价值易发现等优点，在一定程度上具备准现金的特征。在证券市场交易过程中，许多产品均有保证金需求，比如证券交易中的备付金、担保品，期货交易中的保证金需求、国债预发行中的保证金需求、国债远期和利率互换对交易保证金的需求、新股申购中对保证金的需求等。短期国债的高流动性、低风险性、价值稳定性等特点使其具备优质担保品的全部要素。因此，建议将短期国债纳入各类保证金范围，并针对不同期限国债设置差异化的折扣比率，对短期国债设置较低的折扣率。同时，确保交易所或银行间监管机构享有担保品的绝对控制权和处置权以保障担保品处置过程的安全性和高效性。

（四）货币政策适当支持短期国债发行和短期国债流动性

从发达国家经验看，货币政策支持对于短期国债发行和提高短期国债流动性具有重要意义。2015年以来，央行口径外汇占款规模持续减少，货币投放机制发生变化，为财政政策、货币政策协调配合发展短期国债提供了条件。一方面财政部从一级市场主动增加短期国债供给，健全国债收益率曲线短端、为SDR提供人民币短期利率；另一方面人民银行从二级市场主动吸收短期国债投放流动性。此外，为满足公开市场操作需要，人民银行可以参照发达国家经验，通过多种方式持有一定规模的短期国债。例如，将人民银行持有的部分特别国债到期后或到期前置换为短期国债，人民银行在持有国债的当年还本付息金额内通过一级市场直接认购短期国债，从二级市场买入短期国债等。人民银行还可以参照发达国家，研究考虑公开市场一级交易商承担做市义务，为短期国债提供流动性。

提高国债流动性　健全国债收益率曲线

——国债流动性情况调查报告

杨瑞金　唐龙生　柳建光　巩方强

党的十八届三中全会提出，健全反映市场供求关系的国债收益率曲线。当前，我国国债流动性较低制约了国债收益率曲线的有效性。为此，我们对我国国债流动性情况进行了调研，分析了我国国债流动性较低的原因，并在此基础上，提出了政策建议。

一、基本情况

根据国际清算银行对流动性的定义，流动性是指市场参与者能够迅速进行大量交易，并且不会导致资产价格发生显著波动。为了便于测量，一般将流动性分解为三个维度：一是深度，即在当前市场价格上可以成交的数量，交易量越大越有深度，单个交易者的交易对价格的影响就越小。二是宽度或紧度，即实际成交价格偏离中间价的价差，一般用买价与卖价的价差衡量。例如银行柜台同时报出外汇买入价和卖出价，流动性越好，价差越小。三是弹性，即大额订单导致价格偏离均衡水平后恢复均衡水平的速度。从上述三个维度对流动性进行量化的指标有多种，其中换手率（年交易量/债券存量）是衡量市场深度的指标之一，数据可获得性、可比性较好，在各国国债流动性比较中较为常用。

我国国债流动性低于主要发达国家和新兴市场国家。2014 年我国国债换手率约为 0.6 倍，同期美国国债换手率约为 10 倍，英国约为 5 倍，德国约为 4 倍，韩国、泰国、印度约为 3 倍，日本、新加坡、马来西亚约为 2 倍。此外，从报价点差即同一时点的最优买价与最优卖价价差看，2015 年（截至 12 月 24 日）我国国债报价点差平均值约为 28 个基点，而 2014 年美国国债报价点差仅为 0.34 个基点。

二、我国国债流动性较低的原因

流动性与投资者交易意愿密切相关，各种影响投资者交易意愿的因素都会影响流动性。国际清算银行曾联合美国、英国、加拿大、意大利、日本等五国央行共同开展金融市场流动性跨国研究，重点对国债市场流动性进行了分析，认为从体制机制上影响国债流动性的因素可归为市场参与者、市场微观结构、产品设计三方面。从这三方面分析，影响我国国债流动性的因素主要有：

（一）投资者结构较为单一，商业银行持有大多数国债

一方面，由于交易源于投资者具有不同的买卖意愿，而同一类型的投资者往往买卖方向趋同，不利于形成交易，因此，国际上普遍认为，投资者结构单一是制约国债流动性的重要因素。另一方面，由于经营理念、监管标准等因素，与券商、基金等相比，各国商业银行普遍较为偏好将债券持有到期，属于交易不够活跃的机构类型。因此，境内商业银行持有国债比重较高不利于流动性提高。

与其他国家相比，我国投资者结构较为单

一，持有者主要为国内商业银行，境外投资者以及券商、基金等交易活跃的境内金融机构持有占比较小。2015 年 11 月末，我国商业银行持有国债占比约 69%；人民银行持有 1.53 万亿元（包括人民银行持有的 2007 年特别国债 1.35 万亿元和由 1995 年前中央财政向人民银行借款转换而来的转换国债 0.17 万亿元，这两部分均不可进行现券交易），约占 16%；基金、券商、保险、交易所分别持有约 1.6%、0.5%、3.9%、5.5%，合计约 11%；外国投资者持有约 3%。2015 年 6 月末，美国国债持有者结构中，外国投资者占比最大，约 43%，基金、保险、地方政府等非银行国内机构持有占比约 36%，美联储持有约 17%，银行业（含券商）仅持有约 4%。日本国债持有者虽然以境内银行为主，但其持有占比远低于我国，2015 年 3 月末，日本国内银行业（含券商）持有日本国债仅约 31%，保险、基金等其他国内机构持有约 33%，此外，央行持有 27%，外国投资者持有 9%。

我国国债投资者结构较为单一的原因，主要是与美国、日本等国家相比，我国金融体系以间接融资为主，资金高度集中于银行体系，非银行金融机构较不发达。2014 年我国证监会新闻发言人表示，2012 年底，我国间接融资占比为 57.7%，不仅高于美国（12.8%）、日本（25.6%）、德国（30.8%）等发达国家，也高于印度（33.3%）、印度尼西亚（33.7%）等发展中国家；2007 年至 2012 年，我国银行资产占金融总资产的比重由 53% 上升至 76%。此外，2013 年初美国银行业存款约 9 万亿美元，共同基金规模约 13 万亿美元；而 2014 年末我国银行存款约 116 万亿元人民币，证券公司、基金资产管理规模仅约 13 万亿元人民币。

（二）国债利息免征所得税对于流动性的影响

《企业所得税法》规定，国债利息收入为免税收入；《个人所得税法》规定，国债和国家发行的金融债券利息免纳个人所得税。国债利息收入免征所得税的政策一定程度上抑制了国债交易，主要体现在以下三个方面：

一是降低了基金等交易活跃机构投资国债的意愿。在市场竞争机制下，国债利息对各类机构免征企业所得税使得国债利率比其他债券额外低一部分。特别是与政策性金融债相比，风险权重同样为零，主要受免征企业所得税影响，国债利率比政策性金融债低 40 个基点左右。根据《财政部、国家税务总局关于企业所得税若干优惠政策的通知》（财税［2008］1 号），证券投资基金投资各类债券的利息收入，均不征收企业所得税；社保基金取得的债券利息收入同样免征企业所得税。也就是说，这些机构投资其他类型的债券，也享受和国债相同的免税政策，从而使这些机构更加偏好高票面利率的其他债券而非低票面利率的国债。数据显示，2015 年 11 月末，基金和交易所（交易所托管机构以券商、基金为主）合计持有国债 7.1%，持有国开债比例达到 15.6%。

二是一些机构对债券交易部门的内部考核机制削弱了国债免税的政策效果。持有期利息和买卖价差均是交易部门的利润来源。对银行、保险等机构而言，投资国债利息收入享受免税政策，投资其他类型债券则需要交纳所得税，免税的优惠效果通过冲抵应纳税所得额体现在整个银行或者保险公司的利润表中。但一些机构对债券交易部门的业绩考核中并没有充分考虑免税因素，使得这些机构的债券交易部门持有、交易国债的积极性降低。

三是国债的免税政策增加了国债的定价难度。不同时间发行的不同期限的国债通常票面利率不同，能够享受的免税收入也不同。在实际交易中，交易双方同时需要对这种免税的效果进行定价，并将其反映到国债的收益率中。由于各类机构实际税率不同，市场对于这种“税收效应”的定价还未形成统一的认识，因此很可能在“税收效应”的定价上出现分歧，导致交易无法完成，从而削弱国债的流动性。

国债和政策性金融债在流动性上的差异，较为明显地体现了免税因素的影响。对国内投资者而言，国债与政策性金融债风险相似，风险权重均为零，存量规模相当，主要区别是国债利息免征所得税，但目前政策性金融债的换手率显著高于国债。2014 年国债交易量约 5.7 万亿元，政策性金融债交易量约 16.4 万亿元；国债换手率约为 0.6 倍，政策性金融债换手率约为 1.7 倍。

（三）营业税对于流动性的影响

国家税务总局 2015 年第 50 号公告明确债券"买卖"获得的利息需征营业税，但未明确"持有到期"获得的利息是否征营业税。一些地方税务局理解为，购买债券持有到期所获得的利息不征收营业税。例如，山东、上海的地方税务局明确规定商业银行购买债券持有到期后取得的利息收入不征收营业税。这在一定程度上鼓励了机构将债券持有到期，抑制了债券交易。

（四）商业银行债券交易受到会计准则制约

根据《企业会计准则第 22 号——金融工具确认和计量》，金融资产主要分为四类：交易性资产、可供出售资产、持有至到期投资、贷款和应收款项。有关四类资产划分与管理的规定一定程度上使得国债在商业银行持有到期账户中沉淀，削弱了国债的流动性。

一是商业银行不愿将较多债券放入交易账户和可供出售账户，而是更愿意选择放入持有到期账户。主要原因是，交易账户需要按照公允价值计量，公允价值变动计入当期损益，影响当期利润。如交易账户的债券二级市场价格下跌，该债券的账面价值需要减值，减值部分降低了当期企业利润。可供出售账户同样需要按照公允价值计量，其变动计入资本公积。虽然不直接影响当期损益，但由于商业银行受资本充足率约束，资本公积减少也将对商业银行产生较大影响。而持有到期账户按摊余成本计量，不受市价变动影响。

二是已放入持有到期账户的债券难以转出交易。《企业会计准则第 22 号—金融工具确认和计量》规定，持有至到期账户的资产与交易性账户的资产不能互相划转；如果持有到期投资部分出售或重分类的金额较大，应当将该投资的剩余部分重分类为可供出售金融资产，并以公允价值进行后续计量。由于对"金额较大"规定不清，为了规避审计风险，银行一般从严控制划转。这使得划分为持有至到期之后的债券难以重新进入二级市场交易。

上述规定对基金等影响较小。基金从管理上需要根据市价每日计算净值。因此，基金等机构偏好将债券放入交易账户和可供出售账户。

（五）国债产品标准化程度有待提高

标准化能够便利交易，这也是国债期货需要虚拟标准券进行交易的原因。2004 年以来，我国借鉴发达国家经验，通过建立关键期限国债，将大多数国债集中于几个期限上；通过建立续发行制度，增大了单只国债规模，减少了国债只数，大幅提高了国债标准化程度，减少了国债碎片。但与发达国家相比，仍有进一步提高的空间。

一是票面利率标准化有待进一步提高。发达国家国债票面利率多以"1/8%"或"1/4%"为基本变动单位。例如，美国国债票面利率为"1/8%"整数倍，2013 年 8 月 7 日招标的 10 年期国债中标利率为 2.62%，票面利率确定为 2.5%，由于票面利率低于中标利率，相应将发行价格折价为 98.95 美元，使发行人实际收益仍为 2.62%。这样做进一步减少了债券的差异。

二是到期日标准化程度有待进一步提高。发达国家国债到期日较为标准。例如，美国中长期国债均为半年付息一次，还本付息日期为 15 日或月末（30 日或 31 日）。由于票面利率和到期日标准化程度较高，美、英等发达国家发展出本息拆离市场，即承销团成员可以根据市场需求将各期国债的本息拆离或重组进行交易。

三是短期国债续发行机制有待建立。2015 年，我国除 1 年期外的关键期限国债均建立了新发一次、续发两次的机制。但由于市场需求不稳定、发行量较少等因素，1 年期以下的短期国债尚未建立续发行机制。美国于 1979 年建立了短期国债（T - bills，包括 1 个月、3 个月、6 个月、1 年期）续发行机制，即无论短期国债在周几发行，到期日均为周四，所有到期日相同的短期国债合并为一只国债交易。美国财政部称“有利于减少短期国债的数量，便利交易，提高短期国债流动性”。

三、政策建议

（一）积极稳妥吸引境外投资者投资国债

我国国债投资者结构中境外投资者占比远低于大多数国家。近年来人民币国际化以及债券市场对外开放步伐加快，为我们适当增加境外投资者比例，逐步改善国债投资者结构提供了契机。2015 年 7 月人民银行取消境外央行、国际金融组织、主权财富基金投资运用人民币投资银行间债券市场的额度限制，并将申请程序改为备案制，从制度上放松了境外投资者投资我国国债的限制。2015 年 11 月人民币纳入 SDR 货币篮子以及由于货币政策差异导致我国国债利率高于美欧国债，增加了我国国债市场对境外投资者的吸引力。当前我国、美国、欧元区 10 年期国债收益率分别约为 2.8%、2.3%、0.7%。一是加强对境外投资者投资我国国债情况的分析研究，了解其对国债期限品种等方面的偏好，合理安排国债期限品种，满足其投资需要。二是加强与境外投资者沟通交流，了解影响其投资、交易我国国债的制度性因素，适时适度调整有关制度安排。三是研究增加国债承销团成员中外资机构数量或允许少量境外机构进入国债承销团。

（二）研究修订有关税收政策

一是，在当前既按券种又按机构类别给予企业所得税优惠的情况下，建议研究清理对证券投资基金、社保基金等机构债券投资的企业所得税优惠政策，以其他政策形式支持其发展。二是，建议国家税务总局明确债券“买卖”与“持有到期”获得的利息均需征营业税，并在营改增过程中对债券“买卖”与“持有到期”获得的利息按同样标准征税或免税。三是，建议研究今后《企业所得税法》修法时，对国债利息与其他债券利息以同样标准征收企业所得税的可行性。

（三）研究完善有关会计制度

建议研究对商业银行将持有到期账户的债券转为可供出售账户给予较为明确的弹性。例如，持有到期投资部分出售或重分类的比例低于 10%，该投资的剩余部分可以继续分类为持有到期投资，以摊余成本计量。以此鼓励商业银行将一定比例的国债从持有到期账户转出交易。

（四）提高国债标准化程度

进一步完善记账式国债续发行机制，2016 年实现全部关键期限国债建立新发一次、续发两次的机制，在此基础上，逐步将续发行机制扩大到短期国债和超长期国债。研究推进记账式国债票面利率标准化和到期日标准化。

（五）加强与行业监管部门、各类投资者沟通

跟踪了解人力资源和社会保障部、证监会、保监会等部门关于基金、保险、养老金改革有关进展，除与国债承销团成员定期沟通外，逐步建立与基金、保险等各类最终持有者和潜在投资者的沟通交流机制，研究措施吸引证券投资基金、社保基金、住户公积金等各类投资者参与国债投资。

关于银行间债券市场国债做市业务的调研报告

冯冰 韦士歌 潘虹

为深入研究提高国债二级市场流动性问题，2015年12月上旬，我们前往中国外汇交易中心（以下简称交易中心）就国债做市业务进行调研，了解银行间债券市场国债交易情况、国债做市业务现状以及存在的主要问题，并对如何完善国债做市商制度进行了探讨。

一、银行间债券市场及其国债交易基本情况

我国债券市场由银行间债券市场、证券交易所市场和商业银行柜台市场三部分组成，其中银行间债券市场是主体。2015年1至11月，银行间债券市场交易量为473.92万亿元，占债券市场的80.9%，截至11月末托管量为42万亿元，占债券市场的95%，市场规模在亚洲居第二位。银行间债券市场参与者包括商业银行、证券公司、保险公司、基金公司、信托公司、财务公司及非金融机构等6000多家，交易品种包括国债、央行票据、地方政府债券、金融债、次级债、企业债、短期融资券、中期票据、超短期融资券等。交易中心是交易的前台，主要为参与者的报价、交易提供中介及信息服务。

国债交易方式主要包括现券交易、质押式回购、买断式回购和债券借贷。2015年1至11月，银行间债券市场国债交易量为143.9万亿元，其中国债现券、质押式回购、买断式回购以及债券借贷交易量分别为8.26万亿元、131.21万亿元、3.62万亿元和7727亿元。截至2015年11月末，银行间债券市场国债托管量为8.87万亿元，占债券市场国债托管量的88.3%。

二、银行间债券市场做市商制度和国债做市业务

做市商制度是债券市场有效运行的重要基础性交易制度，做市商在提供市场流动性方面发挥着重要作用。2007年，人民银行颁布《全国银行间债券市场做市商管理规定》（中国人民银行公告［2007］第1号），正式确立银行间债券市场做市商制度，要求做市商至少对国债、政府类开发金融机构债券、非政府信用债券3种债券进行做市。2011年人民银行、财政部推出新发关键期限国债做市制度，2014年交易中心推出尝试做市业务，进一步提高了银行间债券市场交易活跃度。目前银行间债券市场有25家做市商和49家尝试做市机构。

从实际情况看，2011年推出的新发关键期限国债做市制度对国债做市业务具有明显促进作用：一是国债做市的报价品种由分散转向集中。2011年以前，做市商进行报价的国债只数为113只，期限品种较为分散，40%的报价针对流动性不佳的老券，市场乏人问津；2011年以后，90%的做市商报价集中于新发关键期限国债，较好地满足了投资者的需求，也夯实了国债收益率曲线各关键点的市场基础。二是国债做市业务量提高。由于市场管理部门对新发关键期限国债提出明确的做市要求，国债报价笔数和报价量均显著提升。三是国债做市报价更具竞争性。2011年以前，单只国债的报价家数最多为10家；

2011年以后，单只国债报价家数最多可达40家，报价的竞争性增强，国债市场效率和深度得到提升。

三、国债做市业务存在的主要问题

从调研了解的情况看，目前国债做市业务主要存在以下几方面问题：

1. 做市商权利和义务不对等。做市商承担持续双边报价义务，承诺按照自身所报买卖价格买进或卖出国债。为履行报价义务，做市商需将用于做市的国债放入交易账户，按照市场公允价值每日估值并计入当期损益。做市商承担了一定的价格波动风险，但其目前享有的权利较为有限，做市商权责不对等，做市积极性不高。

2. 短期国债做市活跃度有待提高。管理部门尚未对短期国债提出做市要求，国债做市报价主要集中于关键期限国债，3个月、6个月等1年期以下短期国债的报价量较少，报价价差较大，报价质量整体不高，短期国债做市成交占比偏低。

3. 一、二级市场成员联动不足。在发达国家的国债做市商制度安排中，国债承销团成员既要在一级市场上承担国债承销义务，同时又要在二级市场上承担做市义务，负责为国债市场提供流动性。目前我国部分国债承销团成员未能成为做市商，一、二级市场成员的制度安排并未紧密衔接。

4. 做市商制度的业务覆盖面较窄。国债二级市场的流动性不仅指现券买卖的活跃度，也包括回购和债券借贷交易的难易程度。发达国家做市商制度一般涵盖了现券、回购、债券借贷等多种交易方式，但按照人民银行关于做市商制度的有关规定，我国仅在现券交易方式中建立了做市商制度，没能发挥做市商为市场提供流动性的全部作用。

四、国债做市支持机制的国际通行做法

所谓国债做市支持机制，是指财政国债管理部门支持二级市场上记账式国债做市行为的市场化机制。目前主要发达国家的国债管理部门普遍建立了国债二级市场做市支持机制。

在主要发达国家的国债管理工具中，发行无疑是最重要的操作工具，还有随卖、随买、借券、回购、换券、互换等常用工具。其中随卖与随买、借券与回购、换券与互换等工具，因着重于支持国债二级市场报价做市而被称为国债做市支持工具，是维持二级市场正常运转的重要举措，属于国债管理政策的重要范畴。顾名思义，随卖是根据二级市场做市需要随时卖出国债，随买是根据做市需要随时买入国债；前者用于缓解国债做市供不应求现象，后者用于缓解国债做市供过于求现象。借券与回购是临时向做市商提供国债工具的两大支持措施，运行机制基本相同，在将新发国债借给做市商时均要求做市商用其他国债做抵押。换券与互换虽然仅有一字之差，但运行机制差异甚大：换券是将一只国债换成另一只国债，通常是将旧券换成新券；互换涉及债务期限结构调整和长短利率走势，又属于利率风险管理工具。

比较而言，随卖、随买、换券主要属于不定期使用的操作工具，不过也可以改造成为定期操作工具，如德国国债管理公司和日本财政部理财局将随卖和随买作为定期操作工具。借券、回购、互换通常属于定期使用的操作工具，其中回购和借券可以作为常设机制每天使用，如德国国债管理公司和英国国债管理局每天都在运用回购工具。大多数国家都坚持公开、透明的操作原则，事前公布操作意向，事后公布操作结果。不过，也有例外，如德国国债管理公司既不提前公布操作意向，事后也不公布操作结果。

考虑到国债二级市场分布格局具有分散特征，主要发达国家国债管理部门通常会进入本国境内几家主要的国债交易场所或电子交易平台，对国债做市行为提供支持。

五、有关政策建议

1. 加快建立国债做市支持机制。建立国债

做市支持机制是发达国家国债管理部门的普遍做法，国际经验表明，国债做市支持机制有利于切实保障国债做市交易连续不断进行，发挥国债管理部门在二级市场所应担当的“做市商之做市商”作用，解决国债做市商在报价做市时缺券或被动持券的后顾之忧，增强做市商报价做市的信心。

2. 建立短期国债做市机制。增加对 3 个月、6 个月短期国债进行报价做市的要求，进一步提高短期国债在二级市场的交易活跃度，为健全国债收益率曲线短端奠定良好基础。

3. 加强一、二级市场成员联动。鼓励未成为做市商的国债承销团成员积极申请成为做市商，承担二级市场做市义务，建立一、二级市场成员的良性互动，充分发挥市场骨干成员在承销国债以及为市场提供流动性方面的积极作用。

4. 研究将国债回购、国债借贷等交易纳入做市范围。由于国债大部分存放于商业银行持有到期账户，交易账户中国债存放量较小，因此在发展现券业务的同时，推动回购与借贷业务可以挖掘交易账户中国债更多的交易功能。

第二篇

政府债券市场分析

一、国债市场分析

2015 年国债管理及市场运行情况

财政部国库司

2015 年财政部深化国债管理制度改革，进一步完善国债市场机制，顺利完成国债筹资任务，为有效实施积极财政政策提供了资金保障。

一、2015 年国债筹资及国债余额

2015 年实际筹资 20840 亿元，年末国债余额为 106600 亿元，在全国人大审批的年末国债限额 111908.35 亿元以内。从发债结构看，2015 年储蓄国债筹资 3000 亿元，记账式国债筹资 17542 亿元，举借外债 298 亿元（见图 1）。

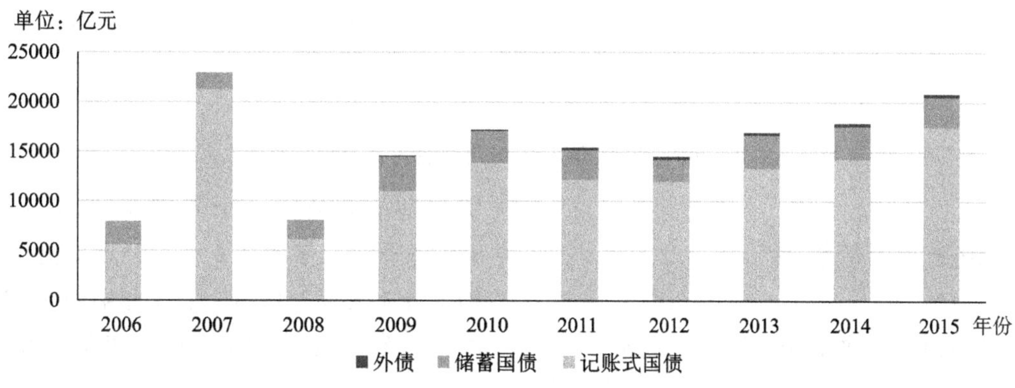

图 1　2006—2015 年国债筹资概况

二、储蓄国债管理

2015 年发行 18 次储蓄国债，包括 8 次凭证式国债和 10 次电子式国债，实际筹资 3000 亿元，占全年实际举债筹资额的 14.4%，比上年减少 3.8 个百分点（见图 2）。平均发行期限为 3.88 年，比上年延长 0.11 年；平均发行利率为 4.72%，比上年降低 0.42 个百分点。

储蓄国债管理具有以下特点：（1）年初公布全年发债计划，包括品种、期限和发行日期等，透明度较高。（2）品种和期限结构稳定。凭证式国债和电子式国债筹资占比分别为 38%、62%，3 年、5 年期国债占比为 56%、44%，电子式国债和 3 年期国债筹资比例均略有增加。（3）利率 5 次下调。受存款基准利率下调因素影响，储蓄国债利率 5 次下调。11 月份 3 年、5 年期储蓄国债利率分别为 4.00%、4.42%，均比上年降低约 1 个百分点。

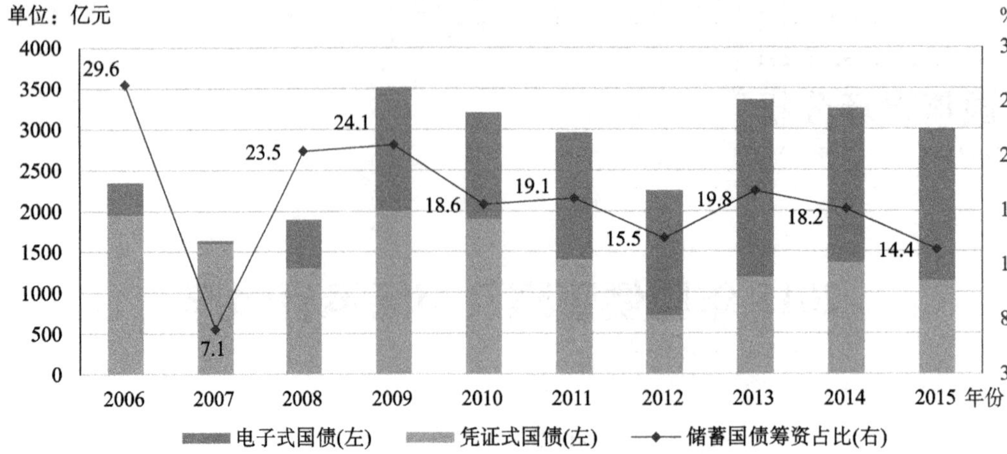

图 2 2006—2015 年储蓄国债筹资及占比

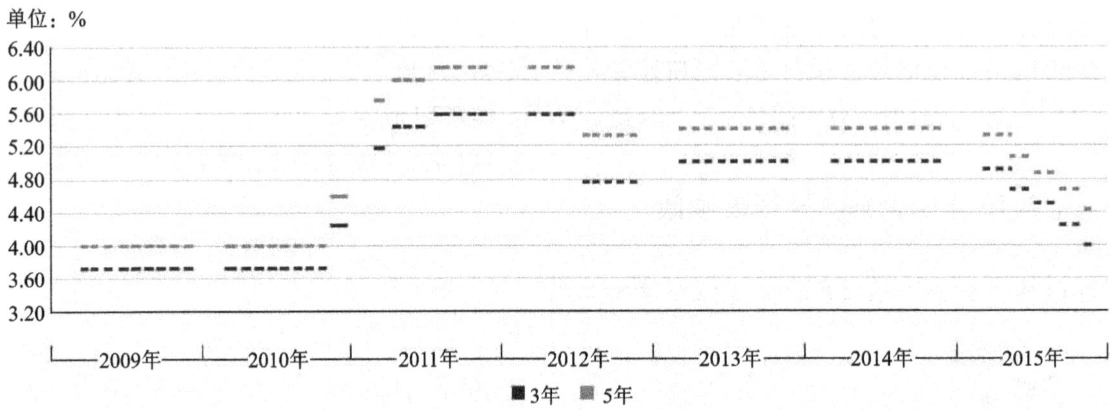

图 3 2009—2015 年 3 年、5 年期储蓄国债发行利率

三、记账式国债管理

2015 年发行 81 次记账式国债，包括 49 次关键期限国债和 32 次非关键期限国债，实际筹资 17542 亿元，占全年实际举债筹资额的 84.2%，比上年增加 4 个百分点（见图 4）。平均发行期限为 7.12 年，比上年缩短 1.23 年；平均发行利率为 3.04%，比上年降低 0.95 个百分点。

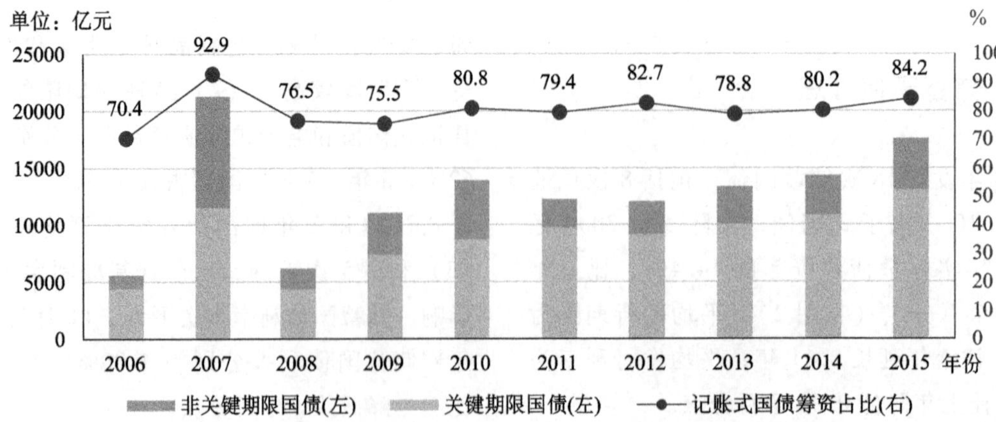

图 4 2006—2015 年记账式国债筹资及占比

2015 年关键期限国债筹资 13093 亿元，非关键期限国债筹资 4449 亿元，分别占记账式国债实际筹资额的 74.6% 和 25.4%。关键期限国债包括 1 年、3 年、5 年、7 年和 10 年期国债，非关键期限国债包括 1 年以下短期国债、2 年中期国债和 10 年以上超长期国债。发债管理具有以下特点：（1）透明度高。年初公布关键期限国债和 50 年期国债全年发行计划，其他非关键期限国债均含在季度发行计划中，并于季初公布。（2）定期发行并续发。4 月份起按月发行 6 个月国债，10 月份起按周发行 3 个月国债，有利于健全短端国债收益率曲线，促进人民币加入国际货币基金组织特别提款权（SDR）货币篮子。同时，3 年、5 年、7 年和 10 年期国债均已建立新发一次、续发两次机制。（3）筹资成本降低。10 年期国债发行利率窄幅波动、平稳下降，从 1 月份 3.42% 升至 4 月份 3.64%，其后稳步下行，12 月份降至 2.98%，比年初降低 44 个基点（见图 5）。5 月份、11 月份 50 年期国债发行利率分别为 3.99% 和 3.89%，较上年明显下降，为 2009 年首次发行以来的最低水平。

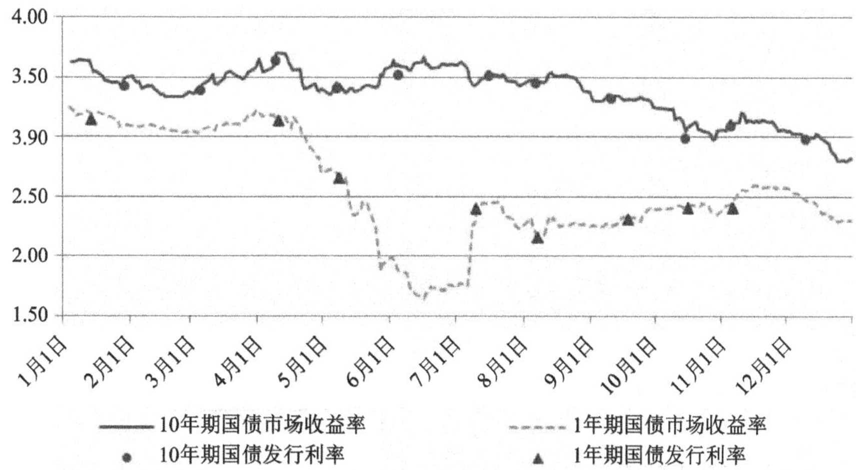

图 5 2015 年 1 年期、10 年期国债发行利率及收益率

四、国债市场运行

2015 年记账式国债现货交易 9.90 万亿元，比上年增加 4.04 万亿元；占年末记账式国债余额的比率（即换手率）为 1.04，比上年提高 0.35（见图 6）；国债期货成交 6.01 万亿元，是上年 6.83 倍。记账式国债利率走势稳中有降，市场运行平稳有序。

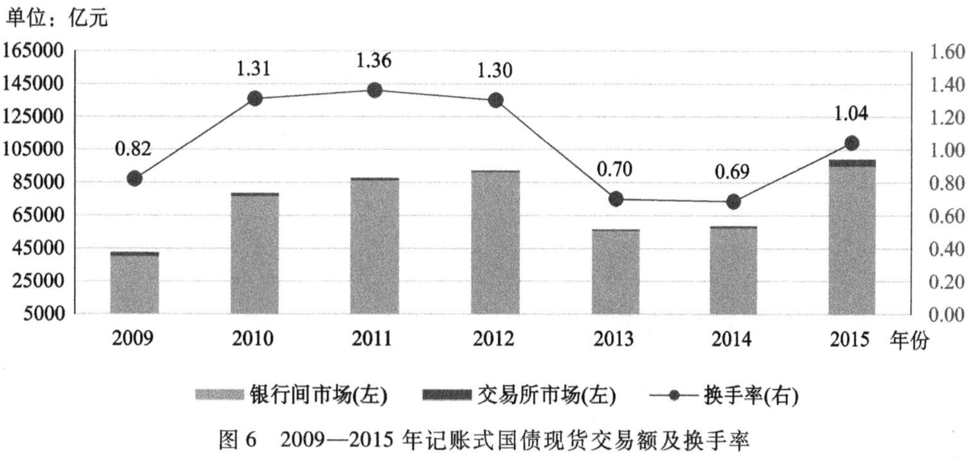

图 6 2009—2015 年记账式国债现货交易额及换手率

2015 年国债市场运行具有以下特点：（1）现货交易明显活跃，仍以银行间市场为主（见图 6），交易所市场占比略有提高。（2）10 年期国债期货上市有利于提高 10 年期国债流动性。10 年期国债收益率经常低于 7 年期国债，2015 年末收益率为 2.82%，比 7 年期国债低 2 个基点（见图 7）。（3）关键期限国债收益率曲线整体下移。其中 1 年期国债收益率上下波动最大，年底收益率曲线趋于平坦（见图 7）。（4）将国债收益率曲线向短端延伸。11 月份在财政部网站公布 3 个月、6 个月国债收益率，并将关键期限国债收益率曲线名称改为国债收益率曲线，向公布期限完整的国债收益率曲线迈出关键一步。

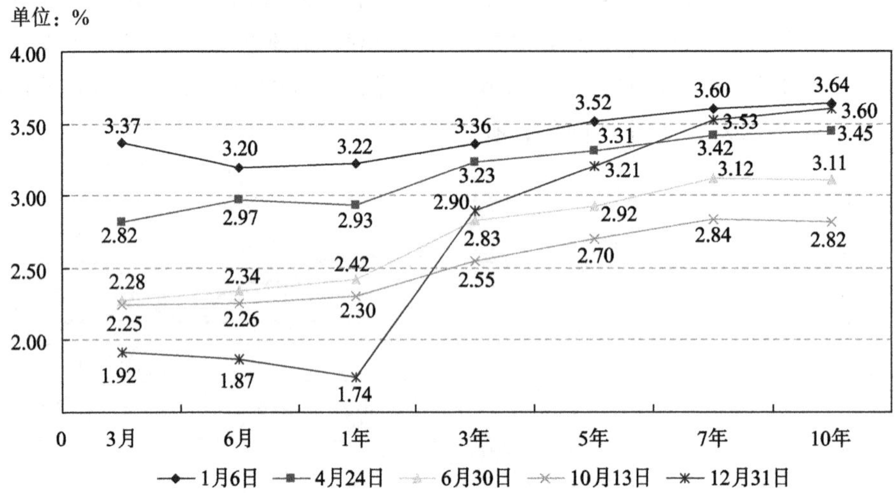

图 7　2015 年国债收益率曲线

数据来源：中央国债登记结算公司

2015年一季度国债发行兑付情况与二季度展望

财政部国库司

根据中央决策部署，2015年继续实施积极的财政政策，国债预算筹资额约2.07万亿元（不含外债，下同）。一季度国债发行并筹资2099.11亿元，二季度计划发行国债6520亿元，扣除年内发行年内到期的贴现国债，预计筹资6070亿元。上半年预计完成全年国债预算筹资额的39.6%。

一、一季度国债发行兑付情况

一季度国债发行进度比上年同期减慢；记账式国债加权平均发行利率下行，总体需求较好；储蓄国债销售较好。

（一）一季度国债发行情况

1. 发行进度比上年同期减缓2.5个百分点。一季度国债发行并筹资2099.11亿元，比上年同期减少237.24亿元；完成全年国债预算筹资额的10.2%，比上年同期减缓约2.5个百分点。主要原因是：国债余额管理制度要求“每年一季度在中央预算批准前，由财政部在该季度到期国债还本数额以内合理安排国债发行数额”，今年一季度到期国债数额2200亿元，比2014年同期减少524亿元，约占全年到期总量的22.5%，占比较2014年同期下降8.2个百分点（见图1）。

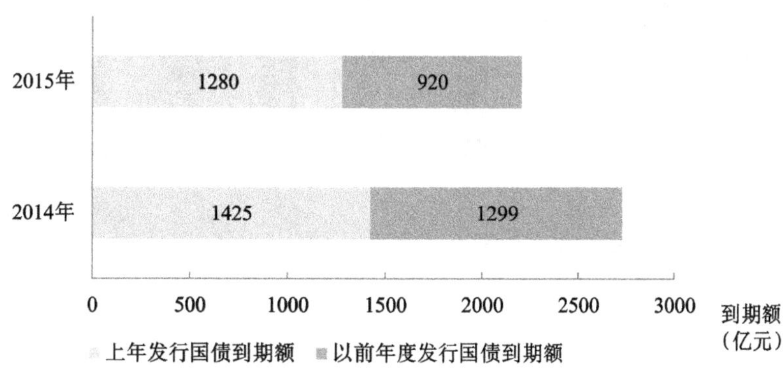

图1　一季度国债到期额度构成

2. 记账式国债加权平均发行利率下行。一季度发行9次记账式附息国债共计1800亿元，未发行记账式贴现国债。其中7年期3次，5、10年期各2次，1、3年期各1次。一季度记账式国债加权平均发行利率约为3.3%，比2014年第四季度下降35个基点（见图2）。主要原因：一是一季度债券市场供给较少；二是由于经济增速回落和金融市场资金面较为宽松，1、2月份国债发行利率快速下行，虽然3月份受地方政府债券供给超预期影响，国债发行利率有所回升，但一季度整体来看，国债加权平均发行利率下行。

3. 记账式国债招投标倍数处于较高水平。招投标倍数（单期国债投标量/招标量）反映了投资者对当期国债的需求情况。从经验来看，招投标倍数在1.5倍以上，可以较为充分地保证国

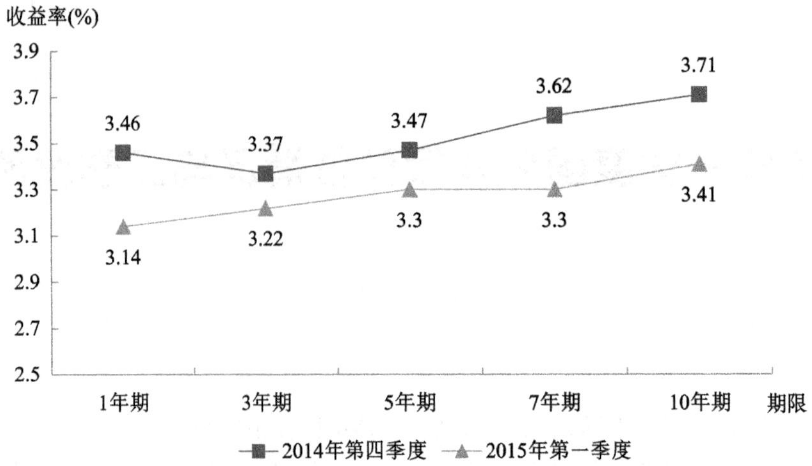

图 2　各关键期限记账式国债加权平均发行利率

债以合理成本顺利发行。一季度记账式附息国债平均招投标倍数为 2.53 倍，比 2014 年第四季度平均水平（1.85 倍）高 0.68 倍（见图 3）。招投标倍数较高，主要原因：一是所发行国债期限与商业银行资产负债结构较为匹配，需求较高；二是年初债券市场债券供给量较小；三是一季度国债可发行总额较小，为保证国债发行频次，将单期国债招标量从去年的 280 亿元下调至 200 亿元。

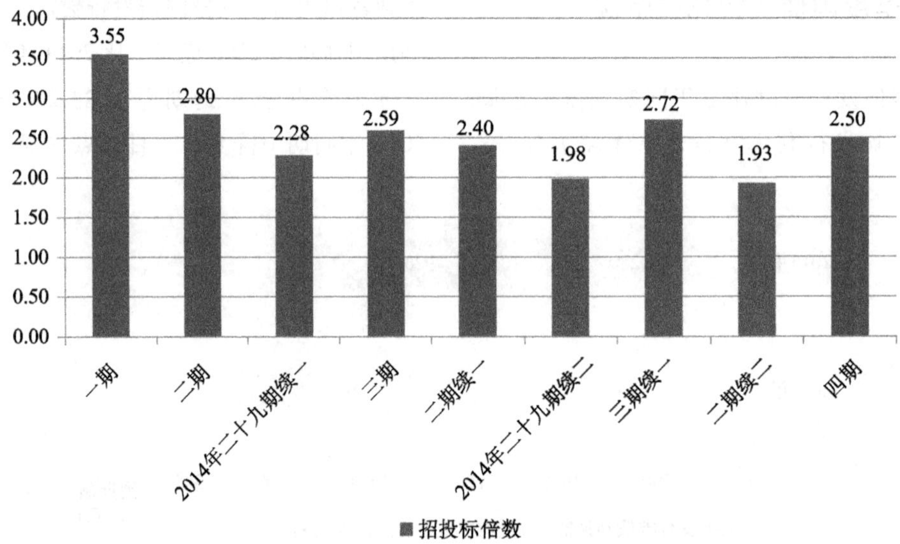

图 3　一季度记账式国债招投标倍数

4. 储蓄国债销售较好。一季度发行凭证式国债 1 期 299.11 亿元，未发行储蓄国债（电子式）。其中，3、5 年期利率分别为 4.92%、5.32%，较 2014 年同期限储蓄国债发行利率下降 8 个基点，主要原因是：人民银行自 3 月 1 日起，下调一年期存贷款基准利率 0.25 个百分点，并将金融机构存款利率浮动区间的上限由存款基准利率的 1.2 倍调整为 1.3 倍，财政部在对承销团成员存款利率水平充分调研的基础上，适当下调了储蓄国债发行利率。

计划发行额分别为 180 亿元、120 亿元，实际发行额分别为 179.62 亿元、119.49 亿元，售出百分比分别为 99.8%、99.6%，销售较好。主要原因：一是一季度储蓄国债到期量 350 亿元，且距上次储蓄国债发行已有 3 个月时间，投资者资金相对充裕；二是虽然储蓄国债发行利率有所下降，但仍略高于多数银行同期限定期存款利率水平，吸引了部分储蓄意愿较强的投资者。

（二）一季度国债资金拨付情况

一季度按时准确兑付国债本金12笔2200亿元，国债利息65笔619.75亿元；拨付发行费10笔3.6亿元。

二、2015年一季度加强国债发行管理采取的主要措施

（一）完善记账式国债发行管理

为激励承销团成员做好国债承销工作，促进国债市场平稳健康发展，根据《2015－2017年记账式国债承销主协议》，延续往年做法，对记账式国债承销团成员进行综合排名。为此，在《记账式国债承销团2014年综合排名计算方法》基础上，经充分征求承销团成员意见，制定并印发了《记账式国债承销团2015年综合排名办法》。与2014年办法相比，主要变化是增加了考核内容，如增加了对预发行业务的考核、在工作组织情况中增加了对承销团成员报送月度、季度、年度报告的考核等，主要目的是鼓励成员积极参与国债业务创新，鼓励成员切实履行主协议规定的义务。此外，财政部还会同有关部门积极研究推进银行间债券市场国债预发行、票面利率标准化、券款对付（DVP）等工作。

（二）深化储蓄国债管理改革。

1. 进一步完善有关制度。为进一步加强管理，促进储蓄国债顺利发行，在充分征求承销团成员意见基础上，制定了《2015年储蓄国债发行额度管理办法》和《2015－2017年储蓄国债承销团成员2015年综合排名办法》。为督促承销团成员加强规范管理，减少违规行为，在2015年的《额度办法》中，加大了对承销团成员违规行为处罚力度。同时，在2015年的《排名办法》中，将工作组织情况得分占比由原来的5%提升至10%，并增加了未按时向投资者支付本息资金、未及时报送统计信息、未按时报送总结报告等减分项。

2. 进一步推进储蓄国债（电子式）网银业务。网上银行销售储蓄国债（电子式）是近年来财政部和人民银行在储蓄国债（电子式）管理方面推出的一项主要创新业务。目前，已有9家承销团成员开展了此项业务。从实际执行情况看，网银销售对于提高投资者购买国债便利性、拓宽销售渠道、缓解成员柜面压力、促进国债销售发挥了积极作用。年初以来，2014年申请且符合条件的8家网银成员陆续完成了系统开发、制度修订等准备工作，并顺利通过财政部和人民银行的现场检查，从4月份开始办理业务。至此，共有17家承销团成员可以开展储蓄国债（电子式）网上银行业务。

3. 建立储蓄存款定价报送机制。一直以来，储蓄国债定价以银行定期存款为重要参考。随着利率市场化改革进程加速，尤其是最近一段时间，人民银行利率政策进行了多次调整，各行定期存款利率实际执行情况差异较大。为及时准确了解利率市场化进程中商业银行定期存款利率执行情况，促进储蓄国债科学合理定价，我们建立了承销团成员利率报送机制，要求承销团成员按月报送定期存款实际利率执行情况，并在人民银行定期存款利率政策调整后2个工作日内及时报送本单位定期存款利率政策变化情况。

4. 改造储蓄国债（电子式）业务系统。近年来，储蓄国债（电子式）相关业务不断创新，但是信息系统还是最初2009年开发的版本。而且，这几年出现的个别违规销售情况，需要通过提高信息系统自动化水平来解决。经研究，并通过发函、召开研讨会等方式充分征求承销团成员和相关单位意见基础上，现已形成系统改造方案，并通过国债公司向承销团成员下发了系统改造要求。

三、二季度国债发行兑付展望

（一）二季度国债发行兑付计划

二季度计划发行国债面值约6520亿元，是一季度的3.1倍，其中，拟发行记账式国债22

期，储蓄国债 5 期。扣除年内发行年内到期的贴现国债，预计筹资 6070 亿元，约占全年国债预算筹资额的 29.4%。按此计划，上半年将筹资约 8169.11 亿元，完成全年国债预算筹资额的 39.6%。

预计二季度兑付国债本金 3135.33 亿元，国债利息 777.51 亿元，本息合计 3912.84 亿元。

（二）影响二季度国债发行的因素

1. 经济面临一定的下行压力。国家统计局公布的数据显示，国内生产总值同比增长 7%，为 2009 年一季度以来最低；全国规模以上工业增加值同比增长 6.4%，固定资产投资同比增长 13.5%，投资增速有所放缓；社会消费品零售总额同比实际增长 10.8%，与去年基本持平；进出口总额同比下降 6%，其中出口同比增长 4.9%，进口同比下降 17.3%，出口增速有所回落。一季度经济增长回落，有可能带动国债需求提升和收益率下行。

2. 货币政策保持适度宽松。4 月中上旬，人民银行继续下调逆回购中标利率，金融市场资金利率逐步下行；4 月 19 日，人民银行宣布自 4 月 20 日起下调各类存款类金融机构人民币存款准备金率 1 个百分点，并有针对性地实施定向降准措施，预计将释放资金超万亿元；此外，人民银行公布，自 4 月起将按月公布上月 SLF（常备借贷便利）、MLF（中期借贷便利）操作信息，市场普遍预期今后 SLF、MLF 等操作工具将成为货币政策的常态工具，缓解银行流动性问题。在市场资金面宽松情况下，国债收益率大幅上行的可能性较小。

此外，二季度同时存在一些对国债市场不利的因素：一是股市火爆分流部分债券配置资金；二是地方政府债券带来的供给冲击将会对国债收益率，特别是中长期国债收益率带来一定的上行压力。

2015 年上半年国债发行管理回顾与下半年展望

财政部国库司

根据中央决策部署，2015 年我国继续实施积极财政政策，国债预算筹资额 20653.4 亿元（不含外债）。在国务院领导下，我部采取多项措施促进国债平稳发行，发挥国债的宏观调控功能。上半年，实际发行国债面值 8537.14 亿元（不含在港发行的人民币国债，下同），实现预算筹资 8079.7 亿元，完成全年国债预算筹资额的 39.1%。

一、2015 年上半年债券市场环境回顾

（一）宏观经济形势较为复杂

国际方面，美国经济复苏迹象明显，欧洲、日本经济有所复苏但仍面临通缩风险，新兴市场经济增长疲弱。国内方面，上半年国内生产总值（GDP）29.69 万亿元，同比增长 7%，比 2014 年同期回落 0.4 个百分点（2015 年预期目标为 7%）；居民消费价格（CPI）同比增长 1.3%，比 2014 年同期回落 1 个百分点（2015 年预期目标为 3%）；全国一般公共预算收入 7.96 万亿元，同比增长 6.6%，比 2014 年同期回落 2.2 个百分点。宏观经济环境的复杂性，使投资者的投资行为趋于谨慎。

（二）债券市场资金面比较宽松

因宏观经济面临较大下行压力，为了稳增长和防控潜在系统性金融风险，上半年货币政策较为宽松，资金利率整体大幅下行。具体而言，上半年人民银行两次普降存款准备金率、三次定向降低存款准备金率、三次下调存贷款基准利率；重启逆回购，并逐步引导回购利率下行；继续通过 MLF（中期借贷便利）等创新货币政策工具，实施定向调控。6 月末，广义货币（M2）余额 133.34 万亿元，同比增长 11.8%；隔夜、7 天、14 天银行间质押式回购利率分别为 1.15%、2.81%、3.22%，较 2014 年年末分别下降 260、227、279 个基点（见图 1）。

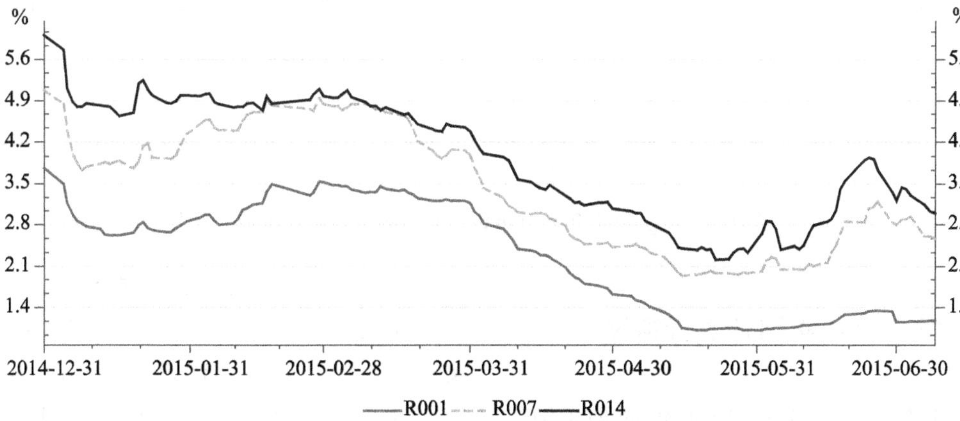

数据来源：Wind资讯。

图 1　银行间市场 1 天、7 天、14 天质押式回购利率走势

（三）债券市场发行量大幅增长

2015 年上半年，债券市场共发行各类债券约 8.83 万亿元（不含央行票据），同比增长约 57.1%（详见图 2）。其中国债、地方债、同业存单、政策性银行债、非银行金融机构债、中期票据、短期融资券分别发行约 0.85 万亿元、0.87 万亿元、1.67 万亿元、1.53 万亿元、0.9 万亿元、0.5 万亿元、1.52 万亿元，占比分别约为 9.7%、9.8%、18.9%、17.3%、10.2%、5.7%、17.2%，发行量同比增长 12%、534.7%、1118.8%、13.2%、197.3%、11.5%、34.4%。

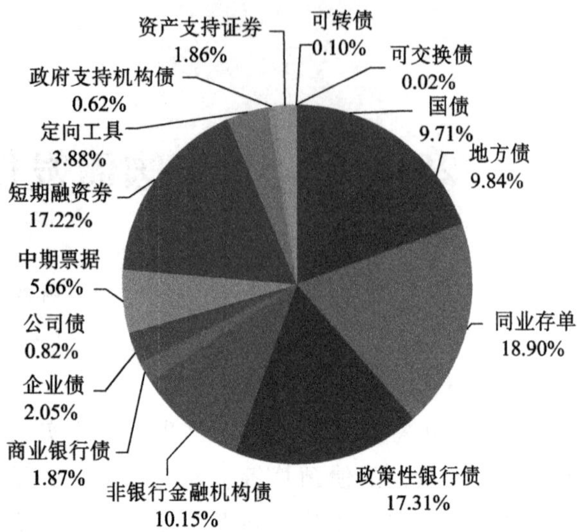

图 2　2015 年上半年债券发行情况

（四）国债收益率曲线呈下行态势，并陡峭化

受上半年我国经济增速放缓、通货膨胀水平回落、债券市场资金面宽松等因素影响，国债收益率整体下行。其中，短端国债收益率受宽松货币政策影响，下行幅度较大；中长端国债收益率受地方债供给压力和经济改善预期影响，下行幅度有限。6 月末，1、3、5、7、10 年期国债银行间市场收益率分别为 1.74%、2.9%、3.21%、3.53%、3.6%，比 2014 年年末分别下降 152、46、30、8、2 个基点（见图 3）。

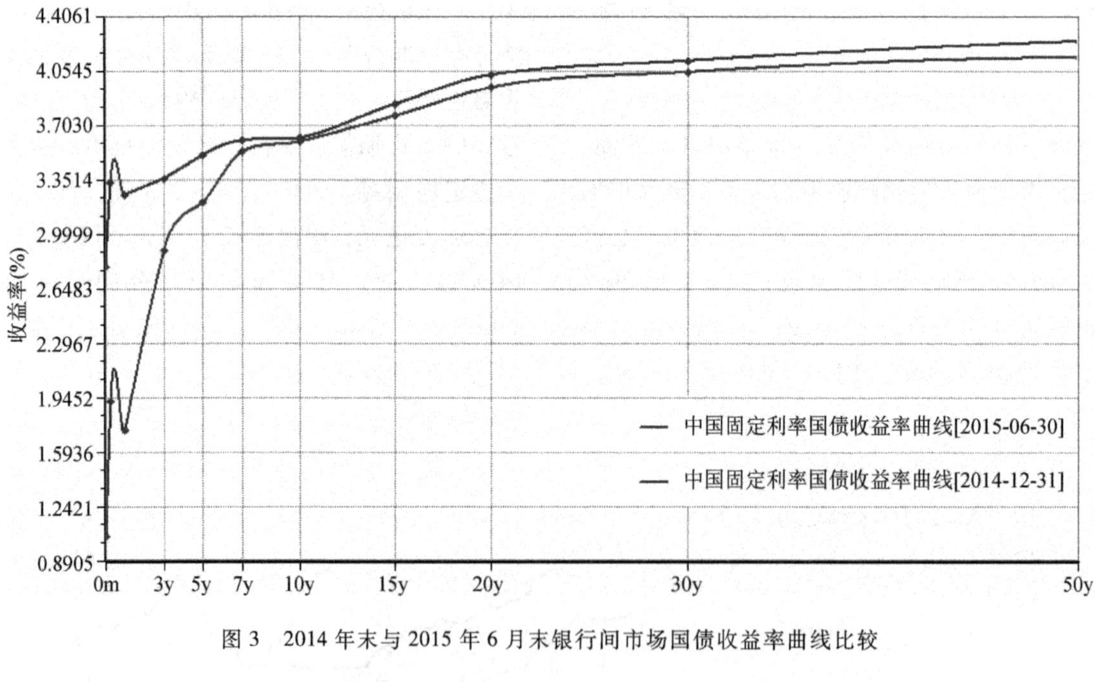

图 3　2014 年末与 2015 年 6 月末银行间市场国债收益率曲线比较

二、2015 年上半年国债发行情况

（一）国债发行规模比 2014 年同期有所增加

上半年实际发行国债面值 8537.14 亿元，比 2014 年同期增加 998.93 亿元，同比增长 13.3%；实现预算筹资 8079.7 亿元，比 2014 年同期增加 549.14 亿元，同比增长 7.3%（见图 4）。主要原因是：2015 年国债预算筹资额高于 2014 年，上半年记账式国债发行比去年增加了 6 期，其中

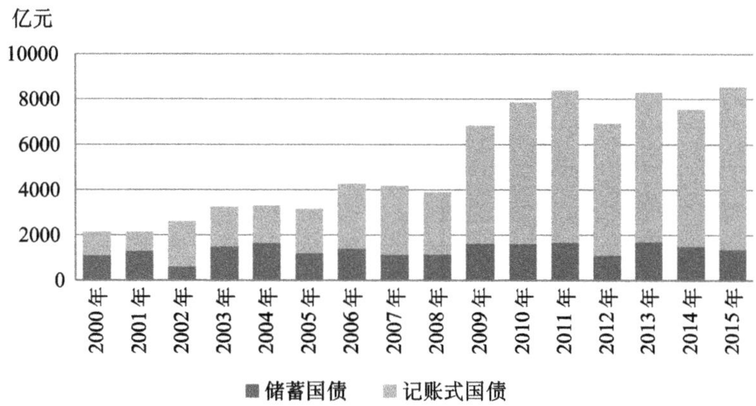

图4　2000年以来每年上半年国债发行面值

记账式附息国债增加2期，记账式贴现国债增加4期。上半年国债预算筹资额低于发行面值较多，主要原因是发行了3期共450亿元年内到期的182天贴现国债。

（二）国债品种结构较为稳定

上半年发行记账式国债31次，实现预算筹资6716.26亿元，发行面值7173.7亿元，占同期国债发行面值的84%，比2014年上升约3.7个百分点。储蓄国债发行比重相应有所下降（见图5、图6）。

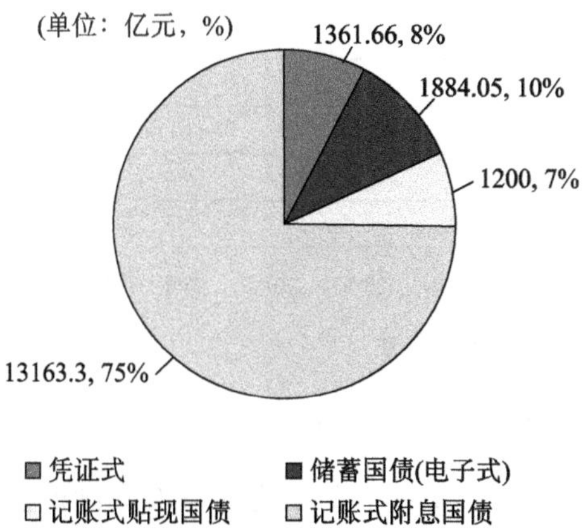

图5　2014年国债各品种发行比重

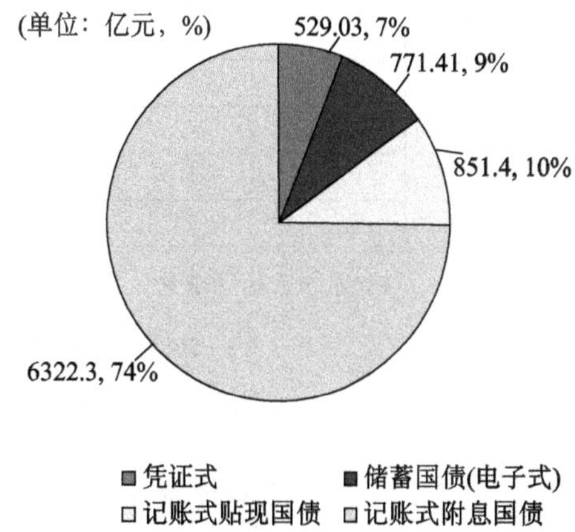

图6　2015年上半年国债各品种发行比重

（三）国债加权平均发行期限略有缩短

上半年国债加权平均发行期限为6.62年，比2014年同期缩短0.75年；记账式国债加权平均发行期限为7.16年，比2014年同期缩短1.11年（见图7）。主要原因是：2015年加大了1年期以内记账式贴现国债和1年期记账式附息国债发行力度。

（四）国债加权平均发行利率下降

上半年国债加权平均发行利率约为3.48%，比2014年下降70个基点。其中，储蓄国债平均发行利率约为5.01%，比2014年下降14个基点；记账式国债平均发行利率为3.19%，比2014年下降77个基点（见图8）。主要原因：一是上半年人民银行3次下调存款基准利率，储蓄国债发行利率随之进行下调；二是受上半年我国经济疲软、货币政策超预期宽松、通货膨胀水平回落等因素影响，记账式国债发行利率较2014年有所下降。

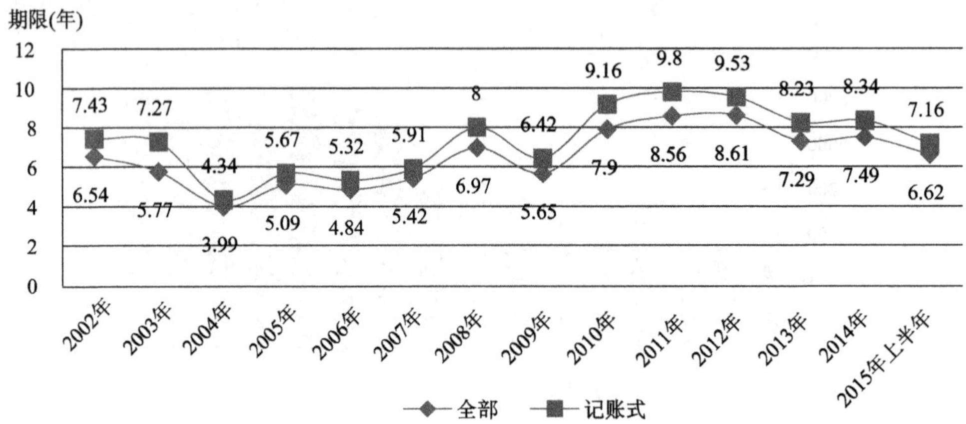

图 7　国债加权平均发行期限

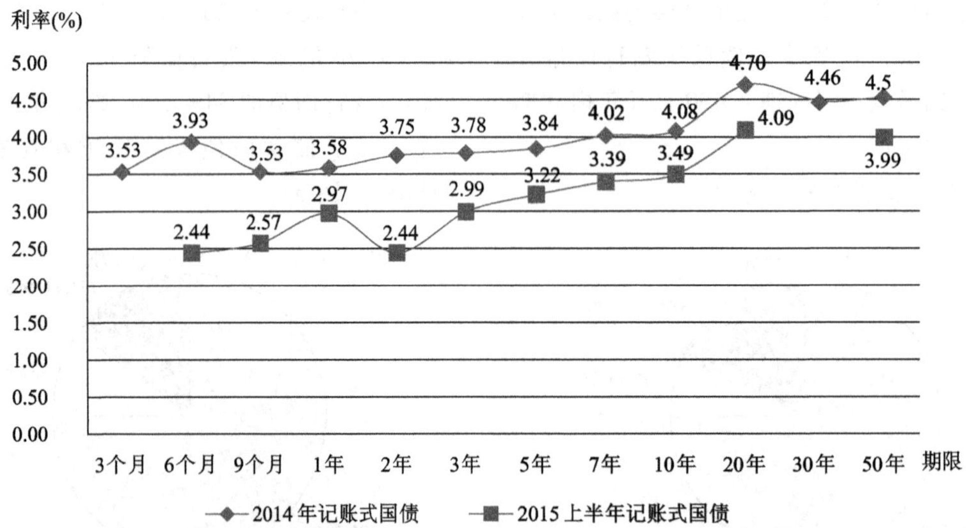

图 8　2014、2015 年上半年各期限记账式国债平均发行利率

（五）记账式国债需求总体较好

上半年记账式国债招投标倍数（当期国债投标总量/计划招标量）平均为 2.25 倍，倍数比 2014 年同期增加 0.17。

分时点看，1 季度招投标倍数基本在 2 倍以上，主要原因是 1 季度债券供给量较小，国债单期（次）招标量较低（均为 200 亿元）；5 月份招投标倍数均在 2 倍以上，主要原因是 5 月份市场资金面较其他月份更为宽松（见图 9）。分期限品种看，除 2 年期记账式附息国债招投标倍数为 1.42 倍外，其余期限记账式国债招投标倍数均在 2 倍以上（见图 10）。

上半年，2 年期的记账式附息（十三期）国债和 273 天的记账式贴现（六期）国债出现了未募满情况。其中：2 年期国债未募满的主要原因是市场投资者定价分歧较大，其最高最低投标利率相差较大，按照发行文件及招标发行规则的有关规定，进行了中标剔除。273 天国债未募满的主要原因是招标时短期国债利率水平处于相对低位，债券市场资金面较紧张，且财政部不对承销团成员的短期国债投标进行考核，导致承销团成员投标需求不足。

（六）储蓄国债销售比较平稳

上半年储蓄国债发行面值 1363.44 亿元，比 2014 年同期减少 122.77 亿元，同比下降 8.3%；售出比例（售出量/最大计划发行量）为 97.4%，比 2014 年同期增长 4.5 个百分点。其中，储蓄国债（电子式）售出比例约 96.4%，

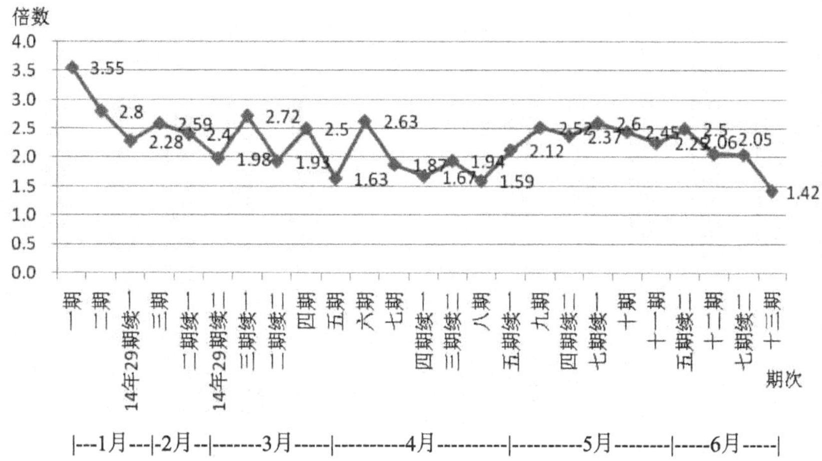

图 9　2015 年上半年各次记账式附息国债投标倍数

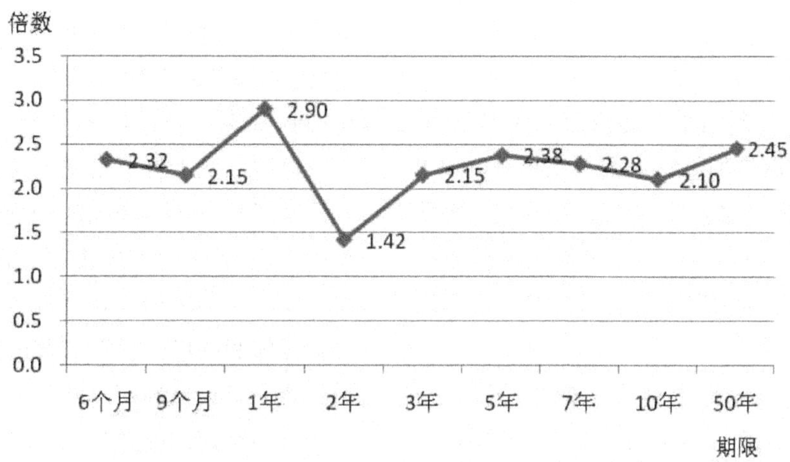

图 10　2015 年上半年各期限记账式国债平均投标倍数

比 2014 年同期降低约 3.6 个百分点，主要原因是发行利率随人民银行下调存款基准利率进行了下调；凭证式国债售出比例约 98.7%，比 2014 年同期增长约 12.9 个百分点，主要原因是单期计划发行量较 2014 年同期下调了约 100 亿元。

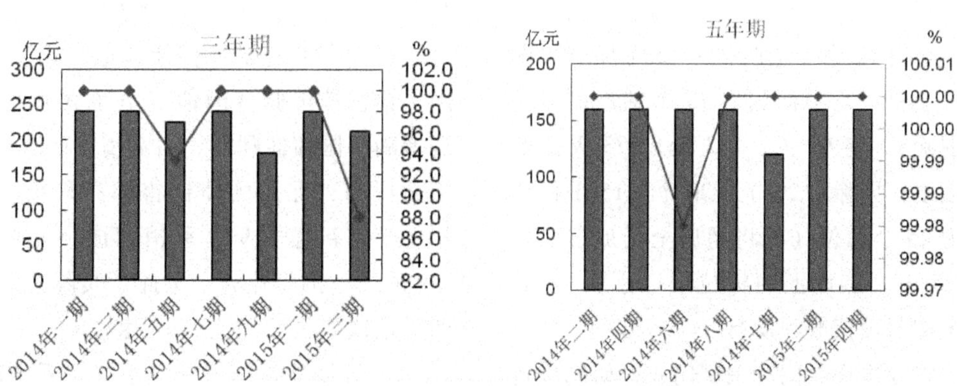

图 11　2014 年以来 3、5 年期储蓄国债（电子式）售出量及百分比

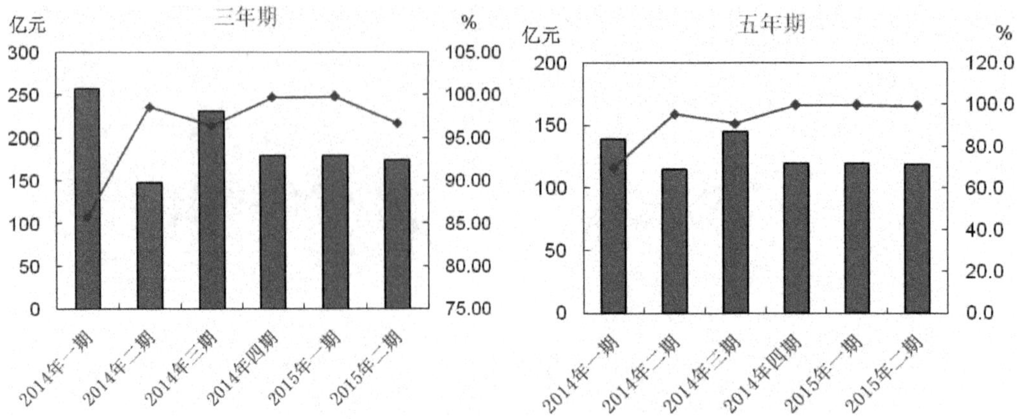

图12　2014年以来3、5年期凭证式国债售出量及百分比

三、2015年上半年加强国债发行管理采取的主要措施

（一）深化记账式国债发行市场化改革

1. 滚动发行贴现国债。为发展短期国债市场，2015年二季度增加了贴现国债发行量，将9个月贴现国债发行次数由2次增加至3次，并且从3月份起，每月发行一次6个月贴现国债。从投标情况看，上半年贴现国债需求较好，投标倍数平均达到2.24倍。

2. 完善国债续发行机制。为提高国债流动性和增加国债收益率曲线深度，2015年开始对3、5年期国债实行新发一次、续发两次的机制。至此，3、5、7、10年期的关键期限国债都已实现新发一次、续发两次。

3. 调整招投标标位限定参数。对2年期（含）以下的记账式国债的中标剔除区间进行了适当调整，其中，将1年期、2年期记账式附息国债中标剔除由12个标位调整为15个标位（即将超出全场加权平均中标利率15个基点以上的标位予以剔除），将91天、182天、273天记账式贴现国债中标剔除由20个、20个、15个标位统一调整为25个标位（即将超出全场加权平均中标利率25个基点以上的标位予以剔除），有利于促进短期限国债顺利发行。

此外，财政部还会同有关部门积极研究推进银行间债券市场国债预发行、票面利率标准化、券款对付（DVP）等工作。

（二）深化储蓄国债管理改革

1. 调整储蓄国债定价机制。当前利率市场化改革加速推进，继2014年11月人民银行取消5年期定期存款基准利率并扩大存款基准利率上浮区间至1.2倍后，2015年3月、5月、6月，人民银行三次下调了金融机构存款基准利率并将上浮区间扩大至1.5倍。为此，财政部调整了2015年储蓄国债定价机制，即3年期储蓄国债利率以3年期定期存款基准利率为基础、5年期储蓄国债利率以3年期储蓄国债利率为基础，分别上浮一定比例确定。同时，财政部建立了承销团成员利率定期报送机制，要求承销团成员按月报送定期存款实际利率执行情况，并在本单位利率政策调整后2个工作日内及时报送相关情况，以便财政部及时获取承销团成员最新实际利率执行情况，作为定价重要参考。此外，财政部还通过座谈会等形式加强与承销团成员的沟通，认真听取承销团成员对利率水平的建议。

2. 继续推进储蓄国债（电子式）网银业务。网上银行销售储蓄国债（电子式）对于提高投资者购买国债便利性、拓宽销售渠道、缓解成员柜面压力、促进国债销售都有积极作用。2015年上半年新增了9家承销团成员开展储蓄国债（电子式）网银业务，至此，实际开展此项业务的承销团成员已经达到18家。

3. 开展储蓄国债（电子式）系统改造工作。近年来，储蓄国债（电子式）改革稳步推进，制度机制不断完善，还推出了网上银行销售等创新业务，原有信息系统已不能完全满足业务发展需要。同时，个别承销团成员因本单位信息系统不完善、人工操作失误等原因，出现了超额销售等违规情况，一定程度上影响了国债声誉，损害了投资者利益。为更好满足储蓄国债（电子式）业务发展需要，经商人民银行，2015 年开始对现有储蓄国债（电子式）信息系统进行全面升级改造。4 月，向承销团成员下发了开发需求，并召开了储蓄国债（电子式）系统改造暨培训会，对系统改造进行了总体部署，明确了重点内容和时间安排，计划于 2015 年 11 月完成系统改造上线，并投产使用。目前升级改造进展较为顺利，截至 6 月底，38 家承销团成员中，有 2 家完成了系统开发，22 家正在进行系统开发，14 家即将完成系统设计。同时，财政部储蓄国债（电子式）管理系统即将开发完成，进入技术调试阶段。

四、2015 年下半年国债发行管理展望

下半年，国内外经济金融形势仍将较为复杂，国债发行压力较大。从国际情况看，根据美联储最新利率决议，下半年美联储加息概率较大，如美国进入加息周期，我国可能面临一定的资本外流压力，国债的境外投资者需求也会有所减少。从国内情况看，经济仍面临一定的下行压力；人民银行将更加注重货币政策松紧适度，灵活运用多种货币政策工具，保持市场流动性适度宽松，但预计宽松程度不及上半年，短期国债收益率可能有所抬升；国债发行量将会继续加大，且地方债发行量的大幅增加将对国债需求产生一定的挤出效应，一定程度上会增加国债发行难度。为保障国债发行任务顺利完成，下半年我们将采取以下措施：

1. 统筹国债发行策略的稳定性和灵活性，平稳完成国债发行任务。一是保持期限完整、关键突出的期限结构，继续以关键期限国债为主要发行品种，兼顾短、长期国债。二是加强对经济金融环境和债券市场的分析研究，保持与投资者及时、有效的沟通。统筹考虑国债和地方债发行节奏，合理安排国债发行计划，提高国债发行管理的应变能力。三是继续保持国债发行的透明度，按季度公布国债发行计划，提前 5 个工作日公布当期国债发行通知。

2. 继续深化记账式国债发行市场化改革。一是推动银行间债券市场开展预发行交易，指导交易所债券市场完善预发行机制。二是积极研究推进新发关键期限国债实行价格招标和国债发行券款对付（DVP），提高国债发行管理效率。三是研究实施记账式国债换券，优化国债到期结构。

3. 继续完善储蓄国债发行管理。一是适应利率市场化加速新形势，研究改进储蓄国债定价机制。二是组织国债登记公司和承销团成员做好储蓄国债（电子式）信息系统升级改造、联调测试等相关工作，确保新系统按时上线。

2015 年前三季度国债发行情况回顾与四季度展望

财政部国库司

根据中央决策部署，2015 年我国继续实施积极财政政策，国债预算筹资额 20653.4 亿元（不含外债）。前三季度，实际发行国债面值 15099.87 亿元（不含在港发行人民币国债，下同），实现预算筹资 14636.62 亿元，完成全年国债预算筹资额的 70.9%。

一、2015 年前三季度债券市场环境回顾

1. 宏观经济形势较为复杂。国际方面，美国经济复苏迹象明显但仍有波动，欧洲、日本经济有所复苏但基础脆弱，新兴市场经济增长疲弱。国内方面，前三季度，国内生产总值（GDP）48.78 万亿元（人民币，下同），同比增长 6.9%，自 2009 年第一季度后首次“破 7”；居民消费价格（CPI）同比上涨 1.4%，低于全年 3% 的预期目标，涨幅比上半年扩大 0.1 个百分点；工业生产者出厂价格（PPI）同比下降 5%，已持续 43 个月负增长；进出口总额 17.87 万亿元，同比下降 7.9%，其中，出口 10.24 万亿元，下降 1.8%，进口 7.63 万亿元，下降 15.1%。宏观经济环境的复杂性和不确定性，使投资者的投资行为趋于谨慎，投资风险偏好降低。

2. 债券市场资金面比较宽松。为应对经济下行压力，防控潜在系统性金融风险，货币政策较为宽松，人民银行连续降准降息，市场资金利率整体大幅下行。9 月末，广义货币（M2）余额 135.98 万亿元，同比增长 13.1%；7 天银行间质押式回购利率为 2.39%，较 2014 年末下降 268 个基点（见图 1）。

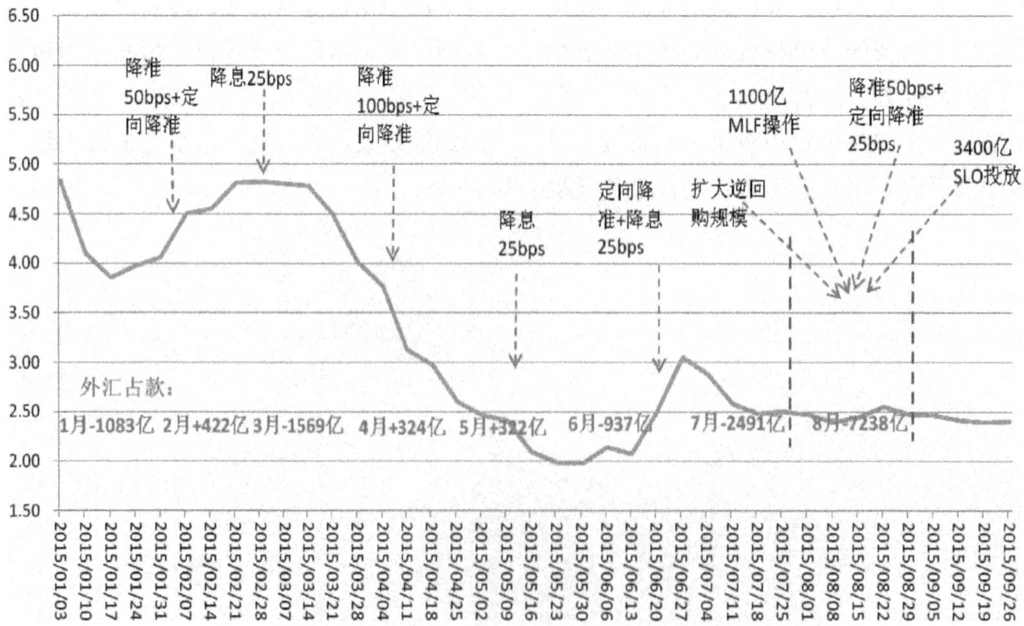

图 1　银行间市场 7 天质押式回购利率走势与货币政策

3. 国债收益率曲线上半年陡峭化下行，三季度平坦化下行。上半年，受我国经济增速放缓、通货膨胀水平回落、债券市场资金面宽松等因素影响，国债收益率整体下行。其中，短端国债收益率受宽松货币政策影响，下行幅度较大；中长端国债收益率受地方债供给压力影响，下行幅度较小。6 月末，3 个月、1 年、3 年、5 年、7 年、10 年期国债银行间市场收益率分别为 1.92%、1.74%、2.9%、3.21%、3.53%、3.6%，比 2014 年年末分别下降 141、152、46、30、8、2 个基点。

从 6 月下旬开始，受人民币贬值、外汇占款负增长等因素影响，资金面趋于紧张，资金利率上行，短端国债收益率有所上升；7 月股市大幅下跌之后，投资者避险需求增加，股市资金回流债券市场，加之经济形势改善不及预期，增加了投资者对中长期国债的需求，中长端国债收益率有所下行。9 月末，3 个月、1 年、3 年期国债银行间市场收益率分别为 2.21%、2.39%、2.92%，比 6 月末分别上升 29、65、2 个基点；5 年、7 年、10 年期分别为 3.05%、3.26%、3.24%，比 6 月末分别下降 16、27、36 个基点（见图 2）。

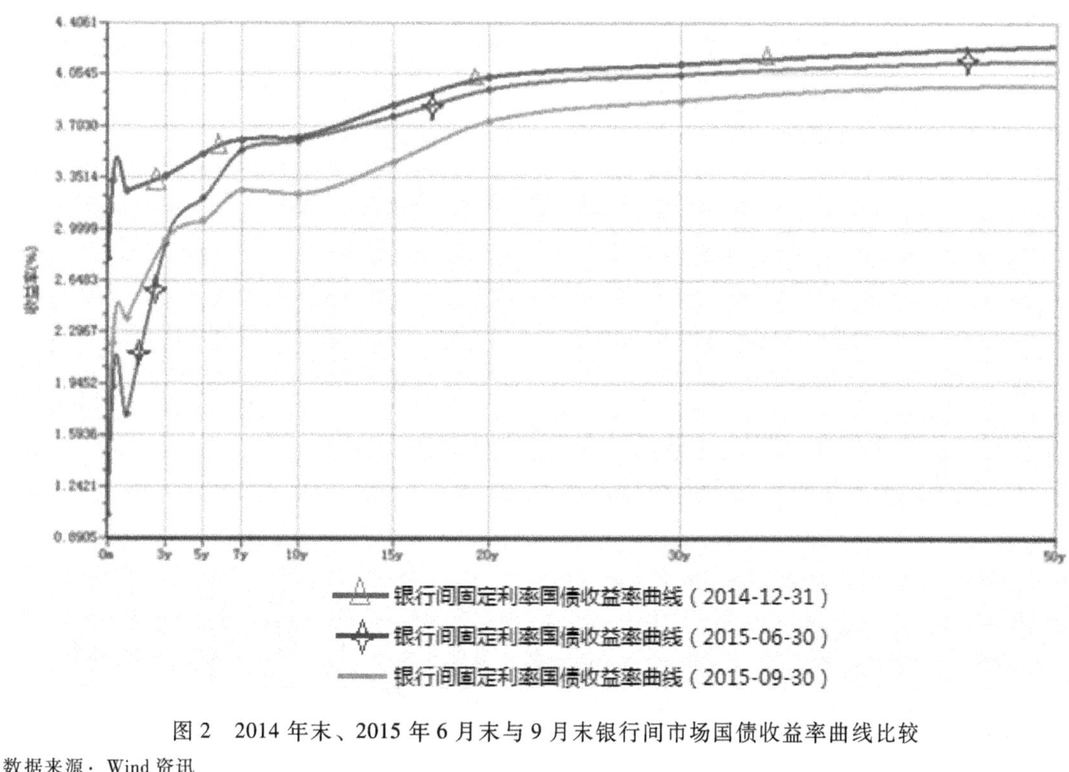

图 2　2014 年末、2015 年 6 月末与 9 月末银行间市场国债收益率曲线比较

数据来源：Wind 资讯

二、前三季度国债发行情况

1. 国债发行规模比 2014 年同期有所增加。2015 年预算筹资额较去年增加约 3064 亿元，为完成预算筹资任务，前三季度相应增加了国债发行规模，发行国债面值 15099.87 亿元，比 2014 年同期增加 2309.9 亿元，同比增加 18.1%。

2. 国债品种结构略有变化，记账式国债占比有所增加。前三季度发行记账式国债 52 期（次），发行面值 12755.1 亿元，占同期国债发行面值的 84.5%，比 2014 年同期上升约 5.2 个百分点。发行储蓄国债 11 期，发行面值 2344.77 亿元，占同期国债发行面值的 15.5%，比 2014 年同期下降约 5.2 个百分点。

3. 国债加权平均发行利率下降。前三季度国债加权平均发行利率为 3.4%，比 2014 年下降 78 个基点。其中，受经济增速放缓、债券市场资金面宽松、投资者风险偏好降低等因素影响，记账式国债需求较好，发行利率下降比较明显，前三季度记账式国债加权平均发行利率为3.13%，比2014年下降83个基点；由于今年以来人民银行进行了4次降息，储蓄国债发行利率参考人民币存款基准利率确定，相应进行了下调，前三季度储蓄国债加权平均发行利率为4.84%，比2014年下降31个基点（见图3）。

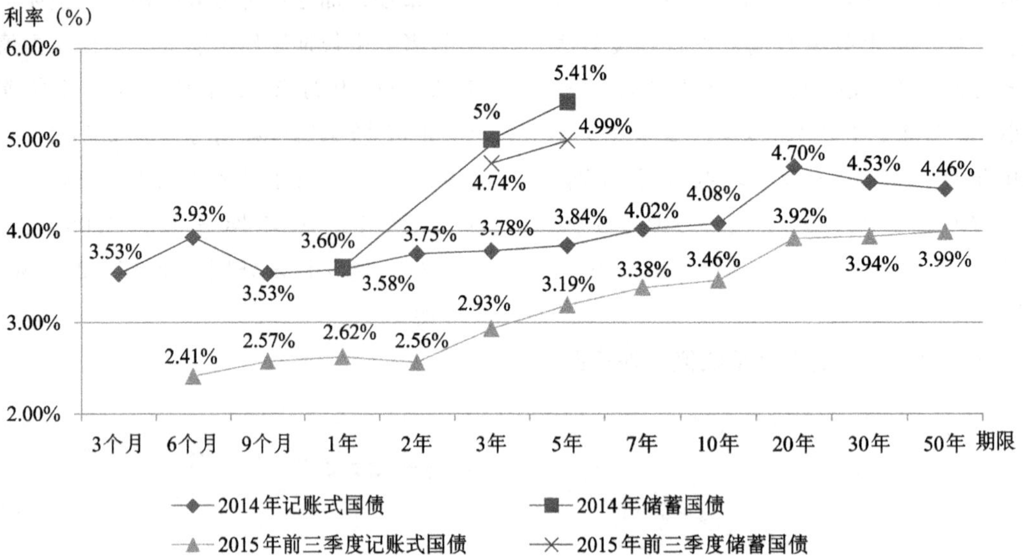

图3　2014年、2015年前三季度各期限品种国债平均年发行利率

4. 国债加权平均发行期限有所缩短。前三季度国债加权平均发行期限为6.42年，比2014年缩短1.07年。其中，记账式国债加权平均发行期限为6.89年，比2014年缩短1.45年，主要是为健全国债收益率曲线，2015年以来加大了1、3、5年期关键期限国债发行频率和规模，并开始按月滚动发行6个月贴现国债；储蓄国债加权平均发行期限为3.86年，比2014年延长0.09年，主要是根据3、5年期储蓄国债销售情况，适当增加了5年期储蓄国债的计划发行量（见图4）。

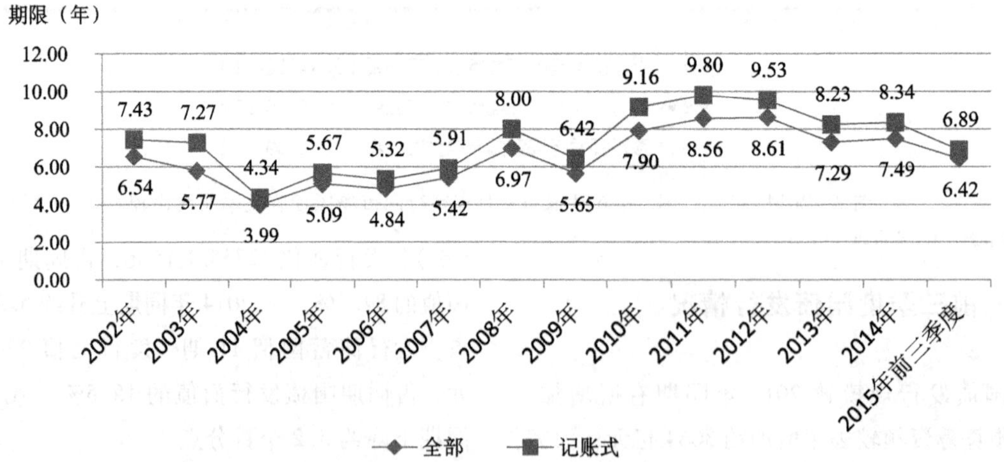

图4　国债加权平均发行期限

5. 记账式国债需求总体有所上升。前三季度，在金融市场流动性整体较为宽裕的情况下，记账式国债承销团成员投标踊跃，平均投标倍数（当期国债投标总量/计划招标量）为2.16倍，比2014年提高0.12倍。其中52次招标中29次达到2倍以上（见图5）。分期限品种看，1年

期以下记账式贴现国债加权平均投标倍数为2.36倍，1－10年期（含1、10年）记账式附息国债为2.09倍，10年期以上（不含10年）记账式附息国债为1.9倍（见图6）。

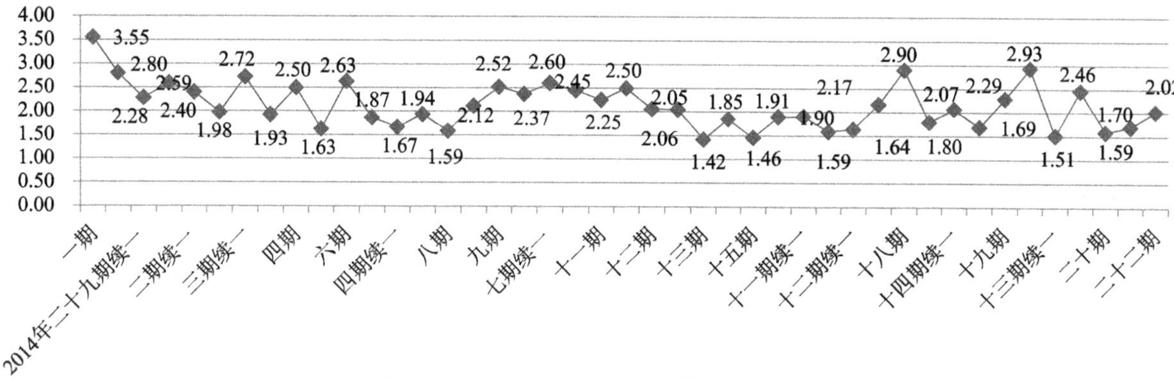

图5　2015年前三季度各次记账式附息国债投标倍数

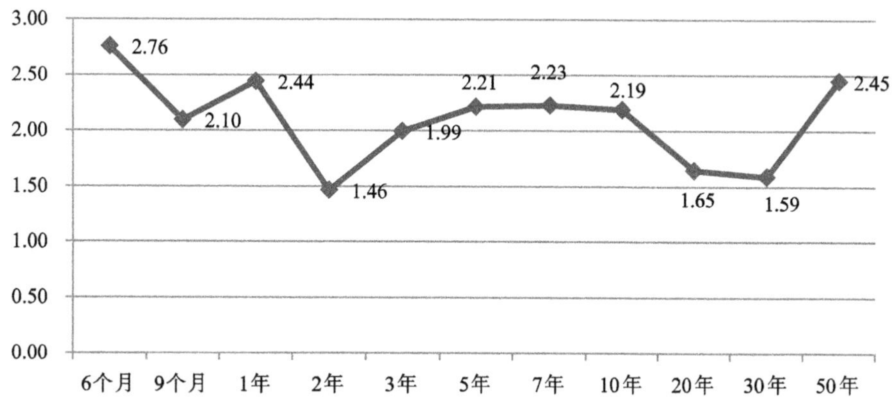

图6　2015年前三季度各期限记账式国债加权平均投标倍数

6. 储蓄国债销售总体略有下滑。2015年以来，储蓄国债利率跟随定期存款基准利率连续进行4次下调，9月份发行的储蓄国债3、5年期发行利率分别为4.25%、4.67%，已比2014年最后一期分别下调了75、74个基点，其对投资者吸引力稍有下降。前三季度储蓄国债售出百分比（实际售出量/计划销售量）约为93.8%，比2014年下降1.7个百分点。

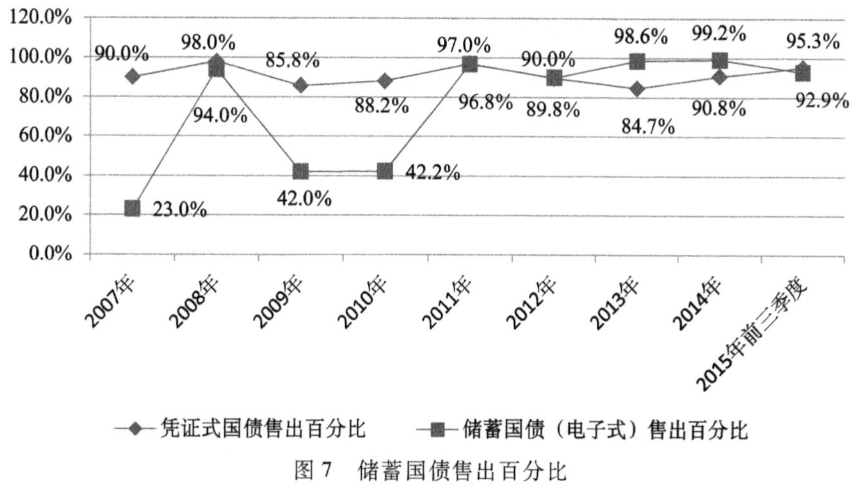

图7　储蓄国债售出百分比

三、第四季度国债发行形势

初步预计，为应对经济下行压力，货币政策将继续宽松；加之市场对于美联储将在今年加息的预期进一步推后，外汇市场趋稳，债券市场资金面将继续保持目前比较宽松、平稳的状况。但与此同时，第四季度国债计划发行5983亿元，比2014年第四季度增加约1167亿元，此外地方债的发行量可能会达到1.5万亿元，国债发行压力较大。为此，我们将密切关注债券市场，加强经济金融形势分析研究，增加与承销团成员的沟通交流，努力做好四季度国债发行工作。

2015 年国债发行管理回顾与 2016 年展望

财政部国库司

根据中央决策部署，2015 年我国继续实施积极财政政策。面对复杂多变的国内外经济金融形势，在国务院正确领导下，财政部进一步加强经济金融形势分析研究，统筹国债发行策略的稳定性和灵活性，深入推进国债管理市场化改革，努力提高国债发行管理科学化规范化管理水平，顺利完成国债发行任务。全年发行国债面值约 2.1 万亿元（不含在香港发行的人民币国债，下同），有力保障了积极财政政策的实施。

一、2015 年债券市场基本情况

2015 年，世界经济仍在深度调整，分化明显。国内经济运行总体平稳，完成全年主要目标任务，改革开放和各项事业取得重要进展。经济发展进入新常态，GDP、CPI、PPI 等宏观数据增幅有所回落。在此国内外经济形势下，2015 年我国债券市场呈现出以下特征。

（一）债券市场资金面比较宽松

2015 年债券市场资金面比较宽松，上半年资金利率快速下行，下半年略有反弹，但维持在低位。2015 年末，银行间市场隔夜、7 天、14 天质押式回购利率分别约为 2.1%、2.4%、2.9%，比 2014 年末分别下降 170 个、260 个、310 个基点。

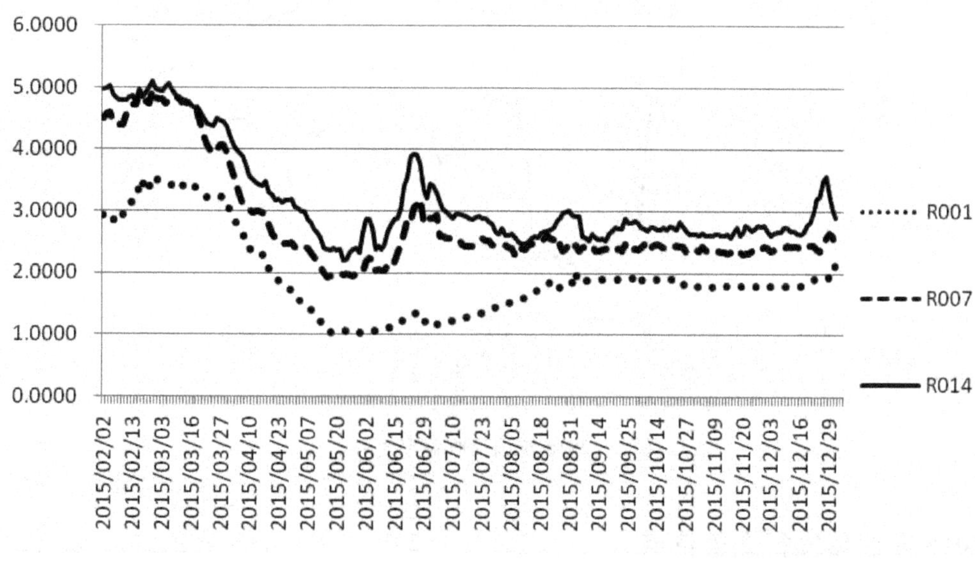

图 1 2015 年银行间市场隔夜（R001）、7 天（R007）、14 天（R014）质押式回购利率

（二）债券市场发行量大幅增长

2015 年，债券市场共发行各类债券约 23.11 万亿元，比 2014 年增长约 89.8%。其中国债、地方债、金融债、公司债、中期票据、短期融资

券、同业存单分别发行约 2.1 万亿元、3.83 万亿元、4.28 万亿元、0.99 万亿元、1.28 万亿元、3.28 万亿元、5.31 万亿元，比 2014 年分别增长 19.4%、858.8%、20%、604.9%、30.5%、50.1%、490.6%。

（三）现券和回购交易活跃度明显上升

2015 年，债券市场现券和回购交易结算量为 593.93 万亿元，比 2014 年增长 68.5%。其中，现券结算量为 63.91 万亿元，比 2014 年增长 57.4%；回购交易结算量为 530.02 万亿元，比 2014 年增长 70.1%。2015 年债券市场现券换手率有所提高，约为 2.12 倍，比 2014 年增长 86%。其中，国债现券换手率约 1.09 倍，比 2014 年增长 62.7%。

（四）国债收益率震荡下行

2015 年，国债收益率整体震荡下行。上半年，短端国债收益率受债券市场资金面宽松、资金利率快速下行影响，下行幅度较大；中长端国债收益率受我国经济增速放缓、通货膨胀水平回落等因素影响有所下行，但同时由于地方债发行量大幅增加，下行幅度较小。

从 6 月下旬开始，受人民币贬值、外汇占款负增长等因素影响，债券市场资金面趋于紧张，资金利率上行，短端国债收益率有所上升；7 月股市大幅下跌之后，投资者避险需求增加，股市资金回流债券市场，且短长期国债利差较高，投资者增加了对中长期国债的需求，中长端国债收益率下行幅度较大。12 月末，3 个月、1 年期国债收益率分别为 2.25%、2.3%，比 6 月末分别上升 33 个、56 个基点；3 年、5 年、7 年、10 年期分别为 2.55%、2.7%、2.84%、2.82%，比 6 月末分别下降 35 个、51 个、69 个、78 个基点。

图 2 2015 年国债收益率走势

二、2015 年国债发行主要特点

（一）国债发行规模上升

2015 年，实际发行国债收入约 2.1 万亿元，比 2014 年增加约 3398 亿元，增长约 19.3%。

（二）国债品种结构有所调整

2015 年发行记账式国债 81 期（次），面值约 1.8 万亿元，占全年国债发行面值的 85.7%，比 2014 年上升 4.1 个百分点。发行储蓄国债 14 个期次 3000.41 亿元，占全年国债发行面值的 14.3%，比 2014 年下降 4.1 个百分点。

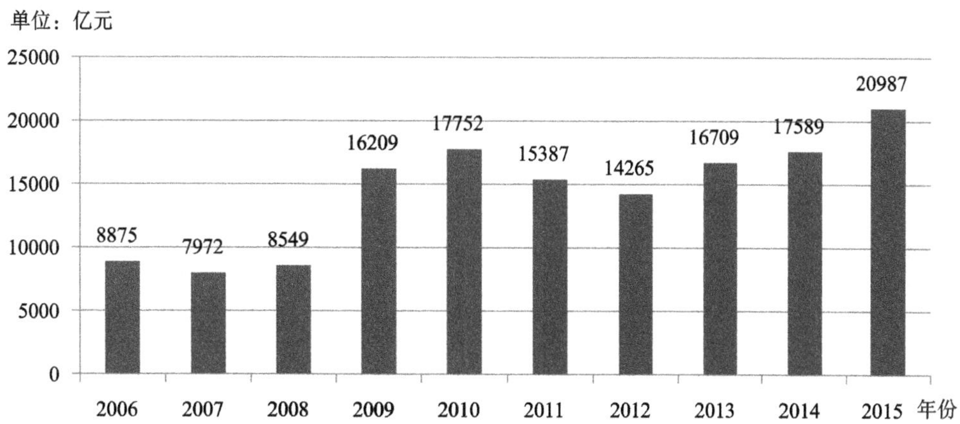

图 3　2006—2015 年国债发行收入情况

注：2007 年不含 1.55 万亿元特别国债。

（三）国债加权平均发行期限缩短

全年国债发行加权平均待偿期为 6.64 年，比 2014 年缩短 0.85 年。主要是由于贴现国债和 3 年、5 年期记账式国债发行规模占比增加。

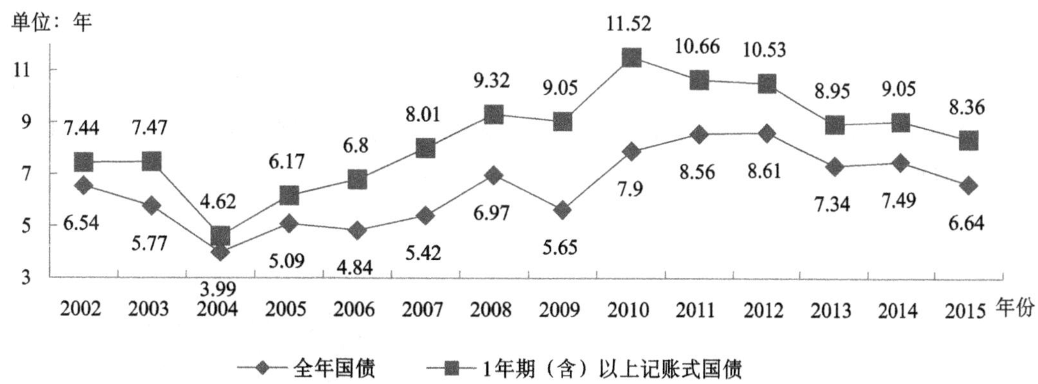

图 4　2002—2015 年全年国债、1 年期（含）以上记账式国债加权平均发行期限

（四）国债加权平均发行利率下降

全年国债加权平均发行利率 3.28%，比 2014 年下降 90 个基点。其中：储蓄国债平均发行利率 4.74%，比 2014 年下降 41 个基点；记账式国债平均发行利率 3.04%，比 2014 年下降 92 个基点。

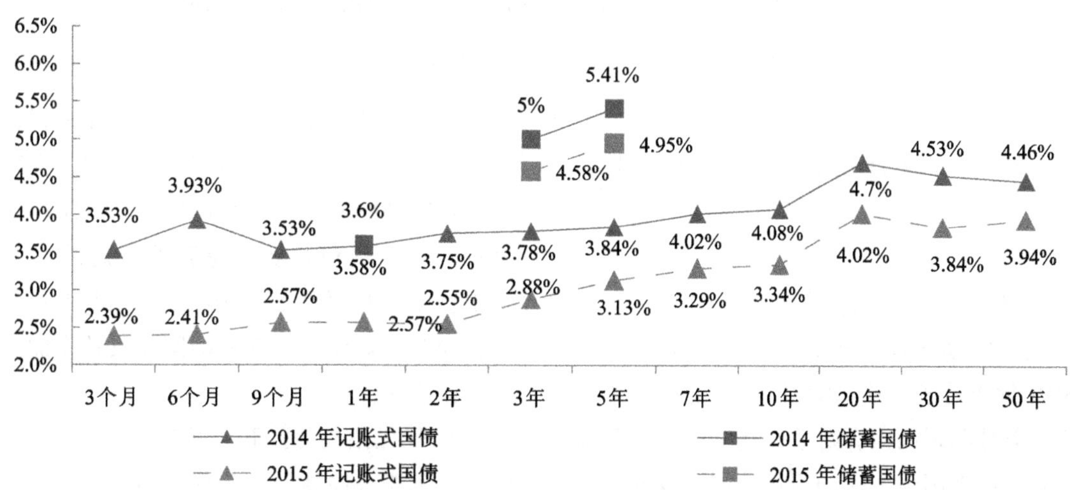

图 5　2014 年、2015 年各期限品种国债加权平均年发行利率

（五）记账式国债需求全年波动较大

2015年记账式国债平均招投标倍数为2.31倍，比2014年提高0.28倍，分月份看，招投标倍数全年变化较大，其中：12月份倍数最高，超过3倍，其他月份在1.7－3倍之间。

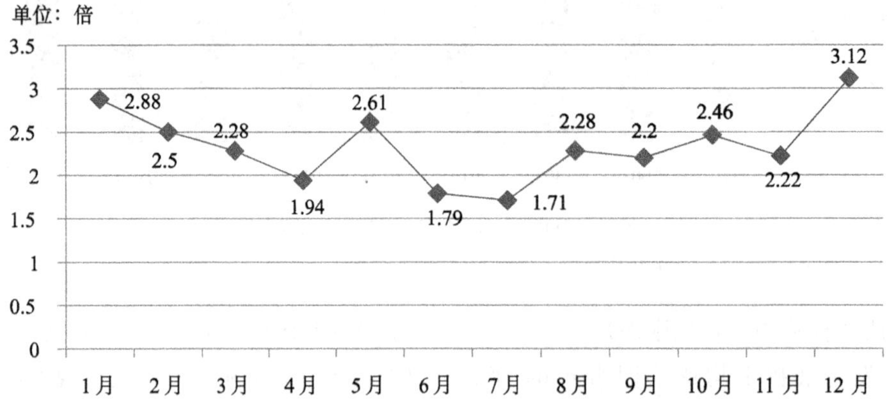

图6 2015年每月记账式国债平均招投标倍数

（六）储蓄国债售出百分比有所下降

2015年储蓄国债售出百分比（实际发行额/计划最大发行额）约为93.8%，比2014年下降1.7个百分点。其中，储蓄国债（电子式）售出百分比约为93%，比2014年下降6.2个百分点；凭证式国债约为95.1%，比2014年上升4.3个百分点。

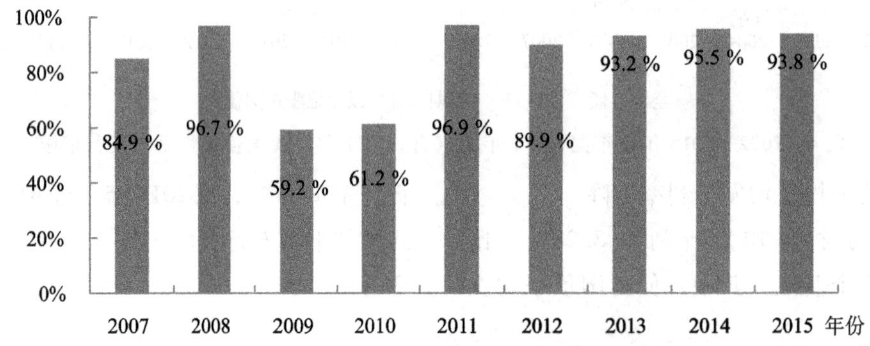

图7 2007—2015年储蓄国债年均售出百分比

三、2015年国债发行管理采取的主要措施

（一）深化记账式国债发行管理改革

1. 完善短期国债发行机制。为促进人民币纳入SDR货币篮子，从2015年四季度起按周滚动发行3个月贴现国债。财政部建立了承销团成员对3个月贴现国债需求的报送机制，及时了解市场需求，统筹安排发行规模，并缩短招标日与上市日时间间隔，优化内部发债流程，保障3个月贴现国债顺利发行。3个月贴现国债按周滚动发行工作的顺利开展，为促进人民币纳入SDR货币篮子，推动人民币国际化，提供了有力支持，同时，对促进完善短端国债收益率曲线发挥了积极作用。

2. 优化招投标控制。适当扩大2年期（含）以下的记账式国债的中标剔除区间，其中，将1

年、2年期记账式附息国债中标剔除区间由12个标位扩大到15个标位，将91天、182天、273天记账式贴现国债中标剔除区间由20个、20个、15个标位统一扩大到25个标位，有效促进了国债足额发行。另外，鉴于市场对短期国债定价分歧较大，为更全面反映市场对短期国债收益率要求，使承销团成员能投标更多标位，财政部对贴现国债的投标标位范围进行了适当调整，将91天、182天、273天贴现国债投标标位范围分别由30个、25个、20个标位扩大到40个、35个、30个标位，一定程度上提高了贴现国债定价市场化程度。

3. 积极推进国债续发行工作。2015年，对3、5年期记账式国债实行一次新发、两次续发的机制，实现了除1年期外所有关键期限国债均新发一次、续发两次，进一步减少了国债碎片，提高了国债流动性，优化了国债到期结构，促进完善了国债收益率曲线。

（二）推进储蓄国债发行管理改革

1. 研究完善储蓄国债定价机制。在利率市场化进程加速的背景下，财政部会同人民银行适当调整了储蓄国债定价机制，储蓄国债利率以定期存款基准利率为基础，并参考承销团成员同期限定期存款实际执行利率等确定。为提高储蓄国债定价的准确性，要求承销团成员按月报送本行定期存款实际利率执行情况，为合理确定储蓄国债发行利率提供了重要参考。从实际执行效果来看，该定价机制基本保障了储蓄国债平稳顺利发行。

2. 组织升级改造储蓄国债（电子式）发行管理信息系统。2015年，财政部会同人民银行，组织国债公司及储蓄国债承销团成员对储蓄国债信息系统进行了全面升级改造，实现了储蓄国债发行关键环节业务操作信息化、自动化，建立了日间销售数据核对预警机制，有效提高了工作效率，降低了风险。升级后的系统于10月底正式上线，运行平稳，顺利完成了2015年最后两期储蓄国债（电子式）的发行工作。

3. 进一步推进储蓄国债（电子式）网上银行销售工作。储蓄国债（电子式）网上银行销售是近年储蓄国债销售管理方面的一项主要创新，能够有效提高投资者购买储蓄国债（电子式）的便利性，拓宽储蓄国债（电子式）销售渠道。2015年，继续扩大储蓄国债（电子式）网上银行销售机构范围，新增光大银行等10家成员开展网上银行销售储蓄国债（电子式）业务。目前，网银销售成员已经达到19家，占全部储蓄国债承销团成员的一半。

（三）加强债券市场跟踪分析

2015年，为保障国债顺利发行，进一步加强债券市场研究分析，及时跟踪分析经济金融环境和债券市场情况。整理分析国债一级和二级市场、人民银行公开市场操作等有关情况，以情况反映的形式编写国债市场月报、季报；按季整理境内外资银行、境外央行、境外商业银行、其他境外金融机构等外资机构持有国债情况，分析有关特点及变动趋势；试编政府债券市场周报，密切跟踪宏观经济、政策动态、债券市场运行情况、重点舆情等。

四、2016年国债发行管理重点工作

贯彻落实十八届三中、四中、五中全会精神，以及中央经济工作会议、全国财政工作会议关于继续实施积极财政政策的总体部署，2016年，财政部将进一步深化国债管理制度改革，提高国债发行兑付管理工作水平，着力健全反映市场供求关系的国债收益率曲线，推动国债市场健康发展。

（一）平稳完成全年国债发行任务

继续坚持公开、透明、市场化的原则，结合国库库款和国债市场需要，适当调整发行期限结构，全年计划按周滚动发行3个月记账式国债，按月滚动发行6个月记账式国债，完善短端国债收益率曲线；增加关键期限国债的发行频次，争取各关键期限国债每月都能发行一次，并适当增加单期发行规模，满足投资机构需求；适当增加30年期记账国债发行，逐步建立健全超长端国

债收益率曲线。加强国债发行和库款管理统筹协调，科学合理安排国债发行计划，完善国债发行管理制度。同时，加强对经济金融环境和债券市场的分析研究，增强与国债承销团成员以及市场其他投资者的沟通交流，提高国债发行管理的应变能力，实现国债持续以合理成本筹资的目标。

（二）继续深化记账式国债发行市场化改革

一是改进记账式国债发行安排。将所有期限的记账式国债竞争性招标时间统一为招标日10：35至11：35，进一步方便承销团成员开展投标工作；适当延长债权托管时间，将债权托管时间由15分钟延长至20分钟，解决合并招标时承销团成员托管时间紧张问题；缩短招标日与上市日时间间隔，将全部记账式国债的招标日与上市日时间间隔均由5个工作日缩短为3个工作日，减少投资者由于价格波动带来的风险。

二是完善记账式国债发行机制。推动银行间债券市场开展预发行交易，指导交易所债券市场完善预发行机制，如研究运用国债、地方债冲抵国债预发行履约保证金等。完善记账式国债续发行管理，对全部关键期限国债实行续发行。

（三）进一步完善储蓄国债管理

一是完善储蓄国债定价机制。适应利率市场化不断加速的要求，研究创新储蓄国债定价机制，更好满足财政筹资及投资者需求，并逐步确立储蓄国债利率在个人金融产品定价中的基准地位。

二是研究丰富储蓄国债销售渠道。进一步改进储蓄国债（电子式）网上银行销售安排，扩大办理机构范围，不断丰富储蓄国债销售渠道，促进储蓄国债发行。

2015 年储蓄国债发行情况综述

中国人民银行国库局

2015 年，财政部与中国人民银行组织 38 家储蓄国债承销团面向个人投资者发行了四期凭证式国债和十期储蓄国债（电子式），较好地完成了全年发行计划。

一、发行总体情况

2015 年，储蓄国债承销团累计面向社会实际发行储蓄类国债 3000.40 亿元，完成全年 3200 亿元发行计划的 93.76%。其中，凭证式国债发行 1141.22 亿元，完成 1200 亿元发行计划的 95.10%；储蓄国债（电子式）发行 1859.18 亿元，完成 2000 亿元发行计划的 92.96%。

（一）凭证式国债发行情况

全年发行情况主要呈现以下几个特点：一是发行计划完成率达到 95.10%，属于热销状态；二是全年计划完成率呈波动态势，第一期计划完成率达到了 99.71%，创近五年来新高，但第三期计划完成率仅为 88.62%，第四期有所回升，达到了 94.45%；三是分期限看，全年三年期完成率为 98.43%，五年期完成率为 91.03%，三年期完成率大幅高于五年期；四是全年约 91 万人次购买凭证式国债，平均单笔投资 12.54 万元；与 2014 年相比，购买人次减少 27.2%，平均投资金额增加 15.4%。具体情况见表 1。

表 1　2015 年凭证式国债发行情况

发行日期	品种	第几期发行	发行对象	发行期	缴款日期	期限（年）	发行方式	票面利率%	计划发行额（面值）	实际发行额（面值）	发行价格（每 100 元面值）	实际缴款额（亿元）
2015.03	凭证式国债	第 1 期	个人投资者	2003.10—2003.19	2003.23	3	代销	4.920	180	179.62	100	179.62
2015.03	凭证式国债	第 1 期	个人投资者	2003.10—2003.19	2003.23	5	代销	5.320	120	119.49	100	119.49
2015.05	凭证式国债	第 2 期	个人投资者	2005.10—2005.19	2005.21	3	代销	4.92/4.67	180	174.07	100	174.07
2015.05	凭证式国债	第 2 期	个人投资者	2005.10—2005.19	2009.22	5	代销	5.32/5.07	120	118.85	100	118.85
2015.09	凭证式国债	第 3 期	个人投资者	2009.10—2009.19	2009.22	3	代销	4.250	150	147.48	100	147.48
2015.09	凭证式国债	第 3 期	个人投资者	2009.10—2009.19	2009.21	5	代销	4.670	150	118.40	100	118.40
2015.10	凭证式国债	第 4 期	个人投资者	2010.10—2010.19	2009.21	3	代销	4.250	150	148.47	100	148.47
2015.10	凭证式国债	第 4 期	个人投资者	2010.10—2010.19	2003.23	5	代销	4.670	150	134.84	100	134.84

表 2　2015 年凭证式国债分机构发行情况（%）

排名	机构名称	凭证式一期	凭证式二期	凭证式三期	凭证式四期	加权平均占比
1	工商银行	21.27	20.43	17.35	18.97	19.51
2	建设银行	18.48	18.36	16.47	17.32	17.66

续表

排名	机构名称	凭证式一期	凭证式二期	凭证式三期	凭证式四期	加权平均占比
3	农业银行	13.50	13.50	12.74	13.28	13.25
4	中国银行	11.40	11.40	10.00	10.78	10.90
5	邮储银行	6.90	6.90	6.67	6.90	6.84
6	交通银行	4.60	4.56	4.26	4.70	4.53
7	招商银行	2.80	2.32	2.10	2.60	2.45
8	北京农商行	1.60	1.60	1.60	1.60	1.60
9	北京银行	1.60	1.60	1.27	1.46	1.48
10	上海银行	1.40	1.40	1.33	1.40	1.38
11	江苏银行	1.50	1.20	1.33	1.40	1.36
12	光大银行	1.40	1.32	1.29	1.38	1.35
13	广发银行	1.00	1.00	1.00	1.00	1.00
14	浦发银行	0.90	0.90	0.90	0.90	0.90
15	民生银行	0.90	0.90	0.84	0.90	0.87
16	南京银行	0.90	0.90	0.80	0.85	0.86
17	中信银行	0.90	0.81	0.84	0.82	0.84
18	上海农商行	0.80	0.80	0.60	0.60	0.70
19	华夏银行	0.70	0.70	0.70	0.70	0.70
20	兴业银行	0.60	0.60	0.60	0.60	0.60
21	成都银行	0.50	0.50	0.50	0.50	0.50
22	天津银行	0.50	0.50	0.50	0.50	0.50
23	乌市商行	0.40	0.40	0.40	0.40	0.40
24	河北银行	0.40	0.40	0.39	0.40	0.40
25	平安银行	0.40	0.40	0.39	0.40	0.40
26	哈尔滨银行	0.40	0.40	0.36	0.40	0.39
27	西安银行	0.40	0.40	0.34	0.40	0.39
28	大连银行	0.40	0.39	0.30	0.34	0.36
29	晋商银行	0.40	0.40	0.29	0.32	0.35
30	徽商银行	0.40	0.32	0.32	0.35	0.35
31	富滇银行	0.36	0.34	0.32	0.35	0.34
32	杭州银行	0.30	0.30	0.30	0.30	0.30
33	青岛农商行	0.30	0.30	0.30	0.30	0.30
34	恒丰银行	0.30	0.30	0.30	0.29	0.30
35	宁波银行	0.30	0.30	0.29	0.30	0.30
36	青岛银行	0.30	0.30	0.26	0.28	0.29
37	汉口银行	0.30	0.29	0.19	0.26	0.26
38	包商银行	0.20	0.20	0.19	0.20	0.20
合计		99.71	97.64	88.62	94.45	95.10

表 3　　**2015 年凭证式国债分地区发行情况（%）①**

排名	地区	凭证式一期	凭证式二期	凭证式三期	凭证式四期	加权平均占比
1	北京市	16.25	15.89	14.83	15.36	15.58
2	江苏省	8.40	3.05	2.49	8.95	5.72
3	山西省	4.92	5.80	5.84	5.53	5.52
4	天津市	3.10	8.06	7.88	2.40	5.36
5	上海市	7.85	3.15	2.69	7.69	5.35
6	河北省	3.20	7.08	7.57	2.89	5.19
7	辽宁省	3.99	5.07	4.84	2.82	4.18
8	山东省	4.99	2.46	1.96	6.02	3.86
9	广东省	6.00	1.80	1.59	5.79	3.79
10	内蒙古	1.33	5.70	5.32	1.46	3.45
11	黑龙江	3.61	3.58	2.72	2.96	3.22
12	吉林省	2.02	3.97	2.74	2.03	2.69
13	安徽省	2.50	2.72	2.38	2.42	2.50
14	浙江省	2.17	2.89	2.47	1.81	2.33
15	湖北省	2.88	2.03	1.69	2.29	2.22
16	四川省	2.89	1.56	1.50	2.54	2.12
17	河南省	1.83	2.11	1.91	2.07	1.98
18	陕西省	2.69	1.10	0.99	2.61	1.85
19	江西省	1.10	2.50	2.03	1.08	1.68
20	湖南省	1.63	1.91	1.64	1.53	1.67
21	福建省	0.74	2.62	2.08	0.62	1.51
22	重庆市	1.45	1.44	1.37	1.41	1.42
23	大连市	2.44	0.49	0.40	2.08	1.35
24	广西区	1.06	1.78	1.50	0.88	1.31
25	云南省	1.08	1.29	1.32	1.09	1.19
26	青岛市	1.95	0.53	0.42	1.78	1.17
27	新疆区	1.54	0.54	0.43	1.38	0.97
28	深圳市	1.76	0.37	0.34	1.31	0.95
29	贵州省	0.63	1.39	1.32	0.43	0.94
30	宁波市	1.30	0.42	0.37	1.14	0.81
31	甘肃省	0.51	1.02	0.89	0.40	0.70
32	青海省	0.37	1.01	0.81	0.38	0.64
33	西藏区	0.09	1.12	1.12	0.12	0.61
34	宁夏区	0.37	0.69	0.70	0.38	0.54
35	海南省	0.66	0.39	0.36	0.36	0.44
36	厦门市	0.41	0.11	0.12	0.44	0.27
合计		99.71	97.64	88.62	94.45	95.10

① 表 2、表 3、表 5、表 6 中的比率是该机构或省（市）实际销售量占全国计划发行额的比率。

分机构看，工商银行、农业银行、中国银行、建设银行、交通银行、邮政储蓄银行六大银行代销额度全年合计为 76.9%，合计销售占比为 72.69%，加权平均计划完成率为 94.52%；其他 32 家承销机构占发行计划的 23.1%，合计销售占比 22.41%，实际完成率为 97.01%。

分地区看，国债发行的地域差异也出现分化。北京是储蓄国债发行最重要地区，年销售额占到当年全国实际发行量的 15.58%；分地区发行排名前六位的北京、江苏、山西、天津、上海、河北合计发行量达到 42.72%，而排名后六位的甘肃、青海、西藏、宁夏、海南、厦门合计发行量仅为 3.2%。

（二）储蓄国债（电子式）发行情况

全年整体发行特点主要有：一是基本处于热销状态，除第 5 期和第 6 期外，全年其余各期完成率均达到了 90% 以上，全年整体计划完成率达到了 92.96%；二是三年期发行完成率略高于五年期，三年期为 93.34%，五年期为 92.50%；三是全年约 151 万人次购买储蓄国债（电子式），平均单笔投资金额 12.3 万元；与 2014 年相比，购买人次增加 20.8%，平均单笔投资金额增加 8.8%（见表 4）。

分机构看，工商银行、农业银行、中国银行、建设银行、交通银行、邮政储蓄银行六大银行合计实际销售占比为 73.69%；其他 32 家承销机构占比为 26.31%；分地区看，储蓄国债（电子式）发行地区分化比凭证式国债更大，前六位的北京、江苏、浙江、四川、山西、湖南合计发行量达到 47.19%，而排名后六位的河南、宁波、青海、厦门、西藏、新疆合计发行量仅为 2.14%（见表 5，表 6）。

表 4 2015 年储蓄国债（电子式）发行总体情况

发行日期	品种	第几期发行	发行对象	发行期	缴款日期	期限（年）	发行方式	发行价格（每 100 元面值）	票面利率%	计划发行额（面值）	实际发行额（面值）	实际缴款额（亿元）
2015.04	电子式国债	第 1 期	个人投资者	2004.10—2004.19	2004.15/2004.20	3	代销	100	4.920	240	240	240
2015.04	电子式国债	第 2 期	个人投资者	2004.10—2004.19	2004.15/2004.20	5	代销	100	5.320	160	160	160
2015.06	电子式国债	第 3 期	个人投资者	2006.10—2006.19	2006.15/2006.23	3	代销	100	4.670	240	211.41	211.41
2015.06	电子式国债	第 4 期	个人投资者	2006.10—2006.19	2006.15/2006.23	5	代销	100	5.070	160	160	160
2015.07	电子式国债	第 5 期	个人投资者	2007.10—2007.19	2007.15/2007.20	3	代销	100	4.500	200	181.62	181.62
2015.07	电子式国债	第 6 期	个人投资者	2007.10—2007.19	2007.15/2007.20	5	代销	100	4.870	200	158.71	158.71
2015.08	电子式国债	第 7 期	个人投资者	2008.10—2008.19	2008.17/2008.20	3	代销	100	4.500	200	175.15	175.15
2015.08	电子式国债	第 8 期	个人投资者	2008.10—2008.19	2008.17/2008.20	5	代销	100	4.870	200	199.97	199.97
2015.11	电子式国债	第 9 期	个人投资者	2010.10—2010.19	2010.16/2010.20	3	代销	100	4.000	200	199.97	199.97
2015.11	电子式国债	第 10 期	个人投资者	2010.10—2010.19	2010.16/2010.20	5	代销	100	4.420	200	172.33	172.33

表 5 2015 年储蓄国债（电子式）分机构发行情况（%）

排名	机构名称	第 1，2 期	第 3，4 期	第 5，6 期	第 7，8 期	第 9，10 期	加权平均占比
1	工商银行	24.96	22.79	20.79	24.10	22.39	23.00
2	建设银行	18.10	15.78	15.40	15.67	15.29	16.05
3	农业银行	9.48	11.65	11.89	12.51	11.68	11.44
4	邮储银行	11.64	10.45	7.08	8.94	8.59	9.34
5	中国银行	6.67	7.44	7.38	6.95	7.62	7.21
6	交通银行	8.57	6.98	5.45	6.00	6.28	6.65
7	招商银行	1.98	1.82	1.61	1.87	1.95	1.85

续表

排名	机构名称	第1，2期	第3，4期	第5，6期	第7，8期	第9，10期	加权平均占比
8	浦发银行	2.03	1.48	1.55	1.85	1.92	1.77
9	北京农商行	1.06	1.46	1.25	1.72	2.24	1.55
10	广发银行	1.69	1.39	1.25	1.49	1.48	1.46
11	光大银行	1.70	1.37	1.04	1.33	1.31	1.35
12	中信银行	1.56	1.30	1.34	1.15	1.1	1.29
13	上海银行	1.34	1.14	1.16	1.30	1.02	1.19
14	江苏银行	1.02	0.97	1.12	1.18	1.43	1.14
15	北京银行	1.41	1.07	0.80	1.05	0.97	1.06
16	华夏银行	0.70	0.63	0.75	0.91	0.94	0.78
17	兴业银行	0.72	0.54	0.60	0.70	0.56	0.62
18	平安银行	0.65	0.45	0.42	0.44	0.41	0.47
19	民生银行	0.49	0.43	0.42	0.49	0.53	0.47
20	南京银行	0.51	0.39	0.38	0.44	0.4	0.42
21	上海农商行	0.54	0.49	0.35	0.35	0.35	0.41
22	成都银行	0.29	0.34	0.49	0.45	0.48	0.41
23	天津银行	0.27	0.33	0.25	0.32	0.37	0.31
24	西安银行	0.32	0.21	0.23	0.26	0.34	0.27
25	青岛银行	0.33	0.25	0.25	0.20	0.29	0.27
26	青岛农商行	0.13	0.16	0.25	0.29	0.42	0.25
27	晋商银行	0.29	0.21	0.20	0.25	0.2	0.23
28	河北银行	0.17	0.17	0.23	0.20	0.3	0.21
29	恒丰银行	0.18	0.16	0.16	0.20	0.28	0.20
30	杭州银行	0.13	0.13	0.17	0.15	0.3	0.18
31	富滇银行	0.14	0.13	0.09	0.20	0.27	0.17
32	大连银行	0.17	0.09	0.18	0.15	0.21	0.16
33	包商银行	0.14	0.15	0.13	0.09	0.25	0.15
34	徽商银行	0.17	0.10	0.09	0.16	0.24	0.15
35	宁波银行	0.13	0.10	0.13	0.16	0.21	0.15
36	哈尔滨银行	0.10	0.10	0.10	0.14	0.19	0.13
37	汉口银行	0.14	0.11	0.04	0.04	0.16	0.10
38	乌市银行	0.07	0.07	0.07	0.08	0.09	0.08
合计		100.00	92.85	85.08	93.78	93.08	92.96

表6　　2015年储蓄国债（电子式）分地区发行情况（%）

排名	地区	第1，2期	第3，4期	第5，6期	第7，8期	第9，10期	加权平均占比
1	北京市	16.29	16.94	14.77	18.52	17.43	16.79
2	江苏省	8.20	6.82	7.43	8.30	6.92	7.54
3	浙江省	1.57	6.96	7.87	8.32	8.64	6.67
4	四川省	1.90	8.08	7.53	7.61	6.79	6.38
5	山西省	5.09	4.84	4.29	4.72	5.63	4.91
6	湖南省	1.11	6.40	5.60	5.75	5.67	4.90
7	辽宁省	6.54	4.42	3.18	3.63	3.67	4.29
8	上海市	7.96	3.69	2.44	2.38	2.55	3.80

续表

排名	地区	第1，2期	第3，4期	第5，6期	第7，8期	第9，10期	加权平均占比
9	广东省	8.68	1.69	1.69	1.75	1.81	3.12
10	河北省	2.68	2.47	2.50	2.48	2.64	2.55
11	大连市	2.60	2.32	2.15	2.43	2.65	2.43
12	天津市	2.80	2.52	1.95	2.51	2.24	2.41
13	黑龙江	4.02	2.25	1.85	1.74	1.86	2.35
14	吉林省	3.05	1.81	1.85	1.97	1.79	2.09
15	甘肃省	0.30	2.10	2.22	2.50	2.41	1.90
16	安徽省	2.23	1.58	1.76	1.72	1.72	1.80
17	海南省	0.33	2.32	1.78	1.79	2.33	1.71
18	山东省	5.90	0.53	0.58	0.60	0.50	1.62
19	广西区	0.66	1.88	1.64	1.81	1.85	1.57
20	江西省	0.60	1.69	1.51	1.88	2.02	1.54
21	贵州省	0.29	1.99	1.72	1.76	1.42	1.44
22	陕西省	2.49	1.23	0.97	1.15	1.28	1.42
23	内蒙古	1.36	1.43	1.26	1.24	1.59	1.38
24	重庆市	1.19	1.21	1.30	1.30	1.31	1.26
25	湖北省	2.79	0.73	0.64	0.71	0.83	1.14
26	深圳市	2.02	0.73	0.65	0.76	0.80	0.99
27	福建省	0.43	0.85	0.94	0.98	1.01	0.84
28	云南省	0.55	0.76	0.73	0.74	0.65	0.68
29	宁夏区	0.19	0.72	0.60	0.77	0.88	0.63
30	青岛市	1.95	0.28	0.24	0.29	0.40	0.63
31	河南省	1.78	0.33	0.30	0.37	0.27	0.61
32	宁波市	1.33	0.28	0.22	0.26	0.43	0.50
33	青海省	0.31	0.29	0.26	0.35	0.41	0.32
34	厦门市	0.26	0.31	0.28	0.33	0.33	0.30
35	西藏区	0.01	0.40	0.34	0.32	0.29	0.27
36	新疆区	0.54	0.03	0.04	0.04	0.05	0.14
合计		100.00	92.85	85.08	93.78	93.08	92.96

三、影响因素

（一）有利因素

一是市场降息预期增强。2015年我国经济呈下行态势，经济增长速度下滑，物价指数回落。在此经济背景下，适度宽松的货币政策将会持续，市场对降准降息产生预期，在配置固定利率中长期投资产品以锁定收益的策略下，储蓄国债受到稳健投资者的偏爱。

二是股票市场大幅震荡使部分资金回流储蓄国债市场。由于股市的大幅震荡，致使基金以及理财产品收益率下降，投资者资产缩水。在此情况下，投资者为了规避市场风险，促进资产保值增值，加大对国债的投资比重，部分资金回流储蓄国债市场。

三是个人理财投资市场风险频发，国债无风险收益特性凸显。2015年，在经济加速去产能、去杠杆的背景下，个人投资理财市场风险频发。大量P2P平台关门跑路，特别是泛亚、e租宝、3M等大型平台的倒闭，使得大量投资者血本无归；信用债市场全年共发生近20起违约事件，虽然其中有部分债券通过股东、政府兜底，或重组等方式最终实现偿付，但债券市场打破刚性兑付仍是发展趋势。这些案例给投资者上了一堂生动的风险教育课程，国债因其无风险、收益稳定而受到投资者青睐。

（二）不利因素

一是国债利率持续下降。2015 年，人民银行分别于 3 月、5 月、6 月、8 月、10 月连续 5 次降息，一年期存款基准利率共下调了 1.25 个百分点，国债利率也随之逐步下调，2015 年 11 月发行的最后一期储蓄国债（电子式），3 年期和 5 年期的利率分别为 4%、4.42%，较 2014 年同期均下降了约 1 个百分点，降幅较大。

二是低风险金融产品不断丰富。2015 年 5 月 1 日，我国正式实施《存款保险条例》，银行存款的安全性得到有效提高，吸引了部分投资者。2015 年 6 月 2 日，人民银行公布并实施《大额存单管理暂行办法》，大额存单的投资者包括个人投资者。金融机构随后推出的大额存单以其产品多样、收益较高、流动性更强等优势，吸引部分投资金额在 30 万元以上的国债投资者转投资大额存单。

四、采取的措施

（一）加强发行组织管理工作

各地财政厅局与人民银行分支机构及储蓄国债承销团成员采取主动措施，认真组织每期储蓄类国债发行工作，强化管理、创新形式，并注重对国债投资者的权益保护工作，有效推动当地储蓄国债销售工作，取得了良好的发行效果。

（二）保持国债发行利率的相对优势

为保证储蓄类国债顺利发行，2015 年在人民银行基准利率五次下调的背景下，财政部与人民银行多次研究，参照市场情况及承销团成员同期限定期存款利率，对储蓄国债利率进行了相应调整，保持了储蓄国债发行利率的相对优势。

（三）规范发行秩序，充分发挥市场调节功能

2015 年财政部会同人民银行制定下发了储蓄国债发行额度管理办法、承销团成员综合排名计算办法等制度，定期调整了储蓄国债承销团成员代销额度比例，规范发行秩序，调动了承销团成员的积极性和主动性。

（四）加强国债宣传

2015 年，人民银行各级分支机构利用“经理国库二十周年”系列宣传活动契机，开展了各种形式的国债宣传和金融知识普及活动，有力推动了国债销售；每期国债发行信息都会通过人民银行分支机构和承销团成员的微信公共平台进行发布，使得国债知识和信息迅速向年轻群体传播；另外，国债下乡活动、凭证式国债到期约定转存业务的持续开展和推广，也有力地推动了储蓄国债的发行。

2015年交易所债券市场概况

中国证监会市场监管部

2015年，交易所债券市场发行管理制度改革取得明显成效，债券发行量大幅增加，债券托管规模增长较快，市场交投活跃，为支持实体企业融资、推动降低全社会融资成本发挥了积极作用。

一、公司债券发行量大幅增加，对降低企业融资成本发挥了积极作用

2015年1月，按照国务院简政放权、支持实体经济融资的决策部署，公司债券发行制度进行了改革，拓宽了发行主体范围、简化了核准（备案）程序、丰富了发行方式、强化事中和事后监管，改革政策红利初步释放。

公司债券发行量增长较快。2015年，公司债发行总额2.16万亿元，是2014年发行金额的5.62倍；其中非金融企业发行的公司债为9096亿元，是2014年的5.55倍。2015年全国非金融企业发行的各类债券中，公司债券金额占比为13.21%，比2014年上升了10.05个百分点。

公司债降低实体经济融资成本的作用开始显现。从非金融企业公开发行的各类债券成本比较看，2015年公司债平均利率为4.75%，比中票平均发行利率4.99%、企业债平均发行利率5.68%均要低。其中，非金融企业发行的AAA级公司债，平均利率为4.12%，比同等级的中票、企业债分别低52BP、43BP。

二、各类债券价格涨幅较大，市场交易活跃

利率债和信用债呈现普涨格局。2015年人民银行多次降准、降息，金融市场流动性宽裕。与此同时，经济下行压力较大，盈利前景良好的实体投资项目相对稀缺，股市和大宗商品剧烈波动。在这种情况下，包括债券在内的固定收益类产品更加受到投资者欢迎，呈现牛市行情。2015年，综合反映银行间和交易所各类债券价格走势的中证综合债指数上涨7.95%；分类别看，中证国债指数上涨7.87%，中证金融债指数上涨8.51%，中证信用债指数上涨8.73%。从交易所挂牌交易的债券看，上证国债指数全年上涨6.08%，上证企业债指数全年上涨8.85%。

债券市场资金宽裕、成交活跃。一方面，资金成本明显下降。根据中证指数公司的数据，截至2015年底，十年期国债到期收益率为2.83%，已下降至3%以下，比2014年底低78BP；五年期AAA级企业债到期收益率为2.99%，比2014年底低132BP；五年期AAA级中票到期收益率为3.36%，比2014年底低152BP；五年期AAA公司债到期收益率为3.20%，比2014年底下降116BP。另一方面，现券和回购成交金额均大幅增长。2015年交易所债券市场现券日均成交139亿元，比上年日均成交增长21%；债券回购日均成交5227亿元，比上年日均成交增长41%。

债券托管量大幅增加，市场深度得到拓展。2015年，公司债券发行规模扩张较快。与此同时，受交易所债券市场投资便利和运行效率较高的影响，一些投资者将跨市场交叉挂牌的国债等品种转托管至交易所债券市场。在这种情况下，交易所债券托管量增加较多。截至2015年底，交易所各类债券总托管量39972.46亿元，比

2014年底增长55.41%。其中，政府债券托管面值5680.31亿元，政府支持机构债券托管面值31.39亿元，金融机构债券托管面值8275.28亿元，非金融企业债券托管面值24387.82亿元，资产证券化产品托管面值1597.66亿元。随着市场深度的拓展，保险资金、银行理财产品、私募证券投资基金等加大了交易所债券市场投资力度，投资者结构进一步趋向多元化、均衡化。

三、信用风险总体可控，债券投资杠杆有所降低

2015年，随着经济增速的放缓，一些债券发行人经营压力较大，债券违约案例有所增多。面对债券本息兑付违约，发行人、中介机构、投资者按照市场化、法治化原则，积极通过引入重组方承接债务、仲裁、诉讼等方式予以处置。公开发行的公司债券违约风险基本上得到化解。违约的主要是非公开发行的债券，但总金额相对有限。截至2015年末，处于违约状态的公司债券本金合计38.55亿元，相当于公司债券托管面值的0.15%。公司债券违约分布未呈现明显的行业、区域特征，均为单体性事件，未出现风险的交叉传染和显著外溢。

随着监管部门加大风险提示和控制的力度，以及影响债券市场的不确定性因素增多，投资者在交易所债券市场的交易行为总体上较为审慎，呈现出“去杠杆”的趋势。截至2015年底，交易所市场债券投资总体杠杆水平［杠杆水平=债券托管面值/（债券托管面值-回购未到期金额）］为1.31倍，比2014年底的1.43倍有所下降，也低于2013年底1.44倍的水平。

2015年国债市场年度分析报告

中央国债登记结算有限责任公司

一、国债总体发行量较上年显著增长

2015年，财政部共发行记账式国债18016.2亿元，较2014年增长25.43%；发行储蓄国债（电子式）1859.18亿元，较2014年的1884.05亿元略下降1.32%。2015年国债发行有以下几个特点：

（一）短期和长期品种发行量占比提高，中期品种发行占比下降

2015年度中长期债券发行额占比均有不同程度下滑，其中5—7年与7—10年发行额占比下降较为显著，分别由2014年的22.16%和21.37%下降到17.99%和16.89%。而5年期以下（包括5年）国债发行额均有稳步提升，特别是1年期以下（含1年）的国债发行面额占比大幅提高约5.6个百分点。其主要原因是，财政部根据国债管理和金融市场要求，提出自2015年4季度开始，滚动发行3个月期贴现国债，使得短期国债发行额占比得以大幅提高。

表1 2014年、2015年记账式国债发行期限结构比较

发行期限（年）	2014		2015	
	发行面额（亿元）	占比（%）	发行面额（亿元）	占比（%）
1年以下（含1年）	2889.10	20.11	4632.4	25.71
1—3年	2150.80	14.97	3072.6	17.05
3—5年	1510.40	10.52	2466.3	13.69
5—7年	3182.90	22.16	3241.7	17.99
7—10年	3070.10	21.37	3043.2	16.89
10年以上	1560.00	10.86	1560	8.66
汇总	14363.30	100.00	18016.2	100.00

数据来源：中国债券信息网（www.chinabond.com.cn）

注：发行期限区间包含区间上限，不包含区间下限，下同。

（二）记账式国债发行次数略有增长，储蓄国债发行次数与上年持平

2015年银行间市场共发行记账式国债81次，较2014年的59次增长了37.29%；储蓄国债（电子式）发行10次，与2014年发行次数持平。

从期限结构来看，5年期以下的国债发行次数增加，主要源自3个月期和6个月期贴现国债发行频次大幅增加。5年期以上的国债发行次数与去年持平。

（三）一级市场发行利率水平下移，波动幅度显著提升

2015年以来各期限债券的发行利率均出现了明显下行，其中中短期国债的发行利率下降较为明显，1、2、3、5年期国债发行利率下降幅度均超过20%。10年期国债平均发行利率从

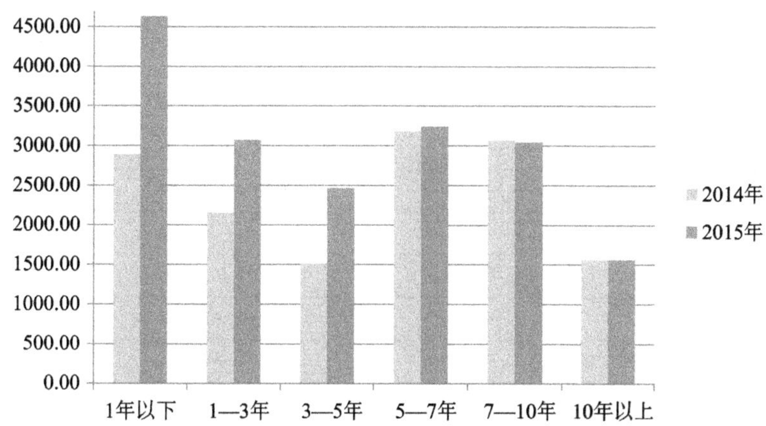

图 1　2014 年、2015 年记账式国债发行期限结构比较

数据来源：中国债券信息网（www. chinabond. com. cn）

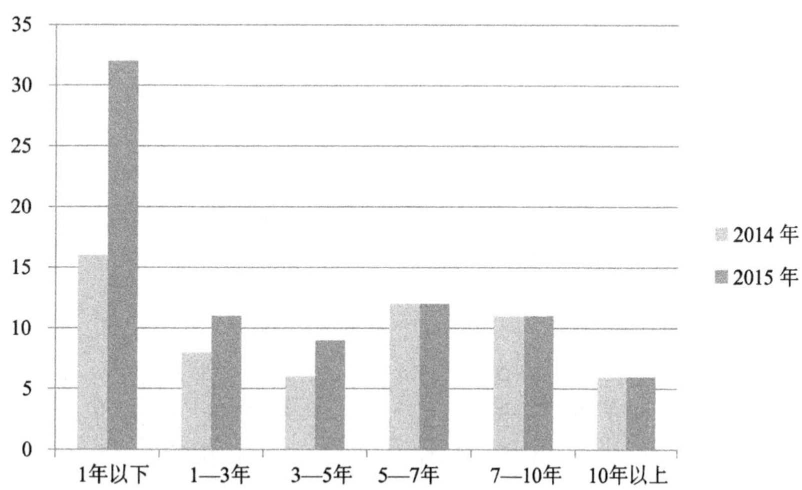

图 2　2014 年、2015 年记账式国债各期限品种发行次数

数据来源：中国债券信息网（www. chinabond. com. cn）

2014 年的 4. 08% 下降至 3. 44%，降幅高达 64 个 BP（见图 3）。

2015 年共发行记账式国债 81 次/18016. 2 亿元，整个发行利率区间在 0. 00%—4. 09%。从国债发行频率来看，2015 年除 2 年期国债发行频率低于 2014 年外，其他期限国债发行频次均呈现不同程度增加。伴随利率市场化进程的不断推进，债券价格的波动性也明显加大。

2015 年，10 年期国债收益率两日波动绝对值的均值为 2. 23BP，标准差为 2. 04BP，波动率较去年同期增长 6. 7%，而标准差收窄 10. 1%。

表 2　　2014 年、2015 年记账式国债发行频率和发行利率比较

期限	发行频率（次）		利率区间		平均利率	
	2014 年	2015 年	2014 年	2015 年	2014 年	2015 年
3M	3	12	0. 00%—0. 00%	0. 00%—0. 00%	0. 00%	0. 00%
6M	3	9	0. 00%—0. 00%	0. 00%—0. 00%	0. 00%	0. 00%
9M	2	3	0. 00%—0. 00%	0. 00%—0. 00%	0. 00%	0. 00%
1Y	8	8	3. 32%—4. 04%	2. 16%—3. 14%	3. 62%	2. 57%

续表

期限	发行频率（次）		利率区间		平均利率	
	2014 年	2015 年	2014 年	2015 年	2014 年	2015 年
2Y	3	2	3.39%—3.99%	2.44%—2.44%	3.76%	2.44%
3Y	5	9	3.66%—4.00%	2.73%—3.22%	3.83%	2.95%
5Y	6	9	3.53%—4.47%	3.1%—3.31%	4.01%	3.17%
7Y	12	12	3.70%—4.44%	3.05%—3.54%	4.12%	3.31%
10Y	11	11	3.77%—4.42%	2.99%—3.77%	4.08%	3.44%
20Y	2	2	4.63%—4.77%	3.47%—4.09%	4.70%	3.92%
30Y	2	2	4.30%—4.76%	3.74%—3.94%	4.53%	3.84%
50Y	2	2	4.24%—4.67%	3.89%—3.99%	4.46%	3.94%
合计	59	81	0.00%—4.77%	0.00%—4.09%	3.09%	2.69%

数据来源：中国债券信息网（www.chinabond.com.cn）

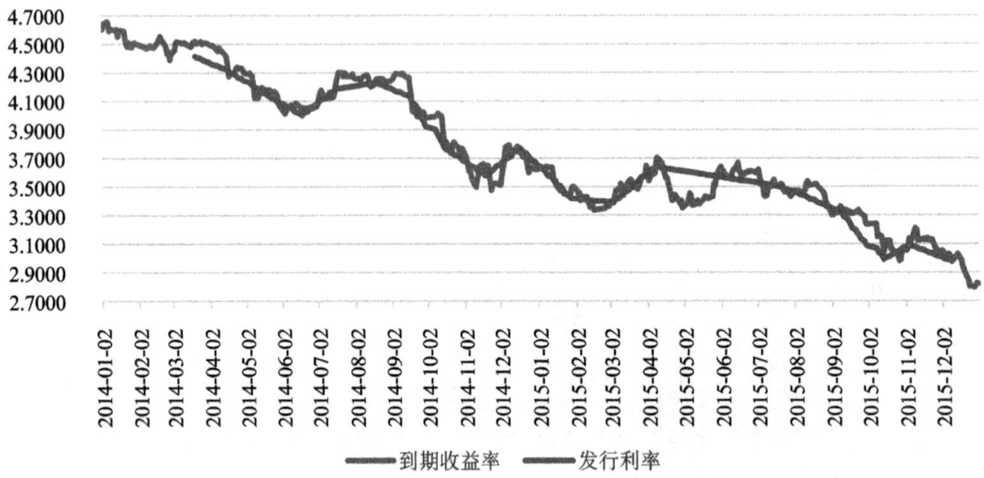

图 3 2014—2015 年记账式国债 10 年期发行利率走势

数据来源：中国债券信息网（www.chinabond.com.cn）

二、国债存量继续稳步增长

2015 年末，在中央登记结算公司托管的国债面额达到 10.15 万亿元，比上年末增长 10.94%，占全部债券[①]余额的 22.63%。其中记账式国债 9.49 万亿元，占 93.54%，储蓄国债（电子式）余额 6608.15 亿元，占 6.61%。

（一）关键期限及短期国债占比提高

从记账式国债的待偿期看，1 年期以下、1—3 年、3—5 年、5—7 年、10 年以上国债余额分别同比增长 24.95 个、10.97 个、33.05 个、67.79 个、7.23 个百分点，其中，5—7 年期国债占比增幅最大为 7.65 个百分点。而 7—10 年国债余额同比下降 44.86 个百分点，占比降幅最大为 10.75 个百分点。

① 不包含可转让存单。

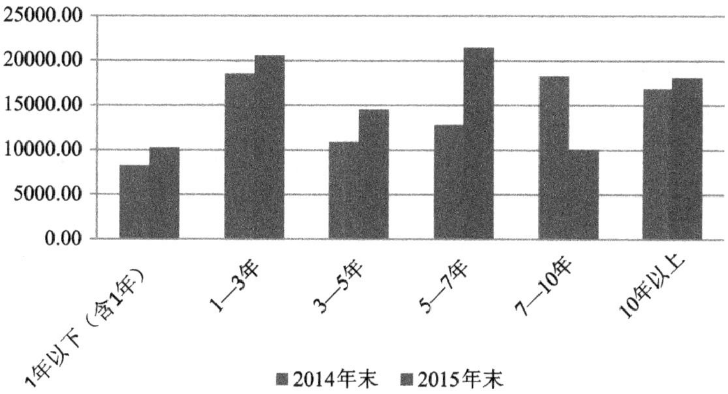

图4　2014年、2015年记账式国债托管量期限比较

数据来源：中国债券信息网（www.chinabond.com.cn）

表3　　2014年、2015年记账式国债托管量期限比较表

剩余期限（年）	2014年末		2015年末	
	托管量（亿元）	占比%	托管量（亿元）	占比%
1年以下（含1年）	8206.20	9.59	10254	10.81
1—3年	18477.28	21.6	20505.08	21.61
3—5年	10897.70	12.74	14499.7	15.28
5—7年	12776.30	14.94	21437.1	22.59
7—10年	18278.40	21.37	10079.2	10.62
10年以上	16893.67	19.75	18114.47	19.09
汇总	85529.55	100	94889.55	100

数据来源：中国债券信息网（www.chinabond.com.cn）

（二）商业银行继续增持国债

从投资者结构看，2015年末，商业银行和保险持有量较大，分别占总量的67.61%和3.73%。与2014年末相比，商业银行、证券公司、基金类、保险机构和信用社表现为国债的增持，增幅分别为7.11%、48.25%、88.97%、15.91%和23.81%；而非银行金融机构则表现为国债减持，减持幅度为0.58%。此外，托管在交易所的国债余额2015年末为5313.15亿元，同比增长100.24%。

表4　　2014年、2015年各机构持有量占比

成员属性	2015年末托管面额（亿元）	占比（%）	2014年末托管面额（亿元）	占比（%）	2015年末较2014年末持有量增幅（%）
特殊结算成员	16332.44	17.21	15785.92	18.46	3.46
商业银行	63777.57	67.21	59543.35	69.62	7.11
信用社	930.76	0.98	751.78	0.88	23.81
非银行金融机构	258.5	0.27	260	0.3	-0.58
证券公司	431.15	0.45	290.83	0.34	48.25
保险机构	3536.43	3.73	3050.94	3.57	15.91
基金类	1790.83	1.89	947.68	1.11	88.97
非金融机构	20.9	0.02	18.43	0.02	13.4
个人投资者	2.95	0	2.34	0	26.07
交易所	5313.15	5.6	2653.36	3.1	100.24
其他	2492.86	2.63	2222.92	2.6	12.14
合计	94887.55	100	85527.55	100	10.94

数据来源：中国债券信息网（www.chinabond.com.cn）

三、2015 年国债市场价格持续上涨，收益率曲线震荡下行

（一）中债国债总指数持续上涨

截至 2015 年 12 月 31 日，中债国债总指数（净价）为 120.2874，较 2013 年 12 月末的 115.3189 点上涨 4.31%；中债国债总指数（财富）为 167.4459 点，较 2014 年 12 月末的 154.7911 点上涨了 8.18%，继续保持上涨态势，但涨幅略低于 2014 年。

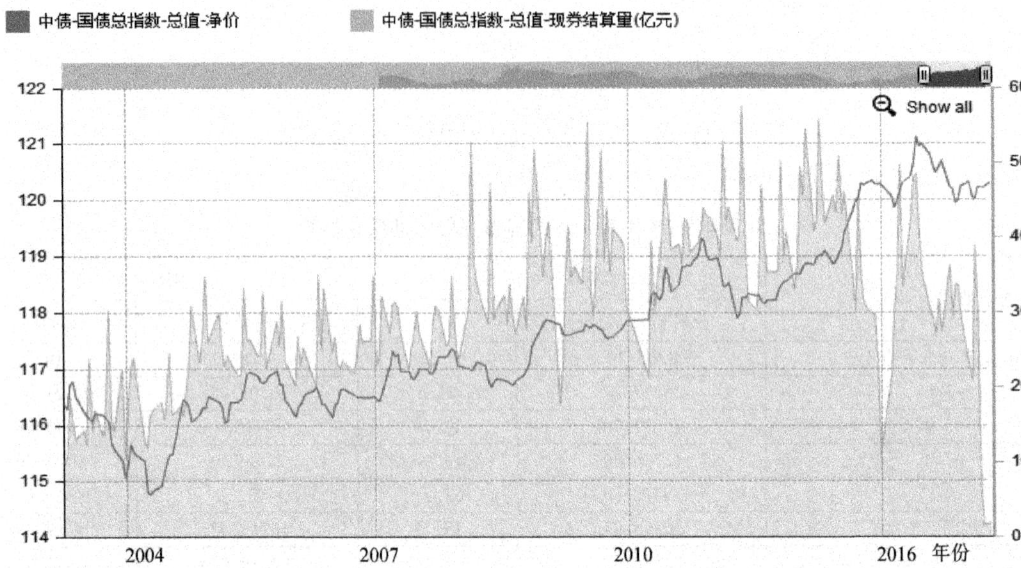

图 5　2015 年中债国债总指数（净价）走势

数据来源：中国债券信息网（www.chinabond.com.cn）

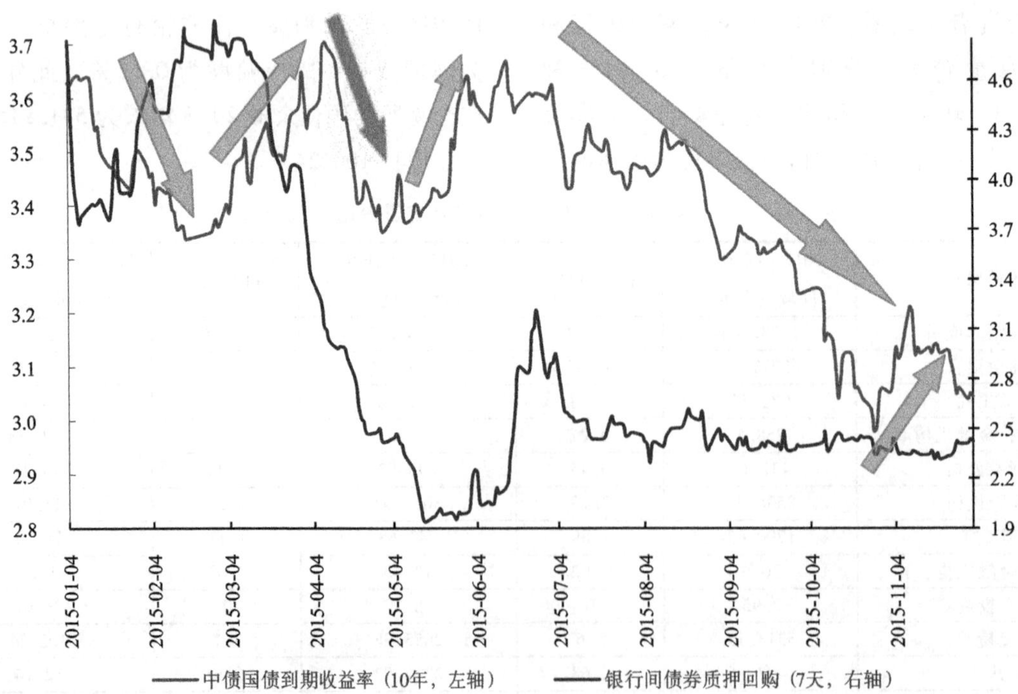

图 6　2015 年国债收益率曲线走势图

数据来源：中国债券信息网、万得数据库。

（二）2015年国债收益率曲线走势分为六个阶段

2015年全年来看，国债收益率曲线的走势可以划分为六个阶段，以10年期国债收益率的变化趋势为例，简要分析如下：

第一阶段（1月份至2月初）：国债收益率由1月初的3.63%下行至3.34%，降幅约为30BP。

受年末提现等季节性因素影响，2015年初资金面较为紧张，7天回购利率平均维持在3.7%以上的水平，最高时冲至4.96%。1月份广义货币同比增长率仅为10.8%，货币增速的放慢成为重要原因。为缓解资金紧张，人民银行于2月5日降低存款准备金0.5个百分点，适时地向市场释放流动性，2月份广义货币M2增长率升至12.5%，一定程度上缓解了市场的紧张情绪。从基本面看，1月CPI同比增速降至0.76%，通货收缩趋势增强，宏观经济显现疲软迹象，市场资金避险情绪浓厚。货币政策适时宽松，较多资金流向债市避险，国债收益率大幅下行。其中，10年期国债收益率从年初3.63%下行至2月初的3.34%，下行幅度接近30BP，成为2015年牛市行情的前奏。

第二阶段（2月初至3月底）：10年期国债收益率从2月初的3.39%上行约31BP。

尽管人民银行于3月1日降息0.25个百分点，但伴随着利率市场化的不断推进，商业银行自主定价能力不断增强。一定程度上，市场利率水平受银行体系资金面的松紧制约，单纯地降低贷款基准利率，对降低市场利率和社会融资成本的影响有限。本次降息并未大幅降低银行间市场资金的利率。相反地，因经济体内流动趋紧，银行间债券市场质押式7日回购利率在2月份上升约44个BP。相应地，10年期国债收益率从2月初的低点3.39%上升至3.7%，升幅约31BP。

第三阶段（4月初至5月中旬）：受人民银行宽松政策的影响，10年期国债收益率下行33BP。

4月20日，人民银行宣布降准1个百分点，并在此基础上，于5月上旬将1年期贷款基准利率降低0.25个百分点至5.1%。本次货币政策宽松力度较大，银行间市场资金面宽松度得到较大提升。4月上旬至5月上旬，10年期国债收益率从3.7%下行至3.37%，下行约33BP。

第四阶段（5月下旬到6月中旬）：10年期国债收益率从5月初的3.67%上行约30BP。

在此期间，人民银行并无继续降准或降息的政策出台，市场更为宽松货币政策的预期落空。与此同时，股票市场异常火爆，上证综指从5月初的低点4112上升至6月中最高点5166。股指大幅上涨表明，此期间大量社会资金涌入股市。其中，债券市场抛售压力上升，股市和债市的跷跷板效应显现，使得国债收益率不断攀升。10年期国债收益率从5月初最低的3.38%最高抬升至6月中旬的3.67%，涨幅接近30BP。

第五阶段（6月中旬至10月末）：10年期国债收益率从6月中旬的高点3.67%持续下行至最低点时的2.98%，降幅最大接近70BP。

2015年下半年开始，股票市场进入下跌通道，为了维护金融市场稳定和稳增长要求，人民银行货币政策不断趋于宽松。6月至11月期间，人民银行共出台3次降准、3次降息的货币政策。1年期贷款基准利率由6月份的5.1%下调75个基点至4.35%，定向和普遍降准亦使金融机构的存款准备金率大幅下降。

受宏观资金环境宽松的影响，银行间资金面不断趋于宽松，7天质押式回购利率由6月末的高点3.2%下调至10月末的低点2.3%，下降86个BP。6月末股市大幅度下跌以来，部分股市投资资金开始流向债市寻求避险。考虑到政府为给经济托底，市场普遍预期货币政策将趋于更为宽松，导致投资者对债券需求大幅上升，债券市场价格不断推高，债券收益率不断下行。10年期国债收益率由6月中旬的最高点3.67%下降至10月中旬的2.98%，降幅高达69BP。

第六阶段（10月末至12月份）：国债收益率最高上行幅度约为23BP。

临近年底，资金面也逐步紧张，带动市场收益率出现反弹。其中，10年期国债收益率较10月份最低点上行23BP至3.21%水平。

四、银行间市场国债交易结算量大幅增长

2015年，银行间债券市场国债结算笔数30.4万笔，较2014年增长44.81%；结算面额163.28万亿元，较2014年增长82.76%。

表5　　2014年、2015年记账式国债结算比较

业务类别	2014		2015			
	卖出（正回购）面额（亿元）	卖出笔数	卖出（正回购）面额（亿元）	面额增长（%）	卖出笔数	笔数增长（%）
买断式回购	17678.60	8617	42415.59	139.93	17110	98.56
现券交易	57291.91	47493	94625.35	65.16	79541	67.48
质押式回购	818264.14	153652	1494351.82	82.62	206244	34.23
远期交易	0	0	0	—	0	—
债券借贷（双边）	220.48	193	1457.09	560.87	1151	496.37
合计	893455.13	209955	1632849.85	82.76	304046	44.81

数据来源：中国债券信息网（www.chinabond.com.cn）

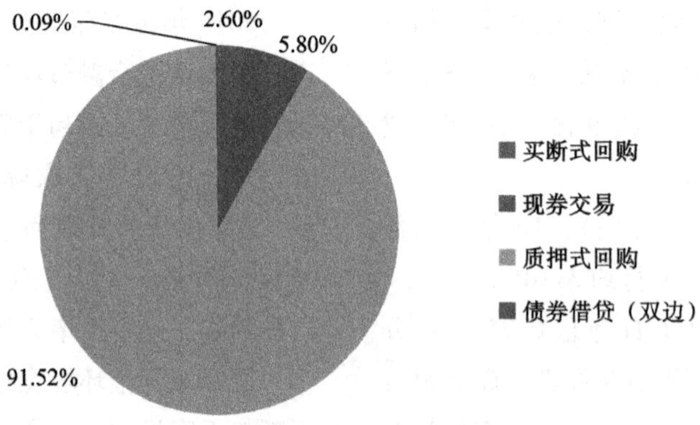

图7　2015年记账式国债各交易类别占比

数据来源：中国债券信息网（www.chinabond.com.cn）

（一）现券交易量涨幅过半

2015年，银行间债券市场国债现券交易结算面额为9.46万亿元，较2014年增长65.16%；现券交易结算笔数7.95万笔，较2014年增长67.48%。在参与国债现券交易的各类机构中，银行占比为77%，排名第二的证券公司占比为15.94%。从债券流向来看，基金类、其他投资者、证券公司和非银行金融机构是净买入机构，分别净买入1629.5亿元、212.61亿元、172.19亿元和16.2亿元；商业银行和信用社是净卖出机构，分别净卖出3267.4亿元和46.32亿元。

（二）质押式回购交易量增长明显

2015年，国债质押式回购交易结算总笔数达20.62万笔，较2014年增长34.23%；结算面额为149.44万亿元，较2014年增长82.62%。在参与质押式回购交易的各类机构中，银行、信用社和保险机构交易量占比分别为89.31%、3.85%和2.4%。

（三）买断式回购交易量大幅增长

2015年，记账式国债买断式回购交易结算1.71万笔，较2014年增长98.56%；结算面额4.24万亿元，较2014年增长139.93%。

（四）银行间市场现券年度换手率大幅上升

2015 年，在中央结算公司登记托管债券的年度换手率达到 172.74%，同比提升 64.91 个百分点。就各个债券换手率比较来看，政策性银行债与企业债流动性排名靠前，年度换手率分别为 355.45% 和 202.01%；其余依次为中期票据、集合票据、央行票据、记账式国债、非银行金融机构债、政府支持机构债券、商业银行债券、资本工具、资产支持证券和地方政府债券，换手率分别为 197.67%、179.70%、145.09%、99.72%、86.07%、70.21%、30.60%、21.70%、7.44% 和 5.59%。

表 6 2014、2015 年狭义换手率比较 单位:%

券种	2015 年	2014 年	与上年相比换手率增加
记账式国债	99.72	66.98	32.74
地方政府债	5.59	9.15	-3.56
央行票据	145.09	29.53	115.56
政策性银行债	355.45	163.48	191.97
政府支持机构债券	70.21	53.28	16.93
商业银行债券	30.60	8.47	22.13
资本工具	21.70	5.71	15.99
非银行金融机构债券	86.07	131.64	-45.57
企业债券	202.01	268.66	-66.65
资产支持证券	7.44	0.78	6.66
中期票据	197.67	171.88	25.79
集合票据	179.70	138.31	41.39
银行间市场债券平均换手率	172.74	107.83	64.91

数据来源：中国债券信息网（www.chinabond.com.cn）

注：狭义换手率 = 全年现券交易结算量/日均托管量 ×100

（五）柜台市场记账式国债交易量增长幅度较大

2015 年，柜台市场债券交易量增幅较大。其中，柜台交易的记账式国债数量达到 107 只，较 2014 年减少 16 只，覆盖了从 1 年期到 10 年期的所有关键期限品种，记账式国债柜台交易累计成交 36.24 亿元，比 2014 年提高 87.67%。储蓄国债柜台市场销售量为 1859.18 亿元，比 2014 年下降 1.32%。

五、国债市场创新成果明显

（一）财政部启动三个月贴现国债滚动发行

长期以来，我国国债以 1、3、5、7、10 年期等关键期限品种为主，1 年以下的短期国债发行频次较低、市场规模不大，导致短端国债收益率曲线不够完善，国债的金融功能发挥不够充分。然而短期国债是各国持有比重较大的券种，短期国债的缺乏一定程度上降低了各国增持人民币资产的积极性，也不利于境外投资者获取对人民币资产的有效定价基准。为配合人民币加入 SDR 货币篮子，从 2015 年四季度起，财政部按周滚动发行 3 个月记账式贴现国债。这一举措有利于优化国债的期限结构，完善短端国债收益率曲线，增强国债收益率在金融市场上的定价基准作用；同时，也有利于促进财政政策和货币政策协调配合，推进人民币国际化。

（二）中债国债收益率曲线成为 SDR 货币篮子加权平均利率计算基础

2015 年 12 月 1 日，国际货币基金组织（以下简称“IMF”）召开执董会，对特别提款权（以下简称“SDR”）货币篮子的定价方法进行审议。会议决定，自 2016 年 10 月 1 日起，人民币将作为除美元、欧元、日元和英镑之外的第五种货币纳入 SDR 货币篮子。与此同时，IMF 发布的《特别提款权定价方法评估报告》称，IMF 工作人员评估一系列人民币计价的基准利率，经过长期评估和对比后，IMF 认为“三个月国债收益率曲线利率最适合纳入 SDR 利率篮子。该利率由中央结算公司每日发布。近几年的数据显示，中央结算公司编制的三个月国债收益率曲线整体反映了在岸人民币债券市场信用水平的变化”。中债国债收益率曲线作为国内无风险利率的基础，以此作为全球人民币资产的定价基准，有助于鼓励海外机构投资者投资人民币资产尤其是无风险资产，同时也有助于促进人民币资产全球统一基准利率的形成。

（三）财政部发布短期国债收益率

为贯彻落实党的十八届三中全会关于“健全反映市场供求关系的国债收益率曲线”精神，2015 年 11 月 27 日财政部在网站首次公布由中央结算公司编制并提供的 3 个月、6 个月国债收益率，这是在 2014 年第一次公布 1、3、5、7、10 年等关键期限国债收益率曲线基础上，又一次新的尝试。这一举措对于进一步提高国债管理透明度，健全国债收益率曲线，促进国债市场持续稳定健康发展具有重要意义。

（四）10 年期国债期货合约挂牌

3 月 20 日，10 年期国债期货合约正式在中金所挂牌。此次挂牌交易的 10 年期国债期货合约标的为面值 100 万元人民币、票面利率 3% 的名义长期国债，实行到期实物交割，最低交易保证金为 2%，每日最大波动幅度为前一交易日结算价的上下 2%。国际经验表明，建立完善的国债期货产品体系是推动国债期货市场走向成熟的必由之路，对于促进期、现货市场的发展具有重要意义。在利率市场化背景下，利率波动幅度加大，市场迫切需要 10 年期国债期货来规避长期利率风险。然而，目前债券远期交易缺乏流动性，利率互换的交易期限则主要集中在 1—5 年，场内外市场缺乏对冲长期利率风险的工具。10 年期国债期货的推出将填补该领域的空白，较好地满足了市场机构对长期利率风险管控的需求。此外，国债期货市场通过带动相应期限现货的交易，有助于提升国债现货市场流动性和市场深度，为国债收益率曲线的编制提供有力支持，进一步提升国债收益率曲线的精确度。

（五）地方政府债券被纳入国库现金管理质押品范围

7 月 14 日，财政部和央行发布《关于中央和地方国库现金管理商业银行定期存款质押品管理有关事宜的通知》称，为进一步完善国库现金管理中的质押品管理，将地方政府债券纳入中央国库现金管理和地方国库现金管理质押品范围，增加地方政府债券作为国库现金管理商业银行定期存款的质押品。地方政府债券不受发行主体的限制，可以跨地域质押。中央和地方国库现金管理商业银行定期存款质押品按债券面值计价，国债、地方政府债券分别按存款金额的 105%、115% 质押。为加强风险管理，财政部会同人民银行根据债券市场变化情况，及时调整国库现金管理质押品范围、比例等质押制度，确保存款资金安全。这一举措有利于提高地方政府债券的流动性，释放地方政府债券的占用资金进行其他回报较高的资产配置，提高了商业银行资金对地方政府债券的认购热情。

六、进一步完善国债市场的建议

（一）扩大国债发行规模，助力经济稳增长、调结构

2016 年经济社会发展特别是结构性改革任务仍十分繁重，经济面临一定的下行压力。为配合实体经济稳增长、调结构，支持去杠杆、降成本、补短板等发展任务，建议适度扩大国债发行规模，保障公共开支。通过适度扩大赤字规模，增加国债发行规模来筹集资金，以扩大政府支出规模。在我国现阶段，社会事业领域（如住房、教育、养老、医疗和环境治理等方面）存在一些问题，扩增的财政资金应向这些领域给予倾

斜，加大力度支持社会事业，这样不仅可以实现财政政策的社会功能，以便更好地调整经济结构，还可以较好的满足稳定经济增长的目的。具体操作上，建议增加单期国债发行规模，同时在三个月国债常态化发行基础上增加六个月国债发行频次。

（二）进一步强化国债收益率曲线的利率基准应用

为进一步强化国债收益率曲线的基准性应用，促进存贷款市场利率体系的完善，应鼓励商业银行以公允的国债收益率曲线为基准，进行存贷款定价及内部转移定价。鼓励发行人以国债收益率曲线为基准发行浮动利率债券，并发行与通货膨胀率挂钩的债券品种，通过加大债券市场产品的创新，使国债收益率曲线的深度应用得到进一步有效扩展。

（三）通过放宽境外机构的准入，优化国债市场投资者结构

目前，我国国债市场的投资者以商业银行为主，其他类型投资者占比较小。这样的投资者结构主要产生两大问题：一是国债投资以配置型为主，限制了流动性；二是投资者类型过于集中，导致投资风格趋同，影响了国债收益率曲线的价格发现功能。在人民币国际化进程中，境外投资者入市的政策限制逐步放开，部分境外投资者也逐步入市。2015 年 6 月，进入银行间市场的境外清算行获准参与债券回购业务，进一步提高了境外机构参与我国债券市场的积极性。但整体上，境外投资者进入的速度与市场的实际需求之间还存在较大差距。建议加快境外投资者进入我国债券市场的步伐，同时适度放松境外央行、港澳人民币清算行、跨境贸易人民币结算境外参加银行等三类机构的资格要求。

（四）进一步扩大国债担保品应用

在发达国家债券市场中，中央托管结算机构已经发展了多种担保品管理业务。并且在担保品管理业务的支持下，一些创新业务如三方回购、三方证券借贷等均获得了较大发展。从国内来看，担保品也得到了越来越广泛的运用，比如在回购、证券借贷中作为质押品，在国债期货等衍生品交易中作为保证金等。在这些交易中，国债等债券担保品起到了覆盖风险敞口、防范风险、降低现金占用和资金成本的作用。因此，担保品业务使得投资者产生了更大的国债需求，可提高国债担保品的流动性。建议进一步推动担保品管理业务的发展，推动国债充当商品期货保证金。同时解决国债在某些业务中质押比例过高的问题，如国库现金管理业务，提高国债资产使用效率，从而增加国债需求。

（五）为提高国债二级市场流动性，改进国债的做市商机制、会计制度和税收制度

我国国债二级市场的流动性水平偏低，虽然近年来我国国债流动性有所提高，但以换手率等多项指标衡量，与发达国家相比差距还很大。提高国债二级市场流动性，可从以下三个方面开展：

一是完善国债二级市场做市配套机制。建立做市商支持机制，开展针对国债做市商的随卖等常规市场化操作工具，保障做市商头寸；国库现金管理招标过程中优先考虑国债做市商的需求；考虑公开市场一级交易商、国债承销团、二级做市商等多项牌照资格重新整合，统一发放；在完善国债期货制度的基础上，允许国债承销团和国债做市商业银行进入国债期货市场；推出国债自动借贷机制，消除做市的后顾之忧。

二是完善我国套期会计制度。目前我国的套期会计制度存在应用门槛较高、无具体操作指南、可执行性差等问题，建议在与国际套期会计准则趋同的基本原则下，尽快完善套期会计准则、出台执行细则、强化套期会计报表列报和信息披露。

三是完善国债市场的税收制度。要进一步明确国债相关税收中的税基，例如国债的利息收入在转让时是否征收营业税，以及进一步明确税收中各要素项的计算标准，例如利息收入的确认时点，转让收益、取得成本、持有期间利息收入的计算标准等。

（六）推进国债市场基础设施统一互联

目前，国债市场统一互联已经取得一定进展，主要表现在：由中央国债公司支持跨市场统一发行，总登记托管，跨市场转托管机制。国债的联通水平是各品种中比较高的，直接托管在中央国债公司的比例为95%以上，其余在交易所市场流通的登记托管在中国证券登记结算有限公司。

但是，以转托管为基础的互联互通是以机构投资者分散托管、银行间和交易所市场分割为前提的，信息、投资者仍然分散化。建议进一步尝试推进国债市场托管制度的改革，实现国债在中央托管机构（中央国债登记结算公司）的“一户通”，即以一个债券托管账户支持多个市场交易结算，则是更加便利高效的安排。这种统一托管的安排符合国际标准和国际实践；提高信息整合度和市场透明度；降低监管成本；有利于定价稳定性和代表性，健全国债收益率曲线；降低系统连接风险，降低市场参与者分散托管带来的操作成本、系统成本等。

（七）境内发行和尝试发行全球人民币主权债券相结合

在人民币国际化的新形势下，国债的发行要兼顾境内外机构的投融资需求。面对日益开放的政策环境，境内外金融市场双向开放程度逐渐加强，境内外金融市场的互动不断增多，金融基础设施互联互通的水平也不断提高。在国债扩容的过程中，应将境内国债和全球人民币主权债券相结合。

可尝试境内发行与离岸人民币市场相结合的方式，创新发行“全球债券”。建议主要操作框架是：利用中央结算公司的统一发行平台，在境内自贸区面向全球发行，实现统一托管。这可同时调动境内外机构对国债的参与度，拓展国债的投资者基础；降低大规模国债发行对境内市场的冲击，也降低单独在境外离岸市场的发行不确定性，有利于平衡和控制发行成本；同时巩固境内主体市场，统驭各离岸市场，提高对离岸市场的可控性，支持风险隔离；还可以掌握人民币利率定价主导权，提升我国的金融话语权、区域向心力和国际影响力。

（执笔人：研发部　刘华伟　刘智成）

上海证券交易所2015年债券市场综述

上海证券交易所

2015年，上海证券交易所（以下简称“上交所”）以公司债发行制度改革为契机，大力提升债券市场服务实体经济的能力，债券市场的规模和质量均有大幅提升。

2015年，上交所一级市场债券发行量达1.87万亿元，比上年大幅增长4.6倍。其中，公司债券融资1.78万亿元，包括大公募公司债、小公募公司债、私募公司债、证金公司债等；资产支持证券融资935亿元。截至2015年底，上交所债券挂牌4489只，较2014年底增加1886只，增幅72%。债券托管量34401亿元，较2014年底增加11524亿元，增幅50%。其中，国债186只，托管量5242亿元；地方债707只，托管量363亿元；政策性金融债3只，托管量95亿元；企业债1758只，托管量8236亿元；公司债1375只，托管量18979亿元；资产支持证券438只，托管量798亿元；可转债3只，托管量94亿元；分离交易可转债1只，托管量68亿元；其他证券（保险公司债）18只，托管量526亿元。2015年二级市场债券交易量达123万亿元，比2014年度增长42%，其中现券成交超过3万亿元，回购成交为120万亿元左右。

2015年上交所以“公司债新政改革”为契机，围绕“落实市场化改革”、“发展与风控并举”两条主线，切实落实债券市场重点工作：一是落实公司债市场化改革，切实做好预审核工作。截至2015年底，上交所共受理公司债券上市或挂牌预审核申请1092家，受理的融资总金额将近3万亿元；审核通过805家，审核总金额达2.4万亿元。二是加强产品创新与市场服务，提升债市吸引力。推动落实境外机构在上交所发行人民币债券，促进债券市场国际化；进一步推进资产证券化业务、国债预发行、可交换债券业务创新发展；成功推出债券协议回购、债券借贷等业务；全面推广债券市场，优化市场服务机制。三是强化债券市场风险管理，完善风险防控体系建设。进一步夯实信用风险管理基础，深化回购市场风险监控及管理，继续加强价格风险及流动性风险管理，继续落实交易机制风险管控举措，持续关注宏观经济变量风险因素。

2016年，上交所债券市场将继续坚持“发展与风控并重”的理念，按照中央经济工作会议提出的“去产能、去库存、去杠杆、降成本、补短板”的重点任务，坚持为债券发行人、市场机构及广大投资者服务，将在充分调查研究、广泛征询市场各方意见的基础上，全面完善上交所债券市场的组织制度、业务规则和技术体系，不断加强债券市场风险防范，持续强化服务功能，提升市场吸引力。

深圳证券交易所 2015 年国债市场概述

深圳证券交易所

在财政部和中国证监会的领导下，2015 年，深圳证券交易所贯彻落实大力发展固定收益市场的任务要求，稳妥推进国债市场的基础性建设，积极从技术和业务两个方面为国债市场投资者提供优质的市场服务，为国债的发行和交易流通提供高效的市场平台和良好的市场环境，积极促进国债市场稳步健康发展。

一、深市国债市场整体情况

为配合财政部“地方政府自发自还、置换债务”工作的开展，2015 年，深市国债新增挂牌 671 只（其中地方政府债券 619 只），现券成交额 16.96 亿元。截至 2015 年 12 月 31 日，深市国债挂牌数量 893 只（其中地方政府债券 707 只），托管面值 77.55 亿元。

二、深交所整体工作情况与成果

（一）优化债券信息披露服务平台

为进一步提高市场服务水平，2015 年，深交所继续优化固定收益品种业务专区和固定收益信息平台，逐步完善形成了集交易信息披露、发行人信息披露、数据统计、规则查询等功能为一体的信息披露服务渠道。

（二）完善债券回购交易效率效果初显

为进一步夯实固定收益市场基础制度，提高固定收益市场效率，深交所发布实施了《深圳证券交易所债券交易实施细则》，并于 2012 年 12 月 10 日起统一债券回购品种，提高债券回购交易效率。近几年，深交所债券质押式回购成交额逐年稳步增加，2015 年债券回购成交额 8.42 万亿元，分别是 2014 年、2013 年同期的 1.28 倍和 1.67 倍。

（三）推出质押式协议回购，提升债券市场流动性

为完善交易所回购交易制度，深交所于 2015 年 8 月正式推出质押式协议回购交易制度。质押式协议回购交易制度不以中国结算作为共同对手方，风险由交易双方自行承担。同时，深交所对协议回购制度实行投资者适当性管理，强化证券公司对质押券的管理责任及通知义务，在风险自担基础上增强对投资者权益的保护。质押式协议回购交易制度作为深交所竞价回购制度的必要补充，为各类固定收益产品流动性的增强提供了可行途径。

（四）强化债券市场监管，保障国债市场安全平稳运行

作为证券市场的一线监管机构，深交所一贯高度重视保护投资者的合法权益，保障国债市场安全平稳运行。2015 年，深交所继续强化安全意识，做到了全年国债发行、上市、派息、兑付等基础性业务及时准确无误完成，有效地杜绝了风险隐患事故的发生，很好地维护了国债“金边债券”的市场形象。

（五）积极开展国债市场创新研究工作

产品和制度创新是资本市场可持续发展的源动力。2015 年，深交所继续加大国债的创新研究，广泛进行市场调查研究，学习借鉴国外成熟债券市场的发展经验，并结合我国资本市场的特

点和现状，积极研究开发适应我国国债市场发展特点、满足市场各方参与者需求的国债创新制度和产品，对提高国债跨市场转托管效率和电子化程度、促进交易所和银行间债券市场互联互通等创新工作进行了深入研究，积极推动国债的市场化发展进程。

三、下一步工作计划

国债是配合国家宏观经济政策实施的重要金融产品，也是金融市场定价的基础性产品。展望新的一年，深交所将在财政部和中国证监会的领导下，进一步提高服务质量和服务水平，优化国债市场运行环境，配合做好国债招标发行、上市交易、派息兑付工作，继续强化国债市场监管，有效防范化解市场风险，维护国债市场的健康稳定运行，做好市场宣传和服务工作，增强国债市场的影响力和吸引力。同时，深入推进债券市场产品和制度的创新研究，积极推动国债的市场化进程，促进国债市场快速健康发展。

中国国债协会 2015 年工作总结及 2016 年工作计划

中国国债协会

2015 年，中国国债协会在部领导和各主管司局的高度重视和悉心指导下，在广大会员单位积极支持和大力帮助下，认真贯彻党的十八大和十八届三中、四中全会精神，紧密围绕财政金融中心任务，强化行业组织责任，抓好职能落实，突出服务创新，增强行业发展活力，扎实做好各项工作，较好完成了全年主要工作目标和任务。

一、2015 年主要工作

2015 年是不平凡的一年，全球经济低迷，国内经济增速放缓，下行压力增加，各种矛盾交织叠加，经济形势十分复杂。这一年，金融市场利率、汇率变化较大，资本市场价格波动频繁，各金融机构在高度重视风险防范的同时，加快转型步伐，加大投资债券市场力度，盈利模式侧重固定收益业务。在此背景下，协会想会员之所需，做会员之所求，把工作重心转移到会员单位现实需要上来，及时转变服务方式，突出服务创新，有效保障了会员单位业务发展，促进了内部管理和行业队伍的整体建设。2015 年协会完成的主要工作：召开理事会 1 次；举办经济形势报告会 1 次；举办债券业务培训班 4 期；组织会员工作座谈会 2 次；编辑出版国债从业人员基础培训教材 1 本、国债市场 2014 年年报、内部刊物《政府债务与金融》6 期，编辑《协会简报》6 期 。具体情况报告如下：

（一）召开第四届理事会第三次会议

协会于 2015 年 2 月在海口市召开第四届理事会第三次会议。会议由张秉国常务副会长主持、郑万春副会长（中国工商银行股份有限公司副行长）、吕世蕴副会长（中央国债登记结算有限责任公司董事长）、杨政副会长、中国证监会公司债券监管部陈飞副主任出席会议。协会常务理事、理事代表 80 余人参加会议。

会议总结了协会第四次会员大会以来工作完成情况，杨政副会长代表第四届理事会作《中国国债协会第四届理事会第三次会议工作报告》，回顾了协会第四次会员大会以来主要工作的落实完成情况。他指出，2014 年协会工作能取得较好成绩，归功于政府主管部门、新一届理事会及协会领导班子高度重视和全力支持，归功于广大会员的衷心拥护和积极参与。会上，杨政副会长还宣读了协会 2015 年工作计划的意见。他强调，2015 年协会要继续做好为会员、为政府主管部门服务工作；要努力拓宽协会服务范围和服务领域；要进一步加强协会秘书处内部建设，提升协会服务水平，增强发展后劲，更好发挥协会职能作用。

会上，张秉国常务副会长作《中国国债协会 2014 年度财务报告》。报告中指出，2014 年协会坚持创新服务工作思路，按照中央提出的“八项规定”和反对“四风”要求，认真贯彻国家财务管理各项规章制度，强化了预算管理和财务监督机制。2014 年协会财务收支实现平衡并有一定的节余，较好地保证了协会各项工作正常开展。2015 年协会财务管理工作将不断适应财务管理的新形势、新常态，把会员缴纳的会费更多地用于开展会员迫切需要的业务活动上，使会员切实从协会提供的各项服务中受益。

郑万春副会长在会上作题为《促融资、稳增长——我国债券市场2014年回顾与2015年展望》的报告。他在报告中回顾了2014年经济形势以及债券市场呈现的新特点，分析了2015年宏观经济走势及债券市场面临的机遇及挑战，并对今后如何推进债券市场发展提出了若干思考与建议。

会议表决通过了《中国国债协会第四届理事会第三次会议工作报告》、《中国国债协会2014年度财务报告》、《关于提请审议增补及变更个人理事的报告》、《关于提请审议增补天津银行股份有限公司为理事会员的报告》和《关于提请审议变更常务理事、理事的报告》。

（二）免费为会员举办具有针对性、时效性、内容丰富的培训班，促进会员单位业务开展。

1. 举办金融企业债券会计培训班。为帮助会员单位及时学习、准确掌握、自觉遵守、正确运用金融企业债券会计最新政策制度，进一步提高会计管理水平，促进金融和债券投资业务的开展，协会于2015年4月在深圳举办金融企业债券会计培训班。张秉国常务副会长到会并讲话。培训班上，财政部会计司冷冰调研员为大家重点讲解了企业会计准则及有关具体实务；上海中汇亿达金融信息技术有限公司产品管理总监路英奇女士为大家讲解了金融工具的会计分类、债券套期会计处理等内容。来自协会会员单位及相关金融机构的近170名学员参加了培训。参加培训人员之多，是近几年来所没有的。培训班严格遵守中央“八项规定”要求，本着“勤俭节约、务实高效”的原则，时间安排紧凑，培训内容重点突出、注重务实。课上课下学员与老师交流积极热烈，取得了较好的培训效果。

2. 举办金融企业债券会计税收高级培训班。为帮助会员单位更好地了解掌握金融企业债券会计、税收方面最新政策制度，进一步提高会计、税收管理水平，促进金融和债券投资业务的开展，并搭建会员单位业务管理人员与业内资深专家间沟通交流的平台，协会于6月在宁波举办金融企业债券会计、税收业务高级培训班。这是协会近年来首次针对会员单位中高层管理人员组织的业务培训。来自会员单位50余名人员参加了培训学习。协会张秉国常务副会长到会讲话。他分析了世界和国内的经济形势，以及下一阶段我国经济发展要继续坚持的工作总基调和总体思路，分析了近期债券市场情况。他指出，今年以来，国债、地方债市场管理改革创新力度较大，关键期限国债票面利率标准化，国债做市支持制度等国债管理改革措施积极研究推进，国债期货市场不断扩大等。政府主管部门新推出的国债、地方债一系列改革措施和业务将为协会会员开展债券资金业务和加强金融资产管理提供新的机会和有效手段。正是在这种情况下，协会适时举办金融企业债券会计税收高级培训班，进一步提高人员会计、税收管理工作水平尤为必要。

培训班邀请财政部会计司和市场机构有关领导及资深专家授课。财政部会计准则委员会狄愷副主任讲解了国际财务报告准则的概念框架及金融工具列报，以加强学员们对国际财务报告准则最新动态及我国会计准则国际趋同最新情况的了解。财政部会计司冷冰调研员讲解了企业会计准则中金融工具准则和关联准则，重点突出与会员工作相关的债务与权益，以及银行理财产品的会计处理原则及有关具体实务。乌鲁木齐市商业银行薛恒敏女士结合日常实际工作，为会员详细讲解了债券业务相关税收核算和税务处理，并介绍了金融行业“营改增”的有关情况。

本次培训学习，内容侧重实际管理和实务操作，学员反映收获较大。

3. 举办国债政策制度与基本业务培训班。为使会员单位及其新入职债券从业人员及时学习掌握新的政策制度和改革措施，协会于2015年10月在珠海举办国债政策制度与基本业务培训班。培训班以协会前期编辑出版的《国债基础知识与实务》为基础教材，邀请业内专家授课答疑，帮助会员进一步提高基础业务能力和水平。

协会张秉国常务副会长到会并讲话。财政部

国库司国债发行兑付管理处柳建光副处长全面介绍了国债相关基础知识，重点讲解了国债余额管理、承销团管理、透明度管理等我国现行国债政策制度；中央国债登记结算有限责任公司发行服务部付颖经理详细介绍了我国国债招标发行业务，重点讲解了国债投标业务的有关实务操作；中国外汇交易中心市场二部吴玮总经理助理系统介绍了我国国债二级市场发展情况，重点讲解了银行间国债市场各交易品种及交易规则。

4. 协会不断健全和扩充通讯员队伍，加强对通讯员队伍的管理和培训。2015 年 5 月，协会在宁波举办《政府债务与金融》刊物通讯员培训班，总结刊物出版经验，研究讨论进一步办好刊物的有效措施。杨政副会长出席了培训班开班仪式并讲话。培训班邀请财政部财政科学研究所白景明副所长做了题为“当前经济类文章选题热点”的专题报告；中信银行股份有限公司、中国人民银行长沙中心支行以及中央国债登记结算有限责任公司的通讯员代表与大家分享了撰写、组织稿件的经验和体会。通讯员们还就如何办好刊物提出了一些很好的意见和建议。如：要注意国债理论的前沿研究，注意提高刊物的时效性和权威性，做出本刊特色；要不定期开展通讯员评比工作，促进通讯员多写多组织提交更多高质量的稿件等等。会议结束时杨政副会长讲话指出，协会今后将定期或不定期召开通讯员工作会议，组织通讯员培训，努力打造一支政策理论水平高、业务技能强、作风扎实过硬的优秀通讯员队伍，将《政府债务与金融》刊物办得更加有声有色。

（三）大力宣传财政金融政策，了解会员动态，反馈市场信息

1. 召开地方政府债券承销工作座谈会。为更好了解会员单位地方政府债券承销工作情况并听取相关意见和建议，2015 年 6 月，协会在宁波召开地方政府债券承销工作座谈会。张秉国常务副会长主持并参加了座谈会。工商银行、农业银行、中国银行、建设银行等 8 家会员单位代表参会。

会上，代表们各自介绍了本部门对地方政府债券承销工作情况。2015 年，新预算法的实施赋予了省级地方政府发行地方政府债券的权利，扩大了全年地方政府债券发行规模。相关会员单位积极参与地方政府债券承销和投资工作，全面服务和协助地方政府顺利完成了各期地方政府债券的发行任务。代表们也反映，在取得成绩的同时，地方政府债券发行、承销过程中也存在一些问题，包括发行定价市场化程度不高，二级市场流动性有限等。代表们还就地方政府债券发行、承销工作中存在的问题，结合实际工作经验提出了一些相关建议。

协会对会员单位代表提出的问题及相关意见和建议，会后及时向政府有关主管部门作了书面报告。据了解，有关主管部门对此非常重视并及时进行了研究，采纳了部分有益的建议。

2. 召开债券市场分析暨政府和社会资本合作（PPP）报告会。自政府在公共服务领域推广“政府和社会资本合作（PPP）模式”以来，如何更好有效地参与 PPP 融资，成为会员单位关注的焦点。为帮助会员单位进一步了解 PPP 运行模式、相关政策及融资特点，更好地做好下半年金融和债券投资业务，协会于 2015 年 7 月联合中国金融期货交易所，精心筹备并成功举办了“债券市场分析暨政府和社会资本合作（PPP）报告会”。

张秉国常务副会长出席了报告会并讲话。他指出，“政府和社会资本合作（PPP）模式”，是一项财政政策创新性工具，也是激发市场活力、打造经济新增长点的重要改革举措。协会会员要响应国家号召，积极参与这项改革创新，通过债权投资、股权投资、项目资产支持等多种投融资方式，帮助 PPP 项目拓宽融资渠道，提供融资支持。报告会邀请财政部政府和社会资本合作（PPP）领导小组办公室副主任、PPP 中心（中国清洁发展机制基金管理中心）副主任焦小平等专家作题为“政府和社会资本合作（PPP）模式”报告；邀请中国金融期货交易所负责同志作“宏观经济及金融债券市场分析”专题报

告。会上，参会人员与专家进行了积极热烈的交流，报告会取得了良好的效果。与会 50 余位代表普遍对本次报告会评价很高，一致反映报告会内容贴近当前财政金融形势，贴近债券市场，贴近会员单位工作实际，符合广大会员的需求，认为这是一次难得的高层次、高水平的报告会。大家纷纷表示，希望协会今后经常举办类似的报告会，为会员提供更多更好的学习机会。

3. 举办部分会员座谈会，总结 2015 年主要工作并对下一步工作计划提出意见建议。2015 年 11 月 27 日，中国国债协会在昆明举办部分会员座谈会。来自协会常务理事、理事、普通会员单位的 20 余名代表参加座谈。协会张秉国常务副会长主持会议并讲话。会议小结了 2015 年协会的主要工作，对国债、地方债发行管理工作和协会下一步工作提出意见建议。

张秉国常务副会长指出，2015 年中国国债协会在财政部和政府相关主管部门的高度重视和悉心指导下，在广大会员积极支持和大力帮助下，按照理事会工作部署，扎实做好各项工作，目前已基本完成了全年主要工作目标和任务。但应看到，在取得成绩的同时，协会工作仍存在很多不足。因此协会热切期待广大会员群策群力，积极献言，为国债市场改革和协会事业发展继续贡献力量。

各会员单位代表在会上展开热烈谈论，踊跃发言，对协会下一步工作和国债、地方债发行管理提出了一些有益的意见和建议。对协会工作建议主要包括：一是协助财政部国库司做好国债、地方债发行管理及改革研究工作，同时继续发挥行业自律组织作用，规范和维护国债市场健康有序发展。二是继续做好会员培训、经验分享等工作。三是建议协会充分发挥平台优势，提高服务层次，扩大在市场上的影响力。四是继续做好国债和地方政府债的宣传工作。对国债和地方债发行管理工作主要建议包括：银行机构建议可研究进一步扩大记账式国债单期发行规模；券商机构建议研究将地方政府债券纳入国债期货保证金抵押品范围，从而促进地方债交易，提高二级市场流动性等等。协会已将会员对国债和地方债发行管理有关建议做了分类归纳，书面报送部有关主管司局参阅。

（四）顺利完成《国债基础知识与实务》教材编写出版，填补了我国国债知识出版工作的空白

协会于 2014 年 5 月召开《国债基础知识与实务》教材编写工作座谈会并成立了教材编委会，明确了教材编写工作“三结合”（将理论与实践相结合，将历史与现实相结合，将专家学者与市场从业人员的工作相结合）原则。在教材编写工作中，政府主管部门相关领导、金融机构等相关专家给予了悉心指导和帮助，参与教材编写的有关金融机构及其编写人员付出极大辛劳，给予了积极配合和大力支持，确保了教材总体结构严谨完整，思路清晰，文字精炼，内容客观翔实，数据来源真实、准确。在各方共同努力下，《国债基础知识与实务》于 2015 年 4 月付梓出版。教材的出版不仅可以使协会对国债从业人员的培训有所遵循，规范了培训工作，也可供大专院校财政、金融专业教学参考使用，以及为社会广大投资者进行国债投资提供了较为权威的自学读本。该教材的编写和出版，受到社会各有关方面的高度赞许。

（五）不断完善协会宣传媒体，更好地服务于政府、服务于会员。

1. 认真办好协会刊物、年报。协会内部刊物《政府债务与金融》自出版以来就受到政府主管部门的重视和会员单位的支持。与此同时，依靠素质好、业务精通的编辑人员和通讯员队伍，经过多年努力和摸索，刊物质量不断提高，内容编排日臻成熟，协会内部刊物得到政府主管部门和会员单位的认可和好评。2015 年，已出版的六期《政府债务与金融》，紧密结合经济金融和债券市场形势变化，坚持内容的实效性与理论性、针对性与广泛性相统一。在宏观经济领域，通过“高层声音”、“部门动态”、“国际财经”栏目及时报道国家出台的各项经济政策和财政金融改革措施；在政府债券领域，通过

“国债管理”、“债券市场”、“地方债管理”栏目实时关注国债和地方债的市场变化，解读分析市场热点难点问题；通过“国债发行与兑付计划”专栏，及时整理公布每月国债、地方政府债券发行情况。

协会编辑出版的《2014 年中国国债市场年报》，用丰富、详实的数据内容反映了2014 年我国国债市场的全貌。年报不仅包涵年度国债、地方政府债券发行情况等相关数据信息，还介绍了部分国债承销团成员国债业务经验。年报已经连续出版十四年，市场知名度和影响力不断提升，目前已成为国债市场中具有一定权威性的重要资料。

2. 努力办好协会网站。2015 年，协会网站继续秉承“大金融”的思路，不断完善网站的信息内容，较好的提升了网站的信息质量。一是密切关注市场动态，对宏观经济形势、金融市场乃至全球市场的信息进行及时准确报道。二是努力发挥“政策窗口”功能，积极宣传各项财政金融政策和宏观调控政策。三是做到数据全面准确、内容翔实。进一步提高信息数据的及时性和准确性，巩固和提高协会网站作为国债政策信息和市场数据发布渠道的权威性和影响力。网站发布的信息不仅包括国债发行、交易、兑付等方面内容，还包括对地方政府债券、国库现金管理以及央行公开市场业务等债券市场相关信息内容的关注，提供较为全面的国债及“准国债”数据信息。截至 2015 年 12 月 24 日，协会网站共发稿 1000 余篇，网站访问量达 10 万余人次。

（六）秘书处员工政治思想建设不断加强，内部管理更加规范有效，文体活动丰富多彩，团队凝聚力不断提高

1. 加强秘书处职工思想教育，不断提高政治觉悟和政策水平。协会领导一直重视秘书处职工政治思想教育，把学习领会贯彻中央各项新精神、新政策融入到业务工作中。今年“三严三实”专题教育活动开展以来，协会在金融司党支部的统一部署下，积极学习领会相关精神，撰写学习心得体会，工作中严格按照要求抓好“三严三实”的贯彻落实，确保专题教育取得实效。为弘扬爱国主义精神，协会组织职工进行“京东大峡谷爱国主义教育健步走”活动，并参观鱼子山抗日战争纪念馆，观摩史实资料、聆听讲解，缅怀革命先烈为国家独立和民族解放而浴血奋战的英勇事迹。通过一系列政治思想教育活动，协会的党风、作风建设得到加强，员工的精神面貌有了较大改观。

2. 完善制度，规范管理，不断改进协会工作。一是进一步明确了协会秘书处领导及各部门工作职责，调整了岗位设置，明确岗位分工，并根据国家规定和协会工作实际完善了绩效工资制度，以充分调动人员工作积极性，强化员工工作责任感，确保协会秘书处工作更加规范、有序、高效运转。在选人用人方面，制定实施了《中国国债协会 2015 年秘书处部门主任级岗位选拔聘用工作方案》，保证选拔工作公开、透明、规范。二是完善协会档案管理工作。协会领导非常重视档案管理，选派相关人员参加财政部办公厅举办的全国财政档案业务培训班。通过学习，强化了对档案收集模式、管理手段、服务机制的了解，梳理并检查了协会目前档案管理现状，为进一步规范协会档案管理打下良好基础。三是进一步建立健全有关财务制度，规范各项财务管理。协会在 2015 年财务管理工作中，不断适应财务管理的新形势、新常态，深入贯彻落实党中央、国务院提出的“八项规定”和反对“四风”总体要求，修订完善各项财务规章制度，严格控制经费支出和开支使用标准。重点在会费收缴、管理、使用方面，坚持“取之于会员、服务于会员”的宗旨，对会员的服务项目免收费用，把会员缴纳的会费更多地用于开展会员迫切需要的业务活动上，保障会员利益得到充分体现。在协会职工福利方面，结合机关事业单位工资改革及协会实际，进一步规范了工资福利制度。协会还不断加强对财务人员的业务培训，全年有 7 人次参加财政部、民政部组织的各类专业培训班，提高了财务人员业务水平和职业道德素养。

3. 积极参加各项文体活动。2015 年，协会

职工积极参加财政部工会和金融司工会组织的各项文体活动，锻炼体魄，陶冶情操。在2015年举办的中央国家机关第四届职工运动会上，协会参赛人员经过努力，获得羽毛球比赛小组第三名和飞镖比赛团体第五名的佳绩，为财政部、金融司和协会赢得荣誉，受到部机关工会的表扬和嘉奖。

二、2015年协会工作主要特点及存在主要问题

（一）2015年协会工作主要特点

1. 紧密结合国家财政金融形势变化开展协会工作。今年以来，经济运行总体平稳，但下行压力较大，协会因此特别注意结合经济形势变化开展工作。如年中的市场形势报告会，协会就特别邀请财政部PPP领导小组办公室的领导介绍PPP业务的相关政策知识及业务推进情况，引导会员单位参与PPP业务创新，促进投融资体制改革和投融资规模提升。

2. 密切配合国债、地方债发行管理改革开展工作。今年以来，国债、地方债发行任务较重，发行进度较快，协会密切配合财政部国库司、预算司开展工作。针对国债、地方债发行过程中遇到的新情况新问题，协会及时组织会员座谈会，征求承销团成员和会员单位的意见建议，并及时向政府主管部门反馈，发挥桥梁纽带作用，促进国债、地方债年度发行任务的顺利完成。

3. 开拓创新，探索分层次开展培训工作。为进一步提高培训工作的系统性和针对性，提升培训效果，今年协会积极探索分层次、面向特定对象开展培训。如协会组织了重点针对会员单位中高层管理人员的债券会计与税收业务培训；组织了重点针对会员单位新入职员工的国债基础业务培训。由于受众明确，因此培训内容针对性更强，培训效果更明显。这些有益尝试为协会进一步改进和提高培训工作积累了经验。

4. 注重健全和严格执行协会内部制度，规范各项管理。完善、规范的内部管理机制是协会高效运作的基础。协会今年进一步加强了内部制度建设和管理。一是结合协会实际工作需要，进一步明确各部门、各岗位职责，分工清晰、权责到位，确保了岗位责任制的贯彻落实。二是建立科学的决策体系和运作机制。坚持会长办公会议制度，重要事项集体研究决策，全年协会召开会长办公（扩大）会议11次；对涉及员工利益的事项，坚持听取大家的意见，以确保决定事项公开、透明；确保实施方案公开、公平、公正；坚持德才兼备、以德为先的用人原则，构建科学的考核体系、奖惩机制；完善财务管理，规范各项财务支出。通过完善相关制度建设，努力做到用制度管人管事管物，强化监督作用，用制度保障协会各项工作高效运转，增强协会生机和活力，激发协会干部职工爱岗敬业、恪尽职守、开拓进取的精神。

（二）2015年协会工作存在的主要问题

一年来，尽管协会较好地完成了年度工作计划，取得了一定成绩，但与政府主管部门、会员单位和广大国债投资者对协会的殷切期望相比，工作还有一定差距，主要表现在以下几个方面：一是理论研究和市场调研工作尚需进一步加强。应更多关注金融市场特别是国债市场最新动态，组织相关领域专家等科研力量，展开市场调研及课题研究，撰写有分量、有价值的相关报告，为政府主管部门制定政策以及各会员单位正确贯彻执行政策及拓展创新业务提供参考。二是培训工作深度和广度需要进一步拓展。目前培训聚焦于金融、债券、会计等方面，未来可以考虑在培训内涵和形式方面有所拓展和创新，包括举办宏观经济形势座谈会、金融衍生品培训班、国债市场高级论坛等等。三是刊物、网站的政策理论水平需要进一步提高。刊物文章应更加注重时效性、针对性，提升理论水平与研究深度。四是秘书处工作人员的综合素质和业务能力需要进一步增强，各项内部管理制度、奖惩措施有待完善。针对上述存在问题，我们将着力进行研究，制定切实可行的改进措施。

三、2016 年工作计划

2016 年是全面贯彻落实党的十八届五中全会精神的重要一年，是“十三五”规划的开局之年。协会将把握好“十三五”战略机遇期，紧密围绕财税体制改革和金融改革中心任务，坚持用发展眼光、创新思维，适应新常态、把握新常态。把十八届五中全会提出的创新、协调、绿色、开放、共享的五大发展理念，贯穿到协会各项事业的方方面面。以建立现代行业组织体制为发展目标，注重提高社会服务能力与发挥桥梁纽带作用相统一，注重行业管理基础建设与自律监督机制创新相结合。以积极进取、富有成效的工作作风，促进国债、地方政府债券管理改革和金融市场发展，不断开创协会事业新局面。

（一）积极配合政府主管部门，做好国债、地方政府债券管理和改革工作

1. 适应新形势，继续发挥好行业组织自律监管职能，确保政府债券发行管理工作顺畅。一是号召广大会员认真履行行业自律公约，充分发挥金融龙头企业示范效应，营造自我完善、相互监督、诚信经营的市场环境，保持债券市场稳定有序。二是协同国债承销团成员认真履行承销义务，严格执行国债、地方政府债券招投标规则，确保各类各期债券顺利发行。三是加强与国债承销团成员的沟通交流，及时了解投资者和市场需求，努力协助财政部国库司统筹安排国债发行品种及规模。四是充分利用协会网站、刊物、咨询电话等，宣传国债政策，反映市场动态，普及债券知识，提供数据资料，促进国债政策的有效落实。

2. 协助政府主管部门开展国债理论研究，完善政策法规和制度建设，不断深化国债市场化改革。一是继续协助财政部国库司做好《国债条例》立法相关工作。二是配合政府部门深入研究财政发债空间问题（扩大赤字率），适当增加国债规模，继续发挥国债管理的宏观调控职能，确保积极财政政策有效实施，促进政府债务长期可持续发展。三是配合国库司进一步落实十八届三中全会提出的“健全反映市场供求关系的国债收益率曲线”总体要求，做好优化国债品种、期限结构的研发工作，完善国债收益率曲线。四是组织会员单位开展国债管理方面课题研究，为政府主管部门决策提供参考。

3. 不断加强市场调研工作，当好政府主管部门的参谋助手，充分发挥桥梁纽带作用。在政府债券发行期间，走访承销机构以及地方政府发债经办部门，了解债券市场发展趋势及市场成员对政府债券管理工作的意见建议；走访储蓄国债销售网点，了解广大群众投资意愿和需求，以及国债销售网点服务状况；召开不同类型的座谈会，广泛听取会员单位对政府债券市场发展改革方面的意见建议。及时向政府主管部门反馈债券市场动态信息并建言献策，发挥好协会参谋助手和桥梁纽带作用。

（二）创新服务方式，组织会员开展形式多样、内容丰富的业务活动，促进会员单位业务发展

1. 建立以基础培训为主，专业培训相结合的专业人才培训体系。一要坚持分级分类。突出需求导向，以提高业务能力为主线，根据培训对象的类型特点，分级组织实施。二要坚持改革创新。把改革创新贯穿于行业培训全过程，增强培训内容的吸引力、感染力，确保培训工作质量和效果。一方面，有效利用协会编撰的国债业务基础培训教材，配合会员单位对新入职人员进行业务培训；另一方面，在新形势下，根据会计制度、税收政策、国债发行交易规则等新政策出台时，及时组织专业人员进行培训。培训对象既要考虑一线交易人员，还要举办针对高级别管理人员和业务负责人的培训。培训内容既要普及专业知识，还要兼顾实际操作，使理论和实践并重，注重培训效果。

2. 召开宏观经济金融形势分析会、报告会。全年拟召开两次宏观经济金融形势分析报告会，邀请政府决策部门领导、经济学专家和市场专业人士作专题报告，使会员了解国家宏观经济政策

和经济金融形势，把握债券市场发展趋势，帮助会员单位提升债券投资业务决策水平。

3. 发挥协会交流平台作用，加强会员间业务沟通交流。充分利用协会网站、QQ 群等互动形式，保障会员之间介绍业务经验、反映行业诉求、传递市场信息、建立业务伙伴等，为会员单位创新业务发展提供方便。

（三）商讨和研究协会未来发展规划，明确职能定位，更好发挥职能作用

1. 筹备召开会员（代表）大会。根据协会章程有关规定，拟于 2016 年上半年召开协会第五次会员（代表）大会。大会将选举产生新一届理事会、常务理事会和协会领导班子成员；审议第四届理事会工作及财务运行情况，同时研究确定协会未来发展规划和工作部署，并表决通过有关事项。

2. 进一步研究在经济发展新常态下，协会未来发展和职能定位问题。根据国务院统一部署，行业协会将在近几年内与政府主管部门脱钩，实现依法设立、行为自律、服务为本、治理规范、自主运行、自我完善的社会化、市场化发展格局。目前，财政部有关部门，已在制定脱钩方案。在经济发展新常态下，创新发展是一种大趋势，是必须进行的一场变革，协会未来如何创新发展亟待研究和规划。协会拟于 2016 年适当时候，组织会员共同商讨、研究协会未来发展规划和职能定位问题。

3. 筹备参加社会组织评估工作。协会 2010 年首次参加了社会组织评估工作，评定等级为 3A 级，现有效期已满。根据《社会组织评估管理办法》和全国性社会组织评估的相关规定，协会将按要求积极认真地准备好各相关材料，完善软件、硬件环境，拟于明年做好筹备工作，参加 2017 年民政部开展的全国性行业协会评估工作，力争取得较好评估结果。

（四）加强协会秘书处内部管理和建设，创新服务品牌，增强服务能力，提升服务质量

1. 加强员工政治思想教育和道德修养，树立“服务至上、求真务实、开拓进取”的理念，提高创新服务意识。

2. 进一步完善各项规章制度，强化制度约束力，增强职工遵章守纪自觉性。

3. 注重人才培养，抓好专业技能培训，建立一支德才兼备、团结协作、开拓创新的干部队伍。

4. 强化财务管理，严格执行各项财务规范，突出审计监督作用，确保协会事业蓬勃开展。

二、地方政府债券市场分析

2015 年地方政府债券发行工作总结报告

财政部国库司

根据《预算法》和《国务院关于加强地方政府性债务管理的意见》（国发［2014］43 号）有关规定，2015 年地方政府债券（以下简称地方债）发行机制改革全面推进，地方债首次全部由省级人民政府自发自还。经各方面共同努力，全年地方债发行工作顺利完成，取得明显成效。

一、2015 年地方债发行工作基本情况

（一）发行情况

2015 年，34 个省（自治区、直辖市、计划单列市，以下简称省份）发行地方债合计 38350.6 亿元，其中，按债券性质区分，一般债券、专项债券分别发行 28606.9 亿元、9743.7 亿元；按额度属性区分，新增债券、置换债券分别发行 5911.5 亿元、31763 亿元，山西、内蒙古等 11 个省份为在建项目后续融资发行地方债 676.1 亿元；按发行方式区分，采用公开发行、定向承销方式分别发行 30428.8 亿元、7921.8 亿元。分地区看，北京、天津等 29 个省份完成全部新增和置换债券额度的发行工作；根据地方政府债务限额管理有关规定，深圳、西藏 2015 年暂不发债，辽宁、大连、湖南、海南、重庆等 5 个省份剩余少量债券额度至以后年度发行。

（二）主要特点

2015 年地方债发行工作总体平稳有序，主要有以下特点：

1. 地方债自发自还改革全面推开。按照《预算法》和国发 43 号文要求，2015 年地方债自发自还改革首次面向全国 36 个省份全面推开，各省份作为独立的发债主体以自身信用发行债券，按有关规定自行办理债券发行和还本付息。在财政部的指导下，各地财政部门高度重视、积极工作，合理设计债券期限结构，择机确定发行时间，遵循公开、公平、公正的原则组建承销团，规范开展信用评级和信息披露，按市场化原则组织债券发行，圆满完成了 2015 年地方债发行工作。

2. 发行规模大幅增长。2015 年地方债实际发行规模（3.83 万亿元）是 2014 年（0.4 万亿元）的 9.6 倍，已明显高于全年国债、政策性金融债发行规模，部分媒体形容如此大规模的地方债能够顺利发行实属“意想不到”。

3. 发行方式“双管齐下”。借鉴记账式国债发行管理和 2014 年地方债自发自还试点经验，财政部制定了地方债公开发行相关制度。在此基础上，为防范过多地方债公开集中发行对金融市场可能造成的冲击，按照国务院领导指示精神，财政部会同人民银行、银监会印发相关制度，在

置换债券发行中引入了定向承销方式。地方财政部门在认真做好地方债公开发行工作的同时，与当地人民银行分支机构、银监局等部门密切协作，与存量债务债权人平等协商，积极推动定向承销工作顺利开展。

4. 发行定价市场化程度稳步提升。2015 年 7 月底之前，地方债公开发行利率与国债利率基本持平，部分媒体和金融机构认为发行定价受到了一些非市场化因素影响。为此，财政部加大对各地的指导力度，督促各地财政部门和相关机构提高地方债发行定价市场化水平。8 月中旬以后，随着地方债发行规模的逐步增加，地方债公开发行利率与国债利率的利差开始增大，后期比国债利率整体高约 20—40 个基点，体现出地方债与国债在风险权重、流动性等方面的差距。对此，各方面总体评价积极正面。

（三）主要成效

2015 年地方债发行工作为全面建立以政府债券为主体的地方政府举债融资机制开创了良好开端，取得了明显成效：

1. 基本建立起地方债自发自还制度框架。为保障 2015 年地方债自发自还工作规范开展，财政部印发《地方政府一般债券发行管理暂行办法》、《关于做好 2015 年地方政府一般债券发行工作的通知》、《地方政府专项债券发行管理暂行办法》、《关于做好 2015 年地方政府专项债券发行工作的通知》，与人民银行、银监会联合印发《关于 2015 年采用定向承销方式发行地方政府债券有关事宜的通知》。各地根据上述文件规定，研究制定了本地区地方债发行相关制度。一系列制度文件基本建立起地方债自发自还制度框架，为地方债发行工作顺利开展提供了制度保障。

2. 有效降低地方政府融资成本。2015 年采用公开发行方式发行的地方债平均发行利率为 3.31%，其中 1、3、5、7、10 年期地方债平均发行利率分别为 2.38%、3%、3.23%、3.46%、3.47%；采用定向承销方式发行的地方债平均发行利率为 3.68%，其中 1、3、5、7、10 年期地方债平均发行利率分别为 2.81%、3.29%、3.58%、3.85%、3.86%。3.18 万亿元置换债券平均发行利率约为 3.4%，大大低于此前通过非政府债券方式举借债务的平均成本（约 10%），预计将为地方每年节省利息约 2000 亿元。

3. 有力推动地方政府预算信息公开透明。2015 年财政部在相关制度中细化了地方债信息披露要求，要求地方财政部门进一步做好地方债信息披露工作。按照财政部有关规定，各地财政部门及时通过指定网站披露地方债相关信息，特别是按规定披露了地方政府债务管理有关信息，满足投资者的主要信息需求，也促进了地方政府预算信息透明度的提高。

4. 积极培育地方债市场发展。地方债年度发行量（3.83 万亿元）占债券市场发行量比重达到 17%，地方债余额（4.8 万亿元）占债券市场余额的比重超过 10%，成为债券市场的重要品种。地方债期限结构进一步丰富，在以往 3、5、7、10 年期品种基础上，2015 年新增了 1 年期和 2 年期品种。地方债流动性安排进一步优化，相关文件明确地方债纳入国库现金管理、人民银行部分货币政策操作、商业银行质押贷款的抵（质）押品范围，并可按规定开展回购交易。2015 年地方债发行机制改革全面推进，受到金融市场广泛关注，入选了《金融时报》评选的“2015 中国证券市场十大新闻”。

二、存在的问题和下一步工作计划

虽然 2015 年地方债发行工作取得明显成效，但受各方面条件制约，工作中也存在一些问题。地方债发行市场化水平有待进一步提高，信息披露质量与投资者要求仍有差距，信用评级结果区分度不明显，投资主体较为单一，二级市场流动性不佳、换手率较低。

2016 年，地方债发行规模将超过去年，债券市场运行也存在诸多不确定性，地方债发行任务非常艰巨。财政部将做好地方债发行与国债发行平稳衔接，对发债进度做必要的组织协调，同时，进一步加强对地方财政部门的指导，提高地方债发行市场化规范化水平，完善地方债信息披露和信用评级工作，并会同有关部门积极研究推进地方债投资主体多元化，着力提高地方债流动性，全力保障2016年地方债发行工作顺利开展。

2015年地方政府债券市场年度分析报告

中央国债登记结算有限责任公司

一、2015年地方政府债券市场新发展与新政策

2015年是新《预算法》实施后地方政府债务管理改革元年，也是地方政府债券全面实行自发自还、地方政府利用低成本地方债置换存量高息债务的第一年。这一年，地方政府债券在全国范围内全面推广，新增债务和存量债务均纳入规范化举债轨道。对比2009—2014年地方债试点发行逐步推进的过程，2015年新《预算法》框架下的地方政府债券市场出现了一系列新变化与新政策。

（一）一般债券与专项债券

2015年以前，地方政府债券经历了“代发代还”、“自发代还”及“自发自还”多个试点阶段，并未细分债券品种。2015年，地方债市场出现了一般债券和专项债券两个品种。2015年3月12日和4月7日，财政部分别发布了《地方政府一般债券发行管理暂行办法》和《地方政府专项债券发行管理暂行办法》，对一般债和专项债给出了明确定义。

地方政府一般债券是指省、自治区、直辖市政府（含经省级政府批准自办债券发行的计划单列市政府）为没有收益的公益性项目发行的、约定一定期限内主要以一般公共预算收入还本付息的政府债券。一般债券期限为1年、3年、5年、7年和10年，由各地根据资金需求和债券市场状况等因素合理确定，但单一期限债券的发行规模不得超过一般债券当年发行规模的30%。

地方政府专项债券是指省、自治区、直辖市政府（含经省级政府批准自办债券发行的计划单列市政府）为有一定收益的公益性项目发行的、约定一定期限内以公益性项目对应的政府性基金或专项收入还本付息的政府债券。单只专项债券可以对应单一项目发行，也可以对应多个项目集合发行。专项债券期限为1年、2年、3年、5年、7年和10年，由各地综合考虑项目建设、运营、回收周期和债券市场状况等合理确定，但7年和10年期债券的合计发行规模不得超过专项债券全年发行规模的50%。

（二）新增债券与置换债券

2015年，我国地方政府债务管理改革的一大创举是设立置换债券，用以置换地方政府历史上向商业银行等金融机构借入的债务及政府其他应付款项。这部分债务成本较高，地方政府每年偿还利息及本金的压力巨大。

2015年，财政部经全国人大批准，向地方政府下达了三批共计3.2万亿元的置换债券额度。置换债以地方政府信用为基础，发行利率接近无风险利率，为地方政府显著降低了债务成本压力。财政部部长楼继伟在向全国人大常委会报告关于规范地方政府债务管理工作情况时表示，2015年地方政府发行的置换债券额度实现了对当年到期债务的全覆盖，将被置换的存量债务成本从平均约10%降至3.5%左右，预计将为地方每年节省利息2000亿元。

新增债券为2015年全国人大批准的地方政府可新增发行的地方政府债券，包括5000亿元一般债券、1000亿元专项债券和以前年度发行

的地方债中到期的1714亿元，2015年地方政府新增债券发行上限总计为7714亿元。

（三）公开发行与定向承销

2015年，地方政府债券创新设置了定向承销的发行方式。2015年5月15日，财政部、人民银行和银监会联合印发《关于2015年采用定向承销方式发行地方政府债券有关事宜的通知》。通知明确采用定向承销方式发行地方债，即省级政府面向地方政府存量债务中特定债权人，采取簿记建档方式发行地方债，用以置换本地区地方政府相应的存量债务。通知指出，对于地方政府存量债务中的银行贷款部分，地方财政部门应当与银行贷款对应债权人协商后，采用定向承销方式发行地方债予以置换。对于地方政府存量债务中的信托、证券、保险等其他机构融资形成的债务，经各方协商一致，地方财政部门也可采用定向承销方式发行地方债予以置换。

（四）余额管理与限额管理

以前年度的地方政府债券均实行发行额管理，即逐年审批发行额度，这对地方实际可用资金形成一定制约。2015年，地方一般债务比照国债实行余额管理。这样一来，在限额内当年到期债务便可以借新还旧，不需在发债额中扣抵。

2015年8月29日，第十二届全国人大常委会第十六次会议通过《关于批准〈国务院关于提请审议批准2015年地方政府债务限额的议案〉的决议》。决议规定，2015年地方政府债务限额定为16万亿元。该限额由两部分构成，一部分是截至2014年末的全国地方政府债务余额15.4万亿元，另一部分是全国人大批准的2015年地方政府债务新增额度6000亿元。这意味着我国依法启动了对地方政府债务的限额管理，地方政府过去数十年积累的存量债务和未来每年允许产生的增量债务，都将被严格锁定。余额管理与限额管理，意味着地方政府债务将以在审计结果确定的余额基础上加上当年赤字作为上限，因而未来地方债的发行速度与债务到期节奏、到期量有关，各省可在限额内自主发债。

（五）地方政府债务管理改革其他相关政策

2015年3月中下旬，财政部、发改委、人民银行、银监会联合发布了《关于开展地方政府存量债务清理甄别初步结果核查工作的通知》。通知明确存量债务核查工作的具体分工是：财政部专员办负责核查买断（BT）和工程应付款；发改委核查企业债务，即融资平台债务；人民银行、银监会负责核查地方政府债务中的银行贷款、短融债券等。

4月21日，发改委发布《基础设施和公用事业特许经营管理办法》，对允许开展特许经营的基础设施和公用事业领域、特许经营价格和收费机制、政府补贴、信贷支持和监管措施进行规范。该法规被认为是推进PPP的基本法，PPP项目有望成为基础设施建设的重要发力点。

7月14日，财政部、人民银行联合发布《关于中央和地方国库现金管理商业银行定期存款质押品管理有关事宜的通知》，明确将地方政府债券纳入中央国库现金管理和地方国库现金管理质押品范围，并且地方政府债券不受发行主体的限制，可以跨地域质押。在质押计价与比例方面，中央和地方国库现金管理商业银行定期存款质押品按债券面值计价，国债、地方政府债券分别按存款金额的105%、115%质押。

12月17日，财政部发布《关于实施政府和社会资本合作项目以奖代补政策的通知》，明确对PPP项目实施以奖代补政策，投资规模3亿元人民币以下的项目奖励300万元，执行期暂定三年，该政策自2016年起施行。

二、地方政府债券发行量跨越式增长

2015年，地方政府债券不再通过财政部进行代发，全部由各地方政府“自发自还”。全年共发行地方债38350亿元，较2014年增长9.6倍。其中，一般债券2.86万亿元，占比75%；专项债券0.97万亿元，占比25%。

从发行的期限结构来看，中短期品种发行量占比较2014年下降，长期品种发行量占比上升。其中，3年及5年期债券的发行量占比分别由

2014 年的 28.93% 和 40% 下降至 17.03% 及 31.45%；而 7 年期品种发行量占比提升 4.63 个百分点至 27.52，10 年期品种发行量占比显著提升，由 2014 年的 8.19% 升至 23.97%。另外，与 2014 年相比，2015 年新增了 1 年期地方债的发行。

地方政府债券发行期限结构由中短期为主向中长期方向转移，有利于地方政府匹配当地经济发展建设、有效降低资金成本。按照财政部相关规定，2015 年发行的地方债最长期限为十年。与国债相比，地方债期限的上限仍有扩展空间，从地方实际投融资需求和代际补偿理论的角度来看，地方债发行期限仍有向长期延展的空间和需要。

表 1　　2014、2015 年地方政府债发行期限结构比较

期限	2014		2015	
	发行量（亿元）	占当年地方债发行总量比重（%）	发行量（亿元）	占当年地方债发行总量比重（%）
1 年	—	—	12.22	0.03%
3 年	1157	28.93%	6532.37	17.03%
5 年	1599.8	40.00%	12061.55	31.45%
7 年	915.6	22.89%	10553.44	27.52%
10 年	327.6	8.19%	9191.02	23.97%
合计	4000	100.00%	38350.62	100.00%

数据来源：中国债券信息网（www.chinabond.com.cn）

从发行利率的角度看，2015 年地方政府债券发行利率区间为 2.38%—4.29%；从各期限平均利率来看，2015 年各期限品种发行的平均利率较 2014 年有明显下行。

表 2　　2014、2015 年地方债发行频率和发行利率比较

期限	发行频率		利率区间		平均利率	
	2014	2015	2014	2015	2014	2015
1 年	—	2	—	2.38%—2.81%	—	2.63%
3 年	5	226	4%—4.15%	2.71%—3.47%	4.08%	3.06%
5 年	15	283	3.63%—4.28%	2.83%—3.79%	3.99%	3.31%
7 年	13	255	3.79%—4.5%	3.01%—4.14%	4.13%	3.54%
10 年	10	269	3.81%—4.33%	3%—4.29%	4.17%	3.55%
合计	43	1035	3.63%—4.5%	2.38%—4.29%	4.09%	3.39%

数据来源：中国债券信息网（www.chinabond.com.cn）

2015 年，地方债发行利率呈先升后降趋势。以 5 年期地方债月度加权平均发行利率为例（2015 年地方债从 5 月份开始发行），5 月份，地方债平均发行利率为 3.15%，地方债发行初期利率较低的原因在于投资者对于新《预算法》框架下首批发行的地方债有较高期待，市场认购活跃，地方债发行定价普遍偏低，甚至有部分场次低于同期限国债利率。

8 月份，地方债发行加权平均利率上升至 3.46%，之后月份连续降低，直至 12 月份的 3.16%。原因主要在于 2015 年人民银行为支持实体经济发展、配合地方政府债务置换，施行了稳健略偏宽松的货币政策，年内多次降准降息，保持了银行间市场资金的合理充裕，引导市场利率向下发展。

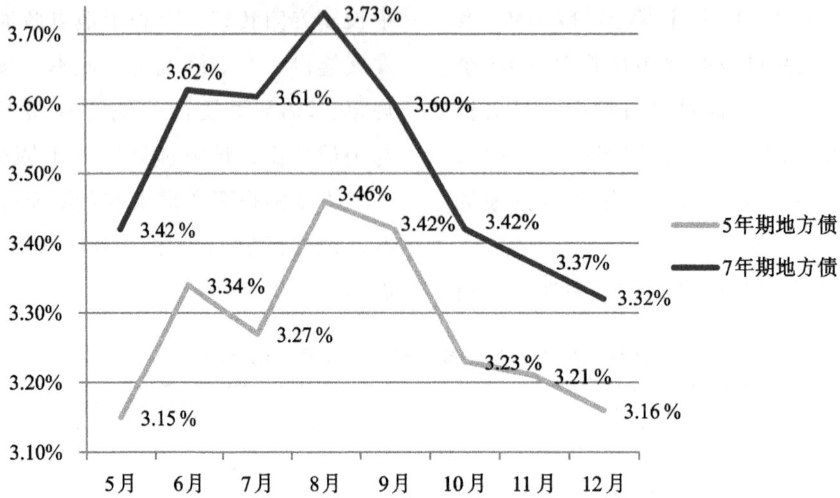

图 1 5 年、7 年期地方债月度加权平均发行利率走势

数据来源：中国债券信息网（www.chinabond.com.cn）

三、地方政府债券余额迅速提升

2015 年末，在中央结算公司托管的地方政府债余额达到 4.83 万亿元，比上年末增长 315.2%。

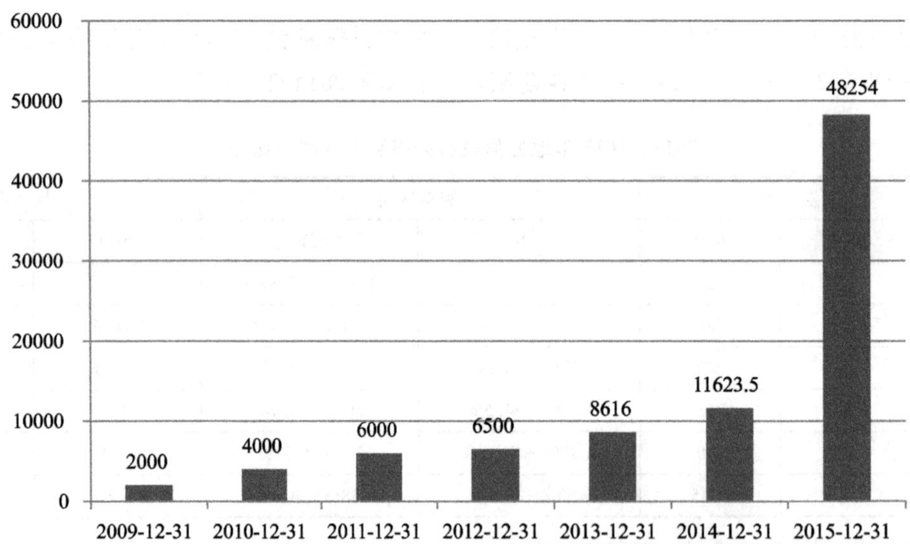

图 2 2009—2015 年地方政府债券余额情况（亿元）

数据来源：中国债券信息网（www.chinabond.com.cn）

从存量期限结构看，2015 年地方债中短期品种占比减少，中长期品种占比大幅增加。1 年以下和 1—3 年期的地方债余额占比分别较上年减少了 14.72 和 22.76 个百分点，而 3—5 年、5—7 和 7—10 年期余额占比分别增加了 6.52、14.06 和 16.90 个百分点。其中，3—5 年期地方债存量规模最大，占比达 36.64%；5—7 年期存量规模次之，占比为 24.74%。

从持有者结构角度看，商业银行仍是地方政府债券的主要持有者。2015 年，商业银行仍是地方政府债的主要持有者，持有占比高达 92.34%，但已比 2014 年下降 6.36 个百分点，

表 3 **2014、2015 年地方政府债托管量期限比较表**

剩余期限	2014 年末		2015 年末	
	托管量（亿元）	占比（%）	托管量（亿元）	占比（%）
1 年以下	1714	14.75	12.2	0.03
1—3 年	4839	41.63	9105.8	18.87
3—5 年	3501.3	30.12	17681.8	36.64
5—7 年	1241.6	10.68	11938.1	24.74
7—10 年	327.6	2.82	9517.1	19.72
合计	11623.5	100	48255	100

数据来源：中国债券信息网（www.chinabond.com.cn）

其余类型机构的持有量均较小。这主要是由于历史上商业银行是地方政府的主要债权人，2015 年发行的 3 万多亿元置换债券主要也是为了置换地方政府的存量债务。另一方面，地方政府债券市场确实存在着投资者结构尚不合理的问题，地方债持有量过多集中于商业银行体系之中，也不利于地方债市场的正常化发展和商业银行体系的风险分散。

表 4 **2014、2015 年各机构持有量占比**

成员属性	2014 年末（亿元）	占比（%）	2015 年末（亿元）	占比（%）	2015 年末较 2014 年末持有量增幅（%）
商业银行	11471.8	98.7	44556.95	92.34	288.4
特殊结算成员	98.35	0.85	2848.13	5.9	2795.91
信用社	22.1	0.19	648.27	1.34	2833.35
保险机构	6.6	0.06	24.4	0.05	269.7
基金	17.1	0.15	149.72	0.31	775.56
证券公司	1.75	0.02	23.7	0.05	1254.29
其他投资者	5.8	0.05	3.8	0.01	-34.48
总计	11623.5	100	48255	100	315.15

数据来源：中国债券信息网（www.chinabond.com.cn）

四、地方政府债券交易结算量明显升高

2015 年，银行间债券市场地方政府债结算笔数 14109 笔，较 2014 年大幅增长 132.6%；结算面额 7.76 万亿元，较 2014 年增长 224.6%。

表 5 **2015 年地方政府债券交易结算量**

业务类别	结算面额（亿元）	结算笔数（笔）	面额同比增长（%）	笔数同比增长（%）
现券交易	2697.86	1690	153.68	113.65
买断式回购	383.08	263	79.34	91.97
质押式回购	74475.75	12156	229.26	107.79
合计	77556.76	14109	224.56	132.59

数据来源：中国债券信息网（www.chinabond.com.cn）

分交易类型看，2015 年银行间债券市场地方债现券交易结算笔数 1690 笔，较 2014 年上升 113.65%；结算面额 0.27 万亿元，较 2014 年上升 153.68%。在参与地方政府债现券交易的各类机构中，商业银行的交易占比为 90.22%，其次是信用社，占比为 5.1%。从债券流向来看，保险机构、基金类、非银行金融机构、特殊结算成员是净买入机构，分别净买入 1176.1 亿元、3800.8 亿元、197.3 亿元和 1.1 亿元；商业银行、信用社和证券公司是净卖出机构，分别净卖出 2113.82 亿元、2970.89 亿元和 377.73 亿元。

2015 年地方债质押式回购交易结算 12156 笔，较 2014 年增长 107.79%；结算面额 7.4 万亿元，较 2014 年增长 229.26。

五、地方政府债指数大幅上涨，收益率曲折下行

2015 年，国内经济继续向下探底，经济增速的进一步下降。年内，央行采取的稳健略偏宽松的货币政策，在保持流动性总量适度充裕的同时引导市场利率下行，资金面整体稳中趋松，债券市场呈现出明显的“牛市”格局，中债地方政府债指数持续上涨，地方政府债收益率曲线整体下行。

2015 年，中债地方政府债指数由年初的 99.901 上升至年末的 103.6505，指数上涨 3.75%。

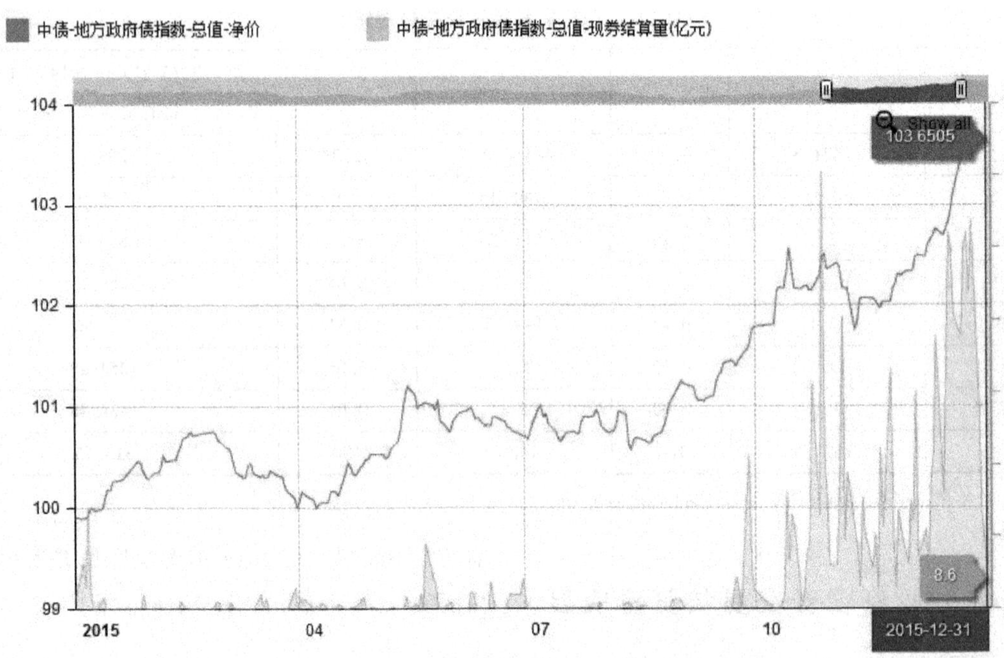

图 3　2015 年中债地方政府债指数（净价）

数据来源：中国债券信息网（www.chinabond.com.cn）

从 2015 年全年来看，地方政府债收益率走势可以划分为五个阶段，以 10 年期地方债收益率的变化趋势为例，作简要分析如下：

第一阶段（1 月至 2 月中旬）：地方债收益率由 1 月初的 3.88% 下行至 3.59%，降幅约为 29BP。受上年末提现等季节性因素影响，年初资金面较为紧张。为缓解资金紧张，央行于 2 月 5 日降低存款准备金率 0.5 个百分点，适时向市场释放流动性，一定程度上缓解了市场的紧张情绪。从基本面看，1 月份 CPI 同比增速降至 0.76%，通缩趋势增强，宏观经济显现疲软迹象，市场资金避险情绪浓厚。货币政策适时宽松，较多资金流向债市避险，地方债收益率率大幅下行。

第二阶段（2 月中旬至 4 月上旬）：地方债收益率从 2 月中旬的 3.59% 上行至 3.93%。尽管央行于 3 月 1 日降息 0.25 个百分点，但伴随着利率市场化的不断推进，商业银行自主定价能力不断增强。一定程度上，市场利率水平受银行体系资金面的松紧制约，单条线地降低贷款基准利率，对降低市场利率和社会融资成本的影响有限。本次降息并未大幅降低银行间市场资金的利率，相反地，因经济体内流动性趋紧，地方债收益率也大幅上升，阶段内上行了 34BP。

第三阶段（4 月上旬至 5 月中旬）：受人民银行宽松政策影响，地方债收益率下行约 33BP。4 月 20 日，人民银行宣布一次性降准 1 个百分点，并在此基础上，于 5 月上旬将 1 年期贷款基准利率降低 0.25 个百分点至 5.1%。本次货币政策宽松力度较大，银行间市场资金面宽松度得到较大提升。4 月上旬至 5 月中旬，10 年期地方债收益率从 3.93% 下行至 3.60%，下行约 33BP。

第四阶段（5 月中旬到 7 月初）：地方债收益率由 3.60% 大幅攀升至 4.10%。本阶段内，市场对更为宽松的货币政策预期落空。与此同时，股票市场异常火爆，上证综指从 5 月初的低点 4112 上升至 6 月中最高点 5166。股指大幅上涨表明，此期间大量社会资金涌入股市。其中，债券市场抛压上升，股市和债市的跷跷板效应显现，使得地方债收益率不断攀升。

第五阶段（7 月初至 12 月末）：地方债收益率持续下行，阶段内下行幅度最高达 70BP。2015 年下半年开始，股票市场进入下跌通道，为了维护金融市场稳定和稳增长要求，人民银行货币政策不断趋于宽松。6 月至 11 月期间，央行共出台 3 次降准、3 次降息的货币政策。1 年期贷款基准利率由 6 月份的 5.1% 下调 75 个基点至 4.35%，定向和普遍降准亦使金融机构的存款准备金率大幅下降。受银行间资金面不断趋于宽松的影响，地方债收益率持续下行，由 7 月初的 4.10% 下行至年末的 3.18%。

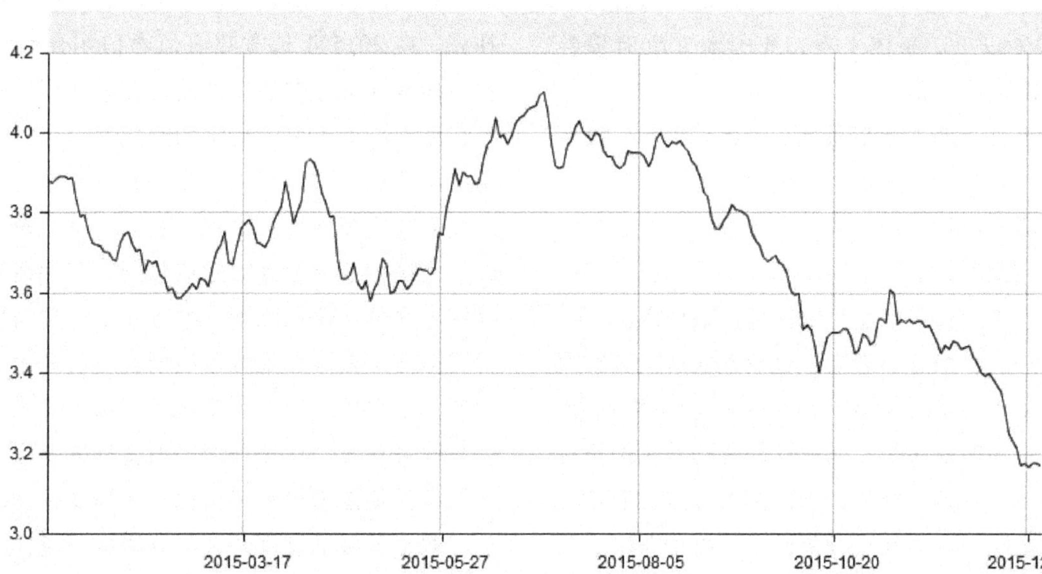

颜色	曲线名称	日期	收益率
■	中债地方政府债收益率曲线(AAA)(到期)	2015-12-31	3.1712

图 4　2015 年 10 年期地方政府债收益率变动情况

数据来源：中国债券信息网（www.chinabond.com.cn）

六、进一步完善地方政府债券市场发展的建议

（一）进一步完善地方政府债券法律制度体系

财政是国家治理的基础和支柱，发展地方政府债券市场是推进财政体制改革的重要一环。新《预算法》实施后，财政部出台了一系列关于地方政府债券管理的规章，但主要侧重于2015年地方债发行问题的规范。为了进一步完善地方政府债券市场，形成合理规范的市场定价机制及交易机制，还需要在行政法规层面进行细化。具体可由国务院制定专门《地方政府债券条例》，对地方政府债券的管理体制、市场运行机制、市场化约束制度等进行体系化规范。

（二）不断扩展地方政府债券投资者基础

截至2015年底，地方政府债券投资人主要包括特殊结算成员、商业银行、信用社、基金、证券公司以及保险机构，其中商业银行持有份额达到92%以上。整体来看，我国地方政府债券持有过度集中于银行体系。

在美国，地方政府债券的50%由个人投资者持有，其余由共同基金、保险公司、银行等机构投资者分散持有。投资者的分散，既能够降低投资者同质性，促进市场流动性提升，也可以减低地方政府违约后引发系统性风险的概率。

下一步，一方面应当通过地方政府债券税收优惠政策带来的递延效应，吸引社会保险基金、企业年金、职业年金、商业保险资金等长期投资资金购买地方政府债券，从而拓展地方政府债券投资者类型，并要在现有基础上，提升非银行投资者的持有比例，改变投资者过于集中的现状。另一方面，可以鼓励个人，尤其是地方政府债券发行人所在区域内的个人投资者购买，这类投资人具有一定的信息获取优势，有利于形成区域性的地方政府债券市场。此外，还可配合金融市场对外开放进程，引入更多境外投资者。

（三）建立动态、透明的信息披露机制

在2015年地方政府债券发行过程中，各省份已经尝试开展了信息披露工作，在招标前对外发布经济社会发展和财政收支指标。但与发达国家信息披露情况相比仍然存在一定差距，地方政府信息披露机制仍有待进一步完善。

具体而言，应建设地方政府债券信息数据库，建立信披内容和格式标准（如建立和采用XBRL分类标准格式），通过统一的信息披露平台集中发布，提高信息披露的格式化、专业化水平。应通过地方政府详细资产负债表，揭示地方政府的存量债务、财政收入、债务偿还能力等情况，披露拟发行债券的资金用途、项目收益、偿还计划等事项，提高投资者风险识别能力，减少对外部评级的依赖。对于专项债券，还应当披露项目基本信息、项目收入来源与结构、经营利润预测、评级结果、项目管理单位以及影响债券发行、税收等法律和政策事项，并要向投资者披露进一步获取有效信息的渠道。

（四）建立合理的信用评级机制

信用评级机制是对信息披露制度的一项有效补充。就2015年地方政府债券信用评级情况来看，债券评级存在高度同质性，地方债评级在一定程度上降低了风险提示的有效性，地方债市场的信用评级体系有待进一步完善。一是设定合理的地方政府债务评价指标。具体而言，对于地方政府评级主要涉及地方政府的预算管理情况、财政收入水平与增长预期、财政支出结构与历年项目资金使用效率、地方政府的真实债务水平与结构等几个方面。以此为基础，可以进一步细化为法律政策环境、信用环境、财富创造能力、偿债来源、偿债能力等具体指标。二是要建立确保公正、规范评级的制度约束。评级的公正性、独立性对于投资人至关重要，一方面，要坚持强制评级机制，对于“购买评级”行为采取一定的惩罚措施。另一方面，对评级机构要加强管理，评级机构要披露评级的定量和定性标准，还可建立地方政府债券评级机构“黑名单”制度，严重的可以强制清退，确保评级机构行为合规。

（五）落实税收、风险权重等政策支持

地方政府债券市场的长期稳定向好发展离不开税收、风险认定等政策的有力支持，目前来看这两方面的相关政策还需进一步明确。

一是明确地方政府债券利息的税收安排。目前发行的地方政府债券利息享受免税政策，但具体实现方式是在每年财政部公布的地方政府债券发行计划中说明，还未形成一项常规制度。下一步，应当与税务主管部门协调，将地方政府债券利息的免税政策制度化、常规化。

二是落实相关风险权重政策。中国银监会制定的《商业银行资本管理办法（试行）》第58条规定："商业银行对我国公共部门实体债权的风险权重为20%。我国公共部门实体包括：……省级（直辖区、自治区）以及计划单列市人民政府。"对于中央政府债券、政策性银行债券及国际多边开发机构债券则规定风险权重为0%。目前，由于地方政府债券利率较低，风险权重较高，商业银行投资地方债面临授信额度限制，资本占用后的收益低于政策性金融债。鉴于我国对于规范地方政府债务的相关管理机制已逐步建立，建议明确地方政府一般债券按0%计风险权重，专项债券按照评级计算，而不是固定以20%计风险权重。

（六）完善地方政府债务监测管理机制

债务规模是确定地方政府负债能力的重要基础性指标，自2010年开始，财政部启动对地方政府债务的统计工作。2012年9月，财政部下发了《关于地方政府性债务管理系统推广运用的通知》，推广应用"地方政府性债务管理系统统计汇总子系统"，从运作情况来看，该统计系统的应用主要依靠地方政府的主动配合。

下一步，应当继续完善相关机制：首先，将财政部开发的统计口径作为地方政府债务统计的权威口径，确保统计数据的准确性；其次，财政部应当加强与银监会、人民银行、发改委、审计署等部门联合对账，确保地方政府报送信息的准确性；再次，将统计报送债务信息作为地方政府的强制义务，并将数据的真实性、准确性、及时性等情况与地方政府的债券融资资格挂钩。

（执笔人：研发部 刘智成、刘华伟）

第三篇

政府债券数据统计

一、国债发行、兑付、交易数据

2015年中央财政国债余额情况表

单位：亿元人民币

项　目	预算数	决算数
一、2014年末国债余额实际数		95655.45
内债余额		94676.31
外债余额		979.14
二、2015年末国债余额限额	111908.35	
三、2015年国债发行额		21285.06
内债发行额		20987.47
外债发行额		297.59
四、2015年国债还本额		10347.57
内债还本额		10196.30
外债还本额		151.27
五、2015年末国债余额实际数		106599.59
内债余额		105467.48
外债余额		1132.11

注：1. 本表2014年外债余额实际数按照国家外汇管理局公布的2014年12月外汇折算率计算，2015年外债发行额和外债余额实际数按照国家外汇局公布的2015年12月外汇折算率计算，2015年外债还本额按照当期汇率计算。受外币汇率变动影响，2015年末外债余额实际数≠2014年外债余额实际数+2015年外债发行额-2015年外债还本额。

2. 本表国债余额包括国债、国际金融组织和外国政府贷款。除此之外，还有一部分需要政府偿还的债务，主要是偿付金融机构债务，以及部分政府部门及所属单位举借的债务等，这部分债务在规范管理后纳入国债余额。

2015年国债发行情况表

名称	品种	期限	发行面值（亿元）	招标日期（发行期）	发行方式	票面利率（%）	发行价格（元）	实际收益率（%）
2014年记账式附息（二十九期）国债	记账式附息	10年	200.00	1月28日	续发	3.77	103.38	3.42
			200.00	3月4日	续发	3.77	103.98	3.39
2015年记账式附息（一期）国债	记账式附息	1年	200.00	1月14日	新发	3.14	100.00	3.14
2015年记账式附息（二期）国债	记账式附息	7年	200.00	1月21日	新发	3.36	100.00	3.36
			200.00	2月25日	续发	3.36	101.46	3.18
			200.00	3月18日	续发	3.36	100.53	3.36
2015年记账式附息（三期）国债	记账式附息	5年	200.00	2月4日	新发	3.31	100.00	3.31
			200.00	3月11日	续发	3.31	100.46	3.29
			304.10	4月22日	续发	3.31	101.02	3.24
2015年记账式附息（四期）国债	记账式附息	3年	200.00	3月25日	新发	3.22	100.00	3.22
			300.00	4月17日	续发	3.22	100.26	3.21
			300.50	5月13日	续发	3.22	101.40	2.87
2015年记账式附息（五期）国债	记账式附息	10年	300.00	4月8日	新发	3.64	100.00	3.64
			302.60	5月6日	续发	3.64	102.26	3.41
			300.60	6月3日	续发	3.64	101.59	3.52
2015年记账式附息（六期）国债	记账式附息	1年	220.00	4月10日	新发	3.13	100.00	3.13
2015年记账式附息（七期）国债	记账式附息	7年	300.00	4月15日	新发	3.54	100.00	3.54
			300.70	5月20日	续发	3.54	101.69	3.32
			300.50	6月17日	续发	3.54	100.98	3.48
2015年记账式附息（八期）国债	记账式附息	20年	260.00	4月24日	新发	4.09	100.00	4.09
2015年记账式附息（九期）国债	记账式附息	1年	220.00	5月8日	新发	2.66	100.00	2.66
2015年记账式附息（十期）国债	记账式附息	50年	260.00	5月22日	新发	3.99	100.00	3.99
2015年记账式附息（十一期）国债	记账式附息	5年	301.20	5月27日	新发	3.10	100.00	3.10
			300.00	7月22日	续发	3.10	100.46	3.11
			300.00	8月12日	续发	3.10	100.08	3.24
2015年记账式附息（十二期）国债	记账式附息	3年	300.50	6月10日	新发	2.73	100.00	2.73
			300.00	7月29日	续发	2.73	100.22	2.79
			300.00	8月26日	续发	2.73	100.25	2.86
2015年记账式附息（十三期）国债	记账式附息	2年	251.60	6月24日	新发	2.44	100.00	2.44
			260.00	9月14日	续发	2.44	100.20	2.65
2015年记账式附息（十四期）国债	记账式附息	7年	300.00	7月8日	新发	3.30	100.00	3.30
			300.00	8月19日	续发	3.30	99.18	3.50
			300.40	9月16日	续发	3.30	100.74	3.29
2015年记账式附息（十五期）国债	记账式附息	1年	221.00	7月10日	新发	2.40	100.00	2.40

续表

名称	品种	期限	发行面值（亿元）	招标日期（发行期）	发行方式	票面利率（%）	发行价格（元）	实际收益率（%）
2015年记账式附息（十六期）国债	记账式附息	10年	300.00	7月15日	新发	3.51	100.00	3.51
			300.00	8月5日	续发	3.51	100.77	3.45
			300.00	9月9日	续发	3.51	102.19	3.32
2015年记账式附息（十七期）国债	记账式附息	30年	260.00	7月24日	新发	3.94	100.00	3.94
2015年记账式附息（十八期）国债	记账式附息	1年	220.00	8月7日	新发	2.16	100.00	2.16
2015年记账式附息（十九期）国债	记账式附息	5年	300.00	9月7日	新发	3.14	100.00	3.14
			280.50	11月11日	续发	3.14	101.29	2.98
			280.50	12月2日	续发	3.14	102.00	2.86
2015年记账式附息（二十期）国债	记账式附息	1年	260.00	9月18日	新发	2.31	100.00	2.31
2015年记账式附息（二十一期）国债	记账式附息	20年	260.00	9月21日	新发	3.74	100.00	3.74
2015年记账式附息（二十二期）国债	记账式附息	3年	300.00	9月23日	新发	2.92	100.00	2.92
			280.00	10月28日	续发	2.92	101.05	2.65
			280.00	11月25日	续发	2.92	100.86	2.80
2015年记账式附息（二十三期）国债	记账式附息	10年	280.00	10月14日	新发	2.99	100.00	2.99
			280.00	11月4日	续发	2.99	99.34	3.09
			280.00	12月9日	续发	2.99	100.60	2.98
2015年记账式附息（二十四期）国债	记账式附息	1年	220.00	10月16日	新发	2.41	100.00	2.41
2015年记账式附息（二十五期）国债	记账式附息	30年	260.00	10月19日	新发	3.74	100.00	3.74
2015年记账式附息（二十六期）国债	记账式附息	7年	280.10	10月21日	新发	3.05	100.00	3.05
			280.00	11月18日	续发	3.05	99.80	3.13
			280.00	12月16日	续发	3.05	100.94	2.98
2015年记账式附息（二十七期）国债	记账式附息	1年	220.00	11月6日	新发	2.41	100.00	2.41
2015年记账式附息（二十八期）国债	记账式附息	50年	260.00	11月20日	新发	3.89	100.00	3.89
2015年记账式贴现（一期）国债	记账式贴现	182天	150.00	4月13日	新发	—	98.441	3.22
2015年记账式贴现（二期）国债	记账式贴现	273天	150.00	4月20日	新发	—	97.736	3.13
2015年记账式贴现（三期）国债	记账式贴现	182天	150.00	5月15日	新发	—	98.883	2.30
2015年记账式贴现（四期）国债	记账式贴现	273天	150.00	5月25日	新发	—	98.355	2.26
2015年记账式贴现（五期）国债	记账式贴现	182天	150.00	6月12日	新发	—	99.127	1.79
2015年记账式贴现（六期）国债	记账式贴现	273天	101.40	6月26日	新发	—	98.391	2.21
2015年记账式贴现（七期）国债	记账式贴现	182天	200.00	7月17日	新发	—	98.786	2.50
2015年记账式贴现（八期）国债	记账式贴现	182天	150.00	8月21日	新发	—	98.875	2.31
2015年记账式贴现（九期）国债	记账式贴现	182天	150.00	9月11日	新发	—	98.870	2.32
2015年记账式贴现（十期）国债	记账式贴现	91天	100.00	10月9日	新发	—	99.435	2.29
2015年记账式贴现（十一期）国债	记账式贴现	91天	100.00	10月16日	新发	—	99.428	2.31
2015年记账式贴现（十二期）国债	记账式贴现	91天	100.00	10月23日	新发	—	99.419	2.35
2015年记账式贴现（十三期）国债	记账式贴现	182天	100.00	10月23日	新发	—	98.839	2.39
2015年记账式贴现（十四期）国债	记账式贴现	91天	100.00	10月30日	新发	—	99.424	2.33
2015年记账式贴现（十五期）国债	记账式贴现	91天	100.00	11月6日	新发	—	99.414	2.37

续表

名称	品种	期限	发行面值（亿元）	招标日期（发行期）	发行方式	票面利率（%）	发行价格（元）	实际收益率（%）
2015 年记账式贴现（十六期）国债	记账式贴现	91 天	100.00	11 月 13 日	新发	—	99.400	2.43
2015 年记账式贴现（十七期）国债	记账式贴现	182 天	100.00	11 月 13 日	新发	—	98.808	2.45
2015 年记账式贴现（十八期）国债	记账式贴现	91 天	100.00	11 月 20 日	新发	—	99.380	2.51
2015 年记账式贴现（十九期）国债	记账式贴现	91 天	100.00	11 月 27 日	新发	—	99.374	2.54
2015 年记账式贴现（二十期）国债	记账式贴现	91 天	100.00	12 月 4 日	新发	—	99.378	2.52
2015 年记账式贴现（二十一期）国债	记账式贴现	91 天	100.00	12 月 11 日	新发	—	99.416	2.36
2015 年记账式贴现（二十二期）国债	记账式贴现	182 天	100.00	12 月 11 日	新发	—	98.852	2.36
2015 年记账式贴现（二十三期）国债	记账式贴现	91 天	100.00	12 月 18 日	新发	—	99.422	2.34
2015 年记账式贴现（二十四期）国债	记账式贴现	91 天	100.00	12 月 25 日	新发	—	99.436	2.28
2015 年凭证式（一期）国债	凭证式	3 年	179.62	3 月 10 日至 3 月 19 日	代销	4.92	—	4.92
		5 年	119.49		代销	5.32	—	5.32
2015 年凭证式（二期）国债	凭证式	3 年	144.77	5 月 10 日	代销	4.92	—	4.92
			29.30	5 月 11 日至 5 月 19 日	代销	4.67	—	4.67
		5 年	108.73	5 月 10 日	代销	5.32	—	5.32
			10.12	5 月 11 日至 5 月 19 日	代销	5.07	—	5.07
2015 年凭证式（三期）国债	凭证式	3 年	147.48	9 月 10 日至 9 月 19 日	代销	4.25	—	4.25
		5 年	118.40		代销	4.67	—	4.67
2015 年凭证式（四期）国债	凭证式	3 年	148.47	10 月 10 日至 10 月 19 日	代销	4.25	—	4.25
		5 年	134.84		代销	4.67	—	4.67
2015 年第一期储蓄国债（电子式）	电子式	3 年	240.00	4 月 10 日至 4 月 19 日	代销	4.92	—	4.92
2015 年第二期储蓄国债（电子式）	电子式	5 年	160.00		代销	5.32	—	5.32
2015 年第三期储蓄国债（电子式）	电子式	3 年	211.41	6 月 10 日至 6 月 19 日	代销	4.67	—	4.67
2015 年第四期储蓄国债（电子式）	电子式	5 年	160.00		代销	5.07	—	5.07
2015 年第五期储蓄国债（电子式）	电子式	3 年	181.62	7 月 10 日至 7 月 19 日	代销	4.50	—	4.50
2015 年第六期储蓄国债（电子式）	电子式	5 年	158.71		代销	4.87	—	4.87
2015 年第七期储蓄国债（电子式）	电子式	3 年	199.97	8 月 10 日至 8 月 19 日	代销	4.50	—	4.50
2015 年第八期储蓄国债（电子式）	电子式	5 年	175.15		代销	4.87	—	4.87
2015 年第九期储蓄国债（电子式）	电子式	3 年	199.97	11 月 10 日至 11 月 19 日	代销	4.00	—	4.00
2015 年第十期储蓄国债（电子式）	电子式	5 年	172.33		代销	4.42	—	4.42

2015 年还本付息国债品种和条件

一、以下记账式附息国债于还本付息日（节假日顺延）归还本金并支付最后一次利息。

国债名称	还本付息日	期限	年利率
2014 年记账式附息（二期）国债	1 月 9 日	1 年	4.04%
2008 年记账式（一期）国债	2 月 13 日	7 年	3.95%
2005 年记账式（一期）国债	2 月 28 日	10 年	4.44%
2013 年记账式附息（六期）国债	4 月 7 日	2 年	2.92%
2010 年记账式附息（八期）国债	4 月 8 日	5 年	2.70%
2014 年记账式附息（七期）国债	4 月 14 日	1 年	3.63%
2012 年记账式附息（七期）国债	4 月 26 日	3 年	2.91%
2008 年记账式（七期）国债	5 月 19 日	7 年	4.01%
2010 年记账式附息（十三期）国债	5 月 20 日	5 年	2.38%
2013 年记账式附息（十二期）国债	5 月 27 日	2 年	2.98%
2010 年记账式附息（十七期）国债	6 月 10 日	5 年	2.53%
2014 年记账式附息（十一期）国债	6 月 12 日	1 年	3.32%
2010 年记账式附息（二十期）国债	7 月 8 日	5 年	2.52%
2014 年记账式附息（十四期）国债	7 月 10 日	1 年	3.54%
2014 年记账式附息（十八期）国债	8 月 14 日	1 年	3.82%
2008 年记账式（十四期）国债	8 月 18 日	7 年	4.23%
2010 年记账式附息（二十八期）国债	8 月 26 日	5 年	2.58%
2012 年记账式附息（十七期）国债	9 月 13 日	3 年	3.10%
2014 年记账式附息（二十二期）国债	9 月 22 日	1 年	3.71%
2014 年记账式附息（二十三期）国债	10 月 20 日	1 年	3.50%
2010 年记账式附息（三十三期）国债	10 月 21 日	5 年	2.91%
2013 年记账式附息（二十一期）国债	10 月 21 日	2 年	3.77%
2008 年记账式（二十二期）国债	11 月 24 日	7 年	2.71%
2010 年记账式附息（三十九期）国债	12 月 2 日	5 年	3.64%
2014 年记账式附息（二十八期）国债	12 月 11 日	1 年	3.42%

二、以下记账式贴现国债于还本日（节假日顺延）按面值偿还。

国债名称	还本日	期限
2014 年记账式贴现（六期）国债	1 月 10 日	91 天
2014 年记账式贴现（一期）国债	1 月 19 日	273 天
2014 年记账式贴现（三期）国债	1 月 26 日	182 天
2014 年记账式贴现（七期）国债	1 月 27 日	91 天
2014 年记账式贴现（二期）国债	2 月 9 日	273 天
2014 年记账式贴现（四期）国债	2 月 23 日	182 天
2014 年记账式贴现（五期）国债	3 月 16 日	182 天
2014 年记账式贴现（八期）国债	3 月 16 日	91 天

三、以下储蓄国债（电子式）于还本付息日归还本金并支付最后一年利息。

国债名称	还本付息日	期限	年利率
2012 年第一期储蓄国债（电子式）	3 月 10 日	3 年	5.58%
2012 年第三期储蓄国债（电子式）	5 月 10 日	3 年	5.58%
2012 年第九期储蓄国债（电子式）	7 月 20 日	3 年	4.76%
2012 年第十一期储蓄国债（电子式）	9 月 10 日	3 年	4.76%
2012 年第十三期储蓄国债（电子式）	11 月 10 日	3 年	4.76%
2010 年第十一期储蓄国债（电子式）	11 月 15 日	5 年	4.60%

四、以下凭证式国债于兑付期开始后归还本金并支付全部利息。

国债名称	兑付期开始日	期限	年利率
2012 年凭证式（一期）国债 3 年期	4 月 10 日	3 年	5.58%
2014 年凭证式（二期）国债 1 年期	5 月 10 日	1 年	3.60%
2012 年凭证式（二期）国债 3 年期	8 月 10 日	3 年	4.76%
2012 年凭证式（三期）国债 3 年期	10 月 10 日	3 年	4.76%
2010 年凭证式（五期）国债 5 年期	12 月 6 日	5 年	4.60%

2015年全国银行间债券市场国债现券日交易量统计表

日　期	面额（亿元）	日　期	面额（亿元）
2015-1-4	151.20	2015-2-28	81.00
2015-1-5	227.80	2015-3-2	206.00
2015-1-6	211.70	2015-3-3	159.70
2015-1-7	248.30	2015-3-4	163.20
2015-1-8	215.40	2015-3-5	184.20
2015-1-9	194.50	2015-3-6	165.50
2015-1-12	212.20	2015-3-9	121.10
2015-1-13	188.02	2015-3-10	136.50
2015-1-14	263.00	2015-3-11	228.10
2015-1-15	211.72	2015-3-12	186.10
2015-1-16	209.40	2015-3-13	172.00
2015-1-19	222.80	2015-3-16	215.00
2015-1-20	241.81	2015-3-17	159.60
2015-1-21	291.30	2015-3-18	312.20
2015-1-22	246.77	2015-3-19	169.73
2015-1-23	255.50	2015-3-20	217.46
2015-1-26	196.20	2015-3-23	162.26
2015-1-27	241.15	2015-3-24	207.11
2015-1-28	359.55	2015-3-25	322.56
2015-1-29	257.60	2015-3-26	187.30
2015-1-30	168.50	2015-3-27	177.45
2015-2-2	157.60	2015-3-30	245.50
2015-2-3	189.60	2015-3-31	118.00
2015-2-4	260.30	2015-4-1	243.70
2015-2-5	236.52	2015-4-2	259.50
2015-2-6	249.62	2015-4-3	272.50
2015-2-9	212.80	2015-4-7	155.30
2015-2-10	179.90	2015-4-8	145.10
2015-2-11	298.00	2015-4-9	175.12
2015-2-12	236.00	2015-4-10	195.70
2015-2-13	187.95	2015-4-13	210.10
2015-2-15	89.20	2015-4-14	181.50
2015-2-16	65.80	2015-4-15	385.90
2015-2-17	32.00	2015-4-16	281.10
2015-2-25	17.70	2015-4-17	302.50
2015-2-26	113.90	2015-4-20	393.80
2015-2-27	205.30	2015-4-21	227.10

续表

日　期	面额（亿元）	日　期	面额（亿元）
2015-4-22	369.40	2015-6-30	392.35
2015-4-23	283.60	2015-7-1	328.15
2015-4-24	370.40	2015-7-2	293.50
2015-4-27	458.70	2015-7-3	446.20
2015-4-28	386.50	2015-7-6	367.50
2015-4-29	469.30	2015-7-7	399.30
2015-4-30	394.20	2015-7-8	389.10
2015-5-4	397.80	2015-7-9	397.60
2015-5-5	344.30	2015-7-10	356.97
2015-5-6	304.20	2015-7-13	325.32
2015-5-7	348.00	2015-7-14	355.80
2015-5-8	316.80	2015-7-15	450.32
2015-5-11	295.00	2015-7-16	396.60
2015-5-12	303.80	2015-7-17	565.09
2015-5-13	391.80	2015-7-20	354.10
2015-5-14	324.00	2015-7-21	306.10
2015-5-15	489.80	2015-7-22	489.60
2015-5-18	339.90	2015-7-23	437.60
2015-5-19	336.40	2015-7-24	580.41
2015-5-20	423.70	2015-7-27	384.20
2015-5-21	316.05	2015-7-28	395.92
2015-5-22	463.20	2015-7-29	500.30
2015-5-25	389.50	2015-7-30	409.10
2015-5-26	359.60	2015-7-31	394.75
2015-5-27	502.40	2015-8-3	413.30
2015-5-28	380.70	2015-8-4	447.70
2015-5-29	329.10	2015-8-5	660.50
2015-6-1	437.70	2015-8-6	493.50
2015-6-2	353.40	2015-8-7	454.20
2015-6-3	389.50	2015-8-10	432.10
2015-6-4	358.54	2015-8-11	403.40
2015-6-5	315.35	2015-8-12	581.36
2015-6-8	287.30	2015-8-13	384.70
2015-6-9	276.60	2015-8-14	576.35
2015-6-10	423.35	2015-8-17	456.50
2015-6-11	325.40	2015-8-18	404.80
2015-6-12	393.30	2015-8-19	444.77
2015-6-15	284.10	2015-8-20	420.30
2015-6-16	313.63	2015-8-21	388.32
2015-6-17	333.40	2015-8-24	429.30
2015-6-18	264.52	2015-8-25	362.10
2015-6-19	404.55	2015-8-26	540.90
2015-6-23	302.32	2015-8-27	478.25
2015-6-24	351.70	2015-8-28	696.30
2015-6-25	331.35	2015-8-31	419.50
2015-6-26	324.71	2015-9-1	484.80
2015-6-29	315.36	2015-9-2	482.90

续表

日　期	面额（亿元）	日　期	面额（亿元）
2015－9－6	228.30	2015－11－6	547.12
2015－9－7	291.80	2015－11－9	491.80
2015－9－8	457.30	2015－11－10	510.00
2015－9－9	507.90	2015－11－11	675.82
2015－9－10	446.30	2015－11－12	491.88
2015－9－11	455.20	2015－11－13	475.70
2015－9－14	540.20	2015－11－16	475.26
2015－9－15	509.60	2015－11－17	465.59
2015－9－16	665.90	2015－11－18	607.90
2015－9－17	423.12	2015－11－19	538.53
2015－9－18	436.32	2015－11－20	521.15
2015－9－21	620.40	2015－11－23	493.80
2015－9－22	461.98	2015－11－24	494.25
2015－9－23	527.20	2015－11－25	629.40
2015－9－24	431.08	2015－11－26	481.07
2015－9－25	636.19	2015－11－27	537.20
2015－9－28	526.97	2015－11－30	447.30
2015－9－29	482.00	2015－12－1	496.54
2015－9－30	537.20	2015－12－2	669.20
2015－10－8	304.59	2015－12－3	598.00
2015－10－9	466.75	2015－12－4	700.10
2015－10－10	365.70	2015－12－7	563.80
2015－10－12	440.80	2015－12－8	556.64
2015－10－13	495.50	2015－12－9	758.84
2015－10－14	609.45	2015－12－10	680.80
2015－10－15	518.50	2015－12－11	644.65
2015－10－16	456.60	2015－12－14	656.10
2015－10－19	463.90	2015－12－15	620.80
2015－10－20	448.30	2015－12－16	710.30
2015－10－21	712.30	2015－12－17	605.90
2015－10－22	529.05	2015－12－18	572.81
2015－10－23	579.90	2015－12－21	471.52
2015－10－26	520.00	2015－12－22	339.75
2015－10－27	503.80	2015－12－23	616.30
2015－10－28	694.32	2015－12－24	392.20
2015－10－29	526.14	2015－12－25	475.70
2015－10－30	550.25	2015－12－28	385.49
2015－11－2	507.70	2015－12－29	364.20
2015－11－3	501.78	2015－12－30	408.16
2015－11－4	675.80	2015－12－31	159.80
2015－11－5	518.85	汇总	94625.35

数据来源：中央国债登记结算有限责任公司。

2015 年全国银行间债券市场国债指数统计表

日期	财富	全价	净价	平均现金流法到期收益率（%）	平均待偿期（年）
2015-1-4	154.8306	117.4188	115.3005	3.7796	8.8995
2015-1-5	154.8531	117.4359	115.3054	3.7789	8.8967
2015-1-6	154.8165	117.4081	115.2657	3.7842	8.8940
2015-1-7	154.8858	117.4341	115.3059	3.7788	8.8913
2015-1-8	154.9183	117.4588	115.3184	3.7772	8.8885
2015-1-9	154.9136	117.4552	115.3027	3.7792	8.8858
2015-1-12	154.9960	117.4941	115.3287	3.7757	8.8775
2015-1-13	155.4417	117.8319	115.6525	3.7330	8.8748
2015-1-14	155.8225	118.1206	115.9273	3.6969	8.8721
2015-1-15	155.8071	118.1089	115.9037	3.6999	8.8693
2015-1-16	156.2160	118.3731	116.1997	3.6612	8.8666
2015-1-19	156.4364	118.5401	116.3295	3.6441	8.8583
2015-1-20	156.5222	118.5860	116.3821	3.6372	8.8556
2015-1-21	156.6067	118.6500	116.4336	3.6305	8.8529
2015-1-22	156.7665	118.7711	116.5419	3.6163	8.8501
2015-1-23	156.8245	118.8073	116.5735	3.6122	8.8474
2015-1-26	157.0748	118.9435	116.7258	3.5922	8.8391
2015-1-27	157.0817	118.9113	116.7189	3.5930	8.8364
2015-1-28	156.8466	118.7333	116.5300	3.6175	8.8337
2015-1-29	156.6749	118.5947	116.3887	3.6353	8.8258
2015-1-30	156.6248	118.5568	116.3390	3.6417	8.8231
2015-2-2	156.8762	118.7300	116.4919	3.6221	8.8752
2015-2-3	157.0460	118.8586	116.6076	3.6071	8.8725
2015-2-4	157.0793	118.8767	116.6205	3.6048	8.8725
2015-2-5	157.5063	119.1921	116.9296	3.5649	8.8697
2015-2-6	157.3189	119.0503	116.7766	3.5845	8.8670
2015-2-9	157.4733	119.1671	116.8565	3.5740	8.8587
2015-2-10	157.5093	119.1943	116.8714	3.5720	8.8560
2015-2-11	157.8400	119.4259	117.1081	3.5415	8.8532
2015-2-12	157.9770	119.5091	117.1989	3.5293	8.8399
2015-2-13	158.1456	119.6367	117.3137	3.5148	8.8662
2015-2-15	158.2614	119.7243	117.3766	3.5066	8.8607
2015-2-16	158.4587	119.8264	117.5128	3.4891	8.8579
2015-2-17	158.4625	119.7932	117.5035	3.4902	8.8552
2015-2-25	158.6209	119.7713	117.5257	3.4871	8.9029

续表

日期	财富	全价	净价	平均现金流法到期收益率（%）	平均待偿期（年）
2015-2-26	158.5235	119.6978	117.4406	3.4978	8.9002
2015-2-27	158.3785	119.5801	117.3196	3.5131	8.8974
2015-2-28	158.4720	119.4376	117.3777	3.5056	8.8947
2015-3-2	158.2397	119.2463	117.1794	3.5301	8.8837
2015-3-3	158.1188	119.1375	117.0768	3.5431	8.8809
2015-3-4	158.1315	119.1471	117.0742	3.5433	8.8782
2015-3-5	157.7078	118.8278	116.7448	3.5856	8.8754
2015-3-6	157.4568	118.6387	116.5447	3.6113	8.8727
2015-3-9	157.2457	118.4288	116.3504	3.6363	8.8644
2015-3-10	157.1674	118.3698	116.2796	3.6455	8.8617
2015-3-11	157.7561	118.8013	116.7082	3.5894	8.8614
2015-3-12	157.8600	118.8732	116.7738	3.5808	8.8587
2015-3-13	157.5241	118.5716	116.5103	3.6148	8.8559
2015-3-16	157.2184	118.3245	116.2453	3.6491	8.8477
2015-3-17	157.1355	118.2459	116.1712	3.6587	8.8449
2015-3-18	157.0709	118.1577	116.1108	3.6659	8.8313
2015-3-19	157.0295	118.1266	116.0677	3.6715	8.8286
2015-3-20	157.2358	118.2385	116.2099	3.6528	8.8258
2015-3-23	157.2450	118.2304	116.1804	3.6565	8.8176
2015-3-24	157.1733	118.1642	116.1148	3.6651	8.8148
2015-3-25	157.1194	118.1169	116.0625	3.6712	8.8066
2015-3-26	156.6379	117.7481	115.6906	3.7201	8.8039
2015-3-27	156.4886	117.6194	115.5670	3.7365	8.8012
2015-3-30	156.2691	117.4415	115.3667	3.7633	8.8295
2015-3-31	155.8598	117.1339	115.0489	3.8056	8.8267
2015-4-1	156.2502	117.4273	115.3284	3.7683	8.8240
2015-4-2	156.7008	117.7660	115.6529	3.7247	8.8052
2015-4-3	156.5185	117.5719	115.5046	3.7443	8.8024
2015-4-7	156.3914	117.4765	115.3614	3.7632	8.7915
2015-4-8	155.6604	116.9273	114.8035	3.8380	8.7887
2015-4-9	155.6250	116.8938	114.7651	3.8431	8.7860
2015-4-10	155.7294	116.9722	114.8309	3.8343	8.7832
2015-4-13	155.8917	117.0941	114.9158	3.8228	8.7750
2015-4-14	156.2173	117.3387	115.1468	3.7918	8.7722
2015-4-15	156.4716	117.5132	115.3245	3.7680	8.7695
2015-4-16	156.6833	117.6611	115.4704	3.7476	8.7717
2015-4-17	156.7018	117.6681	115.4721	3.7477	8.7959
2015-4-20	157.7474	118.4060	116.2161	3.6493	8.7877

续表

日期	财富	全价	净价	平均现金流法到期收益率（%）	平均待偿期（年）
2015-4-21	158.0908	118.6638	116.4602	3.6173	8.7849
2015-4-22	158.0403	118.6034	116.4104	3.6238	8.7822
2015-4-23	157.9258	118.4965	116.3130	3.6355	8.7721
2015-4-24	157.5853	118.1981	116.0470	3.6698	8.7454
2015-4-27	157.8215	118.3665	116.1867	3.6512	8.7372
2015-4-28	158.0066	118.4685	116.3126	3.6345	8.7344
2015-4-29	157.9947	118.4596	116.2917	3.6363	8.7153
2015-4-30	158.2929	118.6832	116.5018	3.6086	8.7126
2015-5-4	158.2344	118.6393	116.4099	3.6230	8.7413
2015-5-5	158.1237	118.5365	116.3154	3.6354	8.7385
2015-5-6	157.7688	118.2704	116.0389	3.6718	8.7358
2015-5-7	157.8199	118.3023	116.0648	3.6683	8.7330
2015-5-8	158.2974	118.6505	116.4085	3.6230	8.7303
2015-5-11	158.3490	118.6798	116.4107	3.6225	8.7221
2015-5-12	158.4401	118.7481	116.4665	3.6151	8.7193
2015-5-13	158.6995	118.9351	116.6476	3.5900	8.7214
2015-5-14	159.0446	119.1937	116.8925	3.5580	8.7187
2015-5-15	159.1204	119.2140	116.9368	3.5521	8.7159
2015-5-18	159.0876	119.1375	116.8762	3.5597	8.7077
2015-5-19	158.9473	119.0196	116.7598	3.5749	8.7050
2015-5-20	158.9393	119.0072	116.7418	3.5759	8.6786
2015-5-21	158.9940	119.0481	116.7704	3.5721	8.6759
2015-5-22	159.1380	119.1559	116.8654	3.5595	8.6732
2015-5-25	159.3050	119.2091	116.9535	3.5477	8.6649
2015-5-26	158.9840	118.9494	116.7028	3.5805	8.6622
2015-5-27	159.0346	118.9684	116.7284	3.5764	8.6523
2015-5-28	158.6413	118.6742	116.4241	3.6165	8.6496
2015-5-29	158.6061	118.6478	116.3858	3.6215	8.6469
2015-6-1	158.3202	118.3993	116.1372	3.6600	8.7817
2015-6-2	158.5661	118.5832	116.3079	3.6375	8.7790
2015-6-3	158.6693	118.6603	116.3725	3.6289	8.7763
2015-6-4	158.8426	118.7900	116.4892	3.6122	8.7584
2015-6-5	158.9534	118.8728	116.5595	3.6029	8.7556
2015-6-8	159.0683	118.9139	116.6088	3.5966	8.7598
2015-6-9	159.1850	118.9517	116.6834	3.5868	8.7570
2015-6-10	159.0142	118.8240	116.5446	3.6068	8.8207
2015-6-11	158.7923	118.3965	116.3678	3.6298	8.8179
2015-6-12	158.8168	118.4148	116.3739	3.6290	8.8152

续表

日期	财富	全价	净价	平均现金流法到期收益率（%）	平均待偿期（年）
2015-6-15	158.5369	118.1927	116.1305	3.6608	8.8070
2015-6-16	158.8648	118.4095	116.3613	3.6304	8.8042
2015-6-17	158.9312	118.4501	116.3984	3.6254	8.8015
2015-6-18	159.2518	118.6630	116.6238	3.5944	8.7756
2015-6-19	159.2914	118.6670	116.6411	3.5921	8.7728
2015-6-23	159.2083	118.5679	116.5316	3.6062	8.7619
2015-6-24	159.1631	118.5270	116.4861	3.6121	8.7591
2015-6-25	159.1951	118.5273	116.4978	3.6101	8.7487
2015-6-26	159.1904	118.5150	116.4822	3.6131	8.7747
2015-6-29	159.2485	118.5497	116.4892	3.6120	8.7665
2015-6-30	159.2918	118.5819	116.5092	3.6093	8.7638
2015-7-1	159.2354	118.5399	116.4554	3.6163	8.7621
2015-7-2	159.2045	118.5170	116.4206	3.6198	8.7368
2015-7-3	159.4214	118.6274	116.5690	3.6002	8.7341
2015-7-6	160.1459	119.1664	117.0685	3.5346	8.7259
2015-7-7	160.4830	119.3838	117.3058	3.5036	8.7231
2015-7-8	160.3738	119.3026	117.2131	3.5155	8.7204
2015-7-9	160.4527	119.3613	117.2594	3.5094	8.7177
2015-7-10	160.0568	119.0667	116.9547	3.5491	8.7149
2015-7-13	160.1032	119.0542	116.9531	3.5490	8.7067
2015-7-14	159.9591	118.9470	116.8345	3.5645	8.7040
2015-7-15	159.9479	118.9387	116.8143	3.5671	8.7013
2015-7-16	160.0729	119.0317	116.8947	3.5562	8.6917
2015-7-17	160.2277	119.1467	116.9970	3.5427	8.6890
2015-7-20	160.2692	119.1592	116.9916	3.5431	8.6808
2015-7-21	160.1723	119.0731	116.9081	3.5540	8.6781
2015-7-22	160.1958	119.0789	116.9134	3.5539	8.6991
2015-7-23	160.3782	119.2070	117.0361	3.5377	8.7014
2015-7-24	160.6155	119.3741	117.1994	3.5163	8.6987
2015-7-27	160.6758	119.4189	117.2079	3.5149	8.6905
2015-7-28	160.7895	119.5034	117.2798	3.5055	8.6877
2015-7-29	160.9081	119.5833	117.3554	3.4945	8.6698
2015-7-30	160.8579	119.5337	117.3064	3.5008	8.6671
2015-7-31	160.5407	119.2903	117.0602	3.5335	8.6906
2015-8-3	160.5147	119.2623	117.0050	3.5442	8.7540
2015-8-4	160.5298	119.2669	117.0042	3.5442	8.7512
2015-8-5	160.4823	119.2242	116.9572	3.5491	8.7254
2015-8-6	160.6023	119.3133	117.0337	3.5391	8.7226

续表

日 期	财 富	全 价	净 价	平均现金流法到期收益率（%）	平均待偿期（年）
2015-8-7	160.7299	119.4081	117.1159	3.5282	8.7199
2015-8-10	160.6809	119.3717	117.0438	3.5374	8.7117
2015-8-11	160.3466	119.1055	116.7852	3.5712	8.7090
2015-8-12	160.1982	118.9870	116.6637	3.5869	8.7110
2015-8-13	160.3561	119.1042	116.7681	3.5731	8.7083
2015-8-14	160.4510	119.1747	116.8263	3.5654	8.7055
2015-8-17	160.4401	119.1240	116.7822	3.5725	8.7580
2015-8-18	160.4461	119.0948	116.7747	3.5734	8.7552
2015-8-19	160.4087	119.0489	116.7352	3.5783	8.7633
2015-8-20	160.3845	119.0182	116.7054	3.5821	8.7606
2015-8-21	160.5039	119.0860	116.7814	3.5728	8.7851
2015-8-24	160.6908	119.1359	116.8833	3.5593	8.7769
2015-8-25	160.8425	119.2484	116.9830	3.5463	8.7742
2015-8-26	161.0015	119.3663	117.0881	3.5324	8.7640
2015-8-27	161.4247	119.6722	117.3878	3.4935	8.7613
2015-8-28	161.5800	119.7786	117.4902	3.4802	8.7585
2015-8-31	162.0434	119.9291	117.7956	3.4406	8.7503
2015-9-1	162.1592	120.0074	117.8687	3.4311	8.7476
2015-9-2	162.1557	119.9969	117.8543	3.4320	8.7215
2015-9-6	162.1237	119.9331	117.7830	3.4407	8.7106
2015-9-7	161.9011	119.7684	117.6075	3.4632	8.7079
2015-9-8	161.8950	119.7639	117.5911	3.4652	8.7051
2015-9-9	161.9329	119.7919	117.6070	3.4631	8.7024
2015-9-10	161.9430	119.7994	117.6025	3.4636	8.6997
2015-9-11	162.0150	119.8192	117.6435	3.4581	8.6970
2015-9-14	162.1014	119.8771	117.6711	3.4542	8.6888
2015-9-15	162.2754	120.0058	117.7869	3.4384	8.6716
2015-9-16	162.2232	119.9512	117.7367	3.4443	8.6734
2015-9-17	162.2339	119.9438	117.7326	3.4448	8.6707
2015-9-18	162.3277	119.9759	117.7896	3.4373	8.6679
2015-9-21	162.2281	119.8615	117.6807	3.4504	8.6366
2015-9-22	162.1165	119.7650	117.5869	3.4624	8.6339
2015-9-23	162.0499	119.7158	117.5261	3.4699	8.6240
2015-9-24	162.1042	119.7444	117.5541	3.4662	8.6213
2015-9-25	162.1285	119.7559	117.5600	3.4653	8.6186
2015-9-28	162.3615	119.9195	117.6951	3.4481	8.6399
2015-9-29	162.4642	119.9833	117.7585	3.4419	8.6751
2015-9-30	162.6074	120.0890	117.8516	3.4297	8.6724

续表

日　期	财　富	全　价	净　价	平均现金流法到期收益率（%）	平均待偿期（年）
2015-10-8	162.7701	120.2092	117.8756	3.4250	8.6287
2015-10-9	163.3738	120.6245	118.3064	3.3692	8.6259
2015-10-10	163.4563	120.6854	118.3549	3.3629	8.6232
2015-10-12	163.3150	120.5810	118.2275	3.3790	8.6177
2015-10-13	163.4988	120.6854	118.3503	3.3631	8.6150
2015-10-14	164.1174	121.1290	118.7918	3.3064	8.6123
2015-10-15	163.9621	120.9989	118.6661	3.3223	8.6095
2015-10-16	163.5701	120.7096	118.3669	3.3605	8.6068
2015-10-19	163.7922	120.8141	118.4940	3.3438	8.5986
2015-10-20	164.2320	121.1232	118.8042	3.3039	8.5959
2015-10-21	164.2580	121.1424	118.8113	3.3033	8.6218
2015-10-22	164.3108	121.1600	118.8380	3.2986	8.6240
2015-10-23	164.3074	121.0919	118.8236	3.3007	8.6482
2015-10-26	164.6394	121.3299	119.0309	3.2739	8.6400
2015-10-27	165.0521	121.6180	119.3210	3.2417	8.7084
2015-10-28	165.0061	121.5493	119.2754	3.2472	8.7057
2015-10-29	164.6853	121.3130	119.0288	3.2773	8.6968
2015-10-30	164.5648	121.1953	118.9288	3.2897	8.6941
2015-11-2	164.6641	121.2684	118.9657	3.2846	8.6859
2015-11-3	164.4208	121.0893	118.7758	3.3085	8.6831
2015-11-4	164.0114	120.7878	118.4646	3.3472	8.6598
2015-11-5	164.0384	120.7889	118.4724	3.3460	8.6570
2015-11-6	164.1300	120.8564	118.5275	3.3389	8.6543
2015-11-9	163.3155	120.2069	117.8963	3.4196	8.6461
2015-11-10	163.4517	120.2983	117.9839	3.4082	8.6434
2015-11-11	163.8661	120.6033	118.2748	3.3695	8.6452
2015-11-12	163.8630	120.6010	118.2607	3.3712	8.6425
2015-11-13	163.9793	120.6797	118.3338	3.3617	8.6398
2015-11-16	163.9757	120.6425	118.2955	3.3662	8.6316
2015-11-17	164.0189	120.6418	118.3151	3.3636	8.6288
2015-11-18	163.8817	120.5243	118.2030	3.3770	8.6126
2015-11-19	163.8268	120.4719	118.1510	3.3836	8.6098
2015-11-20	163.9340	120.5446	118.2174	3.3749	8.6071
2015-11-23	163.9861	120.5608	118.2197	3.3742	8.5989
2015-11-24	164.2125	120.6814	118.3732	3.3543	8.5962
2015-11-25	164.3822	120.7817	118.4851	3.3388	8.5875
2015-11-26	164.4953	120.8463	118.5557	3.3296	8.5848
2015-11-27	164.5128	120.8529	118.5565	3.3294	8.5820

续表

日　期	财　富	全　价	净　价	平均现金流法到期收益率（%）	平均待偿期（年）
2015-11-30	164.7550	121.0247	118.6975	3.3175	8.7090
2015-12-1	164.7579	121.0268	118.6877	3.3186	8.7062
2015-12-2	164.7641	121.0314	118.6804	3.3188	8.6829
2015-12-3	164.9604	121.1756	118.8116	3.3019	8.6801
2015-12-4	165.0713	121.2571	118.8807	3.2930	8.6774
2015-12-7	165.0796	121.2631	118.8510	3.2963	8.6692
2015-12-8	165.2621	121.3972	118.9722	3.2807	8.6665
2015-12-9	165.3414	121.4383	119.0181	3.2738	8.6501
2015-12-10	165.3516	121.4458	119.0137	3.2742	8.6473
2015-12-11	165.4842	121.2976	119.0985	3.2633	8.6446
2015-12-14	165.2016	121.0832	118.8573	3.2936	8.6364
2015-12-15	165.3086	121.1563	118.9232	3.2850	8.6337
2015-12-16	165.4941	121.2664	119.0463	3.2680	8.6351
2015-12-17	165.6629	121.3694	119.1572	3.2538	8.6324
2015-12-18	166.0459	121.6254	119.4239	3.2204	8.6554
2015-12-21	166.6075	122.0048	119.7967	3.1730	8.6472
2015-12-22	166.8565	122.1871	119.9658	3.1516	8.6445
2015-12-23	166.9443	122.2245	120.0178	3.1441	8.6355
2015-12-24	167.3434	122.5099	120.2960	3.1093	8.6327
2015-12-25	167.3141	122.4654	120.2628	3.1132	8.6300
2015-12-28	167.4778	122.5689	120.3462	3.1026	8.6456
2015-12-29	167.4174	122.5247	120.2904	3.1093	8.6428
2015-12-30	167.4101	122.5193	120.2732	3.1112	8.6401
2015-12-31	167.4459	122.5455	120.2874	3.1093	8.6374

数据来源：中央国债登记结算有限责任公司。

2015 年全国银行间债券市场国债现券交易结算情况统计表

债券简称	债券代码	面值额（亿元）
14 附息国债 19	140019	147.3
12 附息国债 07	120007	638.4
13 附息国债 23	130023	81.7
13 附息国债 18	130018	319.45
13 附息国债 17	130017	465.01
12 附息国债 10	120010	374.7
13 附息国债 12	130012	65.9
10 附息国债 38	100038	6.6
06 国债 09	060009	0.5
09 国债 02	090002	52.2
09 附息国债 13	090013	10.81
15 贴现国债 05	159905	517.4
08 国债 10	080010	1.7
10 附息国债 12	100012	21.96
15 附息国债 11	150011	3129.104
14 贴现国债 03	149903	99.6
10 附息国债 18	100018	10.7
15 附息国债 08	150008	60
11 附息国债 03	110003	12.6
10 附息国债 05	100005	28.4
06 国债 16	060016	2.7
15 附息国债 16	150016	2868.48
15 附息国债 19	150019	1889.2
07 国债 06	070006	12
15 贴现国债 09	159909	310.2
15 附息国债 18	150018	668.6
10 附息国债 31	100031	62
15 附息国债 26	150026	885.6
10 附息国债 26	100026	1
15 贴现国债 17	159917	38.2
13 附息国债 21	130021	157.88
14 附息国债 24	140024	1612.162
12 附息国债 17	120017	210.8
14 附息国债 22	140022	78.09

续表

债券简称	债券代码	面值额（亿元）
14 附息国债 01	140001	191.5
14 附息国债 15	140015	135.7
13 附息国债 06	130006	21.1
14 附息国债 27	140027	26.7
13 附息国债 04	130004	308.8
14 附息国债 14	140014	250.8
13 附息国债 10	130010	5.5
13 附息国债 19	130019	15.1
11 附息国债 17	110017	75.6
10 附息国债 08	100008	6
14 贴现国债 04	149904	51.2
15 附息国债 07	150007	2016.25
10 附息国债 24	100024	29.8
01 国债 11	010011	1.95
10 附息国债 22	100022	3.9
12 附息国债 09	120009	96.8
06 国债 19	060019	28.4
12 附息国债 04	120004	67.7
07 特别国债 05	0700005	0.5
03 国债 09	030009	1.7
15 附息国债 20	150020	1424.9
10 附息国债 15	100015	3.2
15 附息国债 13	150013	4554.3
09 附息国债 19	090019	96.9
10 附息国债 07	100007	48.2
15 附息国债 17	150017	94.9
14 附息国债 09	140009	4.8
15 附息国债 24	150024	420.85
15 贴现国债 18	159918	65.9
15 贴现国债 19	159919	46.7
14 附息国债 30	140030	134.57
14 附息国债 21	140021	1880.2
14 附息国债 26	140026	1137.42
14 附息国债 16	140016	13.7
14 附息国债 23	140023	1130.21
14 附息国债 13	140013	546.83
06 国债 03	060003	10.6

续表

债券简称	债券代码	面值额（亿元）
14 附息国债 06	140006	1046.3
12 附息国债 05	120005	399.6
09 国债 03	090003	7.9
11 附息国债 10	110010	15.6
05 国债 12	050012	5.8
14 贴现国债 06	149906	36
12 附息国债 15	120015	97.1
02 国债 05	020005	4.08
15 贴现国债 01	159901	413.53
07 国债 03	070003	61
11 附息国债 16	110016	1.95
10 附息国债 19	100019	21.7
08 国债 20	080020	15.8
10 附息国债 29	100029	13.5
15 贴现国债 07	159907	2046
14 贴现国债 02	149902	0.2
10 附息国债 23	100023	2
15 贴现国债 13	159913	387.9
14 附息国债 29	140029	5035.24
14 附息国债 20	140020	1907.5926
12 附息国债 14	120014	762.9
14 附息国债 12	140012	446.105
10 附息国债 41	100041	15.6
13 附息国债 03	130003	92.4
15 附息国债 01	150001	726.6
09 附息国债 23	090023	0.5
08 国债 03	080003	2293
14 附息国债 28	140028	192.5
13 附息国债 11	130011	242.92
13 附息国债 20	130020	294.97
13 附息国债 15	130015	386.513
11 附息国债 04	110004	69.15
14 附息国债 07	140007	63.9
14 贴现国债 05	149905	361.9
14 贴现国债 08	149908	34.5
11 附息国债 19	110019	14.5
12 附息国债 16	120016	72.32

续表

债券简称	债券代码	面值额（亿元）
08 国债 22	080022	168. 9
15 附息国债 06	150006	731. 2
15 贴现国债 04	159904	267. 5
15 附息国债 14	150014	3148. 8
10 附息国债 14	100014	8. 8
12 附息国债 06	120006	5. 4
15 贴现国债 21	159921	72. 3
15 贴现国债 23	159923	66. 3
07 特别国债 03	0700003	1. 2
14 附息国债 04	140004	5271. 9
10 附息国债 28	100028	162
13 附息国债 13	130013	168. 8
14 附息国债 03	140003	204. 67
13 附息国债 08	130008	97. 404
08 国债 18	080018	28. 04
08 国债 25	080025	64. 3
15 附息国债 12	150012	3330. 17
12 附息国债 08	120008	5. 6
15 贴现国债 03	159903	1622. 68
11 附息国债 06	110006	7. 8
12 附息国债 12	120012	66. 1
15 附息国债 10	150010	26. 5
15 附息国债 23	150023	3300. 5
15 贴现国债 10	159910	126. 4
09 附息国债 32	090032	12. 2
15 贴现国债 12	159912	30. 9
10 附息国债 03	100003	7
15 附息国债 02	150002	3098. 12
14 附息国债 05	140005	110. 3
15 附息国债 03	150003	3747. 1
09 附息国债 06	090006	14. 9
14 附息国债 18	140018	144
14 附息国债 25	140025	19
10 附息国债 27	100027	68. 1
09 附息国债 07	090007	7. 9
11 附息国债 21	110021	94. 9
07 特别国债 06	0700006	9. 9

续表

债券简称	债券代码	面值额（亿元）
11 附息国债 15	110015	143.8
08 国债 14	080014	125.8
13 附息国债 01	130001	54.1
09 附息国债 12	090012	6.6
12 附息国债 03	120003	150.1
10 附息国债 32	100032	12.4
08 国债 23	080023	7.63
15 附息国债 04	150004	3222.7
13 附息国债 24	130024	5.9
13 附息国债 25	130025	63.7
10 附息国债 20	100020	14.3
10 附息国债 09	100009	1
10 附息国债 13	100013	4.4
05 国债 04	050004	2.24
11 附息国债 14	110014	265.4
09 附息国债 17	090017	2
09 附息国债 16	090016	2
07 特别国债 08	0700008	2.2
12 附息国债 13	120013	4.4
15 贴现国债 06	159906	879.4
13 附息国债 16	130016	4
15 附息国债 22	150022	1655.5
15 附息国债 15	150015	1239.16
09 附息国债 05	090005	2
12 附息国债 21	120021	5.9
15 贴现国债 20	159920	493.4
15 贴现国债 16	159916	41.7
15 附息国债 27	150027	889.3
15 贴现国债 24	159924	59.4
15 贴现国债 15	159915	42.4
10 附息国债 39	100039	102.9
11 附息国债 08	110008	8.95
14 附息国债 11	140011	44.9
11 附息国债 22	110022	52.9
14 附息国债 08	140008	90.6785
14 附息国债 17	140017	25.8
14 贴现国债 07	149907	194.4

续表

债券简称	债券代码	面值额（亿元）
13 附息国债 05	130005	30. 1
15 附息国债 05	150005	6097. 95
15 附息国债 09	150009	730. 2
15 贴现国债 02	159902	3082. 2
11 附息国债 23	110023	10. 5
10 附息国债 02	100002	37. 1
10 附息国债 10	100010	14. 8
09 国债 01	090001	59
10 附息国债 17	100017	5. 7
15 附息国债 21	150021	63. 4
11 附息国债 24	110024	25. 65
07 国债 13	070013	136. 5
15 贴现国债 14	159914	102. 7
15 贴现国债 22	159922	109. 16
09 附息国债 11	090011	8. 2
07 国债 10	070010	7
10 附息国债 33	100033	8. 25
10 附息国债 34	100034	4. 4
08 国债 01	080001	1. 2
10 附息国债 37	100037	6
15 贴现国债 08	159908	315. 9
09 附息国债 20	090020	4
13 附息国债 09	130009	8. 3
12 附息国债 18	120018	11. 2
12 附息国债 20	120020	0. 8
15 贴现国债 11	159911	27. 2
11 附息国债 02	110002	24
15 附息国债 28	150028	43
10 附息国债 40	100040	1. 5
15 附息国债 25	150025	29. 3
汇总		94625. 3491

数据来源：中央国债登记结算有限责任公司。

2015 年全国银行间债券市场国债交易结算情况月度统计表

月份	现券交易（亿元）	质押式回购（亿元）	买断式回购（亿元）	债券借贷（亿元）
01	4814.42	85202.30	1766.94	27.51
02	2813.19	60819.22	1585.40	27.89
03	4216.57	90759.92	2651.38	96.73
04	6161.02	98793.51	3197.99	78.82
05	7356.05	117679.00	3772.05	92.46
06	7178.43	130615.64	4640.34	159.47
07	9323.53	145256.66	4133.77	107.48
08	9888.15	131773.93	2968.78	147.11
09	10152.65	141005.69	2189.88	115.59
10	9185.85	135578.47	3425.96	116.82
11	11087.90	172663.86	5752.87	111.32
12	12447.60	184203.64	6330.23	116.10
合计	94625.35	1494351.82	42415.59	1197.30

数据来源：中央国债登记结算有限责任公司。

2015年全国银行间债券市场国债质押式回购交易结算情况统计表

回购品种	前期平均利率（%）	最高利率（%）	最低利率（%）	本期平均利率（%）	内含期限（天数）	本金额（万元）	面值额（万元）	资金额（万元）	结算笔数（笔）	平均每笔交割量（万元）	结算天数（天）
R01D		6.0000	0.9200	1.8293	1.00	10759534664.657	10760386972.000	10588931185.070	247866	43412.114	197
R02D		5.4000	1.0500	2.5906	2.00	110258286.300	110264500.000	108827360.152	2685	41066.853	114
R03D		6.2000	0.9100	1.8056	3.00	2393759473.751	2393966582.000	2357148344.542	55403	43210.053	130
R07D	4.2755	6.2000	0.9500	2.7553	6.31	1135018184.998	1135062115.000	1115813706.477	30878	36759.574	243
R14D	5.9504	6.6000	1.8000	3.4234	11.97	403311242.953	403332100.000	396334985.159	10119	39858.889	241
R21D	7.0065	6.0600	2.2000	4.0252	17.25	44364329.800	44364520.000	43626087.071	1240	35777.839	132
R01M	5.7500	6.2200	2.0000	3.6764	29.91	37101604.640	37103800.000	36590342.302	1220	30412.951	209
R02M		5.8600	2.1000	3.7411	37.98	12498082.230	12498920.000	12312273.672	527	23717.116	123
R03M		5.7000	2.7500	3.3777	89.42	42629076.020	42633990.000	41989325.742	1022	41716.233	202
R04M		5.3500	3.0000	3.8294	108.42	1287200.000	1287200.000	1253174.410	76	16936.842	33
R06M		5.1000	3.1000	3.5643	180.26	2289500.000	2289500.000	2256850.833	92	24885.870	43
R09M		5.1000	4.6800	4.8164	270.22	176000.000	176000.000	174540.000	10	17600.000	7
R01Y		5.0000	3.5000	4.4342	331.76	152000.000	152000.000	149920.000	8	19000.000	5
合计						14942379645.35	14943518199.00	14705408095.43	351146.00		

数据来源：中央国债登记结算有限责任公司。

2015年全国银行间债券市场国债买断式回购交易结算情况统计表

回购品种	前期平均利率（%）	最高利率（%）	最低利率（%）	本期平均利率（%）	内含期限（天数）	本金额（万元）	面值额（万元）	资金额（万元）	结算笔数（笔）	平均每笔交割量（万元）	结算天数（天）
R01D		5. 0094	0. 7490	1. 9690	1. 000	297038015. 420	297091100. 000	297508468. 658	11890	24986. 636	197
R02D		5. 4942	1. 1384	3. 4433	2. 000	1588500. 000	1588500. 000	1626083. 356	72	22062. 500	23
R03D		6. 1951	0. 8715	1. 9914	3. 000	68636303. 965	68651340. 000	68878800. 449	2759	24882. 689	60
R07D	4. 8857	6. 4003	0. 8093	2. 8125	6. 433	39827256. 650	39837900. 000	40350496. 856	1674	23798. 029	213
R14D	6. 0343	5. 8093	1. 6894	3. 4949	12. 125	12858693. 530	12859480. 000	13229279. 228	540	23813. 852	100
R21D		6. 3508	1. 9992	3. 6545	18. 854	2157000. 000	2157000. 000	2172359. 564	92	23445. 652	22
R01M		5. 6993	2. 4003	3. 9560	29. 075	708890. 000	708890. 000	731183. 515	43	16485. 814	27
R02M		4. 9999	2. 6699	3. 4547	40. 079	101000. 000	101000. 000	102916. 074	7	14428. 571	6
R03M		5. 1502	2. 2097	4. 1294	90. 131	1160700. 000	1160700. 000	1110942. 294	33	35172. 727	18
R04M											
R06M											
R09M											
R01Y											
合计						424076359. 57	424155910. 00	425710529. 99	17110		

数据来源：中央国债登记结算有限责任公司。

2015 年末记账式国债余额剩余期限结构统计表（按持有者结构划分）

机构类别	1 年以下	1—5 年	5—10 年	10 年以上	年末托管面额合计（亿元）
商业银行	7314.98	25057.84	19566.56	11853.73	63793.10
信用社	157.37	376.62	266.80	129.97	930.76
证券公司	82.27	134.65	205.33	8.90	431.15
非银行金融机构	11.20	75.00	159.30	13.00	258.50
保险机构	134.70	249.66	274.17	2877.90	3536.43
特殊结算成员	1959.99	7465.27	9693.74	2526.58	21645.59
非金融机构	0.60	11.00	3.80	1.30	16.70
基金	146.39	270.35	739.70	634.39	1790.83
境外机构	446.49	1364.39	604.90	68.70	2484.48
年末托管面额合计	10254.00	35004.78	31514.30	18114.47	94887.55

数据来源：中央国债登记结算有限责任公司。

2015年全国银行间债券市场机构投资者国债现券交易额排名

排名	成员简称	总面额（亿元）	总笔数（笔）
1	福建海峡银行	18440.50	5253
2	上海银行	9843.34	4717
3	汇丰银行（中国）公司	9062.89	5180
4	南京银行	7135.90	2972
5	中国银行	6360.15	3347
6	花旗（中国）公司	5925.56	4466
7	平安证券	5450.00	2579
8	杭州银行	5046.80	2350
9	摩根大通银行中国公司	4978.70	2773
10	广东顺德农商行	4326.90	1148
11	洛阳银行	4094.94	1459
12	晋城银行	3981.50	1041
13	河北银行	3681.20	1322
14	徽商银行	2843.20	1324
15	星展银行中国公司	2763.20	1360
16	平安银行	2411.30	2310
17	中金公司	2356.02	1491
18	廊坊银行	2299.14	1121
19	长沙银行	2246.05	779
20	宁波银行	2094.10	4173
21	国泰君安证券	2074.10	4311
22	泰安银行	1905.12	592
23	长春发展农商行	1692.69	578
24	恒丰银行	1692.26	2004
25	招商证券	1584.32	3315
26	第一创业证券	1516.30	1910
27	广州农商行	1506.10	1019
28	渣打银行（中国）公司	1500.05	2444
29	中信证券	1445.04	1814
30	东方证券	1439.08	1724
31	北京农商银行	1397.60	378
32	东海证券	1332.09	2220
33	郑州银行	1322.20	633
34	青岛银行	1284.80	393
35	美国银行上海分行	1228.65	1961
36	光大银行	1188.50	1327

续表

排　名	成员简称	总面额（亿元）	总笔数（笔）
37	西安银行	1170.60	338
38	兴业银行	1144.14	1721
39	瑞穗银行中国	1057.27	646
40	渤海银行	1041.70	395
41	光大证券	1041.50	935
42	交通银行	985.40	1182
43	法国巴黎银行（中国）	982.40	771
44	威海市商业银行	969.90	316
45	长春农商行	945.00	298
46	德意志银行中国公司	889.25	1851
47	乌市商行	867.30	290
48	国金证券	860.80	2646
49	北京银行	834.95	536
50	联讯证券	821.00	1393
51	三菱东京日联银行中国	820.50	1164
52	中原银行股份有限公司	819.40	416
53	西南证券	805.43	1907
54	中信建投证券	799.76	1419
55	广东华兴银行	770.80	401
56	慈溪农商行	759.40	308
57	广东南粤银行	754.10	632
58	广发证券	752.20	1170
59	渤海证券	742.00	1256
60	招商银行	724.88	1386
61	成都银行	718.60	418
62	民生银行	712.04	700
63	广发银行	711.66	850
64	建设银行	699.25	1078
65	浦发银行	696.15	883
66	天津银行	679.30	1288
67	浙商银行	653.50	1585
68	农业银行	652.61	1344
69	工商银行	646.36	815
70	国开行	633.10	1105
71	张家口银行	617.70	136
72	邮储银行	582.80	1060
73	德阳银行	531.50	391
74	申万宏源证券	517.60	817
75	华信证券	488.20	1001

续表

排　名	成员简称	总面额（亿元）	总笔数（笔）
76	瑞银证券	479.63	750
77	厦门银行	474.90	622
78	五矿证券公司	472.40	666
79	晋商银行	470.90	302
80	黑龙江省农信社	455.40	320
81	中信银行	442.50	736
82	海通证券	439.95	803
83	珠海华润银行	432.90	372
84	吉林银行	429.00	187
85	东莞农商行	423.60	696
86	国海证券	390.50	346
87	天风证券	374.80	456
88	成都农商行	359.70	103
89	兰州银行	347.40	278
90	兴业证券	329.00	789
91	重庆银行	322.00	172
92	广州证券	317.24	522
93	开源证券	303.80	596
94	江苏银行	302.30	704
95	日信证券公司	297.10	443
96	东亚银行中国公司	295.90	172
97	易方达工行私行 1 号	290.90	201
98	宁夏银行	279.40	122
99	吉林九台农商行	275.60	320
100	大连银行	266.30	257
101	包商银行	264.20	532
102	广州银行	257.50	246
103	张家港农商行	257.05	952
104	九江银行	254.50	288
105	PBCAA01012	248.55	230
106	桂林银行	247.50	97
107	鄞州银行	243.70	534
108	广西北部湾银行	242.50	132
109	盛京银行	236.80	159
110	银华工行私行 2 号	234.30	270
111	上海农商行	232.36	610
112	安信证券	230.10	413
113	南昌农商银行	230.00	276
114	华泰证券	222.70	682

续表

排　名	成员简称	总面额（亿元）	总笔数（笔）
115	民生证券	221.40	363
116	荷兰安智银行上海分行	218.60	293
117	PBCAA01036	204.10	138
118	进出口行	200.70	379
119	哈尔滨银行	197.00	152
120	PBCAA01014	183.00	163
121	绵阳商行	180.10	170
122	四川信托长江二号单一	178.00	92
123	锦州银行	176.10	91
124	交银康联人寿保险	173.90	251
125	东北证券	172.30	247
126	江苏江阴农商行	170.80	274
127	常熟农商行	168.00	588
128	南方五年国债	161.30	337
129	苏州银行	161.20	346
130	广发工行私行 2 号	151.50	319
131	PBCAA01004	149.50	133
132	富滇银行	149.40	151
133	齐鲁银行	147.10	54
134	首创证券	143.52	332
135	香港上海汇丰银行	141.50	50
136	嘉实工行私行 6 号	140.30	178
137	PBCAA01006	139.40	91
138	人行代理户 01001	132.30	49
139	海安农村商业银行	125.40	142
140	中航证券	124.20	263
141	广东省农信联	124.20	137
142	南京证券	122.50	277
143	澳大利亚新西兰银行	121.7	208
144	昆山农村商业银行	120.20	455
145	江海证券	117.40	136
146	南方工行私行 3 号	116.10	175
147	内蒙古乌拉特农商行	115.85	404
148	汉口银行	114.60	241
149	东莞银行	110.90	61
150	恒生银行（中国）公司	105.80	177
151	华夏现金增利基金	105.40	56
152	三井住友银行中国公司	104.90	133
153	江苏江南农商行	104.30	253

续表

排　名	成员简称	总面额（亿元）	总笔数（笔）
154	齐商银行	103.40	52
155	瑞再北分	103.30	81
156	华夏银行	101.20	35
157	华侨银行（中国）公司	99.40	227
158	贵阳银行	97.6	81
159	江苏南通农商行	94.50	185
160	湘财证券	93.60	164
161	平安人寿保险公司	93.00	78
162	天弘余额宝货币	91.15	119
163	中银基金中行专户 5	90.20	80
164	沂水农商银行	88.50	88
165	中银香港	86.95	69
166	国信证券	86.50	164
167	富邦华一银行	85.00	293
168	攀枝花农商银行	80.60	66
169	申万客户资金	80.30	89
170	华夏永福养老理财基金	80.00	70
171	英国巴克莱银行上海	77.60	230
172	吉林环城农商行	76.10	136
173	大华银行中国公司	74.80	178
174	赣州银行	74.50	243
175	美银香港	73.60	42
176	鹏华弘泰混合	72.80	49
177	PBCAA01022	71.70	67
178	PBCAA01023	71.00	88
179	海口农商行	70.90	93
180	PBCAA01020	70.40	30
181	国泰金鹿保本增值基金	70.37	44
182	申银万国中信郑州银行	67.90	11
183	慕尼黑再保险北京公司	67.90	26
184	嘉实基金兴业平安信托	67.40	132
185	内蒙古银行	67.20	62
186	PBCAA01015	66.70	37
187	厦门农商银行	65.30	83
188	嘉祥联社	65.30	195
189	华创证券	64.60	71
190	渣打香港	64.00	47
191	麦格理银行	63.71	27
192	宏源证券	63.50	197

续表

排　名	成员简称	总面额（亿元）	总笔数（笔）
193	财通证券	62.50	119
194	浙江泰隆商业银行	61.10	73
195	平安财富日聚金2号	60.40	68
196	申万菱信工行私行3	57.60	63
197	山东信托信诚资金信托	57.40	154
198	中山证券	55.20	86
199	铜山县农联社	54.50	135
200	PBCAA01007	54.3	38
201	信达证券	53.30	171
202	中泰黄浦之星一期单一	52.40	105
203	万联证券	51.50	76
204	社保基金二一零	51.40	97
205	华林证券	51.10	132
206	PBCAA01019	50.30	39
207	工行新加坡分行	50.00	11
208	方正证券	48.80	87
209	北京高华证券公司	48.80	148
210	深圳农商行	48.40	60
211	甘肃银行	47.80	56
212	西藏同信证券	47.60	119
213	工银瑞信纯债债券基金	47.40	55
214	邯郸银行	47.40	76
215	长安信托稳健15号	47.00	115
216	广东南海农商银行	46.50	102
217	辽宁省农联社	44.00	95
218	承德银行	43.90	79
219	长城久恒混合基金	43.80	41
220	宝盈祥瑞养老混合基金	42.40	90
221	PBCAA01027	42.00	13
222	中国人寿股份	41.60	152
223	大竹县农联社	40.00	85
224	第一创业证券工行创金	39.00	91
225	PBCAA01003	38.40	36
226	海南省农联社	38.40	11
227	花旗香港	38.30	28
228	宏信证券	38.00	98
229	银河证券	37.50	85
230	长江证券	36.56	106
231	中航信托乾元理财单一	36.00	20

续表

排 名	成员简称	总面额（亿元）	总笔数（笔）
232	昆仑银行	35.60	51
233	重庆三峡银行	35.60	16
234	长安银行	35.22	22
235	融通工行私行6号	34.90	91
236	华泰柏瑞稳健基金	34.40	63
237	陕西信托财富7号	34.10	59
238	平顶山银行	33.60	65
239	宝盈货币市场证券基金	32.60	29
240	申银万国证券	31.20	85
241	运城市农信联社	30.80	40
242	中航信托天玑优选	30.80	6
243	绍兴银行	30.10	36
244	建信日新月异2011	30.00	15
245	建行香港	29.80	8
246	潍坊银行	29.80	23
247	无锡农村商业银行	29.40	45
248	工银瑞信货币市场基金	29.40	19
249	中美联泰大都会人寿	29.40	49
250	济宁任城农联社	29.00	112
251	江西农联社	27.80	26
252	嘉实国际中国固收二号	27.20	38
253	新时代证券	27.00	115
254	国元香港稳定收益基金	26.70	21
255	滁州皖东农村商业银行	26.70	44
256	PBCAA01030	26.30	16
257	郑州市市郊农信社	25.4	14
258	长城久鑫保本混合基金	24.40	56
259	兖州联社	23.90	90
260	华龙证券	22.90	31
261	德邺70号	22.80	6
262	华金证券	22.60	68
263	摩根华鑫证券	22.60	49
264	农银资产客户资金	22.50	29
265	中银货币市场证券基金	21.80	18
266	摩根大通香港	21.60	16
267	中信贵宾定制52	21.30	36
268	宝盈祥泰养老混合	21.30	25
269	海宁农商银行	21.30	22
270	五矿信托稳固1号	21.20	67

续表

排　名	成员简称	总面额（亿元）	总笔数（笔）
271	财富证券	21.00	53
272	民生银行上海分行	21.00	23
273	恒泰证券	20.90	144
274	外贸信托汇鑫62号	20.70	196
275	宜宾南溪农商银行	20.70	37
276	易方达香港国债ETF	20.52	72
277	太平洋人寿保险公司	20.40	18
278	红塔农村合作银行	20.30	49
279	江西银行	20.20	18
280	浙江稠州商业银行	20.20	22
281	西安信托平安银行稳健	20.00	24
282	马鞍山农商行	19.95	23
283	川财证券	19.80	41
284	长城证券	19.70	41
285	泉州银行	19.60	19
286	吉林安图农商行	19.60	45
287	工行人民币理财专户	19.20	42
288	启东农商银行	19.10	72
289	河南确山农商行	19.00	43
290	江苏吴江农商行	19.00	67
291	PBCAA01005	18.90	9
292	东吴证券	18.90	70
293	自贡商业银行公司	18.80	58
294	嘉合货币市场基金	18.80	15
295	易方达信用债债券基金	18.60	39
296	曲阜联社	18.60	76
297	易方达稳健债券基金	18.60	49
298	摩根士丹利中国公司	18.60	33
299	上海汽车财务	18.50	27
300	鹿城农商银行	18.00	16
301	南方华润信托1号	18.00	33
302	延边农村商业银行	17.80	47
303	中信工行北分贵宾6	17.50	56
304	重庆农商行	17.40	12
305	全国社保基金九一二	17.40	26
306	南山财务公司	17.40	41
307	天弘京福资管	17.20	36
308	南洋商业银行（中国）	17.20	20
309	山东信托华创稳盈6号	17.00	39

续表

排　名	成员简称	总面额（亿元）	总笔数（笔）
310	抚顺银行	16.90	40
311	南充商行	16.84	41
312	邓州农联社	16.70	46
313	申万菱信工行私行4	16.50	20
314	龙江银行	16.50	13
315	易方达香港客户资金	16.50	26
316	瑞丰银行	16.50	22
317	工银量化恒盛精选C4	16.50	33
318	苏格兰皇家银行中国	16.50	13
319	东兴证券	16.40	35
320	南方润元纯债基金	16.20	44
321	长安信托稳健7号	16.00	65
322	潍坊农商银行	16.00	77
323	运城农村商业银行	16.00	10
324	黑河农村商业银行	16.00	12
325	宜宾翠屏农商银行	15.70	22
326	沧州银行	15.60	16
327	浙江新昌农商行	15.60	61
328	国开证券	15.45	22
329	PBCAA01034	15.30	7
330	南方丰元信用增强基金	15.30	45
331	台州银行	15.20	79
332	昭尊7号	15.20	32
333	东证资管工行东方红4	15.12	30
334	中银国际证券	15.10	46
335	中泰证券	15.00	31
336	易方达货币市场基金	14.90	13
337	邳州农商行	14.80	61
338	海门农村商业银行	14.80	22
339	PBCAA01037	14.80	6
340	工行中石油年金华夏	14.80	43
341	南方通利债券基金	14.70	44
342	太平人寿保险公司	14.55	34
343	新疆汇和银行	14.50	24
344	宁波通商银行	14.40	19
345	华夏香港客资	14.30	13
346	大成景穗灵活配置	14.30	26
347	德清农商银行	14.00	22
348	华福证券公司	14.00	39

续表

排　名	成员简称	总面额（亿元）	总笔数（笔）
349	宁波市北仑区农联社	14.00	42
350	嘉实国际中国精选基金	13.80	24
351	嘉实固优精选 10 号	13.60	28
352	浙江民泰商业银行	13.50	11
353	建信信托苏州建行理财	13.50	12
354	江苏如东农商银行	13.50	49
355	昭尊 15 号	13.20	10
356	法国兴业银行	13.15	13
357	新余农村商业银行	13.00	14
358	汇添富工行添富牛 2	13.00	20
359	PBCAA01017	13.00	5
360	偃师农商银行	13.00	19
361	湘潭农商银行	12.90	24
362	PBCAA01029	12.90	6
363	国信金理财分级 1 号	12.80	26
364	交银施罗德交行保本 3	12.60	12
365	PBCAA01040	12.60	18
366	临清市农联社	12.50	42
367	醴陵农商银行	12.40	32
368	工行中石化华夏组合	12.40	44
369	工银瑞信 7 天基金	12.40	15
370	易方达华润信托 1 号	12.30	35
371	中原银行合盈 15 号	12.20	18
372	平遥农商银行	12.10	35
373	潍坊市农联社	12.10	34
374	国信人民币复兴基金	12.00	22
375	邹城农商行	11.90	53
376	亚债基金二期泛亚基金	11.90	23
377	融通通泰保本混合基金	11.80	11
378	恒生银行	11.60	3
379	中银纯债债券基金	11.60	26
380	江苏睢宁农村商业银行	11.60	46
381	一创聚金 15 号	11.50	6
382	上证 5 年期国债基金	11.45	38
383	唐山银行	11.40	19
384	工银安盛人寿保险公司	11.40	15
385	东证资管平安银行龙江	11.40	48
386	建信纯债债券型基金	11.30	52
387	济宁银行	11.30	19

续表

排　名	成员简称	总面额（亿元）	总笔数（笔）
388	华安证券	11.20	50
389	工银瑞信添福债券基金	11.20	29
390	中信贵宾定制 19 号	11.20	9
391	德意志银行香港分行	11.20	14
392	工银瑞信 14 天基金	11.10	18
393	敦化农村商业银行	11.10	19
394	工银瑞信信用添利基金	11.00	25
395	中国人寿财险股份公司	11.00	36
396	杭州联合银行	10.90	27
397	江苏射阳农商行	10.90	16
398	福农资管计划	10.80	34
399	首都银行（中国）	10.80	25
400	华西证券	10.80	27
401	中信证券中信邮储 1	10.80	36
402	四川江安农商银行	10.70	20
403	攸县农商银行	10.70	25
404	汪清农商行	10.60	17
405	荥阳农商银行	10.60	20
406	博时华润鑫睿 3 号	10.50	12
407	新会农村商业银行	10.50	21
408	西藏同信兴业同享 1	10.40	8
409	银华交易型货币基金	10.30	12
410	中国人民财险	10.30	25
411	磐石农商行	10.20	26
412	华夏人寿保险公司	10.00	2
413	长城久惠保本混合	9.90	21
414	PBCAA01002	9.80	2
415	中国平安财产保险公司	9.70	29
416	西部证券	9.70	29
417	平安信托汇锦债券 1	9.60	18
418	工银瑞信工行私人 T1	9.60	26
419	中国信托银行香港分行	9.60	20
420	衡水银行	9.60	14
421	申万菱信工行私行 12	9.50	41
422	华夏财富宝货币基金	9.40	6
423	山东信托华创锐进 2	9.40	24
424	华润信托稳益 5 号	9.20	76
425	日照银行	9.20	16
426	网信证券	9.20	27

续表

排　名	成员简称	总面额（亿元）	总笔数（笔）
427	方正东亚信托公司	9.10	11
428	东方汇理银行（中国）	9.00	3
429	大成景秀灵活配置混合	8.90	20
430	社保二零一	8.80	21
431	南方稳利1年定期基金	8.70	23
432	昭尊6号	8.60	11
433	苍南农商银行	8.60	15
434	全国社保基金二一四	8.50	25
435	宁城农商银行	8.50	15
436	中国工商银行香港分行	8.46	2
437	富国中信伊金霍洛	8.40	12
438	中欧瑾泉基金	8.40	14
439	浦发人民币理财专户	8.30	28
440	晋中经济开发区农联社	8.30	19
441	银华信用季季红基金	8.30	21
442	工银瑞信薪金基金	8.20	11
443	融通通泽灵活配置基金	8.20	8
444	南方聚利1年定期LOF	8.20	32
445	公主岭农商行	8.10	16
446	福清汇通农商银行	8.10	19
447	南方理财30天基金	8.00	6
448	福建南安农商行	8.00	4
449	龙湾农商银行	8.00	15
450	湖南洪江农商行	8.00	15
451	中国人寿集团	7.90	10
452	国泰证券中国新兴基金	7.75	32
453	厦门国际银行	7.60	22
454	建信稳定得利债券基金	7.60	33
455	平安信托日聚金跨市1	7.60	9
456	昭尊3号	7.50	13
457	泰信天天收益基金	7.50	10
458	南方金利定期开放基金	7.50	36
459	中海货币市场证券基金	7.50	13
460	工行泰康人寿万能保险	7.40	18
461	五台农商银行	7.40	21
462	友邦保险广东分公司	7.35	26
463	华润信托合盈3号	7.20	20
464	宝盈增强收益债券基金	7.20	11
465	泗水联社	7.20	31

续表

排名	成员简称	总面额（亿元）	总笔数（笔）
466	中信银行国际（中国）	7.20	14
467	工行如意7号平安	7.20	9
468	易方达纯债债券基金	7.20	13
469	光大天风天勤7号	7.15	38
470	博时交银货币增强	7.10	11
471	中投证券	7.00	15
472	宝盈核心优势灵活基金	7.00	7
473	交银国信理财1号	7.00	19
474	寿阳农商银行	7.00	6
475	湖北农信社	7.00	5
476	江信聚福定期开放基金	6.90	27
477	社保二零六	6.90	23
478	天弘互联网灵活配置	6.80	33
479	银华优势企业基金	6.80	13
480	石嘴山银行	6.80	22
481	PBCAA01026	6.80	5
482	荷兰合作银行上海分行	6.80	10
483	易方达裕惠发起基金	6.80	15
484	华润信托合盈18号	6.80	6
485	工行中石油年金南方	6.70	20
486	建信稳定增利债券基金	6.70	20
487	许都农商银行	6.70	22
488	富国资产工行私行4	6.70	9
489	瑞银中国	6.65	21
490	嘉兴银行	6.60	12
491	富国华润信托1号	6.60	12
492	马来亚银行上海分行	6.60	38
493	福建省农联社	6.60	9
494	PBCAA01021	6.58	11
495	南浔银行	6.50	18
496	雅安市商业银行	6.50	9
497	陕国投财富12号信托	6.50	28
498	交银民生银行1期	6.40	12
499	华泰柏瑞新利	6.40	10
500	阳谷农商银行	6.40	23
501	广发纯债债券型基金	6.30	23
502	工银瑞信目标一年基金	6.30	14
503	中欧瑾合基金	6.30	13
504	嘉实丰元1号	6.30	7

续表

排　名	成员简称	总面额（亿元）	总笔数（笔）
505	创金合信工行私行1	6.30	14
506	天勤8号	6.25	24
507	孟津县农联社	6.20	29
508	尧都农商行	6.20	37
509	高青农商银行	6.20	23
510	北信瑞丰稳定收益基金	6.10	29
511	嘉实稳健基金	6.10	3
512	山西泽州农商行	6.00	25
513	浙商证券	6.00	6
514	第一创业兴业增利1	6.00	2
515	PBCAA01010	6.00	1
516	交城县农联社	6.00	6
517	凉山州商行	6.00	13
518	中山农商银行	6.00	8
519	亚债中国债券指数基金	5.90	21
520	安吉农商银行	5.90	21
521	昭尊2号	5.90	13
522	华商稳健双利债券基金	5.90	14
523	嘉实中证金边指数基金	5.89	32
524	中欧瑾源混合基金	5.80	15
525	华泰柏瑞惠利基金	5.80	11
526	禹城农村商业银行	5.80	16
527	兴业银行1号1期	5.70	16
528	PBCAA01018	5.65	11
529	富国资产工行私行5	5.60	7
530	中航定向2015第1	5.60	13
531	招金聚享2号	5.60	29
532	中信证券工行北分稳益	5.60	4
533	珲春农商行	5.60	10
534	建信债市掘金1号	5.60	23
535	社保一零零五组合	5.50	3
536	东莞证券	5.50	23
537	工银量化恒盛精选A8	5.50	15
538	易方达回报债券型基金	5.50	13
539	泰达宏利聚利分级基金	5.50	6
540	南部农信社	5.30	21
541	全国社保基金二零七	5.30	5
542	博罗农商银行	5.30	9
543	永州零陵农联社	5.20	16

续表

排　名	成员简称	总面额（亿元）	总笔数（笔）
544	太平洋保险公司	5.20	27
545	太平洋尊享五号	5.20	20
546	镇平农村信用联社	5.20	10
547	库尔勒市商行	5.20	8
548	财通证券月月福	5.10	18
549	华泰招行2号	5.10	16
550	易方达纯债1年基金	5.10	12
551	遂宁商行	5.00	8
552	金华银行	5.00	2
553	鹏华弘利混合	5.00	10
554	社保一零零二组合	5.00	7
555	紫金农商银行	5.00	1
556	南方理财金货币	5.00	10
557	安阳商都农商银行	5.00	6
558	太平洋证券	5.00	6
559	鹏华弘盛灵活配置	5.00	7
560	PBCAA01009	5.00	1
561	华福丰盈混合基金	5.00	23
562	东吴汇利7号	5.00	11
563	湘财证券广发泉州定向	4.90	4
564	长城久利保本混合基金	4.90	16
565	国泰安康养老定期基金	4.90	13
566	建信人寿保险公司	4.90	19
567	友邦保险北京分公司	4.81	23
568	社保二零八组合	4.80	11
569	信达证券邮储2号	4.80	21
570	宁阳农商银行	4.80	12
571	富国兴业银行1号1期	4.80	11
572	华福兴业1号1期	4.80	16
573	江苏长江商业银行	4.80	5
574	招商先锋基金	4.70	7
575	申万菱信工行私行2	4.70	15
576	融通长春融信11号	4.60	2
577	韩国投资公司	4.60	5
578	南方启元债券基金	4.60	15
579	荣县联社	4.50	10
580	长沙天心农合行	4.50	5
581	东证资管兴业南洋商行	4.50	11
582	达州农村商业银行	4.50	6

续表

排　名	成员简称	总面额（亿元）	总笔数（笔）
583	六安农商银行	4.50	6
584	工行中石油年金易方达	4.50	14
585	易方达国债指数	4.40	12
586	东方红添利2号	4.40	9
587	营口沿海银行	4.40	8
588	交行太平洋稳健一号	4.40	20
589	镇海农商银行	4.30	13
590	鹤壁农商银行	4.30	10
591	华福兴开银证1号	4.30	18
592	全国社保基金九零五	4.30	9
593	PBCAA01035	4.20	4
594	井研县农村信用社	4.20	14
595	汇添富基金公司	4.20	7
596	曹县联社	4.20	16
597	交行卓越一太平洋资产	4.20	23
598	外贸信托鹏扬8期	4.20	10
599	白城农商行	4.20	6
600	洪泽农商银行	4.20	22
601	东证资管邮储银行	4.10	5
602	资阳雁江农合行	4.10	13
603	阳光财产保险股份公司	4.00	9
604	中债信用增进投资公司	4.00	8
605	鹏华国邮福睿	4.00	20
606	中欧成长优选灵活混合	4.00	4
607	玉溪市商行	4.00	1
608	洛阳市区农信社	4.00	14
609	大成景鹏灵活配置	4.00	10
610	乐山商行	4.00	4
611	长白山农村商业银行	4.00	5
612	兴业信托锐盈贰期重庆	4.00	2
613	建行颐养天年华夏	4.00	16
614	榆社县农联社	4.00	5
615	华润信托睿益5号	4.00	15
616	建信鑫安回报灵活配置	4.00	13
617	建信稳健回报灵活配置	4.00	10
618	兴业信托添益1单一	4.00	1
619	天津农商行	3.95	10
620	建信双息红利债券基金	3.90	13
621	施罗德香港中国定息	3.90	18

续表

排　名	成员简称	总面额（亿元）	总笔数（笔）
622	宜宾市商业银行	3.90	5
623	天弘光大天津农商行 1	3.85	9
624	盘谷银行	3.80	8
625	江苏如皋农商行	3.80	5
626	星展银行（香港）	3.80	6
627	邻水县农信社	3.80	3
628	东方红收益增强	3.80	11
629	大成景裕灵活配置基金	3.80	10
630	华福鼎新灵活混合	3.80	17
631	摩根士丹利国际	3.72	10
632	建行汉诺威泰康	3.70	11
633	工行太平再传统	3.70	20
634	长安信托汇势通 2 期	3.60	24
635	富国目标收益两年基金	3.60	11
636	交银施罗德招行宏观 1	3.60	8
637	福建福州农商行	3.60	14
638	山西河津农商行	3.60	11
639	侯马农商行	3.60	6
640	苍溪农商银行	3.60	10
641	泰达宏利创盈混合	3.60	3
642	友邦保险上海	3.53	23
643	左权县农联社	3.50	7
644	华夏优势增长混合基金	3.50	6
645	中国信托上海分行	3.50	11
646	宏源证券光大光宏 4	3.50	10
647	上海银行理财专户	3.50	3
648	济南农商银行	3.50	1
649	中欧盛世广发耀之	3.50	12
650	泉州农商银行	3.50	2
651	通化农村商业银行	3.50	7
652	山东费县农商行	3.40	14
653	攀枝花商行	3.40	10
654	长城久盈纯债分级基金	3.40	9
655	江苏高邮农商行	3.40	7
656	江苏东台农商行	3.40	9
657	招商银行理财产品	3.30	12
658	嘉实德意志债券 ETF	3.30	23
659	嘉合磐石混合基金	3.30	9
660	华润信托卓越 6 单一	3.30	6

续表

排　名	成员简称	总面额（亿元）	总笔数（笔）
661	华夏蓝筹核心证券基金	3.30	9
662	泰达宏利养老收益基金	3.30	7
663	浙江农信联社	3.20	2
664	中原证券	3.20	8
665	固始农商银行	3.20	9
666	辽源农商行	3.20	8
667	农行太平洋债基增强	3.20	11
668	柳州银行	3.20	9
669	天弘现金管家货币基金	3.20	6
670	盐城农商行	3.20	4
671	山东圣泰农合行	3.20	21
672	呼和浩特金谷农商银行	3.20	6
673	平昌县农联社	3.20	5
674	中银中高等级债券基金	3.20	6
675	巴中市巴州区农联社	3.20	4
676	民族证券	3.20	8
677	银华一创聚金	3.10	4
678	易方达安心回报基金	3.10	6
679	茶陵农联社	3.10	10
680	泰康招行银泰1号	3.10	7
681	清远农商行	3.10	8
682	博时安荣18定开债	3.10	8
683	五莲农商银行	3.10	12
684	辽阳银行	3.10	1
685	长子农商银行	3.10	17
686	洛宁县农联社	3.00	6
687	外贸信托汇鑫57号	3.00	11
688	吉林省农联社	3.00	4
689	宜阳农商银行	3.00	6
690	国都乐益1期	3.00	3
691	鹏华弘实混合	3.00	2
692	汇丰台湾商业银行	3.00	6
693	华泰紫金天天发	3.00	1
694	大成强化定期开放	3.00	9
695	莱芜农信社	3.00	3
696	华夏债券基金	3.00	7
697	珠海农商银行	3.00	3
698	安信阳光1号	3.00	1
699	银华货币市场基金	2.90	5

续表

排　名	成员简称	总面额（亿元）	总笔数（笔）
700	肥西农商行	2.90	4
701	浙江平湖农合行	2.90	6
702	国投瑞银纯债基金	2.90	6
703	绵阳市涪城区农信社	2.80	4
704	东证兴业 1 号 1 期	2.80	8
705	华福耀之债期 1 号	2.80	9
706	广发集利一年定期基金	2.80	6
707	易方达平安产险	2.80	10
708	创金合信鑫优选混合	2.70	10
709	工银量化恒盛精选 D10	2.70	8
710	友利银行中国公司	2.70	5
711	瑞元工行天宇 1 号	2.60	12
712	中银多策略混合基金	2.60	2
713	华润信托睿致 1 号	2.60	13
714	中欧基金广发绥宝 1	2.60	15
715	国泰人寿	2.60	14
716	乐清农商银行	2.60	7
717	营山农商银行	2.60	4
718	中银惠利纯债半年基金	2.60	8
719	富敦卢森堡人民币债券	2.60	17
720	中邮定期开放债券基金	2.60	15
721	富敦人民币债券基金	2.59	16
722	万家添利一号	2.50	2
723	长城品牌优选混合基金	2.50	4
724	金鹰元丰保本混合基金	2.50	6
725	山西省农联社	2.50	6
726	华润信托睿致 13 号	2.50	4
727	灵石农商银行	2.50	4
728	申能集团财务公司	2.50	5
729	嘉实国际嘉实中国债券	2.50	3
730	华润信托甘肃银行	2.40	5
731	中行中国电信南方组合	2.40	9
732	歙县农村商业银行	2.40	4
733	中邮稳定收益债券基金	2.40	13
734	天达境内人民币债券	2.40	11
735	招商安本增利债券基金	2.40	6
736	大成景恒保本混合基金	2.40	10
737	嘉实工行私行 7 号	2.40	6
738	交银交行广发证券	2.40	5

续表

排　名	成员简称	总面额（亿元）	总笔数（笔）
739	光大天风天勤6号	2.40	13
740	华泰柏瑞货币市场基金	2.40	2
741	温县农联社	2.40	4
742	桦甸市农联社	2.40	7
743	天坤1号专项资管	2.30	4
744	大成信用增利一年基金	2.30	15
745	太谷县信用联社	2.30	3
746	嘉实债券基金	2.30	12
747	交银荣和保本基金	2.30	4
748	立陶宛银行	2.30	4
749	社保二零九组合	2.30	2
750	东证资管昭尊32号	2.30	6
751	兴业太平洋尊享三号	2.30	10
752	南方双元	2.30	11
753	第一创业兴业稳定1	2.30	7
754	宁波市市区信用联社	2.20	7
755	工银瑞信信用纯债基金	2.20	8
756	招商产业债券基金	2.20	4
757	库尔勒农商行	2.20	4
758	华润信托睿致18号	2.20	7
759	齐鲁资管0007	2.20	4
760	云南信托国君天盈宝1	2.20	6
761	汇金公司	2.20	1
762	天弘海通证券3号	2.20	6
763	银华信用双利证券基金	2.20	9
764	华润信托合盈7号	2.20	7
765	工行中石化博时组合	2.20	7
766	廊坊城郊农联社	2.10	4
767	阳泉市郊区农联社	2.10	3
768	中信工行北分贵宾5	2.10	5
769	创金合信聚利债券	2.10	8
770	广发聚财信用债券基金	2.10	7
771	上蔡县农联社	2.10	2
772	蛟河农村商业银行	2.10	3
773	昭尊18号	2.10	2
774	国泰睿吉基金	2.10	5
775	富国新天锋债券基金	2.10	10
776	友邦保险深圳分公司	2.02	21
777	中信贵宾定制58号	2.00	3

续表

排　名	成员简称	总面额（亿元）	总笔数（笔）
778	中航交行金航3限额	2.00	7
779	中欧琪和基金	2.00	1
780	南方现金增利证券基金	2.00	1
781	华泰资产管理公司	2.00	5
782	兴全趋势混合证券基金	2.00	1
783	中海信托顺德卓越2号	2.00	7
784	工行济南路局平安组合	2.00	6
785	民生加银现金增利基金	2.00	3
786	中融现金3号	2.00	8
787	平安资产创赢13号	2.00	5
788	昭尊16号	2.00	6
789	国泰君安君得金资管	2.00	4
790	前海开源睿远稳健增利	2.00	2
791	招商安盈保本混合基金	2.00	2
792	华泰增鑫投资产品	2.00	3
793	晋中银行	2.00	8
794	南方工行私行1号	2.00	5
795	阳光资管盈时1号	2.00	1
796	瑞士信贷上海	2.00	2
797	中航天玑聚富	2.00	2
798	聊城农商银行	2.00	1
799	博时稳定债券基金	2.00	6
800	夏县农村商业银行	2.00	4
801	民生加银民生银行1	2.00	2
802	山西乡宁农商银行	2.00	10
803	博时转债增强证券基金	2.00	1
804	鹏扬6期债券对冲1号	2.00	6
805	农行香港分行	2.00	1
806	融通国泰君安融宝2	2.00	4
807	星展银行有限公司	2.00	3
808	祁门农商银行	2.00	4
809	松原市宁江区农联社	2.00	4
810	外贸信托汇鑫11三宝	2.00	10
811	工行平安安康平安养老	2.00	2
812	山西山阴农村商业银行	2.00	4
813	吉林德惠农村商业银行	2.00	3
814	萧山农商银行	2.00	2
815	贵阳银行遵义分行	2.00	1
816	浚县农联社	2.00	2

续表

排　名	成员简称	总面额（亿元）	总笔数（笔）
817	太平洋卓越五号	2.00	8
818	澳洲联邦银行	1.90	2
819	兴业信托耀之浙商	1.90	5
820	长城保本混合基金	1.90	4
821	博时兴业1号1期	1.90	5
822	光大富尊人民币基金	1.90	3
823	鼎晖稳健收益基金	1.90	6
824	工银瑞信收益债券基金	1.90	4
825	建行平安安益平安养老	1.90	6
826	中金现金管家货币基金	1.90	5
827	吉林双阳农商银行	1.90	5
828	华泰柏瑞季季红基金	1.80	6
829	富国资产工行私行2	1.80	8
830	工银瑞信现金快线基金	1.80	5
831	大同北都农商行	1.80	4
832	中银人寿	1.80	3
833	温州银行	1.80	7
834	光大天风天勤2号	1.80	15
835	天风天宇1号	1.80	7
836	汝州农商银行	1.80	6
837	阜新银行	1.80	4
838	华泰人民币中国基金	1.80	3
839	申万宏源宁波富恒6	1.80	2
840	长盛添利宝货币基金	1.80	2
841	宁波银行财富1号资管	1.80	6
842	天风招行天泽3号	1.80	8
843	天弘增益宝货币	1.70	2
844	兴业1号1期	1.70	4
845	华夏红利混合开放基金	1.70	5
846	泰达宏利货币基金	1.70	5
847	海富通保护2015年2	1.70	6
848	嘉实交行货币增强	1.70	4
849	国泰君安工行泉州定向	1.70	4
850	平安金橙现金增利	1.70	4
851	泰达宏利活期友	1.70	1
852	易方达裕丰回报基金	1.70	5
853	南方基金公司	1.70	3
854	永亨银行（中国）公司	1.70	4
855	南充嘉陵区农联社	1.69	11

续表

排　名	成员简称	总面额（亿元）	总笔数（笔）
856	随州农村商业银行	1.65	1
857	国泰民益灵活配置基金	1.65	7
858	中天证券有限公司	1.60	6
859	易方达杭州银行 1 号	1.60	5
860	博时新加坡政府投资	1.60	5
861	江苏大丰农村商业银行	1.60	4
862	中信中信优债 1004	1.60	5
863	银华恒利	1.60	4
864	工银量化恒盛精选 A7	1.60	7
865	中银交行货币增强	1.60	2
866	易方达兴业 1 号 1 期	1.60	5
867	吉林信托债券 6 号	1.60	8
868	工行工银添颐养老金	1.60	5
869	第一创业工行创金季享	1.60	8
870	外贸信托中行苏州单一	1.60	6
871	光大天风天勤 5 号	1.60	12
872	工银亚洲客户资金	1.60	5
873	大新银行	1.60	2
874	华安海通工银租赁 1 号	1.60	5
875	光大天风天勤 1 号	1.60	13
876	昭尊 11 号	1.60	6
877	工行中石化南方组合	1.60	8
878	工行 TF01ZST	1.60	3
879	工银新蓝筹基金	1.60	8
880	和龙农商银行	1.60	4
881	晋江农商银行	1.50	5
882	社保一零零三组合	1.50	4
883	民生加银平稳增利基金	1.50	3
884	一创聚金 2 号	1.50	3
885	泰达宏利效率优选基金	1.50	4
886	汇添富收益债券基金	1.50	2
887	新化农联社	1.50	3
888	江信聚宝 4 号	1.50	3
889	鹤山市农联社	1.50	3
890	平安保险（集团）公司	1.50	4
891	富国天丰强化收益基金	1.50	6
892	华夏聚利基金	1.50	3
893	富国天源平衡基金	1.50	5
894	湘财德清 1 号定向	1.50	2

续表

排　　名	成员简称	总面额（亿元）	总笔数（笔）
895	银华泰利混合基金	1.50	3
896	中信证券（浙江）	1.50	1
897	兴全全球视野股票基金	1.50	1
898	长城积极增利证券基金	1.50	5
899	嘉实中证企业债基金	1.50	10
900	柯城农商银行	1.50	3
901	德国通用再保险上海	1.50	5
902	华商策略精选配置基金	1.50	3
903	襄阳农商银行	1.40	1
904	华商稳定增利证券基金	1.40	5
905	保险保障基金106	1.40	8
906	山东信托信成资金	1.40	14
907	外贸信托汇鑫31号	1.40	2
908	国泰金泰平衡混合基金	1.40	2
909	华夏招行华润信托1号	1.40	4
910	工银量化恒盛精选A22	1.40	6
911	汤阴县农联社	1.40	4
912	长宁竹海农村商业银行	1.40	3
913	大成景旭纯债基金	1.40	7
914	中信太平洋低等级	1.40	4
915	建行泰康人寿传统保险	1.40	4
916	招商瑞丰灵活混合基金	1.40	2
917	山西榆次农村商业银行	1.40	3
918	东证资管莞红2号	1.38	2
919	三水区农联社	1.30	3
920	建信安心保本混合基金	1.30	5
921	工银瑞信60天基金	1.30	3
922	兴业太平洋卓越三号	1.30	9
923	信宜联社	1.30	3
924	中欧盛世耀之1号	1.30	9
925	工银瑞信产业债基金	1.30	4
926	法国兴业银行中国公司	1.30	4
927	江门融和农商银行	1.30	3
928	第一创业工行季享2	1.30	3
929	长城稳健增利债券基金	1.30	6
930	中银盛利纯债一年LOF	1.30	5
931	融通月月添利债券	1.30	4
932	金鹰成份基金	1.30	2
933	信诚新选回报灵活混合	1.30	3

续表

排　名	成员简称	总面额（亿元）	总笔数（笔）
934	全国社保基金二一三	1.30	6
935	汉寿农村信用联社	1.30	6
936	国泰浓益混合基金	1.25	6
937	招行陕西煤业化工南方	1.20	5
938	江苏仪征农商银行	1.20	4
939	中银聚利分级债券基金	1.20	3
940	外贸信托汇鑫 43 号	1.20	6
941	华润信托睿致 8 号	1.20	6
942	平安多元策略混合	1.20	5
943	江苏滨海农商银行	1.20	4
944	湖南省农村信用联社	1.20	2
945	易方达永旭添利基金	1.20	2
946	准格尔煤田农信联社	1.20	3
947	农行泰康人寿分红保险	1.20	1
948	山东东平农合行	1.20	5
949	南方多利增强债券基金	1.20	2
950	工银瑞信添颐债券基金	1.20	4
951	银华中证转债指数基金	1.20	5
952	华西证券兴业 20122	1.20	4
953	榆树农商银行	1.20	3
954	湖南蓝山农商行	1.20	2
955	工行申万年金富国组合	1.20	7
956	红塔红土盛世普益基金	1.20	2
957	富国基金民生强化回报	1.20	4
958	永隆银行	1.20	2
959	建行工商银行年金招商	1.20	4
960	永济农商银行	1.20	4
961	交银施罗德双轮动基金	1.20	4
962	友邦保险江苏分公司	1.15	21
963	泸州商行	1.10	4
964	英大基金招行金颐 1	1.10	7
965	光大光大年金南方组合	1.10	9
966	全国社保基金九一零	1.10	2
967	泰康薪意保基金	1.10	3
968	华安添颐养老混合	1.10	3
969	国寿安保尊享债券基金	1.10	4
970	四川信托天宝 8 号	1.10	4
971	国泰国策驱动混合基金	1.10	3
972	富兰克林华美投信资金	1.10	11

续表

排　名	成员简称	总面额（亿元）	总笔数（笔）
973	东证资管招行东方红4	1.10	8
974	交行开泰稳健泰康资产	1.10	4
975	中国人寿养老保险公司	1.10	4
976	信诚新旺回报混合LOF	1.10	1
977	富国目标一年纯债基金	1.10	4
978	国寿富兰克林客户资金	1.10	3
979	万家稳健增利债券基金	1.10	5
980	广发增强债券型基金	1.05	4
981	国泰金龙精选证券基金	1.05	11
982	银华汇利灵活配置混合	1.00	1
983	兴业太平洋卓越二号	1.00	5
984	中信太平洋高等级	1.00	4
985	睿致国开证1号	1.00	3
986	博时裕晟债券基金	1.00	1
987	新郑农村商业银行	1.00	2
988	遂平县农信社	1.00	4
989	广发聚鑫债券基金	1.00	3
990	工银瑞信月月薪基金	1.00	1
991	易方达天天增利基金	1.00	2
992	池州九华农商行	1.00	1
993	永赢稳益债券	1.00	1
994	江苏赣榆农商行	1.00	1
995	德邦证券	1.00	6
996	泰康人寿1	1.00	4
997	社保一零零七组合	1.00	2
998	益阳农商银行	1.00	1
999	银华信用债券基金	1.00	4
1000	建行亚洲股份有限公司	1.00	1
1001	金元惠理光大债券2	1.00	7
1002	安享收益1号	1.00	2
1003	陇县农村商业银行	1.00	2
1004	鹏华弘华混合	1.00	2
1005	兴全步步高16	1.00	3
1006	梨树联社	1.00	3
1007	沂南县农联社	1.00	3
1008	盱眙农商行	1.00	2
1009	交银施罗德纯债基金	1.00	4
1010	微众银行	1.00	1
1011	景顺华润信托1号	1.00	1

续表

排　名	成员简称	总面额（亿元）	总笔数（笔）
1012	昭尊 14 号	1.00	2
1013	华泰证券资管华富 1	1.00	1
1014	余姚农村商业银行	1.00	4
1015	湖南江华农商行	1.00	2
1016	PBCAA01024	1.00	1
1017	工银丰盈回报	1.00	2
1018	北德上海	1.00	2
1019	中银薪钱包货币基金	1.00	2
1020	中邮货币市场基金	1.00	3
1021	工行国电投资集团南方	1.00	6
1022	仙游联社	1.00	1
1023	广州萝岗惠民村镇银行	1.00	3
1024	华泰柏瑞货币基金	1.00	2
1025	大成景利混合	1.00	2
1026	东方红稳健精选	1.00	4
1027	盂县农商银行	1.00	2
1028	社保二零五	1.00	3
1029	华安稳定收益债券基金	1.00	3
1030	中邮双动力混合基金	1.00	4
1031	百达人民币债券	1.00	10
1032	中银国企债基金	1.00	4
1033	隆昌县农信联社	1.00	3
1034	广元市利州区农联社	1.00	1
1035	兴全绿色	1.00	2
1036	工行保赢 1 号天安	1.00	4
1037	民生流动利 A 贰号	1.00	1
1038	华夏行业混合 LOF	1.00	1
1039	北方信托久久红债券	1.00	3
1040	河东合行	1.00	6
1041	江南农商中信定向	1.00	3
1042	海尔集团财务公司	1.00	2
1043	上投摩根阿尔法基金	1.00	3
1044	上海商业银行	1.00	3
1045	金鹰灵活配置混合	1.00	1
1046	华泰增财投资产品	1.00	5
1047	保护基金 2015 年第 3 号	1.00	1
1048	交银施罗增利债券基金	1.00	3
1049	建行安邦人寿积极	1.00	5
1050	澳西太平洋银行上海	1.00	2

续表

排 名	成员简称	总面额（亿元）	总笔数（笔）
1051	浦银安盛日日盈基金	1.00	2
1052	全国社保基金九零五一	1.00	4
1053	华润信托睿益11单一	1.00	4
1054	双峰农商银行	1.00	2
1055	招商丰泽混合基金	1.00	1
1056	国泰君安工行0176	0.90	1
1057	泰达宏利优化成长混合	0.90	3
1058	东明联社	0.90	3
1059	华泰柏瑞丰汇债券	0.90	4
1060	申万菱信新动力基金	0.90	3
1061	建信收益增强债券基金	0.90	5
1062	华夏薪金宝货币基金	0.90	3
1063	农行太平洋稳赢季度	0.90	6
1064	广发工行分级1号	0.90	4
1065	易方达天天理财基金	0.90	1
1066	鹏华货币市场基金	0.90	2
1067	长城安心回报证券基金	0.90	3
1068	阆中市农联社	0.90	6
1069	华安新回报混合	0.90	3
1070	金元证券	0.90	3
1071	锦泰财产保险公司	0.90	3
1072	招商安瑞进取债券基金	0.90	5
1073	融通易支付货币基金	0.90	3
1074	南方理财60天基金	0.90	4
1075	华宝兴业添益货币基金	0.90	1
1076	易方达平安人寿1号	0.90	2
1077	浦银安盛幸福回报基金	0.90	4
1078	浙江永嘉农商行	0.80	2
1079	昔阳县农联社	0.80	2
1080	中银稳健双利证券基金	0.80	2
1081	东吴汇利2号分级	0.80	3
1082	鹏扬债券多策略	0.80	2
1083	工行山西焦煤南方	0.80	4
1084	交银施罗德强化回报	0.80	2
1085	德国商业银行	0.80	2
1086	东海证券工行月月盈	0.80	4
1087	招商安润保本混合基金	0.80	2
1088	富国纯债债券型基金	0.80	3
1089	申万菱信工行私行7号	0.80	4

续表

排　名	成员简称	总面额（亿元）	总笔数（笔）
1090	工行中石油年金中金	0.80	3
1091	上投纯债丰利债券	0.80	3
1092	伊通县农联社	0.80	2
1093	阳光稳健增利计划	0.80	4
1094	融通债券投资基金	0.80	2
1095	天安财险	0.80	2
1096	瑞穗实业银行	0.80	1
1097	华安新活力混合基金	0.80	3
1098	华润信托乐金 4 号	0.80	5
1099	鹏华弘泽	0.80	2
1100	安信保护 2014 年 4	0.80	2
1101	富顺县农联社	0.80	1
1102	浦银安盛季季添利基金	0.80	3
1103	嘉实活钱包货币基金	0.80	3
1104	三井住友海上	0.80	6
1105	长盛纯债债券基金	0.80	8
1106	鄂尔罗斯农商银行	0.80	1
1107	光大多元投资 1 号	0.80	4
1108	光大天风点金 1 期	0.80	5
1109	嘉实工行私行 1 号	0.80	2
1110	惠州仲恺东盈村镇银行	0.80	4
1111	南方东英中国超短债	0.80	2
1112	工行上海路局 005	0.80	3
1113	华融湘江银行	0.80	2
1114	安信目标收益债券基金	0.80	3
1115	华泰证券招行联合定向	0.80	5
1116	嘉实纯债债券基金	0.79	6
1117	嘉实稳固收益投资基金	0.78	10
1118	融通通源短融基金	0.73	8
1119	泰康资产管理公司	0.70	4
1120	建行山东电力 A 平安养	0.70	3
1121	江苏电力国网 B	0.70	5
1122	联博中国投资基金	0.70	3
1123	华商稳固添利	0.70	3
1124	中银兴业 1 号 1 期	0.70	3
1125	宁波东海银行	0.70	2
1126	曲沃县农信社	0.70	1
1127	中欧盛世兴业耀之 2 号	0.70	2
1128	大众保险	0.70	1

续表

排　名	成员简称	总面额（亿元）	总笔数（笔）
1129	汇添富年年利定期基金	0.70	3
1130	华安纯债基金	0.70	2
1131	华融证券工行稳益定向	0.70	3
1132	农行太平洋分红太平洋	0.70	3
1133	银华资本债券 1 号	0.70	4
1134	兴全磐稳增利债券基金	0.70	2
1135	汇丰人寿保险（国际）	0.70	1
1136	新绛县农联社	0.70	2
1137	中银恒利债券基金	0.70	3
1138	招商信用添利债券 LOF	0.70	1
1139	华泰华蒙定向 1 号	0.70	2
1140	招行平安保险养老 1	0.70	3
1141	平安大华保本混合基金	0.69	6
1142	兴业信托固定收益一期	0.60	2
1143	招商基金农行离退福利	0.60	2
1144	银华纯债信用基金 LOF	0.60	3
1145	博时工行赢利 1 号	0.60	1
1146	中行精致省心收益平安	0.60	5
1147	工行国电投资集团平安	0.60	3
1148	厦门信托光大一号	0.60	2
1149	四川信托乾赢 2 信达 2	0.60	4
1150	工行 CFTF1501	0.60	2
1151	华润信托合盈 17 号	0.60	1
1152	泓德泓富灵活配置	0.60	2
1153	东方红领先精选	0.60	2
1154	华安年年盈债券	0.60	3
1155	招商安泰平衡基金	0.60	4
1156	招商安泰偏股混合	0.60	2
1157	中海信托海洋之星 39	0.60	3
1158	泰达宏利淘利基金	0.60	1
1159	全国社保基金九一一	0.60	1
1160	太平人寿分红	0.60	1
1161	建信建行统筹外养老	0.60	2
1162	景顺长城法再产险	0.60	4
1163	磐安农信联社	0.60	2
1164	常宁农商银行	0.60	3
1165	富国收益增强债券	0.60	3
1166	华润信托丰利 1 号	0.60	4
1167	龙游联社	0.60	2

续表

排　名	成员简称	总面额（亿元）	总笔数（笔）
1168	平安大华安鑫1号	0.60	3
1169	交行华夏银行南方	0.60	5
1170	南方中证50债券基金	0.60	2
1171	工行济南路局太平组合	0.60	3
1172	北京信托合利稳健2期	0.60	3
1173	安徽旌德农商行	0.60	1
1174	保险保障基金101	0.60	2
1175	中银平安产险债券	0.60	2
1176	东方红增利3号	0.60	2
1177	义乌农商银行	0.60	2
1178	工行中国华能平安组合	0.60	2
1179	华英证券	0.60	3
1180	信诚添金分级债券基金	0.60	3
1181	中银理财7天基金	0.60	2
1182	南方安心保本混合基金	0.60	3
1183	中欧盛世蓝石月稳赢	0.60	2
1184	招商财富招逸一号	0.60	2
1185	长城新兴产业灵活混合	0.60	2
1186	景顺长城法再寿险	0.60	3
1187	平安华润信托定向	0.60	2
1188	华夏收入混合型基金	0.60	2
1189	华侨永亨银行有限公司	0.60	1
1190	银华增强收益债券基金	0.55	5
1191	友邦保险东莞支公司	0.54	20
1192	威海农商银行	0.50	1
1193	华泰紫金月月发	0.50	1
1194	工银瑞信四季收益基金	0.50	2
1195	华安双债债券基金	0.50	3
1196	南方现金通货币基金	0.50	3
1197	上投摩根核心股票基金	0.50	1
1198	招证债券安稳定向	0.50	1
1199	渣打韩国	0.50	1
1200	博时裕泰纯债债券基金	0.50	2
1201	中信金羊开泰3号	0.50	1
1202	汇添富达欣混合	0.50	1
1203	峨眉山联社	0.50	2
1204	华安财险	0.50	2
1205	嘉实多元收益证券基金	0.50	2
1206	新蔡县农联社	0.50	1

续表

排　名	成员简称	总面额（亿元）	总笔数（笔）
1207	工银瑞信双利债券基金	0.50	1
1208	易方达动力策略债基	0.50	2
1209	中银平安人寿1号	0.50	1
1210	前海开源现金增利货币	0.50	1
1211	中银新趋势混合基金	0.50	1
1212	工银瑞信精选平衡基金	0.50	1
1213	大成财富生命基金	0.50	1
1214	永年联社	0.50	1
1215	国泰保本混合型基金	0.50	1
1216	中银活期宝货币基金	0.50	1
1217	易方达投资级债券基金	0.50	1
1218	全国社保基金九一二一	0.50	1
1219	国投招财保本混合	0.50	1
1220	中信广盈2号	0.50	1
1221	全国社保基金二一一	0.50	1
1222	大成现金增利货币基金	0.50	1
1223	华泰证券华富6号	0.50	1
1224	长城环保主题基金	0.50	1
1225	黄山屯溪农商行	0.50	1
1226	华泰黄河1号	0.50	1
1227	衡水市农联社	0.50	1
1228	人寿股份国寿瑞安	0.50	2
1229	华夏盛世精选混合基金	0.50	2
1230	上投摩根轮动股票基金	0.50	1
1231	招行平安保险养老3	0.50	3
1232	银华永利债券基金	0.50	5
1233	工行相伴省心收益平安	0.50	3
1234	十堰农商行	0.50	1
1235	中银华润信托1号	0.50	1
1236	上投摩根转型动力基金	0.50	1
1237	农行人生省心收益平安	0.50	2
1238	长信利富债券基金	0.50	1
1239	博时内需增长灵活基金	0.50	4
1240	浙江台州路桥农合行	0.50	1
1241	国泰金鹰混合基金	0.50	1
1242	正阳农商银行	0.50	1
1243	一银国际分行	0.50	2
1244	龙马潭农村商业银行	0.50	1
1245	安享回报AXTL77	0.50	1

续表

排　名	成员简称	总面额（亿元）	总笔数（笔）
1246	江都农商行	0.50	3
1247	常德武陵农商银行	0.50	1
1248	龙海联社	0.50	1
1249	中海稳健增值1号	0.50	2
1250	泌阳县农信社	0.50	1
1251	友邦保险江门支公司	0.49	20
1252	富敦客户资金	0.41	16
1253	华夏兴和混合基金	0.40	2
1254	招商优质成长基金	0.40	1
1255	工行建行年金中信证券	0.40	2
1256	光大保德信增利基金	0.40	2
1257	工行中石化富国组合	0.40	2
1258	中信证券中行稳债1	0.40	1
1259	博时建行国寿集团	0.40	1
1260	交银张汉铭1期	0.40	3
1261	建银国际货币ETF	0.40	1
1262	安达国际	0.40	2
1263	招商安心收益1号	0.40	1
1264	华夏复兴混合	0.40	1
1265	永吉农村商业银行	0.40	3
1266	嘉实安心货币市场基金	0.40	2
1267	易方达财富快线基金	0.40	1
1268	华润信托睿致17号	0.40	2
1269	华夏中行保护基金3	0.40	1
1270	中意人寿	0.40	1
1271	中行湖北电力南方组合	0.40	3
1272	社保一零零六组合	0.40	1
1273	外贸信托银叶2期	0.40	2
1274	银华活钱宝货币基金	0.40	3
1275	英大灵活配置基金	0.40	3
1276	伊犁农商银行	0.40	1
1277	昭尊8号	0.40	2
1278	国泰结构转型基金	0.40	2
1279	泰山农商银行	0.40	1
1280	长城人寿保险公司	0.40	2
1281	海富通稳健添利基金	0.40	2
1282	工行上海路局007	0.40	4
1283	国寿安保薪金宝货币	0.40	4
1284	民生民生银行年金富国	0.40	2

续表

排　名	成员简称	总面额（亿元）	总笔数（笔）
1285	泰达宏利集利证券基金	0.40	1
1286	华泰柏瑞增利债券基金	0.40	3
1287	信诚年年有余债券基金	0.40	2
1288	建行中国邮储年金中信	0.40	2
1289	交银施罗德交行保本7	0.40	2
1290	中行农行平安养老	0.40	2
1291	华泰证券招行紫金1号	0.40	2
1292	浦发长江晚晴集合华泰	0.40	2
1293	国泰君安光大中海定向	0.40	2
1294	招商可转债分级基金	0.40	1
1295	招商信用增强债券基金	0.40	1
1296	交银刘丽萍1期	0.40	3
1297	国君资管0867	0.40	2
1298	暖流稳健1号	0.40	2
1299	浦发长江晚晴富国	0.40	2
1300	银华永泰积极债券基金	0.35	3
1301	中欧瑾通	0.30	1
1302	光大银行湖南电力平安	0.30	2
1303	农行中国银行华夏	0.30	1
1304	汴京农村商业银行	0.30	1
1305	平安大华日增利基金	0.30	1
1306	利安人民币优质基金	0.30	3
1307	江信聚宝6号	0.30	1
1308	华宝兴业可转债基金	0.30	1
1309	农行和谐健康万能安邦	0.30	1
1310	兴汇1号2期	0.30	1
1311	永赢永利四期分级资管	0.30	1
1312	中石化年金工银组合	0.30	1
1313	长盛同丰债券（LOF）	0.30	3
1314	中信工行北分贵宾3	0.30	3
1315	信达证券建行套利星1	0.30	2
1316	交银施罗德月月丰基金	0.30	3
1317	安信基金广发金池广溢	0.30	1
1318	东证资管交行东方红2	0.30	2
1319	中银稳健添利基金	0.30	1
1320	广东大埔农商银行	0.30	1
1321	上海电气财务	0.30	2
1322	中信证券华夏贵宾2	0.30	2
1323	金鹰保本混合型基金	0.30	2

续表

排名	成员简称	总面额（亿元）	总笔数（笔）
1324	大连农商银行	0.30	2
1325	兴全保本混合型基金	0.30	2
1326	吉林舒兰农村商业银行	0.30	1
1327	信诚双盈债券基金 LOF	0.30	3
1328	工行中石化平安组合	0.30	2
1329	工银金融地产基金	0.30	1
1330	工行相伴安心回报平安	0.30	1
1331	华夏大盘精选基金	0.30	1
1332	泰达宏利首选企业基金	0.30	1
1333	工行建行年金平安	0.30	1
1334	中信人民币收入基金	0.30	3
1335	博时裕富沪深 300	0.30	1
1336	三门峡湖滨农商行	0.30	1
1337	招行江苏电力平安养老	0.30	2
1338	国投瑞银稳定增利基金	0.30	1
1339	易方达香港固收基金	0.28	3
1340	嘉实中证金边联接基金	0.24	10
1341	平安大华添利债券基金	0.21	6
1342	山东临淄农村商业银行	0.20	1
1343	中银保诚债券基金	0.20	2
1344	长盛双月红债券基金	0.20	2
1345	光证资管光大阳光稳债	0.20	1
1346	鸿阳基金	0.20	1
1347	金元惠理丰利债券基金	0.20	2
1348	四川信托银行间单一	0.20	2
1349	建行上海邮政平安养老	0.20	1
1350	广发聚利债券基金	0.20	1
1351	国开泰富岁月鎏金基金	0.20	2
1352	光大阳光省心收益平安	0.20	2
1353	江信同福混合基金	0.20	1
1354	浦发尊享盈现金稳利	0.20	2
1355	中海浦江之星 180 号	0.20	2
1356	瑞士再保险 SRFDLX	0.20	2
1357	工行山西焦煤富国	0.20	2
1358	招商证券招行现金牛	0.20	1
1359	上海华瑞银行	0.20	2
1360	招商甘肃电力博时组合	0.20	1
1361	中信银行四川电力中信	0.20	2
1362	工银瑞信添利养老金	0.20	1

续表

排　名	成员简称	总面额（亿元）	总笔数（笔）
1363	太平洋鑫安久赢三号	0.20	2
1364	乐瑞强债9号	0.20	2
1365	国寿安保稳定回报混合	0.20	1
1366	中银精选混合证券基金	0.20	1
1367	民生保得理财	0.20	2
1368	天弘精选混合证投基金	0.20	2
1369	国泰金鹏蓝筹证券基金	0.20	2
1370	博时策略灵活配置基金	0.20	1
1371	国泰君安君享稳健限额	0.20	2
1372	建行山西电力博时组合	0.20	1
1373	富国可转换证券基金	0.20	1
1374	工银瑞信保本3号	0.20	1
1375	工行鑫享2号平安	0.20	1
1376	光大保德信岁末红利	0.20	1
1377	平安大华财富宝基金	0.20	1
1378	GX广发中债	0.20	2
1379	工行一汽集团中信组合	0.20	2
1380	东方永润18个月定期	0.20	2
1381	融通宝3号	0.20	2
1382	长治农商银行	0.20	1
1383	长城稳固收益债券	0.20	1
1384	齐鲁证券0003	0.20	1
1385	富国量化1号	0.20	2
1386	信诚三得益债券基金	0.20	2
1387	光大云南省联社富国	0.20	2
1388	华融证券	0.20	1
1389	中海惠丰纯债分级基金	0.20	2
1390	交行丰沃省心收益平安	0.20	1
1391	东吴证券中行财富4	0.20	2
1392	华润信托合盈8号	0.20	2
1393	日兴亚洲中国境内债券	0.20	2
1394	汇添富多元收益基金	0.20	1
1395	乐瑞宏观4号	0.20	2
1396	中欧琪丰灵活混合	0.20	1
1397	江信聚牛3号	0.20	1
1398	中银稳健增利债券基金	0.20	1
1399	光大工银如意1中信	0.20	2
1400	工银瑞信纯债两年基金	0.20	2
1401	招行西飞工业华夏	0.20	2

续表

排　名	成员简称	总面额（亿元）	总笔数（笔）
1402	方正富邦互利开放基金	0.20	2
1403	易方达易理财货币基金	0.20	1
1404	融通岁岁添利基金	0.20	1
1405	工银瑞信添益货币	0.20	1
1406	泰康中国企业债券基金	0.20	2
1407	泰康香港客户资金	0.20	2
1408	中行养老保障平稳平安	0.20	1
1409	中海信托浦江之星 103	0.20	2
1410	银河金枕头一期	0.20	2
1411	一创工银 1 号	0.20	1
1412	光大保德信民泰 1 号	0.20	2
1413	天弘云端生活优选	0.20	1
1414	交行交行工银瑞信组合	0.20	1
1415	中信北京公交工银组合	0.20	2
1416	玉山银行香港分行	0.20	1
1417	东方多策略混合基金	0.20	2
1418	银华信用四季红基金	0.20	1
1419	工行信福华龄中信	0.20	2
1420	华安四季红债券基金	0.20	1
1421	浦银安盛稳健增利债券	0.20	2
1422	汇添富信用债基金	0.20	1
1423	SICCMSF	0.19	17
1424	泰达宏利收益增强	0.15	1
1425	招行年金理事会泰康	0.15	1
1426	SICCBF	0.12	6
1427	宏源证券兴业 20127	0.11	1
1428	工行统筹外基金华夏	0.10	1
1429	招金丰利 2 号	0.10	1
1430	宏源 10 号股债双鑫	0.10	1
1431	昭尊 17 号	0.10	1
1432	天风天勤 9 号	0.10	1
1433	鑫安利得 27 号	0.10	1
1434	国投瑞银岁添利基金	0.10	1
1435	兆丰银行苏州分行	0.10	1
1436	博时工行私行 1 号	0.10	1
1437	神华集团平安	0.10	1
1438	中邮核心优势灵活基金	0.10	1
1439	信诚经典优债债券基金	0.10	1
1440	汇添富双利债券型基金	0.10	1

续表

排　名	成员简称	总面额（亿元）	总笔数（笔）
1441	招行招商银行工银瑞信	0.10	1
1442	东洋 BondPlus	0.10	1
1443	中欧盛世耀之 2 号	0.10	1
1444	泰康新回报基金	0.10	1
1445	工行深圳理财	0.10	1
1446	国泰区位混合基金	0.10	1
1447	汇添富香港人民币基金	0.10	1
1448	招行川渝中烟工银瑞信	0.10	1
1449	信诚增强收益投资基金	0.10	1
1450	嘉实丰益信用定期基金	0.10	1
1451	嘉实薪金宝货币基金	0.10	1
1452	中欧增强回报证券基金	0.10	1
1453	嘉实丰益纯债债券基金	0.10	1
1454	东航集团企业年金	0.10	1
1455	中国移动平安	0.10	1
1456	中宏人寿	0.10	1
1457	中行呼和浩特路局工银	0.10	1
1458	建行成都路局工银瑞信	0.10	1
1459	农行辽宁电力工银	0.10	1
1460	招行平安集团平安 2	0.10	1
1461	平安财险投资保险产品	0.10	1
1462	富邦银行（香港）	0.10	1
1463	工银瑞信保本混合基金	0.10	1
1464	工行厦门社保年金平安	0.10	1
1465	建行南宁路局平安养老	0.10	1
1466	国泰价值经典混合基金	0.10	1
1467	中行南航集团富国组合	0.10	1
1468	招行联想集团富国组合	0.10	1
1469	博时基金中行华宝 1	0.10	1
1470	荷兰安智银行 QFII	0.10	1
1471	天达人民币债券基金	0.10	1
1472	工银丰收回报基金	0.10	1
1473	济南历城农联社	0.10	1
1474	申万人民币投资基金	0.10	1
1475	工行宁夏电力海富通	0.10	1
1476	建行北京路局工银瑞信	0.10	1
1477	中金纯债债券基金	0.10	1
1478	神华集团企业年金	0.10	1
1479	招行深圳企业年金平安	0.10	1

续表

排　名	成员简称	总面额（亿元）	总笔数（笔）
1480	工行安邦传统安邦资管	0.10	1
1481	中行农行泰康组合	0.10	1
1482	保诚保险有限公司	0.10	1
1483	中信贵宾定制 46 号	0.10	1
1484	东方添益债券	0.10	1
1485	民生银行平安养老	0.10	1
1486	交行开滦集团平安	0.10	1
1487	建行神华集团华夏	0.10	1
1488	国泰君安建行君得惠	0.09	1
1489	信诚季季定期支付基金	0.08	1
1490	蓬安联社	0.07	1
1491	泰达宏利信用合利基金	0.05	1
1492	财通纯债债券	0.05	1
1493	建行瓮福集团泰康	0.05	1
1494	财通多稳健债券型基金	0.05	1
1495	工行天安人寿传统泰康	0.05	1
1496	信诚月月定期债券基金	0.03	1
1497	西充农商银行	0.02	1
1498	兴业乐山商业银行	0.02	2
1499	国泰君安建行君得惠二	0.01	1
1500	挪威央行	0.01	2
汇总		189250.6982	159082

注：排名顺序按总面额。

数据来源：中央国债登记结算有限责任公司。

2015年上海证券交易所国债指数与现券日交易量统计表

交易日期	成交量（手）	成交金额（万元）	收盘指数
2015-1-5	300726	30320.14	145.798
2015-1-6	86420	8819.53	145.818
2015-1-7	1280448	128972.68	145.837
2015-1-8	2649773	265314.12	145.878
2015-1-9	1668200	168034.46	146.028
2015-1-12	1652303	164428.17	146.09
2015-1-13	1357773	131830.99	146.146
2015-1-14	1115966	113149.52	146.217
2015-1-15	685426	69325.43	146.38
2015-1-16	601458	61017.43	146.472
2015-1-19	945600	95132.86	146.553
2015-1-20	524628	54090.57	146.584
2015-1-21	1148302	115501.34	146.622
2015-1-22	878976	88617.84	146.594
2015-1-23	1662643	166568.98	146.587
2015-1-26	529431	51699.91	146.67
2015-1-27	1318124	133299.03	146.734
2015-1-28	2163603	216837.93	146.732
2015-1-29	2589102	258926.57	146.774
2015-1-30	2198481	219466.52	146.672
2015-2-2	1615271	161975.72	146.847
2015-2-3	608433	61467.24	146.871
2015-2-4	1563705	152840.76	146.922
2015-2-5	853838	87720.12	146.968
2015-2-6	729053	73433.34	147.002
2015-2-9	1645454	166964.66	147.059
2015-2-10	413219	42120.12	147.067
2015-2-11	691050	70550.47	147.091
2015-2-12	690424	71954.89	147.262
2015-2-13	2157411	215698.37	147.402
2015-2-16	566654	57528.84	147.438
2015-2-17	604308	61914.49	147.459
2015-2-25	758193	76238.19	147.622
2015-2-26	1649431	164723.81	147.645
2015-2-27	224483	23426.91	147.598
2015-3-2	697132	71824.72	147.675

续表

交易日期	成交量（手）	成交金额（万元）	收盘指数
2015-3-3	1379910	139798.40	147.686
2015-3-4	1389509	140212.19	147.715
2015-3-5	3026270	306617.44	147.735
2015-3-6	1098949	111519.41	147.74
2015-3-9	530454	53665.88	147.752
2015-3-10	309170	31343.79	147.789
2015-3-11	291492	30222.73	147.795
2015-3-12	1394135	142152.10	147.808
2015-3-13	1114990	113808.77	147.866
2015-3-16	381317	39170.95	147.874
2015-3-17	656688	67034.38	147.918
2015-3-18	444412	44922.95	147.84
2015-3-19	245884	24879.26	147.944
2015-3-20	281831	28548.87	147.942
2015-3-23	771558	77815.91	148
2015-3-24	262672	26766.04	147.994
2015-3-25	537649	54590.22	148.007
2015-3-26	159222	16215.99	148.013
2015-3-27	548171	56244.05	148.001
2015-3-30	287195	29045.13	148.029
2015-3-31	516850	52477.00	147.966
2015-4-1	632924	64080.25	148.145
2015-4-2	1263808	127057.69	148.066
2015-4-3	1081381	108399.16	148.138
2015-4-7	515783	52255.41	148.179
2015-4-8	388462	39701.06	148.221
2015-4-9	688590	70206.99	148.235
2015-4-10	482648	49158.08	148.237
2015-4-13	923764	92718.57	148.264
2015-4-14	750871	75512.08	148.35
2015-4-15	784104	79274.08	148.127
2015-4-16	322050	32476.90	148.323
2015-4-17	497571	50137.74	148.32
2015-4-20	1544063	154857.74	148.399
2015-4-21	1117951	113847.51	148.48
2015-4-22	1113429	113759.21	148.505
2015-4-23	1878352	187969.05	148.43
2015-4-24	2082802	209251.56	148.451
2015-4-27	2720016	273029.91	148.626

续表

交易日期	成交量（手）	成交金额（万元）	收盘指数
2015-4-28	2598112	261122.09	148.641
2015-4-29	2629942	263210.05	148.533
2015-4-30	2054137	205881.94	148.522
2015-5-4	1452435	145846.75	148.579
2015-5-5	2907144	292608.64	148.562
2015-5-6	2103282	211339.02	148.571
2015-5-7	3850518	386993.25	148.57
2015-5-8	619665	62454.85	148.831
2015-5-11	1322556	134113.10	148.863
2015-5-12	885239	89942.45	149.021
2015-5-13	518803	52778.35	149.051
2015-5-14	1667976	167583.67	148.806
2015-5-15	1486235	151701.79	148.772
2015-5-18	861439	88591.14	148.907
2015-5-19	1674420	170698.27	149.116
2015-5-20	593695	60603.41	148.937
2015-5-21	2305051	234681.97	149.08
2015-5-22	1364506	138491.87	149.093
2015-5-25	2050458	206281.35	149.071
2015-5-26	2125982	215577.94	149.019
2015-5-27	2849505	289947.72	149.05
2015-5-28	2673688	269021.92	148.984
2015-5-29	2646138	267047.24	148.911
2015-6-1	1548612	156480.26	149.089
2015-6-2	1665859	168115.10	149.092
2015-6-3	2455510	247338.75	149.116
2015-6-4	1642276	165612.08	149.073
2015-6-5	1396139	141059.12	149.147
2015-6-8	1441514	144819.72	149.224
2015-6-9	443007	44749.87	149.225
2015-6-10	1190748	118876.68	149.241
2015-6-11	1939461	194085.07	149.232
2015-6-12	1337599	133415.35	149.243
2015-6-15	2294636	230948.99	149.347
2015-6-16	1655504	166824.90	149.381
2015-6-17	1920915	193250.14	149.387
2015-6-18	877308	89121.35	149.376
2015-6-19	203176	20843.16	149.372
2015-6-23	1644251	166240.31	149.474

续表

交易日期	成交量（手）	成交金额（万元）	收盘指数
2015-6-24	1137717	113898.85	149.454
2015-6-25	1815111	181483.96	149.568
2015-6-26	1384230	139249.72	149.595
2015-6-29	1829865	185113.31	149.631
2015-6-30	402053	40970.57	149.64
2015-7-1	400251	40401.42	149.568
2015-7-2	783400	78528.63	149.625
2015-7-3	667339	67291.67	149.634
2015-7-6	935052	94893.05	149.721
2015-7-7	1473828	150060.29	149.774
2015-7-8	2331080	235470.24	149.777
2015-7-9	3728930	375401.57	149.458
2015-7-10	2825842	284258.43	149.505
2015-7-13	1038643	105617.59	149.62
2015-7-14	1999264	202113.26	149.642
2015-7-15	1184847	119554.46	149.685
2015-7-16	691815	69871.26	149.697
2015-7-17	1504616	150986.91	149.693
2015-7-20	1147675	115946.92	150.013
2015-7-21	1405277	142718.75	150.085
2015-7-22	1696750	171416.15	150.143
2015-7-23	1736424	174420.17	150.193
2015-7-24	1490935	150040.23	150.209
2015-7-27	1320786	132360.20	150.173
2015-7-28	2338620	238109.00	150.265
2015-7-29	2353959	236711.15	150.316
2015-7-30	2034450	203756.16	150.379
2015-7-31	3380592	339167.53	150.295
2015-8-3	3716401	374159.04	150.339
2015-8-4	2414373	242212.82	150.265
2015-8-5	5547951	555903.60	150.342
2015-8-6	3719322	371422.72	150.442
2015-8-7	2428398	243595.49	150.522
2015-8-10	1099769	110781.13	150.559
2015-8-11	1056648	106167.09	150.537
2015-8-12	2137840	213639.20	150.526
2015-8-13	1953883	194902.48	150.564
2015-8-14	3837597	384213.75	150.552
2015-8-17	2547857	254920.60	150.589

续表

交易日期	成交量（手）	成交金额（万元）	收盘指数
2015－8－18	2200769	221273.48	150.597
2015－8－19	2493366	248293.91	150.612
2015－8－20	1622641	163073.68	150.664
2015－8－21	1474677	147819.57	150.717
2015－8－24	1984425	200724.77	150.738
2015－8－25	2421721	242533.23	150.7
2015－8－26	2649358	266554.90	150.749
2015－8－27	1841971	185921.96	150.774
2015－8－28	4010387	400087.96	150.78
2015－8－31	2496909	252769.18	150.911
2015－9－1	1196652	121363.96	150.948
2015－9－2	1093530	110181.90	151.032
2015－9－7	1021788	104062.60	151.134
2015－9－8	1179980	119654.78	151.117
2015－9－9	1316718	133398.35	151.184
2015－9－10	1063796	106564.62	151.22
2015－9－11	1562207	157093.45	151.326
2015－9－14	2426523	241827.04	151.374
2015－9－15	1967157	197838.11	151.338
2015－9－16	2144210	216063.13	151.324
2015－9－17	1847679	185829.18	151.381
2015－9－18	2789253	278057.60	151.407
2015－9－21	2451528	246659.50	151.458
2015－9－22	2462853	248766.91	151.469
2015－9－23	2412772	242313.78	151.472
2015－9－24	1322519	132238.75	151.487
2015－9－25	2610403	261299.97	151.505
2015－9－28	837521	84888.09	151.547
2015－9－29	1405919	143258.21	151.599
2015－9－30	4520718	451935.54	151.623
2015－10－8	1345555	135405.62	151.734
2015－10－9	1686180	172699.85	151.801
2015－10－12	2395581	244044.11	151.993
2015－10－13	4374017	438550.04	152.104
2015－10－14	2779368	282527.33	152.175
2015－10－15	2277981	233607.31	152.261
2015－10－16	2459806	249649.95	152.297
2015－10－19	1756187	177815.59	152.394
2015－10－20	1712511	174181.83	152.471

续表

交易日期	成交量（手）	成交金额（万元）	收盘指数
2015-10-21	2155633	217225.33	152.519
2015-10-22	1610357	163726.25	152.54
2015-10-23	1208578	121953.15	152.578
2015-10-26	1455477	148723.94	152.655
2015-10-27	1421001	145055.20	152.752
2015-10-28	1844256	186518.62	152.778
2015-10-29	2427556	246285.91	152.764
2015-10-30	1613337	165531.99	152.787
2015-11-2	1752830	179751.13	152.843
2015-11-3	1585955	158942.16	152.845
2015-11-4	3504401	353586.93	152.839
2015-11-5	2307373	233272.63	152.764
2015-11-6	1528127	155570.65	152.777
2015-11-9	1073001	109270.74	152.717
2015-11-10	1446481	145899.23	152.725
2015-11-11	3576021	356723.80	152.744
2015-11-12	1440409	145853.37	152.753
2015-11-13	2468043	247655.85	152.762
2015-11-16	2550624	257479.96	152.783
2015-11-17	1286174	131872.01	152.816
2015-11-18	2464186	248849.66	152.852
2015-11-19	1582398	160878.70	152.905
2015-11-20	928574	95108.34	152.946
2015-11-23	1409754	142051.50	152.987
2015-11-24	2027272	204528.18	153.002
2015-11-25	3287174	330793.76	152.997
2015-11-26	2354621	236233.31	153.127
2015-11-27	3682083	374648.38	153.011
2015-11-30	3061038	308421.27	153.091
2015-12-1	3886796	392243.79	153.131
2015-12-2	3348673	336536.56	153.179
2015-12-3	1889109	189025.28	153.211
2015-12-4	1373640	137948.84	153.275
2015-12-7	1240126	127678.22	153.269
2015-12-8	3351894	335808.38	153.342
2015-12-9	1632874	164451.25	153.395
2015-12-10	997354	100919.99	153.426
2015-12-11	1673580	168097.96	153.51
2015-12-14	1242944	125426.30	153.497

续表

交易日期	成交量（手）	成交金额（万元）	收盘指数
2015-12-15	776980	78533.64	153.658
2015-12-16	2258025	228850.48	153.613
2015-12-17	1148684	115400.10	153.667
2015-12-18	1186228	121157.27	153.805
2015-12-21	3330631	336036.33	154.05
2015-12-22	2437865	247998.10	154.161
2015-12-23	2507762	252302.30	154.237
2015-12-24	3958833	401337.10	154.311
2015-12-25	2761990	278735.12	154.362
2015-12-28	1605736	163410.32	154.531
2015-12-29	2354398	242135.30	154.614
2015-12-30	4457308	449211.85	154.632
2015-12-31	641398	66229.77	154.544
合计	408371868	41175226	

数据来源：上海证券交易所。

2015年上海证券交易所国债交易情况月度统计表

月份	国债现货成交额（亿元）	债券质押式回购成交金额（亿元）
1月	254.14	82682.90
2月	148.86	65471.91
3月	165.89	94116.94
4月	262.39	86680.17
5月	363.63	85052.51
6月	304.25	95641.93
7月	387.91	104106.15
8月	538.10	100089.57
9月	378.33	104313.55
10月	350.35	96746.42
11月	457.74	114786.48
12月	505.95	137013.84
合计	4117.52	1166702.35

数据来源：上海证券交易所；以上质押式回购成交金额仅包括上海证券交易所撮合系统质押式回购成交量。

2015 年上海证券交易所机构投资者国债现券交易额排名

排名	会员名称	成交金额（百万元）
1	中信证券股份有限公司	96723.120
2	中国国际金融有限公司	70650.312
3	海通证券股份有限公司	59456.936
4	瑞银证券有限责任公司	48490.404
5	国泰君安证券股份有限公司	38172.690
6	中信建投证券股份有限公司	34304.308
7	招商证券股份有限公司	24846.124
8	东方证券股份有限公司	13558.616
9	首创证券有限责任公司	13230.177
10	鹏华基金管理公司	11084.489
11	东北证券股份有限公司	10467.301
12	长城基金管理有限公司	9082.231
13	工银瑞信基金管理有限公司	8867.169
14	申万宏源西部证券有限公司	8378.458
15	国投瑞银基金管理有限公司	8043.752
16	渤海证券股份有限公司	8015.704
17	广发证券股份有限公司	7844.588
18	申万宏源证券有限公司	7687.293
19	南方基金管理公司	7421.711
20	国信证券股份有限公司	7392.089
21	华鑫证券有限责任公司	7202.626
22	安信基金管理有限责任公司	7193.745
23	万联证券有限责任公司	7018.044
24	国泰基金管理公司	6950.248
25	东兴证券股份有限公司	6567.703
26	银河基金管理有限公司	6271.341
27	宝盈基金管理有限公司	6218.517
28	泰达宏利基金管理有限公司	5654.435
29	银华基金管理有限公司	5587.179
30	华夏基金管理公司	5454.143
31	西南证券股份有限公司	5260.729
32	大成基金管理公司	4835.814
33	安信证券股份有限公司	4738.643
34	上投摩根基金管理有限公司	4695.090
35	平安证券有限责任公司	4678.831
36	中航证券有限公司	4395.685

续表

排名	会员名称	成交金额（百万元）
37	招商基金管理有限公司	4361.482
38	中银国际证券有限责任公司	4341.451
39	易方达基金管理公司	3693.753
40	博时基金管理有限公司	3649.493
41	中国人寿资产管理有限公司	3521.751
42	华创证券有限责任公司	3499.885
43	中欧基金管理有限公司	3479.227
44	中银基金管理有限公司	3367.841
45	中邮创业基金管理有限公司	3331.464
46	富国基金管理公司	3167.037
47	长信基金管理有限责任公司	3147.560
48	湘财证券股份有限公司	3124.027
49	建信基金管理有限责任公司	3100.838
50	华安基金管理公司	3087.616
51	南京证券股份有限公司	2795.391
52	华商基金管理有限公司	2669.040
53	海富通基金管理有限公司	2583.855
54	广发基金管理有限公司	2581.213
55	国金证券股份有限公司	2394.507
56	东方基金管理有限责任公司	2250.482
57	融通基金管理有限公司	2151.094
58	日信证券有限责任公司	2101.201
59	兴业证券股份有限公司	2070.461
60	光大证券股份有限公司	1959.707
61	国海证券股份有限公司	1871.088
62	中山证券有限责任公司	1745.001
63	兴业全球基金管理有限公司	1733.290
64	华泰证券股份有限公司	1732.305
65	交银施罗德基金管理有限公司	1682.154
66	中国人保资产管理有限公司	1494.102
67	平安资产管理有限责任公司	1457.799
68	嘉实基金管理有限公司	1448.402
69	华宝兴业基金管理有限公司	1448.175
70	华泰柏瑞基金管理有限公司	1421.480
71	第一创业证券股份有限公司	1394.639
72	方正证券股份有限公司	1380.402
73	长盛基金管理有限公司	1363.717
74	天治基金管理有限公司	1349.919
75	国联安基金管理有限公司	1320.809

续表

排名	会员名称	成交金额（百万元）
76	江信基金管理有限公司	1232.973
77	中海基金管理有限公司	1182.081
78	国海富兰克林基金管理有限公司	1174.561
79	国开证券有限责任公司	1124.652
80	华林证券有限责任公司	1094.761
81	国元证券股份有限公司	914.971
82	长城证券股份有限公司	908.487
83	泰康资产管理有限责任公司	846.748
84	金鹰基金管理有限公司	830.904
85	申万菱信基金管理有限公司	821.210
86	前海开源基金管理有限公司	819.508
87	西部利得基金管理有限公司	797.289
88	天风证券股份有限公司	769.353
89	信诚基金管理有限公司	759.355
90	太平洋资产管理有限责任公司	716.651
91	光大保德信基金管理有限公司	707.253
92	广州证券股份有限公司	642.871
93	泰信基金管理有限公司	621.213
94	中融基金管理有限公司	616.334
95	华金证券有限责任公司	605.251
96	信达澳银基金管理有限公司	563.698
97	财通证券股份有限公司	557.171
98	华富基金管理有限公司	496.372
99	浙商证券股份有限公司	477.603
100	东吴证券股份有限公司	472.722
101	东吴基金管理有限公司	470.369
102	华安财保资产管理有限责任公司	463.163
103	财富证券有限责任公司	448.746
104	西部证券股份有限公司	435.157
105	天弘基金管理有限公司	424.822
106	民生加银基金管理有限公司	383.489
107	宏信证券有限责任公司	372.100
108	万家基金管理有限公司	369.768
109	东莞证券股份有限公司	368.756
110	恒泰证券股份有限公司	344.370
111	华西证券股份有限公司	339.631
112	益民基金管理有限公司	337.363
113	中国银河证券股份有限公司	326.931
114	信达证券股份有限公司	317.297

续表

排名	会员名称	成交金额（百万元）
115	创金合信基金管理有限公司	305. 389
116	中金基金管理有限公司	298. 635
117	国都证券股份有限公司	297. 673
118	诺德基金管理有限公司	295. 247
119	农银汇理基金管理有限公司	283. 027
120	太平资产管理有限公司	269. 460
121	长江证券股份有限公司	269. 048
122	汇添富基金管理有限公司	258. 705
123	泓德基金管理有限公司	250. 174
124	金元顺安基金管理有限公司	234. 311
125	圆信永丰基金管理有限公司	203. 188
126	美国友邦保险有限公司上海分公司	196. 534
127	新华基金管理有限公司	195. 002
128	诺安基金管理有限公司	176. 998
129	华福证券有限责任公司	175. 587
130	国寿安保基金管理有限公司	169. 957
131	景顺长城基金管理有限公司	165. 509
132	摩根士丹利华鑫基金管理有限公司	156. 471
133	华泰资产管理有限公司	146. 811
134	国金基金管理有限公司	144. 083
135	太平洋证券股份有限公司	120. 432
136	华融证券股份有限公司	101. 163
137	中国民族证券有限责任公司	100. 375
138	浦银安盛基金管理有限公司	94. 363
139	山西证券股份有限公司	79. 083
140	平安大华基金管理有限公司	67. 800
141	兴业基金管理有限公司	60. 717
142	平安养老保险股份有限公司	51. 011
143	民生通惠资产管理有限公司	50. 819
144	汇丰晋信基金管理有限公司	48. 657
145	鑫元基金管理有限公司	44. 743
146	世纪证券有限责任公司	44. 717
147	方正富邦基金管理有限公司	43. 718
148	北信瑞丰基金管理有限公司	36. 926
149	富安达基金管理有限公司	27. 484
150	浙商基金管理有限公司	23. 317
151	北京高华证券有限责任公司	19. 906
152	安邦资产管理有限责任公司	19. 106
153	长城人寿保险股份有限公司	12. 864

续表

排名	会员名称	成交金额（百万元）
154	英大基金管理有限公司	12.806
155	中加基金管理有限公司	11.781
156	华安证券股份有限公司	10.663
157	金元证券股份有限公司	10.594
158	开源证券股份有限公司	9.908
159	德邦基金管理有限公司	9.865
160	长江养老保险股份有限公司	8.937
161	中邮证券有限责任公司	8.103
162	中国太平洋保险（集团）股份有限公司	8.008
163	合众资产管理股份有限公司	4.968
164	英大证券有限责任公司	3.121
165	新华资产管理股份有限公司	2.811
166	中泰证券股份有限公司	2.739
167	川财证券有限责任公司	1.811
168	华润元大基金管理有限公司	1.688
169	中原英石基金管理有限公司	1.435
170	华宝证券有限责任公司	1.188
171	中信建投基金管理有限公司	0.635
172	中英益利资产管理股份有限公司	0.444
173	江海证券有限公司	0.402
174	东方花旗证券有限公司	0.100
175	中再资产管理股份有限公司	0.084
176	华宸未来基金管理有限公司	0.016
177	九州证券有限公司	0.002
178	东海证券股份有限公司	0.002
	合计	712520.978

数据来源：上海证券交易所。

2015 年上海证券交易所债券质押式回购日交易情况统计表

单位：万元，%

交易日期	GC001		GC002		GC003		GC004		GC007		GC014		GC028		GC091		GC182		合 计
	成交量	收盘价	成交量	收盘价	成交量	收盘价	成交量	收盘价	成交量	收盘价	成交量	收盘价	成交量	收盘价	成交量	收盘价	成交量	收盘价	
2015-01-05	39863590	3.675	791990	3.225	900750	3.390	4794410	3.450	6771400	3.055	480580	3.505	205720	4.010	27350	3.915	3610	4.200	53839400
2015-01-06	37169930	0.570	749930	1.535	1364040	2.425	606940	2.550	3556380	3.300	1434160	4.635	153750	4.905	1820	4.550	1040	4.505	45037990
2015-01-07	33627000	0.485	1117070	2.010	568730	1.760	422450	1.500	3797660	3.230	2220040	5.005	93060	4.520	10780	4.550	490	4.500	41857280
2015-01-08	29986270	0.605	848310	1.210	207410	0.870	664410	0.210	3334800	3.270	1354500	4.155	89250	4.505	710	4.530	1210	4.530	36486870
2015-01-09	29450830	0.535	299070	0.230	289580	0.020	514900	0.600	5808610	4.705	571060	5.000	31750	4.700	3530	4.500	1530	4.500	36970860
2015-01-12	31864880	0.545	1252610	0.715	511100	3.125	1560460	5.135	5223470	4.995	276250	4.805	101390	4.705	2350	4.500	940	4.500	40793450
2015-01-13	32163590	1.180	399590	2.915	1003890	5.120	638510	5.305	3187290	3.990	112380	3.630	80540	4.605	1550	4.500	740	4.500	37588080
2015-01-14	30776450	3.020	1331790	4.145	753610	6.200	302490	3.500	4003400	3.135	158350	4.000	74260	4.500	3290	4.500	800	4.500	37404440
2015-01-15	31079070	8.075	605620	7.320	256160	5.150	406830	4.235	2384750	4.005	81280	4.125	40130	4.065	6680	4.500	1110	4.510	34861630
2015-01-16	33695790	3.990	329050	1.550	217880	0.700	489720	1.135	3592660	3.015	206620	3.215	49970	3.810	6130	4.350	1100	4.310	38588920
2015-01-19	34000260	1.050	797290	3.015	543090	3.260	2533170	4.060	4883110	3.560	359430	3.730	103790	4.100	15700	4.360	690	4.330	43236530
2015-01-20	32675490	1.175	585390	1.660	1311150	2.500	761840	2.180	3256810	2.885	268950	3.600	125400	4.070	5970	4.310	2660	4.360	38993660
2015-01-21	33827000	1.125	1226600	2.600	672020	2.400	281510	1.705	3402230	2.945	378000	3.300	145020	4.600	3280	4.020	720	4.330	39936380
2015-01-22	35480200	1.615	729150	2.020	170530	1.220	151300	1.290	2909430	2.990	336620	3.755	108100	4.505	4970	4.230	1020	4.330	39891320
2015-01-23	38779740	1.805	87130	0.900	250140	0.170	429430	1.020	3521240	2.670	415490	3.300	320530	4.200	4310	4.190	3040	4.230	43811050
2015-01-26	36860700	1.725	700740	1.760	658620	2.100	2944990	2.945	4779350	3.530	343490	3.600	164920	4.270	4870	4.310	2090	4.380	46459770
2015-01-27	35894000	1.265	785190	1.980	857810	3.100	859230	2.925	2997100	2.700	219290	3.810	96090	4.300	950	4.270	70	4.200	41709730
2015-01-28	34972210	2.155	903170	3.975	822970	3.275	156640	2.560	3260720	3.100	334510	3.300	187610	4.300	5560	4.340	1050	4.330	40644440
2015-01-29	34566350	0.695	1075210	3.310	205010	2.485	277520	1.800	3262140	3.610	166120	3.350	178640	4.260	650	4.350	110	4.350	39731750
2015-01-30	41690900	6.715	233930	3.800	329480	2.470	835200	3.615	5427060	6.400	208590	5.295	259180	4.400	30	4.300	1040	4.400	48985410
2015-02-02	41531520	1.690	890160	3.345	698090	3.100	2757100	3.785	5130200	3.610	457220	4.700	362370	4.500	3450	4.400	1810	4.200	51831920
2015-02-03	38505270	2.195	708250	2.860	1645570	3.015	774470	3.145	2986970	4.200	516840	6.000	321710	4.700	1220	4.300	1610	4.300	45461910
2015-02-04	36910200	1.295	836280	2.595	731300	1.910	188390	1.490	2660660	4.230	430330	6.550	357630	5.075	2310	4.500	100	4.320	42117200
2015-02-05	34651320	1.080	455510	1.355	153640	0.800	315570	0.700	3276180	3.195	289490	7.300	153930	4.300	330	4.200	90	4.300	39296060

续表

交易日期	GC001		GC002		GC003		GC004		GC007		GC014		GC028		GC091		GC182		合计
	成交量	收盘价	成交量	收盘价	成交量	收盘价	成交量	收盘价	成交量	收盘价	成交量	收盘价	成交量	收盘价	成交量	收盘价	成交量	收盘价	
2015-02-06	37727520	1.005	69400	0.380	275780	0.110	522780	0.630	3628450	4.300	354340	5.775	251690	4.300	1250	4.300	2370	4.320	42833580
2015-02-09	42331240	0.870	1029580	3.505	759980	4.730	1501510	5.270	3855020	4.985	838950	5.000	180390	4.400	120	4.100	470	4.300	50497260
2015-02-10	38278630	53.440	608820	18.560	756360	22.275	347270	16.000	3237890	13.845	1345680	5.285	281380	4.465	110	4.255	1940	4.360	44858080
2015-02-11	35601690	3.345	1172510	5.750	369980	3.525	268060	3.000	2845880	9.585	1344590	4.800	391990	5.000	370	4.300	490	4.400	41995560
2015-02-12	32817540	16.185	508480	12.010	322530	5.000	261190	5.380	2319460	8.135	2200100	4.435	149760	4.200	780	4.250	2610	4.330	38582450
2015-02-13	29973520	1.310	117910	0.185	200720	0.075	2118250	1.195	4554790	3.360	4971840	2.115	264350	3.210	1200	3.500	1020	3.010	42203600
2015-02-16	28459070	2.660	1913580	3.585	310750	3.300	272390	1.470	4753430	1.610	2629880	2.820	181130	3.005	590	3.000	0	0.000	38520820
2015-02-17	28903140	0.450	84300	0.095	87330	0.100	149960	0.300	2677330	0.010	1520920	1.195	93650	2.110	6240	3.440	0	0.000	33522870
2015-02-25	38878900	2.790	3804200	4.000	1922130	3.705	779220	2.390	7576260	2.300	346710	4.200	222540	4.100	8740	3.705	5100	4.350	53543800
2015-02-26	37208120	1.820	929230	2.325	95970	1.585	169440	1.705	3740870	3.110	200150	3.465	75120	3.930	1850	4.100	30	4.000	42420780
2015-02-27	40700570	2.850	181670	1.005	286720	0.555	406020	1.015	4924010	3.260	445520	3.655	69780	3.810	13650	3.500	5220	3.680	47033160
2015-03-02	39870780	1.800	595160	3.040	546120	3.105	3136410	3.845	3284950	3.560	276770	3.750	125030	4.100	12090	4.100	1090	4.050	47848400
2015-03-03	35320520	0.885	401410	0.940	1475010	2.000	569450	2.700	3154180	2.510	1283440	4.605	156570	4.800	850	4.340	660	4.330	42362090
2015-03-04	34739450	1.010	1103000	2.175	925390	2.015	321220	1.225	4209260	2.985	1553730	5.385	144530	4.900	1900	4.220	560	4.310	42999040
2015-03-05	33069660	1.330	991390	1.760	151480	1.100	316940	0.800	4037460	5.700	659080	5.580	110850	5.165	2130	4.300	20	4.250	39339010
2015-03-06	36357470	1.185	191740	0.205	210740	0.115	808940	0.705	5108490	7.345	527440	5.740	184110	5.010	21890	4.400	710	4.300	43411530
2015-03-09	32868690	0.600	2304230	1.075	1246650	5.100	1847400	9.095	4104410	6.935	265870	5.160	112370	4.805	2420	4.540	680	4.500	42752720
2015-03-10	34148220	0.505	1290110	4.045	1129380	8.150	467580	8.315	3085850	5.500	171160	5.030	118200	4.995	1760	4.500	750	4.520	40413010
2015-03-11	33215890	0.585	1646430	5.220	821660	6.720	270850	4.015	3859640	4.525	284930	3.700	134410	4.520	3550	4.500	1040	4.400	40238400
2015-03-12	31273930	12.905	786420	9.510	155910	11.885	395740	5.200	3038080	6.600	194170	5.100	55420	4.410	620	4.400	610	4.410	35900900
2015-03-13	34049160	2.980	172360	0.500	388690	0.765	506660	1.280	3846860	3.100	290420	3.530	128110	3.800	7840	4.310	830	4.240	39390930
2015-03-16	35011900	1.065	668180	1.210	372580	1.500	2818760	2.100	3878210	3.160	611810	3.400	70880	3.970	8100	4.255	490	4.210	43440910
2015-03-17	35641730	1.015	448910	1.315	1006240	2.285	836190	2.650	2755110	2.200	574710	3.265	85720	3.500	4950	4.200	510	4.110	41354070
2015-03-18	35272380	1.935	551330	2.000	465610	2.510	79240	2.440	5067540	2.855	550820	3.000	81430	3.915	4100	4.100	1230	4.120	42073680
2015-03-19	36049460	2.255	653790	1.975	53990	1.010	126360	1.200	2759240	3.000	286880	3.330	80040	3.960	6390	4.100	550	4.130	40016700
2015-03-20	39346710	2.200	98230	1.070	210320	0.095	438920	0.600	3702800	2.300	411450	3.315	73340	3.720	5720	4.000	1520	4.000	44289010
2015-03-23	37950100	1.540	668340	2.500	410160	2.460	2668860	2.900	3947200	2.500	224040	3.140	103580	3.960	1630	4.020	340	4.100	45974250
2015-03-24	37037660	1.235	394810	2.300	1078470	2.600	576130	2.660	2593360	2.225	270170	2.810	106330	3.950	240	4.000	430	4.100	42057600

续表

交易日期	GC001		GC002		GC003		GC004		GC007		GC014		GC028		GC091		GC182		合 计
	成交量	收盘价	成交量	收盘价	成交量	收盘价	成交量	收盘价	成交量	收盘价	成交量	收盘价	成交量	收盘价	成交量	收盘价	成交量	收盘价	
2015 - 03 - 25	38117670	1. 045	805130	2. 130	544820	3. 010	127890	2. 600	3851160	2. 705	360900	3. 735	185690	4. 150	2480	4. 200	350	4. 100	43996090
2015 - 03 - 26	37694420	1. 470	716510	2. 060	85420	1. 355	121620	1. 335	3327640	3. 390	245090	3. 600	142420	4. 270	2630	4. 200	180	4. 100	42335930
2015 - 03 - 27	40368370	1. 295	78200	0. 250	220220	0. 105	585470	0. 710	3973980	2. 500	516300	3. 610	165400	4. 105	3950	4. 000	20	4. 100	45911910
2015 - 03 - 30	40718110	2. 585	1516610	2. 005	551720	2. 770	2970110	3. 900	3872030	3. 870	596430	3. 515	110400	4. 105	3440	4. 200	290	4. 100	50339140
2015 - 03 - 31	38536310	1. 100	276840	1. 740	1802460	2. 990	1213630	3. 895	2346480	3. 300	417630	4. 000	129870	4. 000	710	4. 200	160	4. 100	44724090
2015 - 04 - 01	36017280	1. 260	1020930	1. 780	734920	2. 205	405760	1. 030	4069170	2. 610	525550	3. 500	115650	3. 475	10530	4. 200	190	4. 100	42899980
2015 - 04 - 02	34844700	1. 505	333960	1. 695	86570	1. 030	157110	0. 745	4482180	1. 600	426550	3. 360	101250	3. 480	2600	4. 300	120	4. 100	40435040
2015 - 04 - 03	36944680	0. 700	72730	0. 225	190490	0. 200	214370	0. 215	4235670	0. 955	1234310	3. 550	95750	3. 000	3000	4. 200	220	4. 100	42991220
2015 - 04 - 07	35295120	0. 615	806650	0. 680	1785290	1. 220	1583690	1. 250	4798400	1. 360	1146100	4. 200	145630	4. 100	4590	4. 300	160	4. 110	45565630
2015 - 04 - 08	33951530	0. 520	966100	1. 100	466010	0. 845	158630	0. 520	3064400	2. 240	543780	3. 880	140520	3. 800	1310	4. 200	140	4. 100	39292420
2015 - 04 - 09	34853790	0. 950	1169040	1. 330	436710	0. 500	413750	0. 820	2886640	4. 295	285220	3. 910	45460	4. 050	6620	4. 090	40	4. 100	40097270
2015 - 04 - 10	36046260	0. 555	143110	0. 055	269830	0. 200	407450	0. 305	3740660	5. 295	354640	4. 105	86440	4. 195	270	4. 100	80	4. 110	41048740
2015 - 04 - 13	35693900	0. 505	865560	1. 640	865600	3. 800	1508610	5. 530	3630040	4. 005	232630	3. 900	89000	4. 100	1020	4. 110	0	0. 000	42886360
2015 - 04 - 14	34589670	0. 160	654090	2. 210	1715950	3. 090	587940	4. 700	4255250	3. 120	462770	3. 015	98640	3. 950	6810	4. 100	130	4. 100	42371250
2015 - 04 - 15	33072170	2. 445	1397980	6. 360	455790	5. 500	187410	2. 600	3370140	3. 400	296300	3. 200	139290	3. 600	410	4. 000	460	4. 100	38919950
2015 - 04 - 16	32676430	3. 105	511200	4. 800	76120	2. 295	178200	2. 145	3329950	3. 000	401420	3. 300	48750	3. 500	5750	4. 005	380	4. 100	37228200
2015 - 04 - 17	35786300	0. 665	150940	0. 100	394990	0. 025	333960	0. 230	3801180	2. 170	1090340	2. 500	81740	2. 100	11300	3. 850	90	3. 600	41650840
2015 - 04 - 20	34716210	0. 670	408630	1. 195	424980	1. 430	1704150	2. 185	3170670	0. 990	780510	2. 420	68560	3. 095	2990	3. 605	1420	3. 700	41278120
2015 - 04 - 21	34352360	1. 035	243850	1. 200	484690	1. 120	732090	1. 980	3570390	1. 990	621950	1. 950	99900	3. 150	2310	3. 605	940	3. 700	40108480
2015 - 04 - 22	34984400	1. 405	510400	1. 490	306370	1. 075	118470	0. 500	2689090	1. 795	477540	1. 910	150540	2. 500	5800	3. 510	870	3. 700	39243480
2015 - 04 - 23	35713210	1. 020	476740	0. 950	147790	0. 420	284510	0. 105	2674990	0. 500	528480	1. 800	122580	3. 145	4720	3. 610	350	3. 710	39953370
2015 - 04 - 24	37919080	1. 030	71260	0. 005	314990	0. 235	417650	0. 415	3583480	1. 000	712370	1. 805	123490	3. 145	2500	3. 600	0	0. 000	43144820
2015 - 04 - 27	36786900	1. 265	402240	1. 315	1265510	1. 030	1576690	1. 360	3296520	1. 995	589990	3. 120	39710	3. 180	1200	3. 510	0	0. 000	43958760
2015 - 04 - 28	37271980	0. 950	546400	1. 180	595080	1. 305	191970	0. 600	3638810	1. 175	410160	3. 010	81270	3. 200	600	3. 350	0	0. 000	42736270
2015 - 04 - 29	36455690	2. 060	1069570	1. 870	201050	1. 420	256310	0. 805	2935300	1. 685	424730	3. 135	26540	3. 000	1830	3. 600	10	3. 400	41371030
2015 - 04 - 30	35857330	0. 515	83990	0. 115	263060	0. 060	274390	0. 240	2716570	1. 620	382960	2. 890	41830	2. 715	350	3. 400	0	0. 000	39620480
2015 - 05 - 04	41561640	0. 815	1033890	2. 720	560070	2. 740	1814580	3. 830	4547540	3. 745	613280	3. 380	90330	3. 210	2230	3. 600	40	3. 500	50223600
2015 - 05 - 05	39982150	0. 220	562030	1. 510	1678590	3. 000	284570	2. 800	4480530	2. 240	373540	3. 000	160350	3. 300	140	3. 400	10	3. 400	47521910

续表

交易日期	GC001		GC002		GC003		GC004		GC007		GC014		GC028		GC091		GC182		合　计
	成交量	收盘价	成交量	收盘价	成交量	收盘价	成交量	收盘价	成交量	收盘价	成交量	收盘价	成交量	收盘价	成交量	收盘价	成交量	收盘价	
2015-05-06	37925030	2.045	925380	2.505	455830	2.900	158090	1.520	4322020	3.500	488280	2.405	60910	3.500	200	3.400	50	3.400	44335790
2015-05-07	34907350	3.100	594590	3.050	170490	2.105	145490	1.015	4733760	1.950	197640	2.835	55840	3.020	390	3.300	170	3.400	40805720
2015-05-08	35120050	1.425	217300	0.300	209570	0.030	294050	0.215	2537010	1.510	288180	1.610	121900	1.690	2230	3.200	100	3.300	38790390
2015-05-11	34750040	0.585	699030	0.675	566520	1.100	2088270	1.495	3634030	1.000	592820	1.870	119990	1.320	1320	2.900	20	3.000	42452040
2015-05-12	34822530	0.560	293280	0.670	705690	0.680	683570	1.100	3044120	1.235	628270	1.805	80770	1.325	1030	2.950	110	3.400	40259370
2015-05-13	34891620	0.670	971690	0.705	444520	0.720	192940	0.540	3201040	1.000	435040	1.950	82490	2.400	0	0.000	0	0.000	40219340
2015-05-14	37923550	1.140	663580	1.105	187000	0.525	101860	0.295	2523660	1.545	460920	2.495	63790	2.600	290	2.950	0	0.000	41924650
2015-05-15	38122220	0.590	94230	0.400	262750	0.005	442510	0.100	3816090	0.415	426170	2.485	51090	2.500	110	2.600	30	2.600	43215200
2015-05-18	39081310	0.515	844840	1.255	969040	1.935	1877780	3.555	3710280	2.090	656690	2.490	45670	2.410	29700	3.200	0	0.000	47215310
2015-05-19	38763950	0.955	539330	1.820	1695960	2.400	393010	2.450	4224730	1.400	482950	1.900	101850	2.580	15470	3.200	50	2.710	46217300
2015-05-20	36018240	3.490	1713120	5.730	443770	4.300	94000	3.600	3506000	2.550	583650	2.415	119590	2.580	13730	3.200	0	0.000	42492100
2015-05-21	32734260	2.540	379540	1.005	257710	1.555	117880	0.870	5175770	1.200	120940	2.230	95090	2.500	8890	3.080	60	2.700	38890140
2015-05-22	35267860	0.835	95880	0.010	358650	0.010	289670	0.700	4362940	1.105	464630	1.115	83310	2.005	0	0.000	10	1.500	40922950
2015-05-25	35394060	0.015	560780	0.505	446930	0.540	1767390	1.225	3612560	1.100	833300	2.160	83080	2.500	30	1.620	0	0.000	42698130
2015-05-26	35011070	0.895	355070	0.840	717030	0.845	477500	0.310	3145950	1.405	784340	2.600	100030	2.450	20	3.025	20	3.000	40591030
2015-05-27	34801990	0.585	1058100	1.005	453730	0.940	120920	0.310	2775330	2.250	653990	2.010	83760	2.650	160	1.800	0	0.000	39947980
2015-05-28	34359400	1.335	365260	1.815	69820	0.630	470350	0.620	3605780	3.855	511690	2.765	170900	3.100	0	0.000	0	0.000	39553200
2015-05-29	36313210	0.435	80680	0.050	184530	0.005	438580	0.220	4519350	4.740	592910	3.490	119460	3.100	140	3.000	50	1.520	42248910
2015-06-01	38069390	0.265	1231930	1.565	1361450	4.000	1356850	4.600	4773590	2.750	222780	2.500	95990	3.000	8880	3.100	180	3.000	47121040
2015-06-02	37277880	0.210	499000	2.200	1122390	3.500	480420	2.200	5705860	1.620	401140	1.700	107220	3.095	24140	3.200	0	0.000	45618050
2015-06-03	35549560	1.350	453620	3.100	247720	3.025	40250	0.710	3637770	2.500	359500	2.500	93700	3.000	21430	3.200	0	0.000	40403550
2015-06-04	34731680	1.625	272710	1.830	313220	1.260	326630	0.920	4553200	1.200	363780	1.500	112180	1.200	10	3.200	0	0.000	40673410
2015-06-05	35405920	0.585	79630	0.070	395840	0.005	316930	0.075	4790980	1.215	368180	1.115	192540	2.150	1110	1.500	0	0.000	41551130
2015-06-08	35034680	0.620	332520	0.845	547770	0.710	1505480	0.810	4522630	1.155	447940	2.135	207200	2.530	10990	2.200	160	2.700	42609370
2015-06-09	36758260	0.155	316630	0.600	1038370	1.125	600950	0.800	3180470	1.010	503110	1.605	174620	2.500	20370	3.000	530	2.500	42593310
2015-06-10	35890890	0.615	569470	0.810	269740	1.215	89840	0.400	3005690	1.400	626280	2.350	152420	3.000	16270	3.250	0	0.000	40620600
2015-06-11	40241980	0.645	800410	0.775	208430	0.710	961350	0.900	3660680	2.000	508420	2.710	124350	3.355	6170	3.005	40	1.610	46511830
2015-06-12	42415190	0.730	55650	0.020	310260	0.005	1147350	0.300	2975730	2.190	694260	2.705	24440	3.300	230	3.000	1870	1.450	47624980

续表

交易日期	GC001		GC002		GC003		GC004		GC007		GC014		GC028		GC091		GC182		合　计
	成交量	收盘价	成交量	收盘价	成交量	收盘价	成交量	收盘价	成交量	收盘价	成交量	收盘价	成交量	收盘价	成交量	收盘价	成交量	收盘价	
2015-06-15	42148760	0.005	1656580	0.650	824760	1.165	1069620	4.650	3805230	4.605	500300	2.805	43490	3.000	1600	3.000	40	2.000	50050380
2015-06-16	42770170	0.465	668650	0.995	441210	4.700	771270	6.700	3073100	4.005	338470	3.000	56420	3.300	1620	3.480	0	0.000	48120910
2015-06-17	42870810	0.510	1080760	4.000	1179910	4.160	193550	2.600	4205560	2.660	303290	3.015	82280	3.590	60	3.100	0	0.000	49916220
2015-06-18	41128410	1.650	527240	4.035	346190	1.750	484730	1.205	4468620	2.100	420780	3.100	91650	3.200	0	0.000	0	0.000	47467620
2015-06-19	39555970	3.215	191910	1.000	180680	0.015	185680	0.660	4311950	2.480	289500	2.600	86250	2.120	1210	3.190	0	0.000	44803150
2015-06-23	39271860	0.945	322550	0.005	1867550	2.475	894770	1.105	6746940	1.965	340170	2.600	103200	2.670	1230	3.100	0	0.000	49548270
2015-06-24	38003620	0.030	630320	0.865	695320	0.900	103130	0.700	5148460	1.600	271480	2.400	49510	2.610	4380	3.100	480	3.100	44906700
2015-06-25	38585950	0.725	604000	1.100	61340	0.575	75780	0.570	4237240	1.395	276210	2.510	46030	2.910	8180	3.150	450	3.150	43895180
2015-06-26	41150920	0.195	29610	0.300	240680	0.005	468570	0.585	3754580	2.045	224110	2.015	57780	2.500	3110	3.100	0	0.000	45929360
2015-06-29	42464540	0.115	1129120	0.600	804180	0.445	1150220	1.765	1730120	1.510	243080	2.025	76780	2.800	2800	3.000	20	1.610	47600860
2015-06-30	43925330	0.020	403100	0.600	823340	0.805	410500	1.360	2923290	2.010	314630	2.500	46640	2.700	6480	3.200	50	3.000	48853360
2015-07-01	43385600	0.335	1039390	0.940	456530	2.775	194430	2.250	3745350	2.015	174080	2.500	91980	3.150	12080	3.000	0	0.000	49099440
2015-07-02	43725340	0.365	622720	1.825	90370	1.200	333560	1.130	4138960	2.500	104350	2.700	102380	3.200	220	3.000	0	0.000	49117900
2015-07-03	44701160	0.250	108230	0.010	262360	0.005	349410	0.600	4640760	2.000	218420	1.500	22740	1.050	770	3.000	0	0.000	50303850
2015-07-06	39176590	0.360	560940	0.495	499010	0.600	1165090	1.300	4258910	1.095	363750	1.520	92390	1.910	28030	2.560	1470	3.000	46146180
2015-07-07	39307450	0.285	199990	0.540	491950	0.010	271140	0.305	3284940	1.010	232420	1.585	86140	1.600	1550	2.305	3640	3.000	43879220
2015-07-08	39890290	0.080	366940	0.475	351190	0.040	64270	0.405	3263080	1.500	239990	1.900	46780	1.960	3590	2.500	100	2.700	44226230
2015-07-09	41369450	0.385	331770	1.000	142710	1.035	54930	0.720	3319230	1.200	441100	2.100	116650	2.500	270	1.005	60	2.500	45776170
2015-07-10	42541420	0.400	73020	0.035	206890	0.015	192470	0.360	3334760	1.185	162600	0.860	88440	2.300	2020	2.800	0	0.000	46601620
2015-07-13	40539590	0.410	453400	0.535	263020	0.410	1268150	0.360	3717240	0.695	224550	1.300	67890	2.060	2000	2.500	5160	3.000	46541000
2015-07-14	39488300	0.395	293370	0.665	551160	0.775	259240	0.900	2911690	1.300	124770	1.625	24760	2.000	5000	2.800	400	3.000	43658690
2015-07-15	38450830	0.545	622700	0.840	375250	0.740	68840	0.510	2919800	1.200	214810	1.800	39950	2.010	13820	2.800	1960	3.000	42707960
2015-07-16	38660000	0.755	330940	0.780	24360	0.440	441700	0.505	2858060	0.680	136740	1.800	62330	2.100	5140	2.800	1920	3.000	42521190
2015-07-17	41199850	0.365	17820	0.030	168000	0.085	193240	0.165	3235600	1.005	142810	1.215	53620	1.605	11620	2.800	4740	3.000	45027300
2015-07-20	40286670	0.545	345560	0.690	366560	0.670	1134750	0.825	4163940	1.100	158910	1.100	35760	2.000	7850	2.800	2290	3.000	46502290
2015-07-21	39102280	0.790	176460	1.065	585210	1.100	389650	1.000	2988310	1.005	222060	1.105	52740	1.505	10710	2.800	1800	3.000	43529220
2015-07-22	38961060	0.670	659330	0.820	311000	1.040	42670	0.750	3188610	1.270	113750	1.790	62950	2.200	6200	2.800	1370	3.000	43346940
2015-07-23	39975400	0.130	354900	1.045	22140	0.650	25980	0.300	2666260	1.220	225240	1.730	89780	2.300	4050	2.800	2450	3.000	43366200

续表

交易日期	GC001		GC002		GC003		GC004		GC007		GC014		GC028		GC091		GC182		合 计
	成交量	收盘价	成交量	收盘价	成交量	收盘价	成交量	收盘价	成交量	收盘价	成交量	收盘价	成交量	收盘价	成交量	收盘价	成交量	收盘价	
2015-07-24	41824470	0.545	30900	0.320	146370	0.040	124150	0.215	2957370	1.105	165690	0.640	80450	1.600	1230	2.700	810	2.900	45331440
2015-07-27	41008710	0.200	258800	0.855	266170	0.950	1288160	0.975	3878240	1.055	175570	1.500	59380	1.800	10010	1.000	2300	3.000	46947340
2015-07-28	39647300	0.305	91400	0.700	594660	0.845	340190	1.200	3173620	1.010	212090	1.560	30570	1.800	18400	2.900	500	3.000	44108730
2015-07-29	39645180	0.340	420850	1.050	495430	0.860	113800	1.125	2885310	1.385	139720	1.500	32910	1.500	100	2.500	90	2.500	43733390
2015-07-30	40807940	0.975	338510	0.935	36730	0.740	39540	0.580	1952150	1.215	197330	1.505	83250	2.165	4930	2.800	1290	2.900	43461670
2015-07-31	41377490	0.155	45390	0.155	260090	0.240	184770	0.170	3106080	1.070	116060	1.210	22710	1.225	14040	1.000	870	2.900	45127500
2015-08-03	42271800	0.755	433440	1.040	331290	0.830	1119840	1.200	3736430	1.090	240040	1.300	58850	1.200	13930	1.020	1050	2.700	48206670
2015-08-04	41104880	0.395	236000	0.700	383560	0.900	357040	0.705	3162550	1.080	279540	1.505	56840	1.705	19290	2.500	770	2.700	45600470
2015-08-05	40986350	0.225	392200	0.795	397350	0.715	86510	0.600	2728860	1.470	90420	1.350	65930	1.620	19010	2.800	640	2.900	44767270
2015-08-06	40874200	0.695	373380	1.050	27280	0.740	47600	0.600	2105470	1.000	193570	0.820	55560	0.800	13970	2.800	1560	2.900	43692590
2015-08-07	42121060	0.265	49310	0.100	229120	0.020	138700	0.350	3630850	0.905	187660	1.140	77710	1.850	25620	1.000	2710	2.900	46462740
2015-08-10	42341770	1.115	225940	1.115	194760	0.955	1275190	1.385	3034380	1.205	179500	1.400	62300	1.510	60	2.000	0	0.000	47313900
2015-08-11	42130620	0.365	408260	0.555	409610	1.100	261760	0.725	3012830	1.405	111280	1.020	29190	1.820	4310	2.100	20	1.160	46367880
2015-08-12	42000390	0.765	558650	1.230	269040	1.400	110520	0.805	2788280	1.165	123630	1.105	42670	1.220	4610	2.400	0	0.000	45897790
2015-08-13	42005610	1.570	416070	1.705	42210	1.055	88180	0.845	2402190	1.165	186480	1.500	64110	1.310	1100	2.310	0	0.000	45205950
2015-08-14	43676630	1.000	46020	0.370	204490	0.145	137230	0.600	3936220	1.300	94890	1.400	66660	1.500	12290	1.000	0	0.000	48174430
2015-08-17	42831410	0.505	441260	1.010	210660	1.050	1261300	1.030	3312180	1.100	156790	1.500	44380	1.700	30270	1.205	20	2.000	48288270
2015-08-18	42695490	0.990	212330	1.245	523730	1.200	235320	1.200	2924910	1.200	164940	1.600	86700	1.600	510	2.000	0	0.000	46843930
2015-08-19	43191580	0.740	394940	0.945	298780	1.130	48780	0.650	2746330	1.040	105200	1.500	90740	1.745	16800	2.000	10	2.000	46893160
2015-08-20	42985670	1.935	250730	1.500	30390	0.990	40010	0.745	2428490	1.220	160590	1.565	127860	2.200	260	2.100	0	0.000	46024000
2015-08-21	45488800	0.620	86660	0.005	104070	0.005	116590	0.250	4089570	1.495	175130	1.605	98120	1.700	750	2.000	30	2.200	50159720
2015-08-24	45309410	0.920	412080	1.185	192500	1.060	1102670	1.505	2910970	1.250	197160	1.630	56670	1.500	23840	2.000	20	2.000	50205320
2015-08-25	45875890	1.455	198860	1.470	631510	1.610	286900	2.000	2587470	1.460	202190	1.875	43350	2.000	5240	2.200	0	0.000	49831410
2015-08-26	45097050	0.020	297020	1.595	348680	1.000	44740	1.400	3052040	1.900	493470	1.845	42870	1.500	820	2.200	160	2.000	49376850
2015-08-27	45073190	0.320	275560	1.270	166120	0.810	43120	1.130	2699110	1.800	337690	1.730	52560	1.900	5430	2.200	0	0.000	48652780
2015-08-28	47210640	0.740	117080	0.075	110650	0.105	123840	0.635	3576480	1.110	366560	1.500	45100	1.800	1390	2.200	0	0.000	51551740
2015-08-31	41854070	0.955	1237650	1.590	1759420	2.445	374460	2.000	5799290	1.250	293960	1.610	44870	1.905	15100	2.200	0	0.000	51378820
2015-09-01	39130000	1.115	1312200	2.095	209000	0.850	97080	0.360	5342630	0.365	161210	1.050	56840	1.600	2270	2.200	0	0.000	46311230

续表

交易日期	GC001		GC002		GC003		GC004		GC007		GC014		GC028		GC091		GC182		合 计
	成交量	收盘价	成交量	收盘价	成交量	收盘价	成交量	收盘价	成交量	收盘价	成交量	收盘价	成交量	收盘价	成交量	收盘价	成交量	收盘价	
2015-09-02	39590510	0.005	19180	0.225	79010	0.250	255150	0.150	3354590	0.720	178940	0.960	67690	1.500	7810	2.100	0	0.000	43552880
2015-09-07	45724890	1.520	328150	1.250	575960	1.195	1867490	1.610	6286900	1.270	412380	1.605	163510	2.000	5010	2.010	50	2.050	55364340
2015-09-08	46746090	1.775	302460	1.345	511740	1.905	289990	1.700	3910610	1.620	102420	1.610	48740	1.840	3690	2.100	10	2.100	51915750
2015-09-09	47460270	1.265	1075830	1.460	338200	1.670	103400	1.600	3141100	1.800	124410	1.900	56260	1.925	7660	2.300	0	0.000	52307130
2015-09-10	46116210	1.305	485680	1.325	35330	0.910	70860	0.850	1884420	1.200	119900	1.015	43800	1.905	10330	2.300	0	0.000	48766530
2015-09-11	47647620	0.680	31170	0.210	142040	0.220	154480	0.510	2135960	1.210	58370	1.100	90990	1.600	15530	2.310	0	0.000	50276160
2015-09-14	47345850	1.500	875850	1.145	423840	1.350	1543520	1.130	5414170	1.310	133780	1.650	106310	1.740	14500	2.300	0	0.000	55857820
2015-09-15	46238400	1.080	565370	1.000	992220	1.300	338010	1.000	3784610	1.680	85710	1.460	114590	1.200	3790	2.300	0	0.000	52122700
2015-09-16	47187090	0.505	515890	1.695	282450	1.560	88220	1.400	2902140	1.650	255220	1.200	77300	1.950	6750	2.350	0	0.000	51315060
2015-09-17	47496900	2.510	468920	2.235	88160	1.540	76000	1.220	2716370	1.620	285020	2.630	100330	2.000	1640	2.350	0	0.000	51233340
2015-09-18	49232920	1.360	85070	0.035	108170	0.255	256040	0.400	3193720	1.430	401600	1.040	72760	1.960	6680	2.300	0	0.000	53356960
2015-09-21	49787800	1.955	436210	1.845	294530	1.950	1752900	2.000	4495400	1.955	504350	2.350	116140	2.005	4640	2.350	0	0.000	57391970
2015-09-22	49915880	1.510	254890	1.985	985480	2.350	303060	2.240	2945240	2.000	522410	2.455	53110	2.010	6920	2.400	0	0.000	54986990
2015-09-23	48794940	1.140	809050	2.100	327670	2.065	63690	1.750	4473110	3.060	568690	2.050	86750	2.200	3590	2.400	20	2.400	55127510
2015-09-24	47020460	3.240	494800	2.670	312210	1.795	140410	1.215	3973020	3.200	964320	1.900	65560	2.120	1790	2.400	0	0.000	52972570
2015-09-25	48303740	2.615	43930	1.105	126790	0.110	214980	1.110	3300560	2.830	2080880	1.865	84340	2.300	2660	2.400	70	2.400	54157950
2015-09-28	43990100	1.055	4087540	3.425	1711600	4.990	210440	4.530	5217580	3.010	1514230	2.105	77830	1.290	340	2.300	0	0.000	56809660
2015-09-29	43008240	2.445	968180	3.000	209500	2.105	116710	1.300	4230010	1.100	956630	1.600	101280	1.800	4570	2.350	20	2.400	49595140
2015-09-30	45788550	2.160	35880	1.310	63180	0.310	67830	0.210	2664370	0.390	1006990	0.630	82200	1.150	4380	2.200	410	2.300	49713790
2015-10-08	61526130	6.250	1303530	4.810	400010	3.045	455470	2.565	7190760	2.560	795670	2.675	106470	2.500	2920	2.400	680	2.460	71781640
2015-10-09	55827600	0.940	149870	0.740	339780	0.325	430800	0.580	4986610	2.140	350020	2.510	44060	1.620	2230	2.520	0	0.000	62130970
2015-10-12	50627180	2.075	411120	1.960	309650	1.905	2327080	2.620	3349010	2.205	284150	2.140	41650	2.260	240	2.530	0	0.000	57350080
2015-10-13	48274190	0.885	184410	1.185	951690	1.200	385280	2.035	2159660	2.000	113720	2.000	58210	2.825	1500	2.560	20	2.450	52128680
2015-10-14	46648890	1.705	807030	2.400	278400	2.020	47310	1.855	2155440	2.185	53460	2.300	68100	2.505	830	2.520	0	0.000	50059460
2015-10-15	48818180	2.675	949620	2.340	300960	1.700	62100	1.225	4511660	1.920	244180	2.280	70200	2.400	2990	2.520	1960	2.460	54961850
2015-10-16	52000700	2.430	179660	0.815	164950	0.560	348610	1.020	4178570	2.450	190510	2.010	51860	2.400	2060	2.560	510	2.505	57117430
2015-10-19	50461330	1.060	515460	1.810	228440	1.590	2515520	2.125	3576870	2.300	156050	2.525	75040	2.545	4630	2.600	520	2.565	57533860
2015-10-20	48932360	2.205	123420	2.200	871430	2.720	443520	2.415	2325650	2.445	61820	2.260	52040	2.500	3690	2.610	150	2.605	52814080

续表

交易日期	GC001		GC002		GC003		GC004		GC007		GC014		GC028		GC091		GC182		合计
	成交量	收盘价	成交量	收盘价	成交量	收盘价	成交量	收盘价	成交量	收盘价	成交量	收盘价	成交量	收盘价	成交量	收盘价	成交量	收盘价	
2015-10-21	49500990	1.210	696690	2.055	588260	2.600	51950	1.990	2451890	2.330	173950	2.400	49800	2.410	1030	2.650	140	2.600	53514700
2015-10-22	52921850	4.630	634320	4.270	142560	2.395	453830	2.150	4335760	2.870	272690	2.600	71310	2.560	1820	2.645	250	2.590	58834390
2015-10-23	54026320	2.300	197840	1.255	518220	0.240	417450	1.005	4642890	2.355	138720	2.610	95210	2.500	2840	2.665	0	0.000	60039490
2015-10-26	53123680	1.105	484320	2.235	345160	2.305	2139180	3.000	4321190	2.490	98710	2.595	49910	2.500	1750	2.605	0	0.000	60563900
2015-10-27	51185350	2.215	216700	2.195	1023690	2.800	503950	2.970	2789650	2.200	169450	2.445	52350	2.485	3370	2.600	230	2.550	55944740
2015-10-28	49349800	1.710	845240	2.350	351300	2.300	97040	1.110	2858620	2.230	115140	2.400	49420	2.500	840	2.500	30	2.550	53667430
2015-10-29	47580380	0.590	584310	1.510	70770	0.930	107990	0.700	4182370	1.845	149020	2.400	54830	2.420	5530	2.750	0	0.000	52735200
2015-10-30	50809430	1.610	36780	0.510	184520	0.090	250580	0.575	4580280	1.785	364660	1.700	43660	2.340	13630	2.500	2770	2.800	56286310
2015-11-02	50143610	2.085	352020	1.590	494950	2.160	2234720	2.350	4883650	1.830	237320	1.920	15350	2.380	4620	2.550	60	2.590	58366300
2015-11-03	51683250	2.835	333060	2.530	1691230	4.000	917420	3.700	4491340	2.675	170840	2.435	11880	2.405	4570	2.805	780	2.870	59304370
2015-11-04	48377750	2.125	1828890	4.165	610410	3.955	171340	2.100	3692360	2.755	200490	2.560	56460	2.580	3230	2.840	270	2.900	54941200
2015-11-05	48058980	0.925	432470	2.615	109760	1.215	153450	0.875	4035780	1.870	108580	1.885	78280	2.450	6410	2.840	0	0.000	52983710
2015-11-06	51451020	3.650	71000	1.105	192850	0.655	329170	0.880	4817100	2.435	82400	2.215	36840	2.300	2420	2.750	4000	2.900	56986800
2015-11-09	48465950	2.385	497430	2.395	276640	2.390	2154830	2.510	3947340	2.410	142560	2.500	117960	2.500	460	2.800	250	2.900	55603420
2015-11-10	46002480	0.860	172950	1.675	974680	2.300	361630	1.505	4207300	2.220	157970	2.330	73850	2.500	1490	2.800	520	2.900	51952870
2015-11-11	45450940	1.370	800580	2.400	353420	1.895	107800	1.335	3521240	1.930	97000	2.265	56600	2.500	5560	2.800	560	2.900	50393700
2015-11-12	45929000	2.070	330240	1.755	59220	1.225	92760	1.200	4116760	1.810	434590	2.330	102550	2.400	250	2.500	0	0.000	51065370
2015-11-13	48944990	1.370	170670	0.600	139810	0.005	238630	0.110	3974300	1.600	441420	2.300	500720	2.125	2600	2.520	120	2.600	54413260
2015-11-16	47925130	0.440	1240820	1.395	206370	0.960	1646170	2.300	4245760	1.720	251130	2.380	93880	2.500	630	2.540	20	2.555	55609910
2015-11-17	48008520	0.685	352500	1.310	782420	1.550	392930	1.300	3541670	1.980	215840	2.440	90020	2.550	560	2.695	0	0.000	53384460
2015-11-18	47673570	0.800	884240	1.405	420410	1.550	84480	1.400	3536070	2.000	173790	2.370	89530	2.605	1380	2.700	500	2.900	52863970
2015-11-19	47399090	2.475	788360	1.945	75980	1.465	102000	1.400	3109380	2.565	285790	2.560	83890	2.700	230	2.600	10	2.900	51844730
2015-11-20	50654040	0.745	171520	0.020	147910	0.010	261370	0.235	3021850	1.755	433720	2.430	78160	2.530	970	2.700	1010	2.900	54770550
2015-11-23	48849330	0.990	426820	1.245	898510	1.125	2017610	1.010	5083760	1.570	326620	1.815	85210	2.500	1690	2.750	0	0.000	57689550
2015-11-24	48031080	1.325	266570	1.200	434240	1.315	365680	1.345	3225000	1.900	287910	2.430	124570	2.520	430	2.700	10	2.650	52735490
2015-11-25	47932210	1.085	445370	1.450	277870	1.400	36740	1.035	3641310	2.300	308720	2.405	37120	2.500	520	2.700	0	0.000	52679860
2015-11-26	49553140	1.110	287980	1.180	80150	1.010	90690	1.010	3032450	2.350	255330	2.610	32640	2.550	700	2.700	20	2.900	53333100
2015-11-27	51569740	1.800	115840	0.640	114260	0.400	389540	1.270	4186000	2.860	134220	2.635	32530	2.750	120	2.610	0	0.000	56542250

续表

交易日期	GC001		GC002		GC003		GC004		GC007		GC014		GC028		GC091		GC182		合　计
	成交量	收盘价	成交量	收盘价	成交量	收盘价	成交量	收盘价	成交量	收盘价	成交量	收盘价	成交量	收盘价	成交量	收盘价	成交量	收盘价	
2015－11－30	52153850	0.525	547800	2.000	660210	2.520	1358440	4.000	5247120	2.820	371560	2.570	60700	2.610	260	2.705	0	0.000	60399940
2015－12－01	49871630	2.385	275630	1.600	1062740	3.490	443430	1.820	3914800	2.500	122820	2.505	52870	2.700	1620	2.800	770	2.900	55746310
2015－12－02	46637100	3.010	673340	4.000	310100	3.610	91060	3.000	3757250	2.430	49350	2.490	52040	2.500	30	2.700	150	2.900	51570420
2015－12－03	46616150	2.500	284900	2.045	52300	1.325	252520	1.425	4723970	1.800	182790	2.000	100790	2.300	3310	2.800	620	2.900	52217350
2015－12－04	51679870	1.840	96200	0.645	207070	0.245	415860	0.980	4544890	1.910	320180	2.300	120790	2.750	4090	2.800	20	2.600	57388970
2015－12－07	51374300	0.695	986280	1.070	910420	0.705	2336420	1.840	3530510	1.915	160780	2.375	41680	2.320	90	2.600	20	2.600	59340500
2015－12－08	50998840	0.965	520400	1.200	616990	1.205	310800	2.030	3713080	2.000	121340	2.400	52060	2.405	180	2.605	280	2.600	56333970
2015－12－09	52830570	1.625	487700	1.540	337070	2.200	101000	1.665	3071730	2.410	81240	2.480	79860	2.615	300	2.600	200	2.550	56989670
2015－12－10	52755220	1.750	327320	1.935	66490	1.500	103150	1.655	4821610	2.500	125700	2.500	64390	2.710	230	2.605	130	2.555	58264240
2015－12－11	58088020	2.210	72220	0.695	220990	0.455	503520	1.495	4015140	2.500	128650	2.600	115670	2.815	1080	2.700	0	0.000	63145290
2015－12－14	53608900	3.685	627660	3.335	558730	2.490	1478700	2.800	4306230	3.150	171190	2.700	81120	2.610	610	2.700	1020	2.900	60834160
2015－12－15	52807630	3.400	275590	3.270	526850	3.150	223830	3.420	3372930	2.790	116100	2.600	127170	2.850	120	2.700	0	0.000	57450220
2015－12－16	52729050	0.545	466250	1.370	860220	2.000	364180	1.205	3528320	2.055	136630	2.330	35170	2.750	90	2.610	0	0.000	58119910
2015－12－17	57579480	3.710	672290	2.480	314530	1.350	394000	1.290	4508490	2.750	206540	2.800	84900	2.855	1840	2.710	0	0.000	63762070
2015－12－18	60051290	1.465	136200	0.600	182400	0.345	613010	0.500	3802270	2.420	284870	3.000	68280	2.970	560	2.705	0	0.000	65138880
2015－12－21	59905600	2.525	1205590	2.515	312300	2.260	1333200	3.290	3916800	3.215	232650	3.075	24400	3.000	2830	2.800	30	2.600	66933400
2015－12－22	61562950	1.950	315850	3.090	803580	3.500	414520	3.305	4004020	2.645	356100	3.320	50210	3.000	1700	2.805	240	2.900	67509170
2015－12－23	54008170	3.560	1232940	3.195	938090	2.650	175030	2.600	2740060	3.015	702590	3.205	25870	2.900	2920	2.815	2580	2.900	59828250
2015－12－24	54811880	6.360	618180	4.530	332280	2.275	338180	2.405	2732690	3.320	571090	3.450	23840	3.150	2110	2.820	1570	2.900	59431820
2015－12－25	53915230	3.745	217300	1.540	191760	0.810	303330	1.300	4271190	3.070	459830	2.700	8320	2.615	480	2.650	240	2.650	59367680
2015－12－28	53910540	2.820	581710	2.620	1719270	3.810	2028080	4.000	4758300	2.740	255650	2.650	35750	2.800	3450	2.750	5990	2.900	63298740
2015－12－29	51613320	2.290	968870	3.800	1275660	4.485	163840	2.955	5389650	2.735	118300	2.600	16590	2.555	570	2.705	1710	2.900	59548510
2015－12－30	50826960	2.630	731370	3.605	311110	2.600	358950	2.265	4190160	2.305	73160	2.600	32260	2.600	1300	2.700	90	2.800	56525360
2015－12－31	55168790	4.205	82230	1.650	211130	0.305	392910	0.760	5257120	1.105	264680	2.300	16200	2.400	310	2.505	140	2.505	61393510
合计																			11667023530

数据来源：上海证券交易所；以上质押式回购成交量仅包括上海证券交易所撮合系统质押式回购成交量。

2015年上海证券交易所机构投资者债券质押式回购交易额排名

排　　名	会员名称	成交金额（百万元）
1	安邦资产管理有限责任公司	6404131.50
2	中信证券股份有限公司	6037439.80
3	广发证券股份有限公司	5912114.20
4	国泰君安证券股份有限公司	5891762.30
5	鹏华基金管理公司	3500354.10
6	泰康资产管理有限责任公司	3214773.50
7	平安证券有限责任公司	3028538.60
8	易方达基金管理公司	2636883.30
9	中银基金管理有限公司	2549496.40
10	银华基金管理有限公司	2531389.20
11	新华资产管理股份有限公司	2487588.50
12	中国人保资产管理有限公司	2403903.80
13	东方证券股份有限公司	2383384.30
14	平安资产管理有限责任公司	2315849.90
15	上投摩根基金管理有限公司	2115743.20
16	海通证券股份有限公司	2030934.30
17	嘉实基金管理有限公司	1985947.20
18	南方基金管理公司	1922289.00
19	工银瑞信基金管理有限公司	1885673.60
20	招商证券股份有限公司	1873661.60
21	华泰证券股份有限公司	1553055.90
22	华夏基金管理公司	1492005.30
23	太平资产管理有限公司	1420770.40
24	西南证券股份有限公司	1416042.20
25	中信建投证券股份有限公司	1307631.50
26	博时基金管理有限公司	1284264.50
27	广州证券股份有限公司	1250708.20
28	中国人寿资产管理有限公司	1186689.30
29	安信证券股份有限公司	1085811.90
30	天安保险股份有限公司	1057402.10
31	长江证券股份有限公司	887226.50
32	天弘基金管理有限公司	883309.40
33	国信证券股份有限公司	854251.60
34	银河基金管理有限公司	770704.50
35	生命保险资产管理有限公司	756875.40
36	申万宏源证券有限公司	734991.10
37	中国国际金融有限公司	688274.30
38	太平洋资产管理有限责任公司	679349.70

续表

排 名	会员名称	成交金额（百万元）
39	富国基金管理公司	677034.50
40	申万宏源西部证券有限公司	664471.70
41	光大证券股份有限公司	659500.60
42	光大永明资产管理股份有限公司	653848.10
43	华泰资产管理有限公司	645535.30
44	诺安基金管理有限公司	629173.60
45	中国银河证券股份有限公司	608566.50
46	安信基金管理有限责任公司	603407.70
47	生命人寿保险股份有限公司	592824.30
48	东北证券股份有限公司	592253.80
49	富德生命人寿保险股份有限公司	588445.80
50	中再资产管理股份有限公司	585950.80
51	招商基金管理有限公司	508551.00
52	汇添富基金管理有限公司	472564.70
53	东吴证券股份有限公司	463400.40
54	民生加银基金管理有限公司	442844.70
55	广发基金管理有限公司	437770.30
56	华商基金管理有限公司	429609.90
57	渤海证券股份有限公司	409262.30
58	融通基金管理有限公司	404506.00
59	华融证券股份有限公司	401487.00
60	长信基金管理有限责任公司	395013.70
61	华安基金管理公司	392016.50
62	大成基金管理公司	391028.30
63	华宝兴业基金管理有限公司	384294.70
64	建信基金管理有限责任公司	375584.20
65	方正证券股份有限公司	365185.30
66	长城基金管理有限公司	338970.30
67	华泰柏瑞基金管理有限公司	335329.90
68	英大证券有限责任公司	331090.70
69	国泰基金管理公司	322411.60
70	浦银安盛基金管理有限公司	316314.60
71	兴业证券股份有限公司	312000.70
72	国联安基金管理有限公司	308872.20
73	华创证券有限责任公司	297169.00
74	中海基金管理有限公司	296464.10
75	交银施罗德基金管理有限公司	295420.40
76	首创证券有限责任公司	295381.70
77	中泰证券股份有限公司	293062.90
78	国金证券股份有限公司	283045.20
79	长城证券股份有限公司	282614.70

续表

排　名	会员名称	成交金额（百万元）
80	华西证券股份有限公司	275242.00
81	合众资产管理股份有限公司	244557.40
82	西部证券股份有限公司	241865.30
83	中欧基金管理有限公司	226047.90
84	华夏人寿保险股份有限公司	221133.00
85	国元证券股份有限公司	218883.30
86	南京证券股份有限公司	217252.90
87	中山证券有限责任公司	214314.70
88	华安财保资产管理有限责任公司	210198.60
89	兴业全球基金管理有限公司	197604.30
90	恒泰证券股份有限公司	195738.60
91	美国友邦保险有限公司上海分公司	193862.30
92	宝盈基金管理有限公司	190220.20
93	鑫元基金管理有限公司	182121.50
94	泰达宏利基金管理有限公司	180459.20
95	国投瑞银基金管理有限公司	174229.30
96	天风证券股份有限公司	166764.50
97	摩根士丹利华鑫基金管理有限公司	166405.80
98	东吴基金管理有限公司	165446.30
99	海富通基金管理有限公司	164363.50
100	泰信基金管理有限公司	161803.70
101	长盛基金管理有限公司	160505.60
102	民生通惠资产管理有限公司	159195.40
103	前海开源基金管理有限公司	157878.00
104	国盛证券有限责任公司	155218.80
105	北京高华证券有限责任公司	153623.90
106	山西证券股份有限公司	148663.10
107	财通证券股份有限公司	146966.80
108	湘财证券股份有限公司	146341.30
109	浙商证券股份有限公司	145698.30
110	上海证券有限责任公司	139995.70
111	中融基金管理有限公司	137299.70
112	华富基金管理有限公司	134055.80
113	光大保德信基金管理有限公司	132598.50
114	中加基金管理有限公司	123074.40
115	景顺长城基金管理有限公司	118153.40
116	信诚基金管理有限公司	117678.30
117	国华人寿保险股份有限公司	117511.20
118	民生证券股份有限公司	114513.40
119	东方基金管理有限责任公司	112607.60
120	华安证券股份有限公司	112530.80

续表

排名	会员名称	成交金额（百万元）
121	中国太平洋保险（集团）股份有限公司	110801.50
122	万联证券有限责任公司	110340.10
123	江信基金管理有限公司	105187.90
124	中邮创业基金管理有限公司	98653.90
125	信达证券股份有限公司	97054.20
126	国联证券股份有限公司	95626.90
127	北信瑞丰基金管理有限公司	93821.40
128	东莞证券股份有限公司	93681.70
129	兴业基金管理有限公司	93025.90
130	新华基金管理有限公司	92639.00
131	第一创业证券股份有限公司	90047.00
132	中天证券有限责任公司	84313.40
133	长城人寿保险股份有限公司	84061.10
134	国寿安保基金管理有限公司	81779.20
135	中原证券股份有限公司	77907.70
136	西藏同信证券股份有限公司	76831.40
137	中银国际证券有限责任公司	73891.50
138	宏信证券有限责任公司	72751.20
139	东海证券股份有限公司	72748.60
140	金鹰基金管理有限公司	68735.20
141	华福证券有限责任公司	63448.00
142	财富证券有限责任公司	59393.30
143	中金基金管理有限公司	59084.20
144	汇丰晋信基金管理有限公司	56912.60
145	华金证券有限责任公司	55633.90
146	九泰基金管理有限公司	54987.10
147	东兴证券股份有限公司	53292.30
148	中国民族证券有限责任公司	52537.70
149	中国中投证券有限责任公司	52509.20
150	长江养老保险股份有限公司	49883.90
151	天治基金管理有限公司	49332.80
152	申万菱信基金管理有限公司	48504.70
153	太平洋证券股份有限公司	47790.50
154	德邦证券股份有限公司	46258.40
155	国海富兰克林基金管理有限公司	46254.70
156	永安财产保险	43353.00
157	红塔证券股份有限公司	42367.00
158	国海证券股份有限公司	41102.90
159	英大基金管理有限公司	40321.70
160	国开证券有限责任公司	40309.90
161	长安基金管理有限公司	39657.40

续表

排　名	会员名称	成交金额（百万元）
162	益民基金管理有限公司	39420.80
163	大通证券股份有限公司	38441.80
164	中华联合财产保险股份有限公司	37324.10
165	德邦基金管理有限公司	36895.10
166	幸福人寿保险股份有限公司	35848.60
167	财达证券有限责任公司	35363.40
168	创金合信基金管理有限公司	32721.90
169	平安大华基金管理有限公司	31958.80
170	中信建投基金管理有限公司	31687.50
171	中英益利资产管理股份有限公司	31678.90
172	信达澳银基金管理有限公司	31210.20
173	联讯证券股份有限公司	30744.80
174	华宝证券有限责任公司	30437.30
175	万和证券有限责任公司	29168.20
176	浙商基金管理有限公司	27972.60
177	前海人寿保险股份有限公司	27374.40
178	万家基金管理有限公司	26669.70
179	江海证券有限公司	25989.10
180	川财证券有限责任公司	25978.10
181	华龙证券股份有限公司	23954.00
182	华润元大基金管理有限公司	23796.00
183	金元证券股份有限公司	23688.80
184	德邦证券有限责任公司	23371.20
185	农银汇理基金管理有限公司	22700.90
186	阳光财产保险股份有限公司	21897.10
187	英大泰和人寿保险股份有限公司	21665.30
188	国金基金管理有限公司	20502.10
189	华鑫证券有限责任公司	16801.90
190	阳光人寿保险股份有限公司	16739.90
191	英大泰和财产保险股份有限公司	15439.70
192	诺德基金管理有限公司	14755.90
193	世纪证券有限责任公司	13744.30
194	瑞银证券有限责任公司	11991.00
195	中邮证券有限责任公司	11733.50
196	泓德基金管理有限公司	11677.10
197	日信证券有限责任公司	11473.90
198	西部利得基金管理有限公司	10945.00
199	信泰人寿保险股份有限公司	10907.50
200	华福基金管理有限责任公司	9654.20
201	富安达基金管理有限公司	9335.70
202	国都证券股份有限公司	8660.70

续表

排 名	会员名称	成交金额（百万元）
203	财通基金管理有限公司	8409.90
204	平安养老保险股份有限公司	7619.40
205	永赢基金管理有限公司	6817.20
206	中航证券有限公司	6405.70
207	网信证券有限责任公司	6137.70
208	红塔红土基金管理有限公司	6123.70
209	五矿证券有限公司	6077.50
210	国开泰富基金管理有限责任公司	5862.30
211	红土创新基金管理有限公司	5200.00
212	开源证券股份有限公司	4383.70
213	九州证券有限公司	4046.30
214	金元顺安基金管理有限公司	4030.80
215	长城国瑞证券有限公司	3584.10
216	大同证券有限责任公司	3422.00
217	国都证券有限责任公司	3342.20
218	银泰证券有限责任公司	2430.70
219	圆信永丰基金管理有限公司	1920.50
220	中意资产管理有限责任公司	1560.00
221	嘉合基金管理有限公司	1199.00
222	华宸未来基金管理有限公司	1076.30
223	中国人寿养老保险股份有限公司	680.20
224	中原英石基金管理有限公司	519.60
225	方正富邦基金管理有限公司	317.00
226	华英证券有限责任公司	298.00
227	东海基金管理有限责任公司	260.00
228	民生人寿保险股份有限公司	149.30
229	华林证券有限责任公司	138.00
230	上银基金管理有限公司	129.90
231	新时代证券股份有限公司	26.90
232	新沃基金管理有限公司	9.60
233	爱建证券有限责任公司	1.10
234	东方花旗证券有限公司	0.10
	合计	111317459.80

数据来源：上海证券交易所。

注：以上成交金额仅包括上海证券交易所撮合系统质押式回购成交量。

2015 年深圳证券交易所国债现券交易情况月度统计表

月份	债券种类	现券交易额（元）	回购金额
1	国债	32673405.00	
2	国债	8300554.00	
3	国债	40065625.00	
4	国债	682932121.00	
5	国债	15802811.00	
6	国债	12919912.00	
7	国债	49331796.00	
8	国债	108744766.00	
9	国债	239486470.00	
10	国债	110867352.00	
11	国债	44643496.00	
12	国债	350663950.00	
小　计		1696432258.00	

注：因 2012 年 12 月 10 月深市启动企业债和国债回购并库，故从 2012 年 12 月起无法单独区分国债的回购交易金额。

2015 年深圳证券交易所机构投资者国债现券交易额排名

序号	会员单位	记账式附息国债现券交易量（元）	记账式贴现国债现券交易量（元）	合计
1	中国国际金融股份有限公司	1693319706.20	688742800.00	2382062506.20
2	国信证券股份有限公司	244795116.77	15768.46	244810885.23
3	湘财证券股份有限公司	126210027.86	980.00	126211007.86
4	国都证券股份有限公司	101270820.88	0.00	101270820.88
5	招商证券股份有限公司	68030687.69	22674.70	68053362.39
6	中信证券股份有限公司	64534199.17	2389557.50	66923756.67
7	第一创业证券股份有限公司	62975326.04	9865.50	62985191.54
8	国泰君安证券股份有限公司	50886593.80	620741.30	51507335.10
9	中国银河证券股份有限公司	50018869.48	5889.30	50024758.78
10	海通证券股份有限公司	31346427.56	0.00	31346427.56
11	金元证券股份有限公司	30336041.45	0.00	30336041.45
12	天风证券股份有限公司	20655240.00	0.00	20655240.00
13	华泰证券股份有限公司	19731172.10	54365.50	19785537.60
14	申万宏源证券有限公司	17343240.85	0.00	17343240.85
15	安信证券股份有限公司	8763923.15	0.00	8763923.15
16	方正证券股份有限公司	8006308.93	0.00	8006308.93
17	中信建投证券股份有限公司	7986663.68	0.00	7986663.68
18	广发证券股份有限公司	7693085.50	0.00	7693085.50
19	华林证券有限责任公司	4612228.35	0.00	4612228.35
20	国元证券股份有限公司	4555160.29	40242.21	4595402.50
21	广州证券股份有限公司	4153737.14	0.00	4153737.14
22	光大证券股份有限公司	4142864.60	0.00	4142864.60
23	信达证券股份有限公司	1183541.86	2860287.30	4043829.16
24	中国中投证券有限责任公司	3725605.87	137651.60	3863257.47
25	中信证券（山东）有限责任公司	3585808.61	98705.00	3684513.61
26	国金证券股份有限公司	3289037.01	68601.16	3357638.17
27	财富证券有限责任公司	3069388.27	0.00	3069388.27
28	中泰证券股份有限公司	2859417.08	3960.00	2863377.08
29	国开证券有限责任公司	2850795.50	0.00	2850795.50
30	申万宏源西部证券有限公司	2047817.57	781915.00	2829732.57
31	长江证券股份有限公司	2694626.38	0.00	2694626.38
32	东海证券股份有限公司	2660697.12	0.00	2660697.12
33	西南证券股份有限公司	2414619.30	98295.00	2512914.30
34	华西证券股份有限公司	2266783.82	1968.90	2268752.72
35	东北证券股份有限公司	2188152.02	0.00	2188152.02

续表

序号	会员单位	记账式附息国债现券交易量（元）	记账式贴现国债现券交易量（元）	合计
36	国联证券股份有限公司	2126277.07	0.00	2126277.07
37	中银国际证券有限责任公司	2009696.86	0.00	2009696.86
38	中天证券有限责任公司	1940051.40	0.00	1940051.40
39	平安证券有限责任公司	1698404.08	0.00	1698404.08
40	南京证券股份有限公司	1639290.26	0.00	1639290.26
41	东方证券股份有限公司	1484521.23	0.00	1484521.23
42	东莞证券股份有限公司	1424541.32	0.00	1424541.32
43	兴业证券股份有限公司	1291018.74	85773.30	1376792.04
44	山西证券股份有限公司	1351557.60	14768.00	1366325.60
45	中国民族证券有限责任公司	1195285.29	115338.91	1310624.20
46	华创证券有限责任公司	1062490.44	0.00	1062490.44
47	华宝证券有限责任公司	1011441.11	0.00	1011441.11
48	首创证券有限责任公司	865190.24	0.00	865190.24
49	西部证券股份有限公司	809571.98	0.00	809571.98
50	中原证券股份有限公司	786585.48	0.00	786585.48
51	东兴证券股份有限公司	765919.07	0.00	765919.07
52	华龙证券股份有限公司	713639.62	0.00	713639.62
53	国海证券股份有限公司	709212.29	0.00	709212.29
54	华安证券股份有限公司	689186.80	6002.00	695188.80
55	民生证券股份有限公司	612776.38	22662.50	635438.88
56	财达证券有限责任公司	502720.63	0.00	502720.63
57	浙商证券股份有限公司	485856.87	0.00	485856.87
58	东吴证券股份有限公司	425234.99	0.00	425234.99
59	西藏同信证券股份有限公司	406601.90	0.00	406601.90
60	渤海证券股份有限公司	363378.05	0.00	363378.05
61	国盛证券有限责任公司	322519.63	23659.20	346178.83
62	大同证券有限责任公司	346165.43	0.00	346165.43
63	英大证券有限责任公司	308891.60	0.00	308891.60
64	大通证券股份有限公司	281479.40	0.00	281479.40
65	恒泰证券股份有限公司	277679.51	0.00	277679.51
66	新时代证券股份有限公司	227638.57	0.00	227638.57
67	长城证券股份有限公司	209587.12	980.00	210567.12
68	中航证券有限公司	194983.91	0.00	194983.91
69	财通证券股份有限公司	191827.96	0.00	191827.96
70	宏信证券有限责任公司	170822.78	0.00	170822.78
71	华金证券有限责任公司	170616.64	0.00	170616.64
72	万联证券有限责任公司	144660.96	0.00	144660.96
73	华鑫证券有限责任公司	140188.11	0.00	140188.11

续表

序号	会员单位	记账式附息国债现券交易量（元）	记账式贴现国债现券交易量（元）	合计
74	江海证券有限公司	126817.12	0.00	126817.12
75	世纪证券有限责任公司	123963.78	0.00	123963.78
76	太平洋证券股份有限公司	117699.01	0.00	117699.01
77	上海证券有限责任公司	117227.52	0.00	117227.52
78	北京高华证券有限责任公司	99564.74	0.00	99564.74
79	川财证券有限责任公司	81072.60	0.00	81072.60
80	华福证券有限责任公司	59216.36	9895.00	69111.36
81	华融证券股份有限公司	64180.74	0.00	64180.74
82	联讯证券股份有限公司	61436.22	0.00	61436.22
83	众成证券有限责任公司	52155.65	0.00	52155.65
84	中邮证券有限责任公司	40333.40	0.00	40333.40
85	中山证券有限责任公司	35925.46	0.00	35925.46
86	德邦证券股份有限公司	34260.35	0.00	34260.35
87	开源证券股份有限公司	30054.00	0.00	30054.00
88	万和证券有限责任公司	7995.60	0.00	7995.60
89	五矿证券有限公司	6932.61	0.00	6932.61
90	日信证券有限责任公司	2045.28	0.00	2045.28
91	九州证券有限公司	2033.92	0.00	2033.92
92	红塔证券股份有限公司	2012.50	0.00	2012.50
93	长城国瑞证券有限公司	2004.75	0.00	2004.75
94	瑞银证券有限责任公司	1990.70	0.00	1990.70
95	爱建证券有限责任公司	1006.00	0.00	1006.00
96	银泰证券有限责任公司	0.00	0.00	0.00

二、地方政府债券发行、兑付数据

2015 年地方政府一般债务余额决算表

单位：亿元

项　　目	预算数	决算数
一、2014 年末地方政府一般债务余额实际数		94272.40
二、2015 年末地方政府一般债务余额限额	99272.40	
三、2015 年地方政府一般债务发行额		28606.90
四、2015 年地方政府一般债务还本额		23606.90
五、2015 年末地方政府一般债务余额数		99272.40
其中：地方政府一般债券余额实际数		38515.90
其他地方政府一般债务余额数		60756.50

注："其他地方政府一般债务余额数"指地方政府一般债务中银行贷款等非政府债券形式的债务余额数。由于债务举措主体分布在融资平台公司等企事业单位，债务资金的举措和使用未经总预算会计核算，在完成地方政府债券置换前，本表中"其他地方政府一般债务余额数"及在其基础上加总的"2015 年末地方政府一般债务余额数"为地方统计数。

2015 年地方政府专项债务余额决算表

单位：亿元人民币

项　　目	预算数	执行数
一、2014 年末地方政府专项债务余额实际数		59801.90
二、2015 年末地方政府专项债务余额限额	60801.90	
三、2015 年地方政府专项债务发行额		9743.70
四、2015 年地方政府专项债务还本额		8743.70
五、2015 年末地方政府专项债务余额数		60801.90
其中：地方政府专项债券余额实际数		9743.40
其他地方政府专项债务余额数		51058.50

注："其他地方政府专项债务余额数"指地方政府专项债务中银行贷款等非政府债券形式的债务余额数。由于债务举措主体分布在融资平台公司等企事业单位，债务资金的举措和使用未经总预算会计核算，在完成地方政府债券置换前，本表中"其他地方政府专项债务余额数"及在其基础上加总的"2015 年末地方政府一般债务余额数"为地方统计数。

2015 年地方债券发行情况表

名称	期限	发行面值（亿元）	招标日期	发行方式	票面利率（%）
2015 年江苏省政府一般债券（一期）	3 年	104.40	2015-05-18	公开招标	2.94
2015 年江苏省政府一般债券（二期）	5 年	156.60	2015-05-18	公开招标	3.12
2015 年江苏省政府一般债券（三期）	7 年	156.60	2015-05-18	公开招标	3.41
2015 年江苏省政府一般债券（四期）	10 年	104.40	2015-05-18	公开招标	3.41
2015 年新疆维吾尔自治区政府一般债券（一期）	3 年	11.80	2015-05-21	公开招标	2.84
2015 年新疆维吾尔自治区政府一般债券（二期）	5 年	17.70	2015-05-21	公开招标	3.07
2015 年新疆维吾尔自治区政府一般债券（三期）	7 年	17.70	2015-05-21	公开招标	3.37
2015 年新疆维吾尔自治区政府一般债券（四期）	10 年	11.80	2015-05-21	公开招标	3.41
2015 年湖北省政府一般债券（一期）	3 年	20.00	2015-05-27	公开招标	2.85
2015 年湖北省政府一般债券（二期）	5 年	60.00	2015-05-27	公开招标	3.15
2015 年湖北省政府一般债券（三期）	7 年	60.00	2015-05-27	公开招标	3.40
2015 年湖北省政府一般债券（四期）	10 年	60.00	2015-05-27	公开招标	3.45
2015 年广西壮族自治区政府一般债券（一期）	3 年	40.00	2015-05-28	公开招标	2.86
2015 年广西壮族自治区政府一般债券（二期）	5 年	60.00	2015-05-28	公开招标	3.16
2015 年广西壮族自治区政府一般债券（三期）	7 年	60.00	2015-05-28	公开招标	3.42
2015 年广西壮族自治区政府一般债券（四期）	10 年	40.00	2015-05-28	公开招标	3.47
2015 年山东省政府一般债券（一期）	3 年	72.00	2015-05-29	公开招标	2.87
2015 年山东省政府一般债券（二期）	5 年	108.00	2015-05-29	公开招标	3.20
2015 年山东省政府一般债券（三期）	7 年	108.00	2015-05-29	公开招标	3.46
2015 年山东省政府一般债券（四期）	10 年	72.00	2015-05-29	公开招标	3.49
2015 年江苏省政府定向承销发行的置换一般债券（一期）	3 年	67.90	2015-06-01	定向承销	3.32
2015 年江苏省政府定向承销发行的置换一般债券（二期）	5 年	101.85	2015-06-01	定向承销	3.71
2015 年江苏省政府定向承销发行的置换一般债券（三期）	7 年	101.85	2015-06-01	定向承销	4.03
2015 年江苏省政府定向承销发行的置换一般债券（四期）	10 年	67.90	2015-06-01	定向承销	4.05
2015 年江苏省政府定向承销发行的置换专项债券（一期）	3 年	21.85	2015-06-01	定向承销	3.32
2015 年江苏省政府定向承销发行的置换专项债券（二期）	5 年	32.77	2015-06-01	定向承销	3.71
2015 年江苏省政府定向承销发行的置换专项债券（三期）	7 年	32.77	2015-06-01	定向承销	4.03
2015 年江苏省政府定向承销发行的置换专项债券（四期）	10 年	21.85	2015-06-01	定向承销	4.05
2015 年河北省政府定向承销发行的置换一般债券（一期）	3 年	22.44	2015-06-02	定向承销	2.95
2015 年河北省政府定向承销发行的置换一般债券（二期）	5 年	33.38	2015-06-02	定向承销	3.31
2015 年河北省政府定向承销发行的置换一般债券（三期）	7 年	33.38	2015-06-02	定向承销	3.60
2015 年河北省政府定向承销发行的置换一般债券（四期）	10 年	22.25	2015-06-02	定向承销	3.62
2015 年河北省政府定向承销发行的置换专项债券（一期）	3 年	5.01	2015-06-02	定向承销	2.90
2015 年河北省政府定向承销发行的置换专项债券（二期）	5 年	4.94	2015-06-02	定向承销	3.26
2015 年河北省政府定向承销发行的置换专项债券（三期）	7 年	6.58	2015-06-02	定向承销	3.55
2015 年重庆市政府一般债券（一期）	3 年	40.00	2015-06-02	公开招标	2.90
2015 年重庆市政府一般债券（二期）	5 年	79.00	2015-06-02	公开招标	3.26

续表

名称	期限	发行面值（亿元）	招标日期	发行方式	票面利率（%）
2015 年重庆市政府一般债券（三期）	7 年	80.00	2015－06－02	公开招标	3.55
2015 年重庆市政府一般债券（四期）	10 年	66.00	2015－06－02	公开招标	3.57
2015 年贵州省政府一般债券（一期）	3 年	68.00	2015－06－04	公开招标	2.91
2015 年贵州省政府一般债券（二期）	5 年	100.00	2015－06－04	公开招标	3.30
2015 年贵州省政府一般债券（三期）	7 年	100.00	2015－06－04	公开招标	3.58
2015 年贵州省政府一般债券（四期）	10 年	68.00	2015－06－04	公开招标	3.60
2015 年安徽省政府一般债券（一期）	3 年	63.00	2015－06－05	公开招标	2.90
2015 年安徽省政府一般债券（二期）	5 年	93.00	2015－06－05	公开招标	3.29
2015 年安徽省政府一般债券（三期）	7 年	93.00	2015－06－05	公开招标	3.58
2015 年安徽省政府一般债券（四期）	10 年	63.00	2015－06－05	公开招标	3.61
2015 年天津市政府一般债券（一期）	3 年	15.00	2015－06－08	公开招标	2.89
2015 年天津市政府一般债券（二期）	5 年	39.00	2015－06－08	公开招标	3.28
2015 年天津市政府一般债券（三期）	7 年	39.00	2015－06－08	公开招标	3.56
2015 年天津市政府一般债券（四期）	10 年	39.00	2015－06－08	公开招标	3.60
2015 年浙江省政府一般债券（一期）	3 年	40.00	2015－06－09	公开招标	2.88
2015 年浙江省政府一般债券（二期）	5 年	120.00	2015－06－09	公开招标	3.26
2015 年浙江省政府一般债券（三期）	7 年	120.00	2015－06－09	公开招标	3.54
2015 年浙江省政府一般债券（四期）	10 年	120.00	2015－06－09	公开招标	3.59
2015 年湖北省政府一般债券（五期）	3 年	36.40	2015－06－09	公开招标	2.88
2015 年湖北省政府一般债券（六期）	5 年	109.20	2015－06－09	公开招标	3.26
2015 年湖北省政府一般债券（七期）	7 年	109.20	2015－06－09	公开招标	3.54
2015 年湖北省政府一般债券（八期）	10 年	109.20	2015－06－09	公开招标	3.60
2015 年河北省政府一般债券（一期）	3 年	94.00	2015－06－10	公开招标	2.87
2015 年河北省政府一般债券（二期）	5 年	141.00	2015－06－10	公开招标	3.25
2015 年河北省政府一般债券（三期）	7 年	141.00	2015－06－10	公开招标	3.53
2015 年河北省政府一般债券（四期）	10 年	94.00	2015－06－10	公开招标	3.58
2015 年河北省政府专项债券（一期）	3 年	4.80	2015－06－11	公开招标	2.87
2015 年河北省政府专项债券（二期）	5 年	4.80	2015－06－11	公开招标	3.25
2015 年河北省政府专项债券（三期）	7 年	6.40	2015－06－11	公开招标	3.52
2015 年吉林省政府一般债券（一期）	3 年	22.90	2015－06－11	公开招标	2.87
2015 年吉林省政府一般债券（二期）	5 年	68.70	2015－06－11	公开招标	3.25
2015 年吉林省政府一般债券（三期）	7 年	68.70	2015－06－11	公开招标	3.52
2015 年吉林省政府一般债券（四期）	10 年	68.70	2015－06－11	公开招标	3.58
2015 年山西省政府一般债券（一期）	3 年	23.00	2015－06－12	公开招标	2.87
2015 年山西省政府一般债券（二期）	5 年	48.00	2015－06－12	公开招标	3.25
2015 年山西省政府一般债券（三期）	7 年	48.00	2015－06－12	公开招标	3.52
2015 年山西省政府一般债券（四期）	10 年	48.00	2015－06－12	公开招标	3.58
2015 年广东省政府一般债券（一期）	3 年	31.00	2015－06－12	公开招标	2.87
2015 年广东省政府一般债券（二期）	5 年	93.00	2015－06－12	公开招标	3.25
2015 年广东省政府一般债券（三期）	7 年	93.00	2015－06－12	公开招标	3.52

续表

名称	期限	发行面值（亿元）	招标日期	发行方式	票面利率（%）
2015 年广东省政府一般债券（四期）	10 年	93.00	2015－06－12	公开招标	3.58
2015 年江西省政府一般债券（一期）	3 年	41.70	2015－06－15	公开招标	2.88
2015 年江西省政府一般债券（二期）	5 年	125.10	2015－06－15	公开招标	3.25
2015 年江西省政府一般债券（三期）	7 年	125.10	2015－06－15	公开招标	3.52
2015 年江西省政府一般债券（四期）	10 年	125.10	2015－06－15	公开招标	3.59
2015 年宁夏回族自治区政府一般债券（一期）	3 年	7.00	2015－06－15	公开招标	2.89
2015 年宁夏回族自治区政府一般债券（二期）	5 年	21.00	2015－06－15	公开招标	3.25
2015 年宁夏回族自治区政府一般债券（三期）	7 年	21.00	2015－06－15	公开招标	3.52
2015 年宁夏回族自治区政府一般债券（四期）	10 年	21.00	2015－06－15	公开招标	3.59
2015 年四川省政府一般债券（一期）	3 年	135.00	2015－06－16	公开招标	2.89
2015 年四川省政府一般债券（二期）	5 年	135.00	2015－06－16	公开招标	3.26
2015 年四川省政府一般债券（三期）	7 年	135.00	2015－06－16	公开招标	3.54
2015 年四川省政府一般债券（四期）	10 年	45.00	2015－06－16	公开招标	3.62
2015 年新疆维吾尔自治区政府一般债券（五期）	3 年	50.20	2015－06－16	公开招标	2.89
2015 年新疆维吾尔自治区政府一般债券（六期）	5 年	75.30	2015－06－16	公开招标	3.26
2015 年新疆维吾尔自治区政府一般债券（七期）	7 年	75.30	2015－06－16	公开招标	3.54
2015 年新疆维吾尔自治区政府一般债券（八期）	10 年	50.20	2015－06－16	公开招标	3.61
2015 年河南省政府一般债券（一期）	3 年	43.00	2015－06－18	公开招标	2.92
2015 年河南省政府一般债券（二期）	5 年	127.00	2015－06－18	公开招标	3.27
2015 年河南省政府一般债券（三期）	7 年	127.00	2015－06－18	公开招标	3.55
2015 年河南省政府一般债券（四期）	10 年	127.00	2015－06－18	公开招标	3.63
2015 年广西壮族自治区政府置换一般债券定向承销发行（一期）	3 年	13.18	2015－06－18	定向承销	3.39
2015 年广西壮族自治区政府置换一般债券定向承销发行（二期）	5 年	18.58	2015－06－18	定向承销	3.79
2015 年广西壮族自治区政府置换一般债券定向承销发行（三期）	7 年	18.58	2015－06－18	定向承销	4.11
2015 年广西壮族自治区政府置换一般债券定向承销发行（四期）	10 年	12.39	2015－06－18	定向承销	4.21
2015 年辽宁省政府一般债券（一期）	3 年	73.00	2015－06－19	公开招标	2.92
2015 年辽宁省政府一般债券（二期）	5 年	109.00	2015－06－19	公开招标	3.26
2015 年辽宁省政府一般债券（三期）	7 年	109.00	2015－06－19	公开招标	3.54
2015 年辽宁省政府一般债券（四期）	10 年	73.00	2015－06－19	公开招标	3.62
2015 年云南省政府一般债券（一期）	3 年	46.00	2015－06－19	公开招标	2.92
2015 年云南省政府一般债券（二期）	5 年	80.00	2015－06－19	公开招标	3.26
2015 年云南省政府一般债券（三期）	7 年	80.00	2015－06－19	公开招标	3.54
2015 年云南省政府一般债券（四期）	10 年	80.00	2015－06－19	公开招标	3.62
2015 年青岛市政府一般债券（一期）	3 年	2.80	2015－06－23	公开招标	2.92
2015 年青岛市政府一般债券（二期）	5 年	8.40	2015－06－23	公开招标	3.24
2015 年青岛市政府一般债券（三期）	7 年	8.40	2015－06－23	公开招标	3.53
2015 年青岛市政府一般债券（四期）	10 年	8.40	2015－06－23	公开招标	3.61
2015 年海南省政府一般债券（一期）	3 年	8.10	2015－06－23	公开招标	2.92
2015 年海南省政府一般债券（二期）	5 年	24.30	2015－06－23	公开招标	3.24
2015 年海南省政府一般债券（三期）	7 年	24.30	2015－06－23	公开招标	3.53

续表

名称	期限	发行面值（亿元）	招标日期	发行方式	票面利率（%）
2015年海南省政府一般债券（四期）	10年	24.30	2015-06-23	公开招标	3.61
2015年湖北省政府定向承销发行一般债券（一期）	3年	29.67	2015-06-24	定向承销	3.34
2015年湖北省政府定向承销发行一般债券（二期）	5年	89.00	2015-06-24	定向承销	3.71
2015年湖北省政府定向承销发行一般债券（三期）	7年	89.00	2015-06-24	定向承销	4.05
2015年湖北省政府定向承销发行一般债券（四期）	10年	89.00	2015-06-24	定向承销	4.13
2015年湖北省政府定向承销发行专项债券（一期）	3年	29.23	2015-06-24	定向承销	3.34
2015年湖北省政府定向承销发行专项债券（二期）	5年	116.94	2015-06-24	定向承销	3.71
2015年湖北省政府定向承销发行专项债券（三期）	7年	58.47	2015-06-24	定向承销	4.05
2015年湖北省政府定向承销发行专项债券（四期）	10年	87.70	2015-06-24	定向承销	4.13
2015年江苏省政府专项债券（一期）	5年	42.28	2015-06-25	公开招标	3.21
2015年江苏省政府专项债券（二期）	7年	16.80	2015-06-25	公开招标	3.52
2015年江苏省政府专项债券（三期）	10年	25.20	2015-06-25	公开招标	3.59
2015年山东省政府一般债券（五期）	3年	72.12	2015-06-26	公开招标	2.87
2015年山东省政府一般债券（六期）	5年	107.00	2015-06-26	公开招标	3.20
2015年山东省政府一般债券（七期）	7年	107.00	2015-06-26	公开招标	3.52
2015年山东省政府一般债券（八期）	10年	71.00	2015-06-26	公开招标	3.59
2015年山东省政府定向承销发行的置换一般债券（一期）	3年	19.98	2015-06-26	定向承销	3.30
2015年山东省政府定向承销发行的置换一般债券（二期）	5年	29.97	2015-06-26	定向承销	3.68
2015年山东省政府定向承销发行的置换一般债券（三期）	7年	29.97	2015-06-26	定向承销	4.05
2015年山东省政府定向承销发行的置换一般债券（四期）	10年	19.98	2015-06-26	定向承销	4.13
2015年山东省政府定向承销发行的置换专项债券（一期）	3年	4.59	2015-06-26	定向承销	3.30
2015年山东省政府定向承销发行的置换专项债券（二期）	5年	6.88	2015-06-26	定向承销	3.68
2015年山东省政府定向承销发行的置换专项债券（三期）	7年	6.88	2015-06-26	定向承销	4.05
2015年山东省政府定向承销发行的置换专项债券（四期）	10年	4.59	2015-06-26	定向承销	4.13
2015年陕西省政府一般债券（一期）	3年	18.00	2015-06-29	公开招标	2.87
2015年陕西省政府一般债券（二期）	5年	53.00	2015-06-29	公开招标	3.20
2015年陕西省政府一般债券（三期）	7年	53.00	2015-06-29	公开招标	3.53
2015年陕西省政府一般债券（四期）	10年	53.00	2015-06-29	公开招标	3.60
2015年大连市政府一般债券（一期）	3年	12.70	2015-07-02	公开招标	2.88
2015年大连市政府一般债券（二期）	5年	19.00	2015-07-02	公开招标	3.21
2015年大连市政府一般债券（三期）	7年	19.00	2015-07-02	公开招标	3.54
2015年大连市政府一般债券（四期）	10年	12.60	2015-07-02	公开招标	3.60
2015年大连市政府专项债券（一期）	3年	1.70	2015-07-02	公开招标	2.88
2015年大连市政府专项债券（二期）	5年	2.40	2015-07-02	公开招标	3.21
2015年大连市政府专项债券（三期）	7年	2.40	2015-07-02	公开招标	3.54
2015年大连市政府专项债券（四期）	10年	1.60	2015-07-02	公开招标	3.60
2015年大连市政府定向承销发行的置换一般债券（一期）	3年	7.17	2015-07-02	定向承销	3.26
2015年大连市政府定向承销发行的置换一般债券（二期）	5年	10.62	2015-07-02	定向承销	3.69
2015年大连市政府定向承销发行的置换一般债券（三期）	7年	10.60	2015-07-02	定向承销	4.14
2015年大连市政府定向承销发行的置换一般债券（四期）	10年	7.00	2015-07-02	定向承销	4.29

续表

名称	期限	发行面值（亿元）	招标日期	发行方式	票面利率（%）
2015年大连市政府定向承销发行的置换专项债券（一期）	3年	5.71	2015-07-02	定向承销	3.26
2015年大连市政府定向承销发行的置换专项债券（二期）	5年	8.71	2015-07-02	定向承销	3.69
2015年大连市政府定向承销发行的置换专项债券（三期）	7年	8.60	2015-07-02	定向承销	4.14
2015年大连市政府定向承销发行的置换专项债券（四期）	10年	5.76	2015-07-02	定向承销	4.29
2015年内蒙古自治区政府一般债券（一期）	3年	44.00	2015-07-03	公开招标	2.88
2015年内蒙古自治区政府一般债券（二期）	5年	88.00	2015-07-03	公开招标	3.20
2015年内蒙古自治区政府一般债券（三期）	7年	88.00	2015-07-03	公开招标	3.54
2015年内蒙古自治区政府一般债券（四期）	10年	74.00	2015-07-03	公开招标	3.61
2015年贵州省政府一般债券（五期）	3年	80.00	2015-07-03	公开招标	2.88
2015年贵州省政府一般债券（六期）	5年	120.00	2015-07-03	公开招标	3.20
2015年贵州省政府一般债券（七期）	7年	120.00	2015-07-03	公开招标	3.54
2015年贵州省政府一般债券（八期）	10年	80.00	2015-07-03	公开招标	3.61
2015年新疆维吾尔自治区政府专项债券（一期）	3年	6.60	2015-07-06	公开招标	2.89
2015年新疆维吾尔自治区政府专项债券（二期）	5年	9.90	2015-07-06	公开招标	3.19
2015年新疆维吾尔自治区政府专项债券（三期）	7年	9.90	2015-07-06	公开招标	3.54
2015年新疆维吾尔自治区政府专项债券（四期）	10年	6.60	2015-07-06	公开招标	3.60
2015年新疆维吾尔自治区政府定向承销一般债券（一期）	3年	9.60	2015-07-06	定向承销	3.32
2015年新疆维吾尔自治区政府定向承销一般债券（二期）	5年	14.40	2015-07-06	定向承销	3.67
2015年新疆维吾尔自治区政府定向承销一般债券（三期）	7年	14.40	2015-07-06	定向承销	4.07
2015年新疆维吾尔自治区政府定向承销一般债券（四期）	10年	9.60	2015-07-06	定向承销	4.14
2015年新疆维吾尔自治区政府定向承销专项债券（一期）	5年	5.00	2015-07-06	定向承销	3.67
2015年新疆维吾尔自治区政府定向承销专项债券（二期）	7年	2.00	2015-07-06	定向承销	4.07
2015年新疆维吾尔自治区政府定向承销专项债券（三期）	10年	3.00	2015-07-06	定向承销	4.14
2015年第一批北京市政府一般债券（一期）	3年	28.00	2015-07-07	公开招标	2.88
2015年第一批北京市政府一般债券（二期）	5年	84.00	2015-07-07	公开招标	3.17
2015年第一批北京市政府一般债券（三期）	7年	84.00	2015-07-07	公开招标	3.52
2015年第一批北京市政府一般债券（四期）	10年	84.00	2015-07-07	公开招标	3.58
2015年四川省政府一般债券（五期）	3年	150.00	2015-07-07	公开招标	2.89
2015年四川省政府一般债券（六期）	5年	150.00	2015-07-07	公开招标	3.18
2015年四川省政府一般债券（七期）	7年	150.00	2015-07-07	公开招标	3.53
2015年四川省政府一般债券（八期）	10年	50.00	2015-07-07	公开招标	3.60
2015年甘肃省政府一般债券（一期）	3年	20.00	2015-07-09	公开招标	2.85
2015年甘肃省政府一般债券（二期）	5年	60.00	2015-07-09	公开招标	3.14
2015年甘肃省政府一般债券（三期）	7年	60.00	2015-07-09	公开招标	3.48
2015年甘肃省政府一般债券（四期）	10年	60.00	2015-07-09	公开招标	3.51
2015年宁夏回族自治区政府定向承销发行的置换一般债券（一期）	3年	1.28	2015-07-09	定向承销	3.28
2015年宁夏回族自治区政府定向承销发行的置换一般债券（二期）	5年	3.63	2015-07-09	定向承销	3.61
2015年宁夏回族自治区政府定向承销发行的置换一般债券（三期）	7年	3.63	2015-07-09	定向承销	4.00
2015年宁夏回族自治区政府定向承销发行的置换一般债券（四期）	10年	3.63	2015-07-09	定向承销	4.04
2015年宁夏回族自治区政府定向承销发行的置换专项债券（一期）	5年	0.82	2015-07-09	定向承销	3.61

续表

名称	期限	发行面值（亿元）	招标日期	发行方式	票面利率（%）
2015年宁夏回族自治区政府定向承销发行的置换专项债券（二期）	7年	0.81	2015-07-09	定向承销	4.00
2015年宁波市政府一般债券（一期）	3年	29.20	2015-07-10	公开招标	2.84
2015年宁波市政府一般债券（二期）	5年	44.10	2015-07-10	公开招标	3.13
2015年宁波市政府一般债券（三期）	7年	29.90	2015-07-10	公开招标	3.46
2015年宁波市政府一般债券（四期）	10年	43.80	2015-07-10	公开招标	3.47
2015年宁波市政府专项债券（一期）	3年	14.20	2015-07-10	公开招标	2.84
2015年宁波市政府专项债券（二期）	5年	15.00	2015-07-10	公开招标	3.13
2015年宁波市政府专项债券（三期）	7年	12.20	2015-07-10	公开招标	3.46
2015年宁波市政府专项债券（四期）	10年	16.90	2015-07-10	公开招标	3.47
2015年青海省政府一般债券（一期）	3年	28.00	2015-07-10	公开招标	2.84
2015年青海省政府一般债券（二期）	5年	40.00	2015-07-10	公开招标	3.13
2015年青海省政府一般债券（三期）	7年	40.00	2015-07-10	公开招标	3.46
2015年青海省政府一般债券（四期）	10年	45.00	2015-07-10	公开招标	3.47
2015年江西省政府定向承销一般债券（一期）	3年	7.67	2015-07-13	定向承销	3.25
2015年江西省政府定向承销一般债券（二期）	5年	22.99	2015-07-13	定向承销	3.59
2015年江西省政府定向承销一般债券（三期）	7年	22.99	2015-07-13	定向承销	3.97
2015年江西省政府定向承销一般债券（四期）	10年	22.99	2015-07-13	定向承销	3.98
2015年广东省政府专项债券（一期）	5年	27.50	2015-07-13	公开招标	3.12
2015年广东省政府专项债券（二期）	7年	11.00	2015-07-13	公开招标	3.45
2015年广东省政府专项债券（三期）	10年	16.50	2015-07-13	公开招标	3.46
2015年福建省政府一般债券（一期）	3年	11.60	2015-07-14	公开招标	2.83
2015年福建省政府一般债券（二期）	5年	34.80	2015-07-14	公开招标	3.13
2015年福建省政府一般债券（三期）	7年	34.80	2015-07-14	公开招标	3.45
2015年福建省政府一般债券（四期）	10年	34.80	2015-07-14	公开招标	3.46
2015年重庆市政府定向承销发行的置换专项债券（一期）	3年	28.62	2015-07-14	定向承销	3.25
2015年重庆市政府定向承销发行的置换专项债券（二期）	5年	42.86	2015-07-14	定向承销	3.60
2015年重庆市政府定向承销发行的置换专项债券（三期）	7年	42.74	2015-07-14	定向承销	3.97
2015年重庆市政府定向承销发行的置换专项债券（四期）	10年	28.49	2015-07-14	定向承销	3.98
2015年宁波市政府定向承销发行的置换一般债券（一期）	3年	23.50	2015-07-16	定向承销	3.26
2015年宁波市政府定向承销发行的置换一般债券（二期）	5年	37.48	2015-07-16	定向承销	3.61
2015年宁波市政府定向承销发行的置换一般债券（三期）	7年	26.94	2015-07-16	定向承销	4.00
2015年宁波市政府定向承销发行的置换一般债券（四期）	10年	37.31	2015-07-16	定向承销	4.03
2015年宁波市政府定向承销发行的置换专项债券（一期）	3年	13.83	2015-07-16	定向承销	3.26
2015年宁波市政府定向承销发行的置换专项债券（二期）	5年	24.46	2015-07-16	定向承销	3.61
2015年宁波市政府定向承销发行的置换专项债券（三期）	7年	14.83	2015-07-16	定向承销	4.00
2015年宁波市政府定向承销发行的置换专项债券（四期）	10年	23.10	2015-07-16	定向承销	4.03
2015年湖南省政府一般债券（一期）	3年	44.00	2015-07-16	公开招标	2.83
2015年湖南省政府一般债券（二期）	5年	126.00	2015-07-16	公开招标	3.14
2015年湖南省政府一般债券（三期）	7年	126.00	2015-07-16	公开招标	3.48
2015年湖南省政府一般债券（四期）	10年	126.00	2015-07-16	公开招标	3.50

续表

名称	期限	发行面值（亿元）	招标日期	发行方式	票面利率（%）
2015年湖北省政府一般债券（九期）	3年	21.10	2015-07-17	公开招标	2.84
2015年湖北省政府一般债券（十期）	5年	63.30	2015-07-17	公开招标	3.15
2015年湖北省政府一般债券（十一期）	7年	63.30	2015-07-17	公开招标	3.49
2015年湖北省政府一般债券（十二期）	10年	63.30	2015-07-17	公开招标	3.52
2015年湖北省政府专项债券（一期）	3年	2.30	2015-07-17	公开招标	2.84
2015年湖北省政府专项债券（二期）	5年	9.20	2015-07-17	公开招标	3.17
2015年湖北省政府专项债券（三期）	7年	4.60	2015-07-17	公开招标	3.59
2015年湖北省政府专项债券（四期）	10年	6.90	2015-07-17	公开招标	3.62
2015年广西壮族自治区政府一般债券（五期）	3年	58.28	2015-07-17	公开招标	2.84
2015年广西壮族自治区政府一般债券（六期）	5年	85.00	2015-07-17	公开招标	3.15
2015年广西壮族自治区政府一般债券（七期）	7年	85.00	2015-07-17	公开招标	3.49
2015年广西壮族自治区政府一般债券（八期）	10年	56.00	2015-07-17	公开招标	3.52
2015年广西壮族自治区政府专项债券（一期）	5年	6.50	2015-07-17	公开招标	3.15
2015年广西壮族自治区政府专项债券（二期）	7年	6.50	2015-07-17	公开招标	3.49
2015年黑龙江省政府定向承销置换一般债券（一期）	3年	3.59	2015-07-20	定向承销	3.27
2015年黑龙江省政府定向承销置换一般债券（二期）	5年	5.59	2015-07-20	定向承销	3.63
2015年黑龙江省政府定向承销置换一般债券（三期）	7年	5.00	2015-07-20	定向承销	4.01
2015年黑龙江省政府定向承销置换一般债券（四期）	10年	5.72	2015-07-20	定向承销	4.05
2015年黑龙江省政府定向承销置换专项债券（一期）	3年	1.20	2015-07-20	定向承销	3.27
2015年黑龙江省政府定向承销置换专项债券（二期）	5年	2.12	2015-07-20	定向承销	3.63
2015年黑龙江省政府定向承销置换专项债券（三期）	7年	1.00	2015-07-20	定向承销	4.01
2015年黑龙江省政府定向承销置换专项债券（四期）	10年	1.00	2015-07-20	定向承销	4.05
2015年广东省政府一般债券（五期）	3年	25.90	2015-07-21	公开招标	2.85
2015年广东省政府一般债券（六期）	5年	77.70	2015-07-21	公开招标	3.16
2015年广东省政府一般债券（七期）	7年	77.70	2015-07-21	公开招标	3.49
2015年广东省政府一般债券（八期）	10年	77.70	2015-07-21	公开招标	3.53
2015年安徽省政府定向承销发行的置换一般债券（一期）	1年	7.22	2015-07-23	定向承销	2.81
2015年安徽省政府定向承销发行的置换一般债券（二期）	3年	7.81	2015-07-23	定向承销	3.27
2015年安徽省政府定向承销发行的置换一般债券（三期）	5年	19.26	2015-07-23	定向承销	3.64
2015年安徽省政府定向承销发行的置换一般债券（四期）	7年	19.26	2015-07-23	定向承销	4.00
2015年安徽省政府定向承销发行的置换一般债券（五期）	10年	14.52	2015-07-23	定向承销	4.04
2015年安徽省政府定向承销发行的置换专项债券（一期）	3年	6.54	2015-07-23	定向承销	3.27
2015年安徽省政府定向承销发行的置换专项债券（二期）	5年	9.81	2015-07-23	定向承销	3.64
2015年安徽省政府定向承销发行的置换专项债券（三期）	7年	9.81	2015-07-23	定向承销	4.00
2015年安徽省政府定向承销发行的置换专项债券（四期）	10年	6.54	2015-07-23	定向承销	4.04
2015年福建省政府专项债券（一期）	5年	85.50	2015-07-24	公开招标	3.16
2015年福建省政府专项债券（二期）	10年	85.50	2015-07-24	公开招标	3.50
2015年福建省政府一般债券（五期）	3年	8.00	2015-07-24	公开招标	2.84
2015年福建省政府一般债券（六期）	5年	24.00	2015-07-24	公开招标	3.16
2015年福建省政府一般债券（七期）	7年	24.00	2015-07-24	公开招标	3.46

续表

名称	期限	发行面值（亿元）	招标日期	发行方式	票面利率（%）
2015 年福建省政府一般债券（八期）	10 年	24.00	2015-07-24	公开招标	3.50
2015 年山东省政府专项债券（一期）	5 年	90.06	2015-07-24	公开招标	3.16
2015 年山东省政府专项债券（二期）	7 年	36.00	2015-07-24	公开招标	3.46
2015 年山东省政府专项债券（三期）	10 年	54.00	2015-07-24	公开招标	3.50
2015 年第一批黑龙江省政府一般债券（一期）	3 年	45.50	2015-07-27	公开招标	2.85
2015 年第一批黑龙江省政府一般债券（二期）	5 年	54.60	2015-07-27	公开招标	3.17
2015 年第一批黑龙江省政府一般债券（三期）	7 年	28.00	2015-07-27	公开招标	3.45
2015 年第一批黑龙江省政府一般债券（四期）	10 年	54.00	2015-07-27	公开招标	3.50
2015 年第一批黑龙江省政府专项债券（一期）	5 年	17.90	2015-07-27	公开招标	3.16
2015 年第一批黑龙江省政府专项债券（二期）	7 年	6.80	2015-07-27	公开招标	3.45
2015 年第一批黑龙江省政府专项债券（三期）	10 年	11.00	2015-07-27	公开招标	3.49
2015 年云南省政府专项债券（一期）	3 年	13.00	2015-07-27	公开招标	2.84
2015 年云南省政府专项债券（二期）	5 年	13.00	2015-07-27	公开招标	3.16
2015 年云南省政府专项债券（三期）	7 年	13.00	2015-07-27	公开招标	3.45
2015 年云南省政府专项债券（四期）	10 年	8.00	2015-07-27	公开招标	3.49
2015 年北京市政府定向承销发行的置换一般债券（一期）	3 年	21.40	2015-07-28	定向承销	3.26
2015 年北京市政府定向承销发行的置换一般债券（二期）	5 年	64.20	2015-07-28	定向承销	3.64
2015 年北京市政府定向承销发行的置换一般债券（三期）	7 年	64.20	2015-07-28	定向承销	3.96
2015 年北京市政府定向承销发行的置换一般债券（四期）	10 年	64.20	2015-07-28	定向承销	4.01
2015 年北京市政府定向承销发行的置换专项债券（一期）	3 年	4.49	2015-07-28	定向承销	3.26
2015 年北京市政府定向承销发行的置换专项债券（二期）	5 年	10.76	2015-07-28	定向承销	3.64
2015 年北京市政府定向承销发行的置换专项债券（三期）	7 年	7.75	2015-07-28	定向承销	3.96
2015 年云南省政府定向承销发行的置换一般债券（一期）	3 年	15.00	2015-07-28	定向承销	3.26
2015 年云南省政府定向承销发行的置换一般债券（二期）	5 年	25.00	2015-07-28	定向承销	3.64
2015 年云南省政府定向承销发行的置换一般债券（三期）	7 年	25.00	2015-07-28	定向承销	3.96
2015 年云南省政府定向承销发行的置换一般债券（四期）	10 年	25.00	2015-07-28	定向承销	4.01
2015 年云南省政府定向承销发行的置换专项债券（一期）	3 年	10.00	2015-07-28	定向承销	3.26
2015 年云南省政府定向承销发行的置换专项债券（二期）	5 年	10.00	2015-07-28	定向承销	3.64
2015 年云南省政府定向承销发行的置换专项债券（三期）	7 年	8.00	2015-07-28	定向承销	3.96
2015 年云南省政府定向承销发行的置换专项债券（四期）	10 年	7.00	2015-07-28	定向承销	4.01
2015 年上海市政府定向承销发行置换一般债券（一期）	3 年	9.10	2015-07-30	定向承销	3.09
2015 年上海市政府定向承销发行置换一般债券（二期）	5 年	26.70	2015-07-30	定向承销	3.42
2015 年上海市政府定向承销发行置换一般债券（三期）	7 年	26.70	2015-07-30	定向承销	3.72
2015 年上海市政府定向承销发行置换一般债券（四期）	10 年	26.70	2015-07-30	定向承销	3.78
2015 年上海市政府定向承销发行置换专项债券（一期）	5 年	36.00	2015-07-30	定向承销	3.42
2015 年上海市政府定向承销发行置换专项债券（二期）	10 年	36.00	2015-07-30	定向承销	3.78
2015 年天津市政府定向承销发行的置换一般债券（一期）	3 年	2.44	2015-07-31	定向承销	3.27
2015 年天津市政府定向承销发行的置换一般债券（二期）	5 年	7.00	2015-07-31	定向承销	3.63
2015 年天津市政府定向承销发行的置换一般债券（三期）	7 年	7.00	2015-07-31	定向承销	3.91
2015 年天津市政府定向承销发行的置换一般债券（四期）	10 年	7.00	2015-07-31	定向承销	3.96

续表

名称	期限	发行面值（亿元）	招标日期	发行方式	票面利率（%）
2015年天津市政府定向承销发行的置换专项债券（一期）	5年	44.56	2015-07-31	定向承销	3.63
2015年天津市政府定向承销发行的置换专项债券（二期）	7年	33.00	2015-07-31	定向承销	3.91
2015年天津市政府定向承销发行的置换专项债券（三期）	10年	11.00	2015-07-31	定向承销	3.96
2015年吉林省政府定向承销发行的置换一般债券（一期）	3年	3.80	2015-07-31	定向承销	3.27
2015年吉林省政府定向承销发行的置换一般债券（二期）	5年	11.39	2015-07-31	定向承销	3.63
2015年吉林省政府定向承销发行的置换一般债券（三期）	7年	11.39	2015-07-31	定向承销	3.91
2015年吉林省政府定向承销发行的置换一般债券（四期）	10年	11.39	2015-07-31	定向承销	3.96
2015年吉林省政府定向承销发行的置换专项债券（一期）	5年	16.80	2015-07-31	定向承销	3.63
2015年吉林省政府定向承销发行的置换专项债券（二期）	10年	16.80	2015-07-31	定向承销	3.96
2015年江苏省政府定向承销发行的置换一般债券（五期）	3年	7.50	2015-08-04	定向承销	3.29
2015年江苏省政府定向承销发行的置换一般债券（六期）	5年	11.25	2015-08-04	定向承销	3.65
2015年江苏省政府定向承销发行的置换一般债券（七期）	7年	11.25	2015-08-04	定向承销	3.93
2015年江苏省政府定向承销发行的置换一般债券（八期）	10年	7.50	2015-08-04	定向承销	3.97
2015年江苏省政府定向承销发行的置换专项债券（五期）	3年	8.11	2015-08-04	定向承销	3.29
2015年江苏省政府定向承销发行的置换专项债券（六期）	5年	12.16	2015-08-04	定向承销	3.65
2015年江苏省政府定向承销发行的置换专项债券（七期）	7年	12.16	2015-08-04	定向承销	3.93
2015年江苏省政府定向承销发行的置换专项债券（八期）	10年	8.11	2015-08-04	定向承销	3.97
2015年重庆市政府一般债券（五期）	3年	62.29	2015-08-04	公开招标	2.88
2015年重庆市政府一般债券（六期）	5年	116.00	2015-08-04	公开招标	3.19
2015年重庆市政府一般债券（七期）	7年	116.00	2015-08-04	公开招标	3.44
2015年重庆市政府一般债券（八期）	10年	97.00	2015-08-04	公开招标	3.47
2015年重庆市政府专项债券（一期）	5年	13.00	2015-08-04	公开招标	3.19
2015年重庆市政府专项债券（二期）	10年	12.00	2015-08-04	公开招标	3.47
2015年上海市政府一般债券（一期）	3年	38.50	2015-08-06	公开招标	2.88
2015年上海市政府一般债券（二期）	5年	116.10	2015-08-06	公开招标	3.19
2015年上海市政府一般债券（三期）	7年	116.10	2015-08-06	公开招标	3.45
2015年上海市政府一般债券（四期）	10年	116.10	2015-08-06	公开招标	3.47
2015年上海市政府专项债券（一期）	5年	47.00	2015-08-06	公开招标	3.19
2015年上海市政府专项债券（二期）	10年	47.00	2015-08-06	公开招标	3.47
2015年新疆维吾尔自治区政府一般债券（九期）	3年	7.40	2015-08-06	公开招标	2.88
2015年新疆维吾尔自治区政府一般债券（十期）	5年	11.10	2015-08-06	公开招标	3.19
2015年新疆维吾尔自治区政府一般债券（十一期）	7年	11.10	2015-08-06	公开招标	3.45
2015年新疆维吾尔自治区政府一般债券（十二期）	10年	7.40	2015-08-06	公开招标	3.47
2015年新疆维吾尔自治区政府专项债券（五期）	3年	2.40	2015-08-06	公开招标	2.88
2015年新疆维吾尔自治区政府专项债券（六期）	5年	3.60	2015-08-06	公开招标	3.19
2015年新疆维吾尔自治区政府专项债券（七期）	7年	3.60	2015-08-06	公开招标	3.45
2015年新疆维吾尔自治区政府专项债券（八期）	10年	2.40	2015-08-06	公开招标	3.47
2015年辽宁省政府一般债券（五期）	3年	68.00	2015-08-07	公开招标	3.17
2015年辽宁省政府一般债券（六期）	5年	68.00	2015-08-07	公开招标	3.48
2015年辽宁省政府一般债券（七期）	7年	68.00	2015-08-07	公开招标	3.75

续表

名称	期限	发行面值（亿元）	招标日期	发行方式	票面利率（%）
2015年辽宁省政府一般债券（八期）	10年	24.72	2015-08-07	公开招标	3.67
2015年辽宁省政府专项债券（一期）	5年	5.50	2015-08-07	公开招标	3.48
2015年辽宁省政府专项债券（二期）	10年	4.00	2015-08-07	公开招标	3.99
2015年辽宁省政府定向承销发行的置换一般债券（一期）	3年	12.52	2015-08-07	定向承销	3.31
2015年辽宁省政府定向承销发行的置换一般债券（二期）	5年	13.08	2015-08-07	定向承销	3.67
2015年辽宁省政府定向承销发行的置换一般债券（三期）	7年	13.08	2015-08-07	定向承销	3.98
2015年辽宁省政府定向承销发行的置换一般债券（四期）	10年	4.92	2015-08-07	定向承销	3.99
2015年辽宁省政府定向承销发行的置换专项债券（一期）	3年	3.28	2015-08-07	定向承销	3.31
2015年辽宁省政府定向承销发行的置换专项债券（二期）	5年	5.67	2015-08-07	定向承销	3.67
2015年辽宁省政府定向承销发行的置换专项债券（三期）	7年	4.90	2015-08-07	定向承销	3.98
2015年辽宁省政府定向承销发行的置换专项债券（四期）	10年	3.83	2015-08-07	定向承销	3.99
2015年陕西省政府定向承销发行的置换一般债券（一期）	3年	22.02	2015-08-10	定向承销	3.32
2015年陕西省政府定向承销发行的置换一般债券（二期）	5年	33.03	2015-08-10	定向承销	3.66
2015年陕西省政府定向承销发行的置换一般债券（三期）	7年	33.03	2015-08-10	定向承销	3.97
2015年陕西省政府定向承销发行的置换一般债券（四期）	10年	22.02	2015-08-10	定向承销	3.98
2015年陕西省政府定向承销发行的置换专项债券（一期）	3年	18.45	2015-08-10	定向承销	3.32
2015年陕西省政府定向承销发行的置换专项债券（二期）	5年	27.67	2015-08-10	定向承销	3.66
2015年陕西省政府定向承销发行的置换专项债券（三期）	7年	27.67	2015-08-10	定向承销	3.97
2015年陕西省政府定向承销发行的置换专项债券（四期）	10年	18.45	2015-08-10	定向承销	3.98
2015年广东省政府定向承销发行的置换一般债券（一期）	3年	14.54	2015-08-11	定向承销	3.32
2015年广东省政府定向承销发行的置换一般债券（二期）	5年	43.63	2015-08-11	定向承销	3.66
2015年广东省政府定向承销发行的置换一般债券（三期）	7年	43.63	2015-08-11	定向承销	3.96
2015年广东省政府定向承销发行的置换一般债券（四期）	10年	43.63	2015-08-11	定向承销	3.99
2015年广东省政府定向承销发行的置换专项债券（一期）	5年	19.41	2015-08-11	定向承销	3.66
2015年广东省政府定向承销发行的置换专项债券（二期）	7年	7.76	2015-08-11	定向承销	3.96
2015年广东省政府定向承销发行的置换专项债券（三期）	10年	11.64	2015-08-11	定向承销	3.99
2015年四川省政府定向承销发行的置换专项债券（一期）	5年	23.79	2015-08-12	定向承销	3.66
2015年四川省政府定向承销发行的置换专项债券（二期）	7年	9.52	2015-08-12	定向承销	3.98
2015年四川省政府定向承销发行的置换专项债券（三期）	10年	14.27	2015-08-12	定向承销	4.01
2015年贵州省政府定向承销发行的置换专项债券（一期）	5年	30.14	2015-08-13	定向承销	3.69
2015年贵州省政府定向承销发行的置换专项债券（二期）	7年	12.10	2015-08-13	定向承销	3.98
2015年贵州省政府定向承销发行的置换专项债券（三期）	10年	18.15	2015-08-13	定向承销	4.02
2015年青岛市政府一般债券（五期）	3年	0.80	2015-08-14	公开招标	3.03
2015年青岛市政府一般债券（六期）	5年	2.40	2015-08-14	公开招标	3.33
2015年青岛市政府一般债券（七期）	7年	2.40	2015-08-14	公开招标	3.57
2015年青岛市政府一般债券（八期）	10年	2.40	2015-08-14	公开招标	3.60
2015年青岛市政府专项债券（一期）	5年	3.50	2015-08-14	公开招标	3.33
2015年青岛市政府专项债券（二期）	7年	1.40	2015-08-14	公开招标	3.57
2015年青岛市政府专项债券（三期）	10年	2.10	2015-08-14	公开招标	3.60
2015年青岛市政府定向承销发行的置换一般债券（一期）	3年	10.61	2015-08-14	定向承销	3.37

续表

名称	期限	发行面值（亿元）	招标日期	发行方式	票面利率（%）
2015年青岛市政府定向承销发行的置换一般债券（二期）	5年	31.82	2015-08-14	定向承销	3.71
2015年青岛市政府定向承销发行的置换一般债券（三期）	7年	31.82	2015-08-14	定向承销	3.99
2015年青岛市政府定向承销发行的置换一般债券（四期）	10年	31.82	2015-08-14	定向承销	4.03
2015年青岛市政府定向承销发行的置换专项债券（一期）	5年	14.96	2015-08-14	定向承销	3.71
2015年青岛市政府定向承销发行的置换专项债券（二期）	7年	5.98	2015-08-14	定向承销	3.99
2015年青岛市政府定向承销发行的置换专项债券（三期）	10年	8.98	2015-08-14	定向承销	4.03
2015年浙江省政府定向发行置换一般债券（一期）	3年	26.96	2015-08-17	定向承销	3.37
2015年浙江省政府定向发行置换一般债券（二期）	5年	80.87	2015-08-17	定向承销	3.73
2015年浙江省政府定向发行置换一般债券（三期）	7年	80.87	2015-08-17	定向承销	4.00
2015年浙江省政府定向发行置换一般债券（四期）	10年	80.87	2015-08-17	定向承销	4.04
2015年浙江省政府定向发行置换专项债券（一期）	3年	59.35	2015-08-17	定向承销	3.37
2015年浙江省政府定向发行置换专项债券（二期）	5年	89.03	2015-08-17	定向承销	3.73
2015年浙江省政府定向发行置换专项债券（三期）	7年	59.35	2015-08-17	定向承销	4.00
2015年浙江省政府定向发行置换专项债券（四期）	10年	89.03	2015-08-17	定向承销	4.04
2015年甘肃省政府定向承销发行的置换一般债券（一期）	3年	1.50	2015-08-17	定向承销	3.37
2015年甘肃省政府定向承销发行的置换一般债券（二期）	5年	2.24	2015-08-17	定向承销	3.73
2015年甘肃省政府定向承销发行的置换一般债券（三期）	7年	2.24	2015-08-17	定向承销	4.01
2015年甘肃省政府定向承销发行的置换一般债券（四期）	10年	1.50	2015-08-17	定向承销	4.04
2015年甘肃省政府定向承销发行的置换专项债券（一期）	3年	2.07	2015-08-17	定向承销	3.37
2015年甘肃省政府定向承销发行的置换专项债券（二期）	5年	3.10	2015-08-17	定向承销	3.73
2015年甘肃省政府定向承销发行的置换专项债券（三期）	7年	3.10	2015-08-17	定向承销	4.01
2015年甘肃省政府定向承销发行的置换专项债券（四期）	10年	2.07	2015-08-17	定向承销	4.04
2015年天津市政府一般债券（五期）	3年	8.19	2015-08-18	公开招标	3.04
2015年天津市政府一般债券（六期）	5年	23.00	2015-08-18	公开招标	3.36
2015年天津市政府一般债券（七期）	7年	23.00	2015-08-18	公开招标	3.60
2015年天津市政府一般债券（八期）	10年	23.00	2015-08-18	公开招标	3.62
2015年天津市政府专项债券（一期）	5年	45.41	2015-08-18	公开招标	3.36
2015年天津市政府专项债券（二期）	7年	5.00	2015-08-18	公开招标	3.60
2015年天津市政府专项债券（三期）	10年	36.00	2015-08-18	公开招标	3.62
2015年天津市政府定向承销发行的置换一般债券（五期）	3年	3.76	2015-08-18	定向承销	3.38
2015年天津市政府定向承销发行的置换一般债券（六期）	5年	9.00	2015-08-18	定向承销	3.75
2015年天津市政府定向承销发行的置换一般债券（七期）	7年	9.00	2015-08-18	定向承销	4.03
2015年天津市政府定向承销发行的置换一般债券（八期）	10年	9.00	2015-08-18	定向承销	4.05
2015年天津市政府定向承销发行的置换专项债券（四期）	5年	7.64	2015-08-18	定向承销	3.75
2015年天津市政府定向承销发行的置换专项债券（五期）	7年	7.00	2015-08-18	定向承销	4.03
2015年海南省政府定向承销发行的置换一般债券（一期）	3年	3.25	2015-08-19	定向承销	3.37
2015年海南省政府定向承销发行的置换一般债券（二期）	5年	9.75	2015-08-19	定向承销	3.75
2015年海南省政府定向承销发行的置换一般债券（三期）	7年	9.75	2015-08-19	定向承销	4.03
2015年海南省政府定向承销发行的置换一般债券（四期）	10年	9.75	2015-08-19	定向承销	4.05
2015年海南省政府定向承销发行的置换专项债券（一期）	5年	11.15	2015-08-19	定向承销	3.75

续表

名称	期限	发行面值（亿元）	招标日期	发行方式	票面利率（%）
2015年海南省政府定向承销发行的置换专项债券（二期）	7年	4.46	2015-08-19	定向承销	4.03
2015年海南省政府定向承销发行的置换专项债券（三期）	10年	6.69	2015-08-19	定向承销	4.05
2015年安徽省政府一般债券（五期）	1年	5.00	2015-08-20	公开招标	2.38
2015年安徽省政府一般债券（六期）	3年	47.87	2015-08-20	公开招标	3.03
2015年安徽省政府一般债券（七期）	5年	75.00	2015-08-20	公开招标	3.36
2015年安徽省政府一般债券（八期）	7年	75.00	2015-08-20	公开招标	3.61
2015年安徽省政府一般债券（九期）	10年	50.00	2015-08-20	公开招标	3.61
2015年安徽省政府专项债券（一期）	5年	49.37	2015-08-20	公开招标	3.36
2015年安徽省政府专项债券（二期）	7年	49.00	2015-08-20	公开招标	3.60
2015年甘肃省政府一般债券（五期）	3年	9.56	2015-08-20	公开招标	3.03
2015年甘肃省政府一般债券（六期）	5年	20.00	2015-08-20	公开招标	3.36
2015年甘肃省政府一般债券（七期）	7年	20.00	2015-08-20	公开招标	3.60
2015年甘肃省政府一般债券（八期）	10年	20.00	2015-08-20	公开招标	3.61
2015年甘肃省政府专项债券（一期）	5年	44.62	2015-08-20	公开招标	3.36
2015年甘肃省政府专项债券（二期）	10年	44.00	2015-08-20	公开招标	3.61
2015年厦门市政府一般债券（一期）	3年	6.47	2015-08-21	公开招标	2.92
2015年厦门市政府一般债券（二期）	5年	9.40	2015-08-21	公开招标	3.26
2015年厦门市政府一般债券（三期）	7年	9.40	2015-08-21	公开招标	3.51
2015年厦门市政府一般债券（四期）	10年	6.30	2015-08-21	公开招标	3.51
2015年厦门市政府专项债券（一期）	5年	7.07	2015-08-21	公开招标	3.26
2015年厦门市政府专项债券（二期）	10年	6.90	2015-08-21	公开招标	3.51
2015年厦门市政府定向承销一般置换债券（一期）	3年	0.63	2015-08-21	定向承销	3.18
2015年厦门市政府定向承销一般置换债券（二期）	5年	0.94	2015-08-21	定向承销	3.52
2015年厦门市政府定向承销一般置换债券（三期）	7年	0.94	2015-08-21	定向承销	3.82
2015年厦门市政府定向承销一般置换债券（四期）	10年	0.63	2015-08-21	定向承销	3.84
2015年厦门市政府定向承销专项置换债券（一期）	5年	5.32	2015-08-21	定向承销	3.52
2015年厦门市政府定向承销专项置换债券（二期）	10年	5.32	2015-08-21	定向承销	3.84
2015年青海省政府一般债券（五期）	3年	15.27	2015-08-24	公开招标	3.02
2015年青海省政府一般债券（六期）	5年	26.00	2015-08-24	公开招标	3.36
2015年青海省政府一般债券（七期）	7年	26.00	2015-08-24	公开招标	3.61
2015年青海省政府一般债券（八期）	10年	26.00	2015-08-24	公开招标	3.61
2015年青海省政府专项债券（一期）	3年	8.00	2015-08-24	公开招标	3.02
2015年青海省政府专项债券（二期）	5年	9.00	2015-08-24	公开招标	3.36
2015年青海省政府专项债券（三期）	7年	8.00	2015-08-24	公开招标	3.61
2015年青海省政府专项债券（四期）	10年	8.00	2015-08-24	公开招标	3.61
2015年青海省政府定向承销发行的置换一般债券（一期）	3年	3.23	2015-08-24	定向承销	3.36
2015年青海省政府定向承销发行的置换一般债券（二期）	5年	5.50	2015-08-24	定向承销	3.75
2015年青海省政府定向承销发行的置换一般债券（三期）	7年	5.50	2015-08-24	定向承销	4.04
2015年青海省政府定向承销发行的置换一般债券（四期）	10年	5.50	2015-08-24	定向承销	4.04
2015年第一批北京市政府专项债券（一期）	3年	15.60	2015-08-25	公开招标	3.02

续表

名称	期限	发行面值（亿元）	招标日期	发行方式	票面利率（%）
2015 年第一批北京市政府专项债券（二期）	5 年	36.40	2015－08－25	公开招标	3.36
2015 年第一批北京市政府专项债券（三期）	7 年	15.60	2015－08－25	公开招标	3.61
2015 年第一批北京市政府专项债券（四期）	10 年	23.40	2015－08－25	公开招标	3.60
2015 年福建省政府定向承销发行的置换专项债券（一期）	5 年	12.61	2015－08－25	定向承销	3.75
2015 年福建省政府定向承销发行的置换专项债券（二期）	10 年	12.61	2015－08－25	定向承销	4.03
2015 年福建省政府定向承销发行的置换一般债券（一期）	3 年	1.11	2015－08－25	定向承销	3.36
2015 年福建省政府定向承销发行的置换一般债券（二期）	5 年	3.33	2015－08－25	定向承销	3.75
2015 年福建省政府定向承销发行的置换一般债券（三期）	7 年	3.33	2015－08－25	定向承销	4.03
2015 年福建省政府定向承销发行的置换一般债券（四期）	10 年	3.33	2015－08－25	定向承销	4.03
2015 年河北省政府定向承销发行的置换一般债券（五期）	3 年	36.34	2015－08－26	定向承销	3.37
2015 年河北省政府定向承销发行的置换一般债券（六期）	5 年	54.19	2015－08－26	定向承销	3.73
2015 年河北省政府定向承销发行的置换一般债券（七期）	7 年	54.19	2015－08－26	定向承销	4.03
2015 年河北省政府定向承销发行的置换一般债券（八期）	10 年	36.12	2015－08－26	定向承销	4.01
2015 年河北省政府定向承销发行的置换专项债券（四期）	3 年	18.35	2015－08－26	定向承销	3.37
2015 年河北省政府定向承销发行的置换专项债券（五期）	5 年	18.26	2015－08－26	定向承销	3.73
2015 年河北省政府定向承销发行的置换专项债券（六期）	7 年	24.38	2015－08－26	定向承销	4.03
2015 年山西省政府定向承销发行的置换一般债券（一期）	3 年	1.24	2015－08－27	定向承销	3.36
2015 年山西省政府定向承销发行的置换一般债券（二期）	5 年	3.71	2015－08－27	定向承销	3.72
2015 年山西省政府定向承销发行的置换一般债券（三期）	7 年	3.71	2015－08－27	定向承销	4.01
2015 年山西省政府定向承销发行的置换一般债券（四期）	10 年	3.71	2015－08－27	定向承销	3.99
2015 年山西省政府定向承销发行的置换专项债券（一期）	5 年	8.31	2015－08－27	定向承销	3.72
2015 年山西省政府定向承销发行的置换专项债券（二期）	10 年	8.31	2015－08－27	定向承销	3.99
2015 年内蒙古自治区政府定向承销发行的一般债券（一期）	3 年	2.71	2015－08－27	定向承销	3.36
2015 年内蒙古自治区政府定向承销发行的一般债券（二期）	5 年	5.41	2015－08－27	定向承销	3.72
2015 年内蒙古自治区政府定向承销发行的一般债券（三期）	7 年	5.41	2015－08－27	定向承销	4.01
2015 年内蒙古自治区政府定向承销发行的一般债券（四期）	10 年	4.51	2015－08－27	定向承销	3.99
2015 年内蒙古自治区政府定向承销发行的专项债券（一期）	5 年	3.61	2015－08－27	定向承销	3.72
2015 年内蒙古自治区政府定向承销发行的专项债券（二期）	7 年	3.61	2015－08－27	定向承销	4.01
2015 年湖南省政府定向置换一般债券（一期）	3 年	15.22	2015－08－28	定向承销	3.37
2015 年湖南省政府定向置换一般债券（二期）	5 年	36.00	2015－08－28	定向承销	3.69
2015 年湖南省政府定向置换一般债券（三期）	7 年	36.00	2015－08－28	定向承销	3.99
2015 年湖南省政府定向置换一般债券（四期）	10 年	36.00	2015－08－28	定向承销	3.97
2015 年陕西省政府一般债券（五期）	3 年	35.34	2015－08－28	公开招标	3.03
2015 年陕西省政府一般债券（六期）	5 年	52.80	2015－08－28	公开招标	3.36
2015 年陕西省政府一般债券（七期）	7 年	52.80	2015－08－28	公开招标	3.62
2015 年陕西省政府一般债券（八期）	10 年	35.30	2015－08－28	公开招标	3.60
2015 年陕西省政府专项债券（一期）	3 年	26.30	2015－08－28	公开招标	3.03
2015 年陕西省政府专项债券（二期）	5 年	39.40	2015－08－28	公开招标	3.36
2015 年陕西省政府专项债券（三期）	7 年	39.40	2015－08－28	公开招标	3.62
2015 年陕西省政府专项债券（四期）	10 年	26.30	2015－08－28	公开招标	3.60

续表

名称	期限	发行面值（亿元）	招标日期	发行方式	票面利率（%）
2015 年陕西省政府专项债券（五期）	3 年	1.00	2015-08-28	公开招标	3.03
2015 年陕西省政府专项债券（六期）	5 年	1.50	2015-08-28	公开招标	3.36
2015 年陕西省政府专项债券（七期）	7 年	1.50	2015-08-28	公开招标	3.62
2015 年陕西省政府专项债券（八期）	10 年	1.00	2015-08-28	公开招标	3.60
2015 年河南省政府一般债券（五期）	3 年	51.00	2015-08-31	公开招标	3.03
2015 年河南省政府一般债券（六期）	5 年	76.60	2015-08-31	公开招标	3.29
2015 年河南省政府一般债券（七期）	7 年	76.60	2015-08-31	公开招标	3.54
2015 年河南省政府一般债券（八期）	10 年	51.00	2015-08-31	公开招标	3.53
2015 年河南省政府专项债券（一期）	3 年	31.40	2015-08-31	公开招标	3.03
2015 年河南省政府专项债券（二期）	5 年	47.00	2015-08-31	公开招标	3.29
2015 年河南省政府专项债券（三期）	7 年	47.00	2015-08-31	公开招标	3.54
2015 年河南省政府专项债券（四期）	10 年	31.40	2015-08-31	公开招标	3.53
2015 年内蒙古自治区政府一般债券（五期）	3 年	42.40	2015-09-08	公开招标	3.14
2015 年内蒙古自治区政府一般债券（六期）	5 年	127.20	2015-09-08	公开招标	3.35
2015 年内蒙古自治区政府一般债券（七期）	7 年	127.20	2015-09-08	公开招标	3.53
2015 年内蒙古自治区政府一般债券（八期）	10 年	127.20	2015-09-08	公开招标	3.52
2015 年内蒙古自治区政府专项债券（一期）	3 年	11.65	2015-09-08	公开招标	3.14
2015 年内蒙古自治区政府专项债券（二期）	5 年	44.70	2015-09-08	公开招标	3.35
2015 年内蒙古自治区政府专项债券（三期）	7 年	22.30	2015-09-08	公开招标	3.53
2015 年内蒙古自治区政府专项债券（四期）	10 年	33.50	2015-09-08	公开招标	3.52
2015 年宁夏回族自治区政府一般债券（五期）	3 年	5.73	2015-09-08	公开招标	3.14
2015 年宁夏回族自治区政府一般债券（六期）	5 年	10.00	2015-09-08	公开招标	3.35
2015 年宁夏回族自治区政府一般债券（七期）	7 年	10.00	2015-09-08	公开招标	3.53
2015 年宁夏回族自治区政府一般债券（八期）	10 年	10.00	2015-09-08	公开招标	3.52
2015 年广东省政府定向承销发行的置换一般债券（五期）	3 年	21.59	2015-09-09	定向承销	3.40
2015 年广东省政府定向承销发行的置换一般债券（六期）	5 年	64.78	2015-09-09	定向承销	3.63
2015 年广东省政府定向承销发行的置换一般债券（七期）	7 年	64.78	2015-09-09	定向承销	3.83
2015 年广东省政府定向承销发行的置换一般债券（八期）	10 年	64.78	2015-09-09	定向承销	3.82
2015 年广东省政府定向承销发行的置换专项债券（四期）	5 年	6.58	2015-09-09	定向承销	3.63
2015 年广东省政府定向承销发行的置换专项债券（五期）	7 年	2.63	2015-09-09	定向承销	3.83
2015 年广东省政府定向承销发行的置换专项债券（六期）	10 年	3.95	2015-09-09	定向承销	3.82
2015 年江苏省政府一般债券（五期）	3 年	94.60	2015-09-10	公开招标	3.26
2015 年江苏省政府一般债券（六期）	5 年	141.90	2015-09-10	公开招标	3.47
2015 年江苏省政府一般债券（七期）	7 年	141.90	2015-09-10	公开招标	3.64
2015 年江苏省政府一般债券（八期）	10 年	94.60	2015-09-10	公开招标	3.63
2015 年江苏省政府专项债券（四期）	3 年	65.17	2015-09-10	公开招标	3.27
2015 年江苏省政府专项债券（五期）	5 年	97.40	2015-09-10	公开招标	3.47
2015 年江苏省政府专项债券（六期）	7 年	97.40	2015-09-10	公开招标	3.64
2015 年江苏省政府专项债券（七期）	10 年	65.00	2015-09-10	公开招标	3.63
2015 年吉林省政府定向承销发行的置换一般债券（五期）	3 年	2.77	2015-09-11	定向承销	3.42

续表

名称	期限	发行面值（亿元）	招标日期	发行方式	票面利率（%）
2015年吉林省政府定向承销发行的置换一般债券（六期）	5年	8.31	2015-09-11	定向承销	3.65
2015年吉林省政府定向承销发行的置换一般债券（七期）	7年	8.31	2015-09-11	定向承销	3.85
2015年吉林省政府定向承销发行的置换一般债券（八期）	10年	8.31	2015-09-11	定向承销	3.84
2015年吉林省政府定向承销发行的置换专项债券（三期）	5年	20.74	2015-09-11	定向承销	3.65
2015年吉林省政府定向承销发行的置换专项债券（四期）	10年	20.74	2015-09-11	定向承销	3.84
2015年山东省政府一般债券（九期）	3年	202.50	2015-09-14	公开招标	3.24
2015年山东省政府一般债券（十期）	5年	202.50	2015-09-14	公开招标	3.44
2015年山东省政府一般债券（十一期）	7年	202.50	2015-09-14	公开招标	3.61
2015年山东省政府一般债券（十二期）	10年	68.16	2015-09-14	公开招标	3.60
2015年山东省政府专项债券（四期）	3年	22.20	2015-09-14	公开招标	3.23
2015年山东省政府专项债券（五期）	5年	22.20	2015-09-14	公开招标	3.44
2015年山东省政府专项债券（六期）	7年	22.20	2015-09-14	公开招标	3.60
2015年山东省政府专项债券（七期）	10年	7.77	2015-09-14	公开招标	3.59
2015年山东省政府定向承销发行的置换一般债券（五期）	3年	51.30	2015-09-14	定向承销	3.43
2015年山东省政府定向承销发行的置换一般债券（六期）	5年	51.30	2015-09-14	定向承销	3.67
2015年山东省政府定向承销发行的置换一般债券（七期）	7年	51.30	2015-09-14	定向承销	3.85
2015年山东省政府定向承销发行的置换一般债券（八期）	10年	17.10	2015-09-14	定向承销	3.85
2015年山东省政府定向承销发行的置换专项债券（五期）	3年	7.49	2015-09-14	定向承销	3.43
2015年山东省政府定向承销发行的置换专项债券（六期）	5年	7.49	2015-09-14	定向承销	3.67
2015年山东省政府定向承销发行的置换专项债券（七期）	7年	7.49	2015-09-14	定向承销	3.85
2015年山东省政府定向承销发行的置换专项债券（八期）	10年	2.50	2015-09-14	定向承销	3.85
2015年广西壮族自治区政府一般债券（九期）	3年	59.00	2015-09-15	公开招标	3.23
2015年广西壮族自治区政府一般债券（十期）	5年	88.00	2015-09-15	公开招标	3.43
2015年广西壮族自治区政府一般债券（十一期）	7年	88.00	2015-09-15	公开招标	3.60
2015年广西壮族自治区政府一般债券（十二期）	10年	59.00	2015-09-15	公开招标	3.59
2015年广西壮族自治区政府专项债券（三期）	5年	9.50	2015-09-15	公开招标	3.43
2015年广西壮族自治区政府专项债券（四期）	7年	9.50	2015-09-15	公开招标	3.60
2015年新疆维吾尔自治区政府一般债券（十三期）	3年	37.00	2015-09-15	公开招标	3.13
2015年新疆维吾尔自治区政府一般债券（十四期）	5年	55.50	2015-09-15	公开招标	3.37
2015年新疆维吾尔自治区政府一般债券（十五期）	7年	55.50	2015-09-15	公开招标	3.55
2015年新疆维吾尔自治区政府一般债券（十六期）	10年	37.00	2015-09-15	公开招标	3.49
2015年新疆维吾尔自治区政府专项债券（九期）	3年	11.60	2015-09-15	公开招标	2.98
2015年新疆维吾尔自治区政府专项债券（十期）	5年	17.40	2015-09-15	公开招标	3.18
2015年新疆维吾尔自治区政府专项债券（十一期）	7年	17.40	2015-09-15	公开招标	3.41
2015年新疆维吾尔自治区政府专项债券（十二期）	10年	11.60	2015-09-15	公开招标	3.34
2015年河北省政府一般债券（五期）	3年	140.00	2015-09-17	公开招标	3.18
2015年河北省政府一般债券（六期）	5年	140.00	2015-09-17	公开招标	3.37
2015年河北省政府一般债券（七期）	7年	140.00	2015-09-17	公开招标	3.54
2015年河北省政府一般债券（八期）	10年	49.45	2015-09-17	公开招标	3.53
2015年浙江省政府一般债券（五期）	3年	23.30	2015-09-17	公开招标	2.98

续表

名称	期限	发行面值（亿元）	招标日期	发行方式	票面利率（%）
2015 年浙江省政府一般债券（六期）	5 年	69.90	2015 - 09 - 17	公开招标	3.27
2015 年浙江省政府一般债券（七期）	7 年	69.90	2015 - 09 - 17	公开招标	3.38
2015 年浙江省政府一般债券（八期）	10 年	69.90	2015 - 09 - 17	公开招标	3.43
2015 年浙江省政府专项债券（一期）	3 年	43.10	2015 - 09 - 17	公开招标	2.98
2015 年浙江省政府专项债券（二期）	5 年	65.40	2015 - 09 - 17	公开招标	3.17
2015 年浙江省政府专项债券（三期）	7 年	43.10	2015 - 09 - 17	公开招标	3.34
2015 年浙江省政府专项债券（四期）	10 年	65.40	2015 - 09 - 17	公开招标	3.33
2015 年河北省政府专项债券（四期）	3 年	47.00	2015 - 09 - 18	公开招标	3.17
2015 年河北省政府专项债券（五期）	5 年	47.74	2015 - 09 - 18	公开招标	3.37
2015 年贵州省政府一般债券（九期）	3 年	100.00	2015 - 09 - 18	公开招标	3.22
2015 年贵州省政府一般债券（十期）	5 年	150.00	2015 - 09 - 18	公开招标	3.42
2015 年贵州省政府一般债券（十一期）	7 年	150.00	2015 - 09 - 18	公开招标	3.58
2015 年贵州省政府一般债券（十二期）	10 年	100.00	2015 - 09 - 18	公开招标	3.57
2015 年云南省政府一般债券（五期）	3 年	27.60	2015 - 09 - 21	公开招标	3.17
2015 年云南省政府一般债券（六期）	5 年	50.00	2015 - 09 - 21	公开招标	3.36
2015 年云南省政府一般债券（七期）	7 年	50.00	2015 - 09 - 21	公开招标	3.53
2015 年云南省政府一般债券（八期）	10 年	50.00	2015 - 09 - 21	公开招标	3.52
2015 年云南省政府专项债券（五期）	3 年	44.40	2015 - 09 - 21	公开招标	3.17
2015 年云南省政府专项债券（六期）	5 年	41.00	2015 - 09 - 21	公开招标	3.36
2015 年云南省政府专项债券（七期）	7 年	42.00	2015 - 09 - 21	公开招标	3.53
2015 年云南省政府专项债券（八期）	10 年	42.00	2015 - 09 - 21	公开招标	3.52
2015 年云南省政府定向承销发行的置换一般债券（五期）	3 年	4.40	2015 - 09 - 21	定向承销	3.42
2015 年云南省政府定向承销发行的置换一般债券（六期）	5 年	8.00	2015 - 09 - 21	定向承销	3.63
2015 年云南省政府定向承销发行的置换一般债券（七期）	7 年	8.00	2015 - 09 - 21	定向承销	3.83
2015 年云南省政府定向承销发行的置换一般债券（八期）	10 年	8.00	2015 - 09 - 21	定向承销	3.81
2015 年云南省政府定向承销发行的置换专项债券（五期）	3 年	6.60	2015 - 09 - 21	定向承销	3.42
2015 年云南省政府定向承销发行的置换专项债券（六期）	5 年	6.00	2015 - 09 - 21	定向承销	3.63
2015 年云南省政府定向承销发行的置换专项债券（七期）	7 年	5.00	2015 - 09 - 21	定向承销	3.83
2015 年云南省政府定向承销发行的置换专项债券（八期）	10 年	5.00	2015 - 09 - 21	定向承销	3.81
2015 年福建省政府专项债券（三期）	5 年	73.60	2015 - 09 - 22	公开招标	3.45
2015 年福建省政府专项债券（四期）	10 年	73.60	2015 - 09 - 22	公开招标	3.61
2015 年福建省政府一般债券（九期）	3 年	7.22	2015 - 09 - 22	公开招标	3.28
2015 年福建省政府一般债券（十期）	5 年	20.90	2015 - 09 - 22	公开招标	3.45
2015 年福建省政府一般债券（十一期）	7 年	20.90	2015 - 09 - 22	公开招标	3.62
2015 年福建省政府一般债券（十二期）	10 年	20.90	2015 - 09 - 22	公开招标	3.61
2015 年广西壮族自治区政府定向承销发行的置换一般债券（五期）	3 年	10.00	2015 - 09 - 22	定向承销	3.45
2015 年广西壮族自治区政府定向承销发行的置换一般债券（六期）	5 年	14.50	2015 - 09 - 22	定向承销	3.65
2015 年广西壮族自治区政府定向承销发行的置换一般债券（七期）	7 年	14.50	2015 - 09 - 22	定向承销	3.85
2015 年广西壮族自治区政府定向承销发行的置换一般债券（八期）	10 年	10.00	2015 - 09 - 22	定向承销	3.84
2015 年青海省政府一般债券（九期）	3 年	5.00	2015 - 09 - 24	公开招标	3.19

续表

名称	期限	发行面值（亿元）	招标日期	发行方式	票面利率（%）
2015年青海省政府一般债券（十期）	5年	8.00	2015-09-24	公开招标	3.35
2015年青海省政府一般债券（十一期）	7年	8.00	2015-09-24	公开招标	3.53
2015年青海省政府一般债券（十二期）	10年	8.00	2015-09-24	公开招标	3.52
2015年安徽省政府定向承销发行的置换一般债券（六期）	3年	6.91	2015-09-25	定向承销	3.47
2015年安徽省政府定向承销发行的置换一般债券（七期）	5年	10.36	2015-09-25	定向承销	3.65
2015年安徽省政府定向承销发行的置换一般债券（八期）	7年	10.36	2015-09-25	定向承销	3.86
2015年安徽省政府定向承销发行的置换一般债券（九期）	10年	6.91	2015-09-25	定向承销	3.85
2015年安徽省政府定向承销发行的置换专项债券（五期）	5年	12.89	2015-09-25	定向承销	3.65
2015年安徽省政府定向承销发行的置换专项债券（六期）	10年	12.89	2015-09-25	定向承销	3.85
2015年湖北省政府一般债券（十三期）	3年	7.80	2015-10-09	公开招标	2.94
2015年湖北省政府一般债券（十四期）	5年	23.40	2015-10-09	公开招标	3.07
2015年湖北省政府一般债券（十五期）	7年	23.40	2015-10-09	公开招标	3.45
2015年湖北省政府一般债券（十六期）	10年	23.40	2015-10-09	公开招标	3.44
2015年湖北省政府专项债券（五期）	3年	1.80	2015-10-09	公开招标	2.94
2015年湖北省政府专项债券（六期）	5年	7.20	2015-10-09	公开招标	3.07
2015年湖北省政府专项债券（七期）	7年	3.60	2015-10-09	公开招标	3.28
2015年湖北省政府专项债券（八期）	10年	5.40	2015-10-09	公开招标	3.30
2015年四川省政府一般债券（九期）	3年	84.00	2015-10-09	公开招标	3.24
2015年四川省政府一般债券（十期）	5年	84.00	2015-10-09	公开招标	3.37
2015年四川省政府一般债券（十一期）	7年	84.00	2015-10-09	公开招标	3.58
2015年四川省政府一般债券（十二期）	10年	28.00	2015-10-09	公开招标	3.56
2015年广东省政府一般债券（九期）	3年	19.26	2015-10-10	公开招标	3.02
2015年广东省政府一般债券（十期）	5年	57.79	2015-10-10	公开招标	3.14
2015年广东省政府一般债券（十一期）	7年	57.79	2015-10-10	公开招标	3.35
2015年广东省政府一般债券（十二期）	10年	57.79	2015-10-10	公开招标	3.33
2015年广东省政府专项债券（四期）	5年	77.51	2015-10-10	公开招标	3.15
2015年广东省政府专项债券（五期）	7年	31.00	2015-10-10	公开招标	3.35
2015年广东省政府专项债券（六期）	10年	46.50	2015-10-10	公开招标	3.33
2015年贵州省政府定向承销发行的置换一般债券（一期）	3年	11.61	2015-10-12	定向承销	3.33
2015年贵州省政府定向承销发行的置换一般债券（二期）	5年	17.42	2015-10-12	定向承销	3.47
2015年贵州省政府定向承销发行的置换一般债券（三期）	7年	17.42	2015-10-12	定向承销	3.71
2015年贵州省政府定向承销发行的置换一般债券（四期）	10年	11.61	2015-10-12	定向承销	3.69
2015年贵州省政府定向承销发行的置换专项债券（四期）	5年	21.89	2015-10-12	定向承销	3.47
2015年贵州省政府定向承销发行的置换专项债券（五期）	7年	8.76	2015-10-12	定向承销	3.71
2015年贵州省政府定向承销发行的置换专项债券（六期）	10年	13.13	2015-10-12	定向承销	3.69
2015年福建省政府定向承销发行的置换专项债券（三期）	5年	18.83	2015-10-13	定向承销	3.45
2015年福建省政府定向承销发行的置换专项债券（四期）	10年	18.83	2015-10-13	定向承销	3.67
2015年福建省政府定向承销发行的置换一般债券（五期）	3年	2.17	2015-10-13	定向承销	3.30
2015年福建省政府定向承销发行的置换一般债券（六期）	5年	6.50	2015-10-13	定向承销	3.45
2015年福建省政府定向承销发行的置换一般债券（七期）	7年	6.50	2015-10-13	定向承销	3.68

续表

名称	期限	发行面值（亿元）	招标日期	发行方式	票面利率（%）
2015 年福建省政府定向承销发行的置换一般债券（八期）	10 年	6.50	2015-10-13	定向承销	3.67
2015 年海南省政府一般债券（五期）	3 年	5.35	2015-10-13	公开招标	3.07
2015 年海南省政府一般债券（六期）	5 年	15.30	2015-10-13	公开招标	3.20
2015 年海南省政府一般债券（七期）	7 年	15.30	2015-10-13	公开招标	3.40
2015 年海南省政府一般债券（八期）	10 年	15.30	2015-10-13	公开招标	3.39
2015 年海南省政府专项债券（一期）	5 年	18.45	2015-10-13	公开招标	3.20
2015 年海南省政府专项债券（二期）	7 年	7.00	2015-10-13	公开招标	3.40
2015 年海南省政府专项债券（三期）	10 年	10.50	2015-10-13	公开招标	3.39
2015 年浙江省政府一般债券（九期）	3 年	13.20	2015-10-15	公开招标	2.94
2015 年浙江省政府一般债券（十期）	5 年	39.60	2015-10-15	公开招标	3.04
2015 年浙江省政府一般债券（十一期）	7 年	39.60	2015-10-15	公开招标	3.23
2015 年浙江省政府一般债券（十二期）	10 年	39.60	2015-10-15	公开招标	3.31
2015 年浙江省政府专项债券（五期）	3 年	28.70	2015-10-15	公开招标	2.94
2015 年浙江省政府专项债券（六期）	5 年	43.10	2015-10-15	公开招标	3.04
2015 年浙江省政府专项债券（七期）	7 年	28.70	2015-10-15	公开招标	3.23
2015 年浙江省政府专项债券（八期）	10 年	43.10	2015-10-15	公开招标	3.31
2015 年浙江省政府定向发行置换一般债券（五期）	3 年	11.67	2015-10-16	定向承销	3.24
2015 年浙江省政府定向发行置换一般债券（六期）	5 年	35.00	2015-10-16	定向承销	3.36
2015 年浙江省政府定向发行置换一般债券（七期）	7 年	35.00	2015-10-16	定向承销	3.59
2015 年浙江省政府定向发行置换一般债券（八期）	10 年	35.00	2015-10-16	定向承销	3.57
2015 年浙江省政府定向发行置换专项债券（五期）	3 年	36.28	2015-10-16	定向承销	3.24
2015 年浙江省政府定向发行置换专项债券（六期）	5 年	54.41	2015-10-16	定向承销	3.36
2015 年浙江省政府定向发行置换专项债券（七期）	7 年	36.28	2015-10-16	定向承销	3.59
2015 年浙江省政府定向发行置换专项债券（八期）	10 年	54.41	2015-10-16	定向承销	3.57
2015 年湖南省政府定向置换一般债券（五期）	3 年	40.11	2015-10-16	定向承销	3.24
2015 年湖南省政府定向置换一般债券（六期）	5 年	122.40	2015-10-16	定向承销	3.36
2015 年湖南省政府定向置换一般债券（七期）	7 年	122.40	2015-10-16	定向承销	3.59
2015 年湖南省政府定向置换一般债券（八期）	10 年	122.40	2015-10-16	定向承销	3.57
2015 年北京市政府定向承销发行的置换一般债券（五期）	3 年	34.92	2015-10-19	定向承销	3.24
2015 年北京市政府定向承销发行的置换一般债券（六期）	5 年	38.53	2015-10-19	定向承销	3.37
2015 年北京市政府定向承销发行的置换一般债券（七期）	7 年	44.15	2015-10-19	定向承销	3.59
2015 年北京市政府定向承销发行的置换一般债券（八期）	10 年	36.28	2015-10-19	定向承销	3.56
2015 年北京市政府定向承销发行的置换专项债券（四期）	3 年	26.95	2015-10-19	定向承销	3.24
2015 年北京市政府定向承销发行的置换专项债券（五期）	5 年	12.26	2015-10-19	定向承销	3.37
2015 年北京市政府定向承销发行的置换专项债券（六期）	7 年	14.57	2015-10-19	定向承销	3.59
2015 年北京市政府定向承销发行的置换专项债券（七期）	10 年	17.29	2015-10-19	定向承销	3.56
2015 年内蒙古自治区政府定向承销发行的一般债券（五期）	3 年	25.01	2015-10-19	定向承销	3.30
2015 年内蒙古自治区政府定向承销发行的一般债券（六期）	5 年	74.83	2015-10-19	定向承销	3.42
2015 年内蒙古自治区政府定向承销发行的一般债券（七期）	7 年	74.87	2015-10-19	定向承销	3.65
2015 年内蒙古自治区政府定向承销发行的一般债券（八期）	10 年	74.87	2015-10-19	定向承销	3.63

续表

名称	期限	发行面值（亿元）	招标日期	发行方式	票面利率（%）
2015年内蒙古自治区政府定向承销发行的专项债券（三期）	3年	4.87	2015-10-19	定向承销	3.30
2015年内蒙古自治区政府定向承销发行的专项债券（四期）	5年	19.45	2015-10-19	定向承销	3.42
2015年内蒙古自治区政府定向承销发行的专项债券（五期）	7年	9.72	2015-10-19	定向承销	3.65
2015年内蒙古自治区政府定向承销发行的专项债券（六期）	10年	14.59	2015-10-19	定向承销	3.63
2015年江西省政府一般债券（五期）	3年	44.86	2015-10-20	公开招标	3.05
2015年江西省政府一般债券（六期）	5年	134.50	2015-10-20	公开招标	3.18
2015年江西省政府一般债券（七期）	7年	134.50	2015-10-20	公开招标	3.37
2015年江西省政府一般债券（八期）	10年	134.50	2015-10-20	公开招标	3.34
2015年江西省政府专项债券（一期）	3年	7.50	2015-10-20	公开招标	3.03
2015年江西省政府专项债券（二期）	5年	7.50	2015-10-20	公开招标	3.07
2015年江西省政府专项债券（三期）	7年	7.50	2015-10-20	公开招标	3.27
2015年江西省政府专项债券（四期）	10年	7.50	2015-10-20	公开招标	3.34
2015年江西省政府专项债券（五期）	3年	1.50	2015-10-20	公开招标	3.00
2015年江西省政府专项债券（六期）	5年	1.50	2015-10-20	公开招标	3.05
2015年江西省政府专项债券（七期）	7年	1.50	2015-10-20	公开招标	3.36
2015年江西省政府专项债券（八期）	10年	1.50	2015-10-20	公开招标	3.34
2015年甘肃省政府一般债券（九期）	3年	9.30	2015-10-20	公开招标	3.01
2015年甘肃省政府一般债券（十期）	5年	7.00	2015-10-20	公开招标	3.13
2015年甘肃省政府一般债券（十一期）	7年	7.70	2015-10-20	公开招标	3.32
2015年甘肃省政府一般债券（十二期）	10年	10.00	2015-10-20	公开招标	3.29
2015年甘肃省政府专项债券（三期）	5年	10.00	2015-10-20	公开招标	3.13
2015年甘肃省政府专项债券（四期）	10年	10.00	2015-10-20	公开招标	3.29
2015年上海市政府一般债券（五期）	5年	5.00	2015-10-23	公开招标	2.93
2015年上海市政府一般债券（六期）	7年	78.60	2015-10-23	公开招标	3.10
2015年上海市政府一般债券（七期）	10年	78.60	2015-10-23	公开招标	3.08
2015年上海市政府专项债券（三期）	3年	31.50	2015-10-23	公开招标	2.80
2015年上海市政府专项债券（四期）	5年	47.50	2015-10-23	公开招标	2.93
2015年上海市政府专项债券（五期）	7年	47.50	2015-10-23	公开招标	3.10
2015年上海市政府专项债券（六期）	10年	31.50	2015-10-23	公开招标	3.08
2015年青岛市政府定向承销发行的置换一般债券（五期）	3年	2.21	2015-10-23	定向承销	3.22
2015年青岛市政府定向承销发行的置换一般债券（六期）	5年	6.63	2015-10-23	定向承销	3.37
2015年青岛市政府定向承销发行的置换一般债券（七期）	7年	6.63	2015-10-23	定向承销	3.57
2015年青岛市政府定向承销发行的置换一般债券（八期）	10年	6.63	2015-10-23	定向承销	3.55
2015年青岛市政府定向承销发行的置换专项债券（四期）	5年	5.95	2015-10-23	定向承销	3.37
2015年青岛市政府定向承销发行的置换专项债券（五期）	7年	2.38	2015-10-23	定向承销	3.57
2015年青岛市政府定向承销发行的置换专项债券（六期）	10年	3.57	2015-10-23	定向承销	3.55
2015年四川省政府专项债券（一期）	3年	153.00	2015-10-26	公开招标	3.09
2015年四川省政府专项债券（二期）	5年	153.00	2015-10-26	公开招标	3.21
2015年四川省政府专项债券（三期）	7年	153.00	2015-10-26	公开招标	3.38
2015年四川省政府专项债券（四期）	10年	53.42	2015-10-26	公开招标	3.37

续表

名称	期限	发行面值（亿元）	招标日期	发行方式	票面利率（%）
2015 年安徽省政府一般债券（十期）	3 年	95.40	2015-10-27	公开招标	3.13
2015 年安徽省政府一般债券（十一期）	5 年	95.40	2015-10-27	公开招标	3.24
2015 年安徽省政府一般债券（十二期）	7 年	63.60	2015-10-27	公开招标	3.36
2015 年安徽省政府一般债券（十三期）	10 年	64.37	2015-10-27	公开招标	3.45
2015 年安徽省政府专项债券（三期）	5 年	99.01	2015-10-27	公开招标	3.19
2015 年安徽省政府专项债券（四期）	10 年	52.00	2015-10-27	公开招标	3.39
2015 年福建省政府专项债券（五期）	5 年	3.30	2015-10-27	公开招标	3.09
2015 年福建省政府专项债券（六期）	10 年	3.20	2015-10-27	公开招标	3.25
2015 年福建省政府专项债券（七期）	5 年	1.80	2015-10-27	公开招标	3.09
2015 年福建省政府专项债券（八期）	10 年	1.70	2015-10-27	公开招标	3.25
2015 年福建省政府一般债券（十三期）	3 年	3.10	2015-10-27	公开招标	2.98
2015 年福建省政府一般债券（十四期）	5 年	9.30	2015-10-27	公开招标	3.09
2015 年福建省政府一般债券（十五期）	7 年	9.30	2015-10-27	公开招标	3.26
2015 年福建省政府一般债券（十六期）	10 年	9.30	2015-10-27	公开招标	3.25
2015 年天津市政府定向承销发行的置换一般债券（九期）	3 年	0.41	2015-10-28	定向承销	3.18
2015 年天津市政府定向承销发行的置换一般债券（十期）	5 年	1.07	2015-10-28	定向承销	3.30
2015 年天津市政府定向承销发行的置换一般债券（十一期）	7 年	1.10	2015-10-28	定向承销	3.50
2015 年天津市政府定向承销发行的置换一般债券（十二期）	10 年	1.10	2015-10-28	定向承销	3.49
2015 年天津市政府定向承销发行的置换专项债券（六期）	5 年	21.10	2015-10-28	定向承销	3.30
2015 年天津市政府定向承销发行的置换专项债券（七期）	7 年	9.96	2015-10-28	定向承销	3.50
2015 年天津市政府定向承销发行的置换专项债券（八期）	10 年	10.88	2015-10-28	定向承销	3.49
2015 年天津市政府一般债券（九期）	3 年	5.07	2015-10-29	公开招标	3.00
2015 年天津市政府一般债券（十期）	5 年	15.40	2015-10-29	公开招标	3.10
2015 年天津市政府一般债券（十一期）	7 年	15.40	2015-10-29	公开招标	3.27
2015 年天津市政府一般债券（十二期）	10 年	15.40	2015-10-29	公开招标	3.27
2015 年天津市政府专项债券（四期）	5 年	8.31	2015-10-29	公开招标	3.10
2015 年天津市政府专项债券（五期）	7 年	3.10	2015-10-29	公开招标	3.25
2015 年天津市政府专项债券（六期）	10 年	3.70	2015-10-29	公开招标	3.27
2015 年宁夏回族自治区政府一般债券（九期）	3 年	25.00	2015-10-29	公开招标	3.05
2015 年宁夏回族自治区政府一般债券（十期）	5 年	25.00	2015-10-29	公开招标	3.15
2015 年宁夏回族自治区政府一般债券（十一期）	7 年	25.00	2015-10-29	公开招标	3.37
2015 年宁夏回族自治区政府一般债券（十二期）	10 年	20.10	2015-10-29	公开招标	3.37
2015 年宁夏回族自治区政府专项债券（一期）	3 年	20.00	2015-10-29	公开招标	3.05
2015 年宁夏回族自治区政府专项债券（二期）	5 年	15.00	2015-10-29	公开招标	3.15
2015 年宁夏回族自治区政府专项债券（三期）	7 年	15.00	2015-10-29	公开招标	3.37
2015 年宁夏回族自治区政府专项债券（四期）	10 年	9.18	2015-10-29	公开招标	3.37
2015 年宁夏回族自治区政府专项债券（五期）	7 年	2.00	2015-10-29	公开招标	3.37
2015 年宁夏回族自治区政府专项债券（六期）	10 年	5.00	2015-10-29	公开招标	3.37
2015 年上海市政府定向承销发行置换一般债券（五期）	3 年	15.00	2015-10-30	定向承销	3.03
2015 年上海市政府定向承销发行置换一般债券（六期）	5 年	10.00	2015-10-30	定向承销	3.15

续表

名称	期限	发行面值（亿元）	招标日期	发行方式	票面利率（%）
2015 年上海市政府定向承销发行置换一般债券（七期）	7 年	18.90	2015-10-30	定向承销	3.33
2015 年上海市政府定向承销发行置换一般债券（八期）	10 年	18.90	2015-10-30	定向承销	3.34
2015 年上海市政府定向承销发行置换专项债券（三期）	3 年	17.50	2015-10-30	定向承销	3.03
2015 年上海市政府定向承销发行置换专项债券（四期）	5 年	26.00	2015-10-30	定向承销	3.15
2015 年上海市政府定向承销发行置换专项债券（五期）	7 年	26.00	2015-10-30	定向承销	3.33
2015 年上海市政府定向承销发行置换专项债券（六期）	10 年	17.50	2015-10-30	定向承销	3.34
2015 年宁夏回族自治区政府定向承销发行的置换一般债券（五期）	5 年	2.00	2015-10-30	定向承销	3.31
2015 年宁夏回族自治区政府定向承销发行的置换一般债券（六期）	7 年	1.90	2015-10-30	定向承销	3.50
2015 年宁夏回族自治区政府定向承销发行的置换一般债券（七期）	10 年	2.00	2015-10-30	定向承销	3.50
2015 年宁夏回族自治区政府定向承销发行的置换专项债券（三期）	10 年	2.28	2015-10-30	定向承销	3.50
2015 年河南省政府定向置换一般债券（一期）	3 年	6.45	2015-11-02	定向承销	3.14
2015 年河南省政府定向置换一般债券（二期）	5 年	9.67	2015-11-02	定向承销	3.29
2015 年河南省政府定向置换一般债券（三期）	7 年	9.67	2015-11-02	定向承销	3.47
2015 年河南省政府定向置换一般债券（四期）	10 年	6.45	2015-11-02	定向承销	3.47
2015 年河南省政府定向置换专项债券（一期）	5 年	3.57	2015-11-02	定向承销	3.29
2015 年广东省政府一般债券（十三期）	3 年	15.89	2015-11-02	公开招标	2.83
2015 年广东省政府一般债券（十四期）	5 年	47.50	2015-11-02	公开招标	2.96
2015 年广东省政府一般债券（十五期）	7 年	47.50	2015-11-02	公开招标	3.12
2015 年广东省政府一般债券（十六期）	10 年	47.50	2015-11-02	公开招标	3.12
2015 年广东省政府定向承销发行的置换一般债券（九期）	3 年	4.46	2015-11-02	定向承销	3.14
2015 年广东省政府定向承销发行的置换一般债券（十期）	5 年	13.38	2015-11-02	定向承销	3.29
2015 年广东省政府定向承销发行的置换一般债券（十一期）	7 年	13.38	2015-11-02	定向承销	3.47
2015 年广东省政府定向承销发行的置换一般债券（十二期）	10 年	13.38	2015-11-02	定向承销	3.47
2015 年山西省政府一般债券（五期）	3 年	24.92	2015-11-03	公开招标	2.87
2015 年山西省政府一般债券（六期）	5 年	66.21	2015-11-03	公开招标	3.07
2015 年山西省政府一般债券（七期）	7 年	66.21	2015-11-03	公开招标	3.23
2015 年山西省政府一般债券（八期）	10 年	66.21	2015-11-03	公开招标	3.23
2015 年山西省政府专项债券（一期）	5 年	69.98	2015-11-03	公开招标	2.97
2015 年山西省政府专项债券（二期）	10 年	67.48	2015-11-03	公开招标	3.18
2015 年河南省政府一般债券（九期）	3 年	70.40	2015-11-03	公开招标	3.02
2015 年河南省政府一般债券（十期）	5 年	102.00	2015-11-03	公开招标	3.17
2015 年河南省政府一般债券（十一期）	7 年	102.00	2015-11-03	公开招标	3.33
2015 年河南省政府一般债券（十二期）	10 年	68.00	2015-11-03	公开招标	3.33
2015 年河南省政府专项债券（五期）	3 年	42.67	2015-11-03	公开招标	3.02
2015 年河南省政府专项债券（六期）	5 年	63.00	2015-11-03	公开招标	3.17
2015 年河南省政府专项债券（七期）	7 年	63.00	2015-11-03	公开招标	3.33
2015 年河南省政府专项债券（八期）	10 年	42.00	2015-11-03	公开招标	3.33
2015 年江苏省政府定向承销发行的置换一般债券（九期）	3 年	9.34	2015-11-04	定向承销	3.14
2015 年江苏省政府定向承销发行的置换一般债券（十期）	5 年	14.01	2015-11-04	定向承销	3.32
2015 年江苏省政府定向承销发行的置换一般债券（十一期）	7 年	14.01	2015-11-04	定向承销	3.50

续表

名称	期限	发行面值（亿元）	招标日期	发行方式	票面利率（%）
2015年江苏省政府定向承销发行的置换一般债券（十二期）	10年	9.34	2015-11-04	定向承销	3.50
2015年江苏省政府定向承销发行的置换专项债券（九期）	3年	9.68	2015-11-04	定向承销	3.14
2015年江苏省政府定向承销发行的置换专项债券（十期）	5年	14.51	2015-11-04	定向承销	3.32
2015年江苏省政府定向承销发行的置换专项债券（十一期）	7年	14.51	2015-11-04	定向承销	3.50
2015年江苏省政府定向承销发行的置换专项债券（十二期）	10年	9.68	2015-11-04	定向承销	3.50
2015年江苏省政府一般债券（九期）	3年	162.40	2015-11-05	公开招标	2.89
2015年江苏省政府一般债券（十期）	5年	243.60	2015-11-05	公开招标	3.11
2015年江苏省政府一般债券（十一期）	7年	243.60	2015-11-05	公开招标	3.26
2015年江苏省政府一般债券（十二期）	10年	162.40	2015-11-05	公开招标	3.23
2015年江苏省政府专项债券（八期）	3年	71.32	2015-11-05	公开招标	2.89
2015年江苏省政府专项债券（九期）	5年	106.70	2015-11-05	公开招标	3.07
2015年江苏省政府专项债券（十期）	7年	106.70	2015-11-05	公开招标	3.22
2015年江苏省政府专项债券（十一期）	10年	71.20	2015-11-05	公开招标	3.18
2015年贵州省政府专项债券（一期）	3年	100.00	2015-11-05	公开招标	2.99
2015年贵州省政府专项债券（二期）	5年	150.00	2015-11-05	公开招标	3.17
2015年贵州省政府专项债券（三期）	7年	150.00	2015-11-05	公开招标	3.32
2015年贵州省政府专项债券（四期）	10年	100.00	2015-11-05	公开招标	3.33
2015年云南省政府一般债券（九期）	3年	62.90	2015-11-06	公开招标	2.95
2015年云南省政府一般债券（十期）	5年	109.00	2015-11-06	公开招标	3.14
2015年云南省政府一般债券（十一期）	7年	109.00	2015-11-06	公开招标	3.29
2015年云南省政府一般债券（十二期）	10年	109.00	2015-11-06	公开招标	3.29
2015年云南省政府专项债券（九期）	3年	65.00	2015-11-06	公开招标	2.95
2015年云南省政府专项债券（十期）	5年	65.00	2015-11-06	公开招标	3.14
2015年云南省政府专项债券（十一期）	7年	63.00	2015-11-06	公开招标	3.29
2015年云南省政府专项债券（十二期）	10年	63.00	2015-11-06	公开招标	3.29
2015年云南省政府定向承销发行的置换一般债券（九期）	3年	5.50	2015-11-06	定向承销	3.16
2015年云南省政府定向承销发行的置换一般债券（十期）	5年	8.00	2015-11-06	定向承销	3.38
2015年云南省政府定向承销发行的置换一般债券（十一期）	7年	8.00	2015-11-06	定向承销	3.55
2015年云南省政府定向承销发行的置换一般债券（十二期）	10年	8.00	2015-11-06	定向承销	3.55
2015年云南省政府定向承销发行的置换专项债券（九期）	3年	9.00	2015-11-06	定向承销	3.16
2015年云南省政府定向承销发行的置换专项债券（十期）	5年	9.00	2015-11-06	定向承销	3.38
2015年云南省政府定向承销发行的置换专项债券（十一期）	7年	9.00	2015-11-06	定向承销	3.55
2015年云南省政府定向承销发行的置换专项债券（十二期）	10年	9.00	2015-11-06	定向承销	3.55
2015年内蒙古自治区政府一般债券（九期）	3年	19.04	2015-11-09	公开招标	3.17
2015年内蒙古自治区政府一般债券（十期）	5年	56.70	2015-11-09	公开招标	3.39
2015年内蒙古自治区政府一般债券（十一期）	7年	56.70	2015-11-09	公开招标	3.56
2015年内蒙古自治区政府一般债券（十二期）	10年	56.70	2015-11-09	公开招标	3.55
2015年内蒙古自治区政府专项债券（五期）	3年	4.94	2015-11-09	公开招标	3.17
2015年内蒙古自治区政府专项债券（六期）	5年	20.00	2015-11-09	公开招标	3.39
2015年内蒙古自治区政府专项债券（七期）	7年	14.80	2015-11-09	公开招标	3.56

续表

名称	期限	发行面值（亿元）	招标日期	发行方式	票面利率（%）
2015 年内蒙古自治区政府专项债券（八期）	10 年	10.00	2015 - 11 - 09	公开招标	3.55
2015 年宁波市政府定向承销发行的置换一般债券（五期）	3 年	6.13	2015 - 11 - 09	定向承销	3.17
2015 年宁波市政府定向承销发行的置换一般债券（六期）	5 年	9.11	2015 - 11 - 09	定向承销	3.39
2015 年宁波市政府定向承销发行的置换一般债券（七期）	7 年	6.09	2015 - 11 - 09	定向承销	3.57
2015 年宁波市政府定向承销发行的置换一般债券（八期）	10 年	9.10	2015 - 11 - 09	定向承销	3.57
2015 年宁波市政府定向承销发行的置换专项债券（五期）	3 年	4.58	2015 - 11 - 09	定向承销	3.17
2015 年宁波市政府定向承销发行的置换专项债券（六期）	5 年	6.84	2015 - 11 - 09	定向承销	3.39
2015 年宁波市政府定向承销发行的置换专项债券（七期）	7 年	4.57	2015 - 11 - 09	定向承销	3.57
2015 年宁波市政府定向承销发行的置换专项债券（八期）	10 年	6.84	2015 - 11 - 09	定向承销	3.57
2015 年宁波市政府一般债券（五期）	3 年	10.20	2015 - 11 - 10	公开招标	2.87
2015 年宁波市政府一般债券（六期）	5 年	15.30	2015 - 11 - 10	公开招标	3.08
2015 年宁波市政府一般债券（七期）	7 年	10.20	2015 - 11 - 10	公开招标	3.24
2015 年宁波市政府一般债券（八期）	10 年	15.30	2015 - 11 - 10	公开招标	3.33
2015 年宁波市政府专项债券（五期）	3 年	8.40	2015 - 11 - 10	公开招标	2.78
2015 年宁波市政府专项债券（六期）	5 年	12.60	2015 - 11 - 10	公开招标	3.08
2015 年宁波市政府专项债券（七期）	7 年	8.40	2015 - 11 - 10	公开招标	3.24
2015 年宁波市政府专项债券（八期）	10 年	12.60	2015 - 11 - 10	公开招标	3.33
2015 年厦门市政府一般债券（五期）	3 年	1.87	2015 - 11 - 10	公开招标	2.78
2015 年厦门市政府一般债券（六期）	5 年	2.70	2015 - 11 - 10	公开招标	2.98
2015 年厦门市政府一般债券（七期）	7 年	2.70	2015 - 11 - 10	公开招标	3.14
2015 年厦门市政府一般债券（八期）	10 年	1.80	2015 - 11 - 10	公开招标	3.13
2015 年厦门市政府专项债券（三期）	5 年	10.82	2015 - 11 - 10	公开招标	2.98
2015 年厦门市政府专项债券（四期）	10 年	10.80	2015 - 11 - 10	公开招标	3.13
2015 年陕西省政府定向承销发行一般债券（五期）	3 年	21.36	2015 - 11 - 11	定向承销	3.36
2015 年陕西省政府定向承销发行一般债券（六期）	5 年	21.36	2015 - 11 - 11	定向承销	3.60
2015 年陕西省政府定向承销发行一般债券（七期）	7 年	21.36	2015 - 11 - 11	定向承销	3.80
2015 年陕西省政府定向承销发行一般债券（八期）	10 年	7.12	2015 - 11 - 11	定向承销	3.79
2015 年陕西省政府定向承销发行专项债券（五期）	3 年	33.13	2015 - 11 - 11	定向承销	3.36
2015 年陕西省政府定向承销发行专项债券（六期）	5 年	33.13	2015 - 11 - 11	定向承销	3.60
2015 年陕西省政府定向承销发行专项债券（七期）	7 年	33.13	2015 - 11 - 11	定向承销	3.80
2015 年陕西省政府定向承销发行专项债券（八期）	10 年	11.04	2015 - 11 - 11	定向承销	3.79
2015 年黑龙江省政府定向置换一般债券（五期）	3 年	24.00	2015 - 11 - 12	定向承销	3.23
2015 年黑龙江省政府定向置换一般债券（六期）	5 年	24.00	2015 - 11 - 12	定向承销	3.46
2015 年黑龙江省政府定向置换一般债券（七期）	7 年	24.00	2015 - 11 - 12	定向承销	3.65
2015 年黑龙江省政府定向置换一般债券（八期）	10 年	10.85	2015 - 11 - 12	定向承销	3.63
2015 年陕西省政府一般债券（九期）	3 年	49.60	2015 - 11 - 12	公开招标	3.16
2015 年陕西省政府一般债券（十期）	5 年	49.60	2015 - 11 - 12	公开招标	3.39
2015 年陕西省政府一般债券（十一期）	7 年	49.60	2015 - 11 - 12	公开招标	3.57
2015 年陕西省政府一般债券（十二期）	10 年	16.67	2015 - 11 - 12	公开招标	3.55
2015 年陕西省政府专项债券（九期）	3 年	66.20	2015 - 11 - 12	公开招标	3.04

续表

名称	期限	发行面值（亿元）	招标日期	发行方式	票面利率（%）
2015 年陕西省政府专项债券（十期）	5 年	66.20	2015 - 11 - 12	公开招标	3.24
2015 年陕西省政府专项债券（十一期）	7 年	66.20	2015 - 11 - 12	公开招标	3.44
2015 年陕西省政府专项债券（十二期）	10 年	22.31	2015 - 11 - 12	公开招标	3.54
2015 年黑龙江省政府一般债券（五期）	3 年	130.00	2015 - 11 - 13	公开招标	3.13
2015 年黑龙江省政府一般债券（六期）	5 年	130.00	2015 - 11 - 13	公开招标	3.34
2015 年黑龙江省政府一般债券（七期）	7 年	130.00	2015 - 11 - 13	公开招标	3.48
2015 年黑龙江省政府一般债券（八期）	10 年	52.14	2015 - 11 - 13	公开招标	3.47
2015 年黑龙江省政府专项债券（四期）	5 年	15.00	2015 - 11 - 13	公开招标	3.32
2015 年黑龙江省政府专项债券（五期）	7 年	9.00	2015 - 11 - 13	公开招标	3.47
2015 年大连市政府一般债券（五期）	3 年	11.80	2015 - 11 - 17	公开招标	3.03
2015 年大连市政府一般债券（六期）	5 年	17.70	2015 - 11 - 17	公开招标	3.26
2015 年大连市政府一般债券（七期）	7 年	17.70	2015 - 11 - 17	公开招标	3.40
2015 年大连市政府一般债券（八期）	10 年	11.80	2015 - 11 - 17	公开招标	3.39
2015 年大连市政府专项债券（五期）	3 年	11.70	2015 - 11 - 17	公开招标	3.08
2015 年大连市政府专项债券（六期）	5 年	17.50	2015 - 11 - 17	公开招标	3.26
2015 年大连市政府专项债券（七期）	7 年	17.50	2015 - 11 - 17	公开招标	3.44
2015 年大连市政府专项债券（八期）	10 年	11.70	2015 - 11 - 17	公开招标	3.43
2015 年大连市政府定向承销发行的置换一般债券（五期）	3 年	1.58	2015 - 11 - 17	定向承销	3.26
2015 年大连市政府定向承销发行的置换一般债券（六期）	5 年	2.29	2015 - 11 - 17	定向承销	3.46
2015 年大连市政府定向承销发行的置换一般债券（七期）	7 年	2.31	2015 - 11 - 17	定向承销	3.62
2015 年大连市政府定向承销发行的置换一般债券（八期）	10 年	1.53	2015 - 11 - 17	定向承销	3.62
2015 年大连市政府定向承销发行的置换专项债券（五期）	3 年	3.57	2015 - 11 - 17	定向承销	3.26
2015 年大连市政府定向承销发行的置换专项债券（六期）	5 年	5.20	2015 - 11 - 17	定向承销	3.46
2015 年大连市政府定向承销发行的置换专项债券（七期）	7 年	5.11	2015 - 11 - 17	定向承销	3.62
2015 年大连市政府定向承销发行的置换专项债券（八期）	10 年	3.47	2015 - 11 - 17	定向承销	3.62
2015 年北京市政府一般债券（五期）	3 年	20.17	2015 - 11 - 19	公开招标	2.92
2015 年北京市政府一般债券（六期）	5 年	24.05	2015 - 11 - 19	公开招标	3.10
2015 年北京市政府一般债券（七期）	7 年	25.39	2015 - 11 - 19	公开招标	3.24
2015 年北京市政府一般债券（八期）	10 年	16.74	2015 - 11 - 19	公开招标	3.23
2015 年北京市政府专项债券（五期）	3 年	62.30	2015 - 11 - 19	公开招标	2.93
2015 年北京市政府专项债券（六期）	5 年	69.61	2015 - 11 - 19	公开招标	3.10
2015 年北京市政府专项债券（七期）	7 年	66.91	2015 - 11 - 19	公开招标	3.24
2015 年北京市政府专项债券（八期）	10 年	57.87	2015 - 11 - 19	公开招标	3.23
2015 年北京市政府专项债券（九期）	7 年	2.03	2015 - 11 - 19	公开招标	3.24
2015 年吉林省政府一般债券（五期）	3 年	24.47	2015 - 11 - 19	公开招标	3.08
2015 年吉林省政府一般债券（六期）	5 年	73.20	2015 - 11 - 19	公开招标	3.44
2015 年吉林省政府一般债券（七期）	7 年	73.20	2015 - 11 - 19	公开招标	3.45
2015 年吉林省政府一般债券（八期）	10 年	73.20	2015 - 11 - 19	公开招标	3.45
2015 年吉林省政府专项债券（一期）	5 年	54.32	2015 - 11 - 19	公开招标	3.35
2015 年吉林省政府专项债券（二期）	10 年	54.30	2015 - 11 - 19	公开招标	3.45

续表

名称	期限	发行面值（亿元）	招标日期	发行方式	票面利率（%）
2015 年吉林省政府专项债券（三期）	5 年	16.48	2015-11-19	公开招标	3.35
2015 年吉林省政府专项债券（四期）	10 年	8.86	2015-11-19	公开招标	3.57
2015 年吉林省政府定向承销发行的置换一般债券（九期）	3 年	1.08	2015-11-20	定向承销	3.32
2015 年吉林省政府定向承销发行的置换一般债券（十期）	5 年	3.24	2015-11-20	定向承销	3.50
2015 年吉林省政府定向承销发行的置换一般债券（十一期）	7 年	3.24	2015-11-20	定向承销	3.68
2015 年吉林省政府定向承销发行的置换一般债券（十二期）	10 年	3.24	2015-11-20	定向承销	3.67
2015 年吉林省政府定向承销发行的置换专项债券（五期）	5 年	3.20	2015-11-20	定向承销	3.50
2015 年吉林省政府定向承销发行的置换专项债券（六期）	10 年	3.20	2015-11-20	定向承销	3.67
2015 年湖南省政府一般债券（五期）	3 年	46.47	2015-11-20	公开招标	3.04
2015 年湖南省政府一般债券（六期）	5 年	132.00	2015-11-20	公开招标	3.19
2015 年湖南省政府一般债券（七期）	7 年	132.00	2015-11-20	公开招标	3.35
2015 年湖南省政府一般债券（八期）	10 年	132.00	2015-11-20	公开招标	3.33
2015 年辽宁省政府定向承销发行的置换一般债券（五期）	3 年	53.64	2015-11-24	定向承销	3.31
2015 年辽宁省政府定向承销发行的置换一般债券（六期）	5 年	55.00	2015-11-24	定向承销	3.47
2015 年辽宁省政府定向承销发行的置换一般债券（七期）	7 年	53.12	2015-11-24	定向承销	3.67
2015 年辽宁省政府定向承销发行的置换一般债券（八期）	10 年	23.60	2015-11-24	定向承销	3.63
2015 年辽宁省政府定向承销发行的置换专项债券（五期）	3 年	8.57	2015-11-24	定向承销	3.31
2015 年辽宁省政府定向承销发行的置换专项债券（六期）	5 年	11.11	2015-11-24	定向承销	3.47
2015 年辽宁省政府定向承销发行的置换专项债券（七期）	7 年	9.40	2015-11-24	定向承销	3.67
2015 年辽宁省政府定向承销发行的置换专项债券（八期）	10 年	1.57	2015-11-24	定向承销	3.63
2015 年上海市政府一般债券（八期）	3 年	50.00	2015-11-24	公开招标	2.95
2015 年上海市政府一般债券（九期）	5 年	50.00	2015-11-24	公开招标	3.10
2015 年贵州省政府定向承销发行的置换一般债券（五期）	3 年	0.79	2015-11-25	定向承销	3.28
2015 年贵州省政府定向承销发行的置换专项债券（七期）	5 年	5.57	2015-11-25	定向承销	3.44
2015 年山东省政府一般债券（十三期）	3 年	2.80	2015-11-26	公开招标	3.08
2015 年山东省政府一般债券（十四期）	5 年	8.40	2015-11-26	公开招标	3.19
2015 年山东省政府一般债券（十五期）	7 年	8.40	2015-11-26	公开招标	3.38
2015 年山东省政府一般债券（十六期）	10 年	8.40	2015-11-26	公开招标	3.34
2015 年贵州省政府一般债券（十三期）	3 年	27.26	2015-11-26	公开招标	3.11
2015 年贵州省政府一般债券（十四期）	5 年	39.00	2015-11-26	公开招标	3.22
2015 年贵州省政府一般债券（十五期）	7 年	39.00	2015-11-26	公开招标	3.41
2015 年贵州省政府一般债券（十六期）	10 年	26.00	2015-11-26	公开招标	3.40
2015 年贵州省政府专项债券（五期）	3 年	58.16	2015-11-26	公开招标	3.09
2015 年贵州省政府专项债券（六期）	5 年	85.00	2015-11-26	公开招标	3.25
2015 年贵州省政府专项债券（七期）	7 年	85.00	2015-11-26	公开招标	3.41
2015 年贵州省政府专项债券（八期）	10 年	56.00	2015-11-26	公开招标	3.47
2015 年浙江省政府一般债券（十三期）	3 年	25.60	2015-11-27	公开招标	2.95
2015 年浙江省政府一般债券（十四期）	5 年	76.00	2015-11-27	公开招标	3.06
2015 年浙江省政府一般债券（十五期）	7 年	76.00	2015-11-27	公开招标	3.24
2015 年浙江省政府一般债券（十六期）	10 年	76.00	2015-11-27	公开招标	3.20

续表

名称	期限	发行面值（亿元）	招标日期	发行方式	票面利率（%）
2015 年福建省政府定向承销发行的置换专项债券（五期）	5 年	45.82	2015-11-27	定向承销	3.40
2015 年福建省政府定向承销发行的置换专项债券（六期）	10 年	45.82	2015-11-27	定向承销	3.56
2015 年福建省政府定向承销发行的置换一般债券（九期）	3 年	4.08	2015-11-27	定向承销	3.28
2015 年福建省政府定向承销发行的置换一般债券（十期）	5 年	12.24	2015-11-27	定向承销	3.40
2015 年福建省政府定向承销发行的置换一般债券（十一期）	7 年	12.24	2015-11-27	定向承销	3.61
2015 年福建省政府定向承销发行的置换一般债券（十二期）	10 年	12.24	2015-11-27	定向承销	3.56
2015 年福建省政府专项债券（九期）	5 年	122.82	2015-12-03	公开招标	3.15
2015 年福建省政府专项债券（十期）	10 年	122.80	2015-12-03	公开招标	3.30
2015 年福建省政府一般债券（十七期）	3 年	16.18	2015-12-03	公开招标	3.07
2015 年福建省政府一般债券（十八期）	5 年	48.00	2015-12-03	公开招标	3.15
2015 年福建省政府一般债券（十九期）	7 年	48.00	2015-12-03	公开招标	3.32
2015 年福建省政府一般债券（二十期）	10 年	48.00	2015-12-03	公开招标	3.30
2015 年青岛市政府一般债券（九期）	3 年	1.40	2015-12-03	公开招标	3.06
2015 年青岛市政府一般债券（十期）	5 年	4.20	2015-12-03	公开招标	3.15
2015 年青岛市政府一般债券（十一期）	7 年	4.20	2015-12-03	公开招标	3.32
2015 年青岛市政府一般债券（十二期）	10 年	4.20	2015-12-03	公开招标	3.30
2015 年内蒙古自治区政府一般债券（十三期）	3 年	8.70	2015-12-04	公开招标	3.11
2015 年内蒙古自治区政府一般债券（十四期）	5 年	18.10	2015-12-04	公开招标	3.29
2015 年内蒙古自治区政府一般债券（十五期）	7 年	18.10	2015-12-04	公开招标	3.42
2015 年内蒙古自治区政府一般债券（十六期）	10 年	18.10	2015-12-04	公开招标	3.44
2015 年内蒙古自治区政府专项债券（九期）	5 年	11.00	2015-12-04	公开招标	3.19
2015 年内蒙古自治区政府专项债券（十期）	7 年	10.00	2015-12-04	公开招标	3.36
2015 年辽宁省政府一般债券（九期）	3 年	216.60	2015-12-08	公开招标	3.00
2015 年辽宁省政府一般债券（十期）	5 年	216.60	2015-12-08	公开招标	3.18
2015 年辽宁省政府一般债券（十一期）	7 年	216.60	2015-12-08	公开招标	3.34
2015 年辽宁省政府一般债券（十二期）	10 年	72.20	2015-12-08	公开招标	3.34
2015 年甘肃省政府一般债券（十三期）	3 年	7.00	2015-12-10	公开招标	3.00
2015 年甘肃省政府一般债券（十四期）	5 年	15.00	2015-12-10	公开招标	3.15
2015 年甘肃省政府一般债券（十五期）	7 年	15.70	2015-12-10	公开招标	3.33
2015 年甘肃省政府一般债券（十六期）	10 年	15.00	2015-12-10	公开招标	3.32
2015 年山西省政府一般债券（九期）	3 年	5.50	2015-12-15	公开招标	2.71
2015 年山西省政府一般债券（十期）	5 年	15.80	2015-12-15	公开招标	2.83
2015 年山西省政府一般债券（十一期）	7 年	15.80	2015-12-15	公开招标	3.01
2015 年山西省政府一般债券（十二期）	10 年	15.80	2015-12-15	公开招标	3.00
2015 年贵州省政府一般债券（十七期）	3 年	6.00	2015-12-23	公开招标	2.79
2015 年贵州省政府一般债券（十八期）	5 年	9.00	2015-12-23	公开招标	2.99
2015 年贵州省政府一般债券（十九期）	7 年	9.00	2015-12-23	公开招标	3.18
2015 年贵州省政府一般债券（二十期）	10 年	6.00	2015-12-23	公开招标	3.23

2015 年地方政府债券还本付息条件

以下地方政府债券于还本付息日（节假日顺延）归还本金并支付最后一次利息。

地方政府债券名称	还本付息日	期限	年利率
2012 年地方政府债券（一期）	6 月 18 日	3 年	2.76%
2010 年地方政府债券（二期）	6 月 21 日	5 年	2.90%
2012 年地方政府债券（三期）	7 月 10 日	3 年	2.75%
2012 年地方政府债券（五期）	7 月 24 日	3 年	2.74%
2010 年地方政府债券（五期）	8 月 10 日	5 年	2.67%
2012 年地方政府债券（七期）	8 月 13 日	3 年	2.98%
2010 年地方政府债券（八期）	9 月 7 日	5 年	2.67%
2012 年地方政府债券（九期）	9 月 17 日	3 年	3.47%
2010 年地方政府债券（十期）	11 月 15 日	5 年	3.70%

第四篇

政府债券法规制度文件

一、法律规范

《中华人民共和国预算法》（节选）

第三十四条　中央一般公共预算中必需的部分资金，可以通过举借国内和国外债务等方式筹措，举借债务应当控制适当的规模，保持合理的结构。

对中央一般公共预算中举借的债务实行余额管理，余额的规模不得超过全国人民代表大会批准的限额。

国务院财政部门具体负责对中央政府债务的统一管理。

第三十五条　地方各级预算按照量入为出、收支平衡的原则编制，除本法另有规定外，不列赤字。

经国务院批准的省、自治区、直辖市的预算中必需的建设投资的部分资金，可以在国务院确定的限额内，通过发行地方政府债券举借债务的方式筹措。举借债务的规模，由国务院报全国人民代表大会或者全国人民代表大会常务委员会批准。省、自治区、直辖市依照国务院下达的限额举借的债务，列入本级预算调整方案，报本级人民代表大会常务委员会批准。举借的债务应当有偿还计划和稳定的偿还资金来源，只能用于公益性资本支出，不得用于经常性支出。

除前款规定外，地方政府及其所属部门不得以任何方式举借债务。

除法律另有规定外，地方政府及其所属部门不得为任何单位和个人的债务以任何方式提供担保。

国务院建立地方政府债务风险评估和预警机制、应急处置机制以及责任追究制度。国务院财政部门对地方政府债务实施监督。

第四十八条　全国人民代表大会和地方各级人民代表大会对预算草案及其报告、预算执行情况的报告重点审查下列内容：

（七）预算安排举借的债务是否合法、合理，是否有偿还计划和稳定的偿还资金来源；

第五十四条　预算年度开始后，各级预算草案在本级人民代表大会批准前，可以安排下列支出：

（三）法律规定必须履行支付义务的支出，以及用于自然灾害等突发事件处理的支出。

根据前款规定安排支出的情况，应当在预算草案的报告中作出说明。

预算经本级人民代表大会批准后，按照批准的预算执行。

第五十八条　各级预算的收入和支出实行收付实现制。

特定事项按照国务院的规定实行权责发生制的有关情况，应当向本级人民代表大会常务委员会报告。

第六十六条　各级一般公共预算年度执行中有超收收入的，只能用于冲减赤字或者补充预算稳定调节基金。

各级一般公共预算的结余资金，应当补充预算稳定调节基金。

省、自治区、直辖市一般公共预算年度执行中出现短收，通过调入预算稳定调节基金、减少支出等方式仍不能实现收支平衡的，省、自治区、直辖市政府报本级人民代表大会或者其常务委员会批准，可以增列赤字，报国务院财政部门备案，并应当在下一年度预算中予以弥补。

第六十七条 经全国人民代表大会批准的中央预算和经地方各级人民代表大会批准的地方各级预算，在执行中出现下列情况之一的，应当进行预算调整：

（四）需要增加举借债务数额的。

第七十九条 县级以上各级人民代表大会常务委员会和乡、民族乡、镇人民代表大会对本级决算草案，重点审查下列内容：

（七）经批准举借债务的规模、结构、使用、偿还等情况；

第九十四条 各级政府、各部门、各单位违反本法规定举借债务或者为他人债务提供担保，或者挪用重点支出资金，或者在预算之外及超预算标准建设楼堂馆所的，责令改正，对负有直接责任的主管人员和其他直接责任人员给予撤职、开除的处分。

二、国债管理制度文件

财政部关于印发《2015 年记账式国债招标发行规则》的通知

2015 年 1 月 6 日　　财库［2015］31 号

2015－2017 年记账式国债承销团成员，中央国债登记结算有限责任公司、中国证券登记结算有限责任公司、中国外汇交易中心、上海证券交易所、深圳证券交易所：

为规范记账式国债招标发行程序，促进国债市场健康发展，财政部制定了《2015 年记账式国债招标发行规则》，现予以公布，请照此执行。

附件：

2015 年记账式国债招标发行规则

为规范记账式国债招标发行程序，促进国债市场健康发展，根据《中华人民共和国预算法》等法律法规，制定本规则。

第一条　本规则所称记账式国债，是指财政部通过记账式国债承销团向社会各类投资者发行的以电子方式记录债权的可流通国债。本规则所称关键期限国债是指首次发行期限为 1、3、5、7、10 年期的记账式国债。

第二条　记账式国债发行招标通过财政部国债发行招投标系统（以下简称招标系统）进行。招标系统包括中心端和客户端。2015－2017 年记账式国债承销团成员（以下简称国债承销团成员）通过客户端远程投标。

第三条　竞争性招标。

（一）属于国债期货可交割国债期限范围的记账式国债竞争性招标时间为招标日上午 10：35 至 11：35，其余期限记账式国债竞争性招标时间为招标日上午 9：30 至 10：30。

（二）竞争性招标方式包括单一价格、多重价格和单一价格与多重价格结合的混合式（以下简称混合式），招标标的为利率或价格。

10 年期（不含）以上记账式国债采用单一价格招标方式。标的为利率时，全场最高中标利率为当期国债票面利率，各中标国债承销团成员（以下简称中标机构）均按面值承销；标的为价格时，全场最低中标价格为当次国债发行价格，各中标机构均按发行价格承销。

1 年期（不含）以下记账式国债采用多重价格招标方式。标的为利率时，全场加权平均中标利率为当期国债票面利率，中标机构按各自中标标位利率与票面利率折算的价格承销；标的为价格时，全场加权平均中标价格为当次国债发行价格，中标机构按各自中标标位的价格承销。

1－10年期（含）采用混合式招标方式。标的为利率时，全场加权平均中标利率为当期国债票面利率，低于或等于票面利率的中标标位，按面值承销；高于票面利率的中标标位，按各中标标位的利率与票面利率折算的价格承销。标的为价格时，全场加权平均中标价格为当次国债发行价格，高于或等于发行价格的中标标位，按发行价格承销；低于发行价格的中标标位，按各中标标位的价格承销。

（三）投标限定。

投标标位变动幅度。利率招标时，标位变动幅度为0.01%。价格招标时，91天、182天、273天、1年期、3年期、5年期、7年期、10年期国债标位变动幅度分别为0.002元、0.004元、0.007元、0.01元、0.025元、0.05元、0.06元、0.08元。

投标标位差。每一国债承销团成员最高、最低投标标位差不得大于当次财政部记账式国债发行通知（以下简称当次发行通知）中规定的投标标位差。

投标剔除。背离全场加权平均投标利率或价格一定数量的标位为无效投标，全部落标，不参与全场加权平均中标利率或价格的计算。

中标剔除。标的为利率时，高于全场加权平均中标利率一定数量以上的标位，全部落标；标的为价格时，低于全场加权平均中标价格一定数量以上的标位，全部落标。

单一标位最低投标限额为0.2亿元，最高投标限额为30亿元。投标量变动幅度为0.1亿元的整数倍。

最高投标限额。国债承销团甲类成员不可追加的记账式国债最高投标限额为当次国债竞争性招标额的30%，可追加的记账式国债最高投标限额为当次国债竞争性招标额的25%。国债承销团乙类成员1年期（不含）以上最高投标限额为当次国债竞争性招标额的10%，1年期（含）以下最高投标限额为当次国债竞争性招标额的20%。上述比例均计算至0.1亿元，0.1亿元以下4舍5入。

（四）中标原则。

按照低利率或高价格优先的原则对有效投标逐笔募入，直到募满招标额或将全部有效标位募完为止。

最高中标利率标位或最低中标价格标位上的投标额大于剩余招标额，以国债承销团成员在该标位投标额为权重平均分配，取整至0.1亿元，尾数按投标时间优先原则分配。

第四条 追加投标。

（一）对于关键期限国债，竞争性招标结束后20分钟内，国债承销团甲类成员有权通过投标追加承销当次国债。

（二）追加投标为数量投标，国债承销团甲类成员按照竞争性招标确定的票面利率或发行价格承销。

（三）国债承销团甲类成员追加承销额上限为该成员当次国债竞争性中标额的25%，计算至0.1亿元，0.1亿元以下4舍5入。追加承销额应为0.1亿元的整数倍。

第五条 国债承销团成员最低投标、承销义务。以下比例均计算至0.1亿元，0.1亿元以下4舍5入。

（一）国债承销团甲类成员最低投标为当次国债竞争性招标额的4%；乙类为1.5%。

（二）国债承销团甲类成员最低承销额（含追加承销部分）为当次国债竞争性招标额的1%；乙类为0.2%。

第六条 债权登记、托管。

（一）债权托管机构选择。不可追加投标的国债在竞争性招标结束后15分钟内、可以追加投标的国债在追加投标结束后15分钟内，各中标机构应通过招标系统填制“债权托管申请书”，在中央国债登记结算有限责任公司（以下简称国债登记公司），中国证券登记结算有限责任公司（以下简称证券登记公司）上海、深圳分公司选择托管。逾时未填制的，系统默认全部在国债登记公司托管。

（二）券种注册和承销额度注册。国债登记

公司，证券登记公司上海、深圳分公司根据招标结果办理券种注册，根据各中标机构选择的债券托管数据为各中标机构办理承销额度注册。

（三）债权确立。财政部收到发行款后，通知国债登记公司确立债权。具体按以下方式处理：

债权登记日，国债登记公司办理总债权登记、为认购人办理债权托管，证券登记公司上海、深圳分公司为认购人办理分托管部分的债权登记和托管。债权登记日为发行款缴款截止日次一个工作日。

财政部收到发行款后债权债务关系确立。财政部如在发行款缴款截止日期前未足额收到中标机构应缴发行款，将不迟于债权登记日下午三点通知国债登记公司。国债登记公司办理债权登记和托管时对财政部未收到发行款的相应债权暂不办理债权登记和托管；对涉及证券登记公司上海、深圳分公司分托管的部分，国债登记公司应不迟于当日下午四点书面通知证券登记公司上海、深圳分公司，后者办理债权登记和托管时对财政部未收到发行款的相应债权暂不办理债权登记和托管。对于未办理债权确认的部分，财政部根据发行款收到情况另行通知国债登记公司处理。国债登记公司如在债权登记日下午三点未收到财政部关于不办理全部或部分债权登记的通知，证券登记公司上海分公司、深圳分公司未在债权登记日下午四点收到国债登记公司关于不办理全部或部分分托管债权的通知，即办理全部债权登记和托管手续。

第七条 应急投标和应急债权托管。

招标系统客户端出现技术问题，国债承销团成员可以将内容齐全的“记账式国债发行应急投标书”（以下简称应急投标书）或“记账式国债债权托管应急申请书”（以下简称应急申请书）（格式见附件）传真至国债登记公司，委托国债登记公司代为投标或债权托管。

（一）国债承销团成员如需进行应急投标或应急债权托管，应及时通过招标室电话向财政部国债招标人员报告。

（二）应急投标、应急债权托管时间分别以国债登记公司收到应急投标书、应急申请书的时间为准。竞争性应急投标、追加应急投标、债权托管应急申请的截止时间分别为当次国债竞争性投标、追加投标和债权托管截止时间。

（三）应急投标书或应急申请书录入招标系统后，申请应急的国债承销团成员将无法通过招标系统投标或债权托管。应急投标书或应急申请书录入招标系统前，该国债承销团成员仍可通过招标系统投标或债权托管。

（四）如国债承销团成员既通过招标系统投标（债权托管），又进行应急投标（应急债权托管），或进行多次应急投标（应急债权托管），以最后一次有效投标（债权托管申请）为准；如国债承销团成员应急投标（应急债权托管）内容与通过招标系统投标（债权托管）的内容一致，不做应急处理。

（五）除财政部通知延长应急投标时间外，晚于投标截止时间的应急投标为无效投标。

（六）国债登记公司确认竞争性招标时间内其负责维护的招标系统或通讯主干线运行出现问题时，财政部将通过中债发行业务短信平台（010－88170678）和“gz01@mof.gov.cn”电子邮箱，通知经报备的国债承销团成员常规联系人、投标操作人，延长竞争性招标应急投标时间至投标截止时间后半小时。通知内容为“［国债招标室通知］2015年×月×日记账式国债竞争性招标应急投标时间延长半小时”。

第八条 分销。记账式国债分销，是指招标结束后至缴款日（含缴款日），中标机构转让中标的全部或部分国债债权额度的行为。

（一）关键期限国债分销方式为场内挂牌、场外签订分销合同、试点商业银行柜台销售。非关键期限国债分销方式为场内挂牌、场外签订分销合同。

（二）分销对象为在证券登记公司开立股票和基金账户，在国债登记公司、试点商业银行开立债券账户的各类投资者。

（三）国债承销团成员间不得分销。

（四）非国债承销团成员通过分销获得的国债债权额度，在分销期内不得转让。

（五）国债承销团成员根据市场情况自定分销价格。

第九条 上市安排。

（一）关键期限国债在全国银行间债券市场（含试点商业银行柜台）、证券交易所债券市场上市交易。非关键期限国债在全国银行间债券市场（不含试点商业银行柜台）、证券交易所债券市场上市交易。

（二）交易方式为现券买卖和回购，其中试点商业银行柜台为现券买卖。

（三）上市后，各期国债可在各交易场所间相互转托管。

（四）通过试点商业银行柜台购买的国债，可以在债权托管银行质押贷款，具体办法由各试点商业银行制订。

第十条 财政部委托国债登记公司、证券登记公司上海、深圳分公司以及试点商业银行办理利息支付及到期偿还本金等事宜。

第十一条 其他。

（一）本规则未作规定的，或者规定的内容与当次发行通知不一致的，以当次发行通知为准。

（二）本规则自公布之日起施行，有效期截至2015年12月31日。

附：1. 记账式国债发行应急投标书

2. 记账式国债债权托管应急申请书

附1：

记账式国债发行应急投标书

业务凭单号：A01

财政部：

由于国债招投标系统客户端出现故障，现以书面形式发送______年记账式（附息/贴现）（____期）国债发行（竞争性/追加）应急投标书。我单位承诺：本应急投标书由我单位授权经办人填写，内容真实、准确、完整，具有与系统投标同等效力，我单位自愿承担应急投标所产生风险。

投标方名称：________________

自营托管账号：□□□□□□□□□□□□

投标日期：_____年___月___日【要素1】

债券代码：____________【要素2】

投标标位（ %或 元/百元面值）		投标量（亿元）	
标位1【要素3】		投标量【要素4】	
标位2		投标量	
标位3		投标量	
标位4		投标量	
标位5		投标量	
标位6		投标量	
合计			

（注：标位不够可自行添加）

电子密押：______ ______ ______ ______（16位数字）

联系人：________________

联系电话：________________

单位印章

注意事项：

1. 应急投标书填写须清晰，不得涂改。

2. 本应急投标书进行电子密押计算时共有4项要素，其中要素1在电子密押器中已默认显示，如与应急投标书不符时，请手工修正密押器的要素1；要素2－4按应急投标书所填内容顺序输入密押器，输入内容与应急投标书填写内容必须完全一致。

3. 发行室电话：010－66061801、1802、1803、1804

发行室传真：010－63949558

附 2：

记账式国债债权托管应急申请书

业务凭单号：A02

财政部：

由于国债招投标系统客户端出现故障，现以书面形式发送______年记账式（附息/贴现）（____期）国债发行债权托管应急申请书。我单位承诺：本债权托管应急申请书由我单位授权经办人填写，内容真实、准确、完整，具有与系统投标同等效力，我单位自愿承担应急投标所产生风险。

投标方名称：________________________

自营托管账号：□□□□□□□□□□□□□□

申请日期：______年____月____日【要素1】

债券代码：______________【要素2】

托管机构	债权托管面额（亿元）
中央国债登记公司【要素3】	
证券登记公司（上海）	
证券登记公司（深圳）	
合计【要素4】	

电子密押：______ ______ ______ ______（16位数字）

联系人：____________________

联系电话：____________________

单位印章

注意事项：

1. 应急申请书填写须清晰，不得涂改。

2. 本应急申请书进行电子密押计算时共有4项要素，其中要素1在电子密押器中已默认显示，如与应急申请书不符时，请手工修正密押器的要素1；要素2－4按应急申请书所填内容顺序输入密押器，输入内容与应急申请书填写内容必须完全一致。

3. 发行室电话：010－66061801、1802、1803、1804

发行室传真：010－63949558

财政部 中国人民银行关于印发《2015 年储蓄国债发行额度管理办法》的通知

2015 年 2 月 26 日 财库［2015］56 号

2015－2017 年储蓄国债承销团成员，中央国债登记结算有限责任公司：

为加强储蓄国债发行额度管理，促进储蓄国债顺利发行，根据国家法律法规和有关制度规定，财政部、中国人民银行制定了《2015 年储蓄国债发行额度管理办法》。现印发给你们，请按照执行。

2015 年储蓄国债发行额度管理办法

第一章 总 则

第一条 为加强储蓄国债发行额度管理，促进储蓄国债顺利发行，制定本办法。

第二条 本办法所称储蓄国债指储蓄国债（电子式）和凭证式国债。

第三条 本办法适用于 2015 年储蓄国债（电子式）和凭证式国债发行额度分配管理。国债发行通知另有规定的除外。

第四条 储蓄国债（电子式）发行额度分为基本代销额度和机动代销额度，分别按照计划分配和竞争性抓取的方式分配给 2015－2017 年储蓄国债承销团成员（以下简称承销团成员）。凭证式国债发行额度按照计划分配方式分配给承销团成员。

第五条 本办法所称储蓄国债（电子式）基本代销额度比例和凭证式国债代销额度比例分别指，财政部会同中国人民银行分配储蓄国债（电子式）基本代销额度和凭证式国债发行额度时，使用的各承销团成员占比。

第六条 财政部会同中国人民银行以半年为周期，分别调整各承销团成员储蓄国债（电子式）基本代销额度比例和凭证式国债代销额度比例。调整结果分别在 2015 年上半年和下半年首期储蓄国债（电子式）和凭证式国债发行通知中公布。

第七条 调整各承销团成员储蓄国债（电子式）基本代销额度比例和凭证式国债代销额度比例，分别以前半年（即 2014 年下半年或 2015 年上半年，下同）储蓄国债（电子式）和凭证式国债销售数据为依据。

第八条 储蓄国债（电子式）和凭证式国债销售数据，分别以中央国债登记结算有限责任公司（以下简称国债登记公司）储蓄国债（电子式）发行统计报表数据和中国人民银行汇总整理的承销团成员凭证式国债发售数据为准。

第二章 储蓄国债（电子式）发行额度管理

第九条 储蓄国债（电子式）发行额度分配方式为：

（一）发行开始前，财政部会同中国人民银行根据发行通知规定，将当期储蓄国债（电子式）的最大发行额的全部或部分，作为基本代销额度，按照各承销团成员基本代销额度比例分配给承销团成员。其余发行额度作为机动代销额度在发行期内供各承销团成员抓取。

（二）发行期内，承销团成员可于每日8：30－16：30通过与财政部储蓄国债（电子式）业务管理信息系统（以下简称国债系统）联网方式申请抓取机动代销额度。承销团成员申请机动代销额度的单笔上限为自身当期国债基本代销额度的10%，同一期国债两次申请时间间隔不少于1分钟。国债系统按照接收时间优先原则处理机动代销额度抓取申请，并向承销团成员反馈处理结果。对于符合规定的抓取申请，如财政部未分配机动代销额度大于承销团成员申请抓取额，按该承销团成员申请额向其分配；如财政部未分配机动代销额度小于或等于承销团成员申请抓取额，将未分配机动代销额度全部分配给该承销团成员。

（三）发行期每日日终，承销团成员将当日储蓄国债（电子式）相关业务数据传送至国债系统，通过当期国债账务总量数据核查后，如当日实际销售量大于日初剩余基本代销额度，承销团成员应将剩余全部发行额度清零；如当日实际销售量小于或等于日初剩余基本代销额度，承销团成员应将当日抓取机动代销额度清零。

如承销团成员当日账务仅总量数据通过核查，明细数据核查未通过，次日应会同国债登记公司查找原因并更正数据；次日明细数据核查仍未通过的，第3日起国债系统暂停受理该成员该期国债机动代销额度抓取申请，明细数据核查通过后恢复。

如承销团成员未通过当期国债账务总量数据核查，其当日剩余发行额度（包含未售出基本代销额度和机动代销额度）冻结，并于次日停止销售该期国债，同时会同国债登记公司查找原因，总量数据核查通过后恢复。

第十条　储蓄国债（电子式）发行期内，财政部会同中国人民银行可以调减销售进度缓慢的承销团成员剩余基本代销额度，调减出的发行额度纳入未分配机动代销额度，于调整日次日起供承销团成员抓取。具体调整方式为：

（一）定期调整。国债发行通知中规定基本代销额度统一调整日期。调整日次日营业开始前，已通过调整日账务总量核查的承销团成员应在其业务系统中，将其剩余基本代销额度调减为零；国债登记公司在国债系统中将已通过调整日账务总量核查的承销团成员基本代销额度调减为零，并等额调增未分配机动代销额度。

（二）不定期调整。财政部会同中国人民银行根据各承销团成员销售情况，决定调减部分承销团成员剩余基本代销额度的日期和比例，并通知被调减的承销团成员和国债登记公司。具体调减数额为调整日日终承销团成员剩余基本代销额度与上述比例的乘积，计算结果按万元为单位取整，尾数舍去。如调整比例为100%，将承销团成员全部剩余基本代销额度调减为零。调整日次日营业开始前，已通过调整日账务总量核查的被调减承销团成员应在其业务系统中，如数调减其基本代销额度；国债登记公司在国债系统中如数调减有关承销团成员基本代销额度，并等额调增未分配机动代销额度。

（三）如承销团成员调整日未通过账务总量数据核查，上述两种调减操作均暂不执行，相关承销团成员当日剩余发行额度冻结；待相关承销团成员账务总量数据核查通过后，再执行相关操作。

第十一条　承销团成员当日剩余并清零的储蓄国债（电子式）机动代销额度，不得超过其当期国债基本代销额度的7%。如发行期内承销团成员首次发生当日剩余并清零的某期国债机动代销额度超限，国债系统将停止受理该承销团成员次日当期国债机动代销额度抓取申请；如累计两次发生当日剩余并清零的某期国债机动代销额度超限，国债系统于第二次超限的次日起不再受理该承销团成员当期国债机动代销额度抓取申请。

第十二条　发行期内如发生基本代销额度调整，各承销团成员在执行本办法第九条第二项和

第十一条时，当期国债基本代销额度仍按初始分配值计算。

第十三条 承销团成员如发生超额度销售储蓄国债（电子式）的违规情况，应立即停止销售，并报告财政部和中国人民银行。

第十四条 如承销团成员2015年首次发生超额度销售储蓄国债违规事件，且及时更正，最终未造成当期国债超额发行，停止其后续三次发行的储蓄国债（电子式）机动代销额度抓取资格；如再次发生，财政部会同中国人民银行通知其退出承销团。

第十五条 储蓄国债（电子式）发行期结束，各承销团成员与国债登记公司核对账务无误后，将未售出的发行额度调减为零或做停止销售处理；国债登记公司在国债系统中将当期国债未售出的发行额度注销。

第十六条 如储蓄国债（电子式）因中国人民银行调整金融机构存款基准利率等原因取消发行，各承销团成员于原定发行首日营业开始前，在其业务系统中将已分配的基本代销额度调减为零或做停止销售处理；国债登记公司在国债系统中将当期国债发行额度注销。如储蓄国债（电子式）因中国人民银行调整金融机构存款基准利率等原因停止发行，各承销团成员与国债登记公司核对账务无误后，于调整生效日营业开始前将未售出的额度调减为零或做停止销售处理，国债登记公司在国债系统中将当期国债未售出的发行额度注销。

第十七条 承销团成员违反储蓄国债（电子式）相关制度规定（超额度销售除外），并被财政部会同中国人民银行通报的，停止其后续一次发行的储蓄国债（电子式）机动代销额度抓取资格。

第十八条 储蓄国债（电子式）基本代销额度比例调整方法为：

（一）计算新基本代销额度比例。

承销团成员新基本代销额度比例 =

$$\frac{\sum \text{该成员前半年各期储蓄国债(电子式)售出量}}{\sum \text{参与调整的承销团成员前半年各期储蓄国债(电子式)售出量}} \times \sum \text{参与调整的承销团成员原基本代销额度比例} \times 100\%$$

成员前半年各期储蓄国债（电子式）售出量不包含超额度违规销售的部分。

其中，新加入承销团的成员（以下简称新成员）2015年上半年基本代销额度比例 =（$\sum$退出承销团的成员2014年下半年基本代销额度比例）÷新成员数量

计算结果有尾数，四舍五入后以百分数为单位保留1位小数，如四舍五入后不足0.1%，按照0.1%计算，下同。

（二）尾差调整。

如调整后承销团成员基本代销额度比例合计大于100%，从基本代销额度比例调增幅度最大的机构开始，从高至低依次调减0.1个百分点，直至承销团成员基本代销额度比例合计为100%止。如调增幅度相同，2014年综合排名居后的承销团成员先调减，涉及新成员的，新成员先调减，新成员中入团时专家评审得分低的先调减。

如调整后承销团成员基本代销额度比例合计小于100%，从基本代销额度比例调增幅度最大的机构开始，从高至低依次调增0.1个百分点，直至承销团成员基本代销额度比例合计为100%止。如调增幅度相同，2014年综合排名居前的承销团成员先调增，涉及新成员的，新成员先调增，新成员中入团时专家评审得分高的先调增。

第十九条 如承销团成员违反储蓄国债（电子式）相关制度并被财政部会同中国人民银行通报或超额度销售凭证式国债，且按照本办法第十八条第一项计算出的该承销团成员新基本代销额度比例大于原比例，则该成员不参加储蓄国债（电子式）基本代销额度比例调整。

第二十条 如承销团成员无法参加某期储蓄国债（电子式）发行，应不晚于当期国债发行前10个工作日报告财政部和中国人民银行，其基本代销额度纳入当期国债机动代销额度，供其他承销团成员抓取。

第三章 凭证式国债发行额度管理

第二十一条 凭证式国债发行额度分配方

式为：

（一）发行开始前，财政部会同中国人民银行将当期凭证式国债最大发行额按发行通知中规定的代销额度分配比例分配给承销团成员。

（二）凭证式国债发行期间，原则上不调整承销团成员的发行额度。

（三）凭证式国债发行期结束后，各承销团成员应准确计算当期凭证式国债的实际发售金额，将未售出的发行额度注销。

第二十二条　承销团成员如发生超额度销售凭证式国债的违规情况，应立即停止销售，并报告财政部和中国人民银行。

第二十三条　如承销团成员2015年首次发生超额度销售储蓄国债违规事件，且及时更正，最终未造成当期国债超额发行，其后半个年度（即2015年下半年或2016年上半年）的凭证式国债代销额度比例确定方法为：当按本办法第二十四条试算出的新代销额度比例高于原代销比例时，最终代销比例为原代销比例的70%，反之，最终代销比例为试算新代销比例的70%；如再次发生，财政部会同中国人民银行通知其退出承销团。

第二十四条　凭证式国债代销额度比例调整方法为：

（一）计算新代销额度比例。

承销团成员新代销额度比例＝

$$\frac{\sum \text{该成员前半年各期凭证式国债售出量}}{\sum \text{参与计算的承销团成员前半年各期凭证式国债售出量}} \times \sum \text{参与计算的承销团成员原代销额度比例} \times 100\%$$

其中，新成员2015年上半年代销额度比例＝（$\sum$退出承销团的成员2014年下半年代销额度比例）÷新成员数量

如有成员按本办法第二十三条规定进行代销额度调减，其他成员代销额度比例重新计算，该成员被调减出的代销额度比例计入公式中“$\sum$参与计算的承销团成员原代销额度比例”。

（二）尾差调整。

如调整后承销团成员代销额度比例合计大于100%，从代销额度比例调增幅度最大的机构开始，从高至低依次调减0.1个百分点，直至承销团成员代销额度比例合计为100%止。如调增幅度相同，2014年综合排名居后的承销团成员先调减，涉及新成员的，新成员先调减，新成员中入团时专家评审得分低的先调减。

如调整后承销团成员代销额度比例合计小于100%，从代销额度比例调增幅度最大的机构开始，从高至低依次调增0.1个百分点，直至承销团成员代销额度比例合计为100%止。如调增幅度相同，2014年综合排名居前的承销团成员先调增，涉及新成员的，新成员先调增，新成员中入团时专家评审得分高的先调增。

第二十五条　如承销团成员违反凭证式国债相关制度规定（超额度发行除外），并被财政部、中国人民银行通报，且按照本办法第二十四条第一项计算出的该承销团成员新代销额度比例大于原比例，则该成员不参加凭证式国债代销额度比例调整。

第二十六条　如承销团成员无法参加某期凭证式国债发行，应不晚于当期国债发行前10个工作日报告财政部和中国人民银行，其代销额度于发行开始前，分配给参与当期国债发行的承销团成员，从最近一次调整时代销额度比例调增幅度最大的机构开始，从高至低依次调增0.1个百分点，直至额度分配完毕。

第四章　附　　则

第二十七条　本办法由财政部会同中国人民银行负责解释。

第二十八条　本办法自颁布之日起实施。

财政部　中国人民银行关于2015年储蓄国债（电子式）发行兑付有关事宜的通知

2015年3月26日　财库［2015］72号

各省、自治区、直辖市、计划单列市财政厅（局），人民银行上海总部、各分行、营业管理部、省会（首府）城市中心支行、副省级城市中心支行，2015－2017年储蓄国债承销团成员，中央国债登记结算有限责任公司：

为规范2015年储蓄国债（电子式）（以下简称国债）发行兑付等工作，根据国家有关法律法规和国债管理制度，现将有关事宜通知如下：

一、国债业务

（一）发行期内，2015－2017年储蓄国债承销团成员（以下简称承销团成员）每日销售国债的时间不得早于8：30，不得晚于16：30。

（二）承销团成员不得提前预约销售，不得向特定投资者优先销售。销售结束时须及时公示。

（三）各期国债单一个人国债二级托管账户最高购买限额为500万元。

（四）承销团成员为投资者办理提前兑取可按照提前兑取本金的1‰向投资者收取手续费。

（五）承销团成员应当按照《中国人民银行、财政部关于印发〈国债质押管理暂行办法〉的通知》（银发［2006］291号）办理国债质押贷款业务。

（六）各期国债的付息日和还本日前第7个法定工作日为当期国债的业务截止日。业务截止日（不含）起，承销团成员应停止办理当期国债提前兑取、非交易过户等与债权转移相关的业务和债券质押，付息日（含）起恢复办理。

（七）承销团成员要做好国债的宣传和咨询工作。各销售网点在发行前和发行中均须以明显标志明示本网点代销国债，并配备专职人员向投资者提供现场咨询服务。

二、销售组织

（一）各期国债初始基本代销额度和机动代销额度分别为各期最大发行额的70%和30%。

（二）发行期间，各省、自治区、直辖市、计划单列市财政厅（局）和中国人民银行上海总部，各分行、营业管理部、省会（首府）城市中心支行、副省级城市中心支行，应于规定的报表报送日下午3：00前，分别利用财政部内网系统（或传真）和中国人民银行NOTES电子邮件系统（或传真），分别向财政部和中国人民银行报送行政区域内承销团成员分支行的各期国债累计发行数额。规定的报送日为发行期首日后一工作日、发行期首周结束后一工作日、发行期结束后一工作日，各规定报送的累计发行数据截止日分别为发行期首日、发行期首周结束日、发行期结束日。如某一期国债发行工作在上一个报送日前已经完成，后续报表无需报送。

储蓄国债（电子式）网上银行销售试点银行应当于发行期结束后5个工作日内，向财政部和中国人民银行书面报告本单位当期国债网上银行销售试点情况（报表格式见附件）。

财政部联系人：阎慧，电子邮件地址：“CN=阎慧/OU=国库支付中心/O=MOF@MOF”，电话：(010) 68552098、68552268（传真）。

中国人民银行联系人：张宏，电子邮件地址：“$国库局国债管理”，电话：(010) 66194065、66016442（传真）。

三、提前兑取资金清算

投资者提前兑取国债一级资金清算方式在各期国债发行通知中具体规定。发行通知规定清算方式为定期清算的，财政部于每月15日和最后一日与承销团成员进行资金清算。如业务截止日与上述清算日不重合，则增加一次以该业务截止日为资金清算日的一级资金清算。

四、手续费

各期国债手续费为发行面值的4.225‰，分配比例为：承销团成员4‰，中央国债登记结算有限责任公司0.15‰，中国人民银行0.075‰。中国人民银行手续费纳入2015年部门预算，专款专用。

本通知未尽事宜，按照《财政部、中国人民银行关于印发〈储蓄国债（电子式）管理办法〉的通知》（财库［2013］7号）、《财政部、中国人民银行关于印发〈2015年储蓄国债发行额度管理办法〉的通知》（财库［2015］56号）和《财政部、中国人民银行关于进一步推进储蓄国债（电子式）网上银行销售工作有关事宜的通知》（财库［2014］61号）等有关规定执行。

三、地方政府债务管理制度文件

关于对地方政府债务实行限额管理的实施意见

财预［2015］225 号

为进一步规范地方政府债务管理，更好发挥政府债务促进经济社会发展的积极作用，防范和化解财政金融风险，根据预算法、《国务院关于加强地方政府性债务管理的意见》（国发［2014］43 号）和全国人民代表大会常务委员会批准的国务院关于提请审议批准 2015 年地方政府债务限额的议案有关要求，经国务院同意，现就地方政府债务限额管理提出以下实施意见：

一、切实加强地方政府债务限额管理

（一）合理确定地方政府债务总限额。对地方政府债务余额实行限额管理。年度地方政府债务限额等于上年地方政府债务限额加上当年新增债务限额（或减去当年调减债务限额），具体分为一般债务限额和专项债务限额。

地方政府债务总限额由国务院根据国家宏观经济形势等因素确定，并报全国人民代表大会批准。年度预算执行中，如出现下列特殊情况需要调整地方政府债务新增限额，由国务院提请全国人大常委会审批：当经济下行压力大、需要实施积极财政政策时，适当扩大当年新增债务限额；当经济形势好转、需要实施稳健财政政策或适度从紧财政政策时，适当削减当年新增债务限额或在上年债务限额基础上合理调减限额。

（二）逐级下达分地区地方政府债务限额。各省、自治区、直辖市政府债务限额，由财政部在全国人大或其常委会批准的总限额内，根据债务风险、财力状况等因素并统筹考虑国家宏观调控政策、各地区建设投资需求等提出方案，报国务院批准后下达各省级财政部门。

省级财政部门依照财政部下达的限额，提出本地区政府债务安排建议，编制预算调整方案，经省级政府报本级人大常委会批准；根据债务风险、财力状况等因素并统筹本地区建设投资需求提出省本级及所属各市县当年政府债务限额，报省级政府批准后下达各市县级政府。市县级政府确需举借债务的，依照经批准的限额提出本地区当年政府债务举借和使用计划，列入预算调整方案，报本级人大常委会批准，报省级政府备案并由省级政府代为举借。

（三）严格按照限额举借地方政府债务。省级财政部门在批准的地方政府债务限额内，统筹考虑地方政府负有偿还责任的中央转贷外债情况，合理安排地方政府债券的品种、结构、期限和时点，做好政府债券的发行兑付工作。中央和省级财政部门每半年向本级人大有关专门委员会书面报告地方政府债券发行和兑付等情况。对 2015 年地方政府债务限额下达前举借的在建项目后续贷款中需要纳入政府债务的，由各地在 2015 年地方政府债务限额内调整结构解决。今后，需要纳入政府债务的在建项目后续融资需求

在确定每年新增地方政府债务限额时统筹考虑，依法通过发行地方政府债券举借。地方政府新发生或有债务，要严格限定在依法担保的外债转贷范围内，并根据担保合同依法承担相关责任。

（四）将地方政府债务分类纳入预算管理。地方政府要将其所有政府债务纳入限额，并分类纳入预算管理。其中，一般债务纳入一般公共预算管理，主要以一般公共预算收入偿还，当赤字不能减少时可采取借新还旧的办法。专项债务纳入政府性基金预算管理，通过对应的政府性基金或专项收入偿还；政府性基金或专项收入暂时难以实现，如收储土地未能按计划出让的，可先通过借新还旧周转，收入实现后即予归还。

二、建立健全地方政府债务风险防控机制

（一）全面评估和预警地方政府债务风险。地方各级政府要全面掌握资产负债、还本付息、财政运行等情况，加快建立政府综合财务报告制度，全面评估风险状况，跟踪风险变化，切实防范风险。中央和省级财政部门要加强对地方政府债务的监督，根据债务率、新增债务率、偿债率、逾期债务率、或有债务代偿率等指标，及时分析和评估地方政府债务风险状况，对债务高风险地区进行风险预警。

（二）抓紧建立债务风险化解和应急处置机制。各省、自治区、直辖市政府要对本地区地方政府债务风险防控负总责，建立债务风险化解激励约束机制，全面组织做好债务风险化解和应急处置工作。列入风险预警范围的地方各级政府要制订中长期债务风险化解规划和应急处置预案，在严格控制债务增量的同时，通过控制项目规模、减少支出、处置资产、引入社会资本等方式，多渠道筹集资金消化存量债务，逐步降低债务风险。市县级政府难以自行偿还债务时，要启动债务风险应急处置预案并及时上报；省级政府要加大对市县级政府债务风险应急处置的指导力度，并督促其切实化解债务风险，确保不发生区域性和系统性风险。

（三）健全地方政府债务监督和考核问责机制。地方各级政府要主动接受本级人大和社会监督，定期向社会公开政府债务限额、举借、使用、偿还等情况。地方政府举债要遵循市场化原则，强化市场约束。审计部门要依法加强债务审计监督，财政部门要加大对地方政府违规举债及债务风险的监控力度。要将政府债务管理作为硬指标纳入政绩考核，强化对地方政府领导干部的考核。地方政府主要负责人要作为第一责任人，切实抓好本级政府债务风险防控等各项工作。对地方政府防范化解政府债务风险不力的，要进行约谈、通报，必要时可以责令其减少或暂停举借新债。对地方政府违法举债或担保的，责令改正，并按照预算法规定追究相关人员责任。

三、妥善处理存量债务

（一）切实履行政府债务偿还责任。对甄别后纳入预算管理的地方政府存量债务，属于公益性项目债务的，由地方政府统筹安排包括债券资金在内的预算资金偿还，必要时可以处置政府资产；属于非公益性项目债务的，由举借债务的部门和单位通过压减预算支出等措施偿还，暂时难以压减的可用财政资金先行垫付，并在以后年度部门和单位预算中扣回。取消融资平台公司的政府融资职能，推动有经营收益和现金流的融资平台公司市场化转型改制，通过政府和社会资本合作（PPP）、政府购买服务等措施予以支持。

地方政府存量债务中通过银行贷款等非政府债券方式举借部分，通过三年左右的过渡期，由省级财政部门在限额内安排发行地方政府债券置换。为避免地方竞相发债对市场产生冲击，财政部根据债务到期、债务风险等情况予以组织协调，并继续会同人民银行、银监会等有关部门做好定向承销发行置换债券等工作。

（二）依法妥善处置或有债务。对政府负有担保责任或可能承担一定救助责任的或有债务，地方政府要依法妥善处置。对确需依法代偿的或

有债务，地方政府要将代偿部分的资金纳入预算管理，并依法对原债务单位及有关责任方保留追索权；对因预算管理方式变化导致原偿债资金性质变化为财政资金、相应确需转化为政府债务的或有债务，在不突破限额的前提下，报经省级政府批准后转化为政府债务；对违法违规担保的或有债务，由政府、债务人与债权人共同协商，重新修订合同，明确责任，依法解除担保关系。地方政府通过政府和社会资本合作等方式减少政府债务余额腾出的限额空间，要优先用于解决上述或有债务代偿或转化问题。

各地区、各部门要进一步统一思想认识，高度重视，严格执行地方政府债务管理的各项规定，结合本地区、本部门实际，明确任务分工、落实工作职责，积极研究解决新问题，及时总结经验做法，加强舆论引导，切实发挥规范地方政府债务管理对“稳增长”和“防风险”的积极作用，推动各项政策措施落实到位。

2015年地方政府一般债券预算管理办法

财预［2015］47号

第一章 总 则

第一条 为规范2015年地方政府一般债券预算管理，根据《预算法》和《国务院关于加强地方政府性债务管理的意见》（国发［2014］43号），制定本办法。

第二条 本办法所称2015年地方政府一般债券，包括为2015年1月1日起新增一般债务发行的新增一般债券、为置换截至2014年12月31日存量一般债务发行的置换一般债券（含为偿还2015年到期的地方政府债券本金发行的一般债券）。

第三条 省、自治区、直辖市政府（以下简称省级政府）发行的一般债券不得超过国务院确定的本地区一般债券规模。

第四条 一般债券收入、安排的支出、还本付息、发行费用纳入一般公共预算管理。

第五条 省、自治区、直辖市政府为一般债券的发行主体，具体发行工作由省级财政部门负责。市县级政府确需发行一般债券的，应纳入本省、自治区、直辖市一般债券规模内管理，由省级财政部门代办发行，并统一办理还本付息。经省级政府批准，计划单列市政府可以自办发行一般债券。

第二章 预算编制和调整

第六条 财政部在全国人大或其常委会审批的地方政府举借债务的规模内，根据客观因素测算分地区新增一般债券和置换一般债券规模，报国务院批准后下达各省级财政部门。

第七条 省级财政部门在财政部下达的新增一般债券规模内，提出新增一般债券规模分配建议，编制预算调整方案，经省级政府同意后报省级人大常委会审批。如有分配至市县级的新增规模，应在省级人大常委会审批的市县级新增一般债券规模内，提出分市县新增一般债券规模的分配建议，报省级政府批准后下达各市县级财政部门。

省级财政部门在财政部下达的置换一般债券规模内，提出置换一般债券规模的分配建议，报省级政府批准后，分配省本级各部门和各市县级财政部门。

第八条 市县级财政部门在省级财政部门下达的新增一般债券规模内，编制预算调整方案，经本级政府同意后报本级人大常委会审批。

市县级财政部门在省级财政部门下达的置换一般债券规模内，提出置换一般债券规模的分配建议，报本级政府批准。

第九条 使用新增一般债券资金的省级或市县级政府，在编制一般公共预算调整方案时，应将新增一般债券规模在收入合计线下“支出大于收入的差额”反映。

第十条 一般债券收入安排的项目支出，根据拟使用债务资金的项目支出情况，在一般公共预算支出合计线上，按照一般债券资金使用方向对应的一般公共预算支出科目反映。

第十一条 一般债券付息支出根据一般债券发行规模、利率等情况，在一般公共预算支出合计线上相应科目反映。

第十二条 一般债券发行费用支出根据一般

债券发行规模、费率等情况，在一般公共预算支出合计线上相应科目反映。

第三章 预算科目

第十三条 对《2015年政府收支分类科目》相关内容进行修改，增设或调整有关一般公共预算收支分类科目，完整反映地方政府一般债券的收入、安排支出、还本付息、发行费用、转贷等情况。

第十四条 删除“地方政府债券收入（1050104）”项级科目。在“地方政府债务收入（10504）”款级科目下增设“一般债务收入（1050401）”项级科目，科目说明为“反映地方政府取得的一般债务收入”。

第十五条 在“地方政府债务还本支出（23102）”款级科目下增设“一般债务还本支出（2310201）”项级科目，科目说明为“反映地方政府用于归还一般债务本金所发生的支出”。项下增设两个目级科目：“地方政府一般债券还本支出（231020101）”，科目说明为“反映地方政府用于归还一般债券本金所发生的支出”；“地方政府其他一般债务还本支出（231020104）”，科目说明为“反映地方政府用于归还其他一般债务本金所发生的支出”。

在“地方政府债务付息支出（23202）”款级科目下增设“一般债务付息支出（2320201）”项级科目，科目说明为“反映地方政府用于归还一般债务利息所发生的支出”。项下增设两个目级科目：“地方政府一般债券付息支出（232020101）”，科目说明为“反映地方政府用于归还一般债券利息所发生的支出”；“地方政府其他一般债务付息支出（232020104）”，科目说明为“反映地方政府用于归还其他一般债务利息所发生的支出”。

在“地方政府债务发行费用支出（23302）”款级科目下增设“一般债务发行费用支出（2330201）”项级科目，科目说明为“反映地方政府用于一般债务发行兑付费用的支出”。

第十六条 将“转贷地方政府债券收入（1101101）”项级科目修改为“地方政府一般债务转贷收入（1101101）”，科目说明为“反映下级政府收到的上级政府转贷的一般债务收入”。

将“转贷地方政府债券支出（2301101）”项级科目修改为“地方政府一般债务转贷支出（2301101）”，科目说明为“反映向下级政府转贷的一般债务支出”。

第四章 预算执行

第十七条 一般债券收入缴库、安排支出的资金拨付、债券还本付息的资金拨付等，按照一般公共预算管理有关规定执行，并纳入一般公共预算进行会计核算。

第十八条 一般债券按市场化原则在银行间债券市场、证券交易所市场等发行。鼓励符合条件的机构投资者和个人购买一般债券。

第十九条 省级政府应按照有关规定，做好债券发行的信息披露和信用评级等相关工作。披露的信息应包括一般债券基本信息、一般公共预算财力及相关债务情况、偿债资金安排以及对投资者做出购买决策有重大影响的其他信息等。

第二十条 市县级政府申请省级财政部门代发一般债券的，应与省级财政部门签订代发和转贷协议。省级财政部门代市县级政府发行一般债券募集的资金，应按照代发和转贷协议及时转贷给市县级财政部门。

第二十一条 省级财政部门完成一般债券发行工作后，应在15个工作日内将发行情况报财政部预算司、国库司及财政部驻当地专员办备案。全年发行工作结束后，应在20个工作日内将年度发行情况报财政部预算司、国库司及财政部驻当地专员办备案。

第二十二条 省级财政部门应按时兑付一般债券本息。省级财政部门代市县级政府发行的一般债券，市县级财政部门应按照协议约定及时向省级财政部门足额上缴还本付息资金。未按时足额缴纳还本付息资金的，按逾期支付额和逾期天数计算罚息，年度终了仍未缴纳的部分，省级财政部门采取适当方式予以扣回，并将违约情况及时向市场披露。

第五章 监督检查

第二十三条 地方财政部门应建立和完善相关制度，加强对各有关部门使用一般债券资金的管理和监督。

第二十四条 对存在发行一般债券弄虚作假、违规组织债券发行、改变债券资金用途、未按要求将债券收支纳入预算管理、未按期偿还到期债券本息等情形的地方，视情节轻重减少一般债券规模或暂停一般债券发行资格。违反《预算法》等法律法规的，依法追究有关人员责任，涉嫌犯罪的，移送司法机关依法处理。

第六章 附 则

第二十五条 各省级财政部门可根据本办法制定实施细则。

本办法由财政部负责解释，自印发之日起施行。

财政部关于印发《地方政府一般债券发行管理暂行办法》的通知

2015 年 3 月 12 日　财库［2015］64 号

各省、自治区、直辖市、计划单列市财政厅（局、委）：

为加强地方政府债务管理，规范地方政府一般债券发行等行为，保护投资者合法权益，根据《预算法》和《国务院关于加强地方政府性债务管理的意见》（国发［2014］43 号），我们制定了《地方政府一般债券发行管理暂行办法》。现印发给你们，请遵照执行。

附件：

地方政府一般债券发行管理暂行办法

第一条　为加强地方政府债务管理，规范地方政府一般债券发行等行为，保护投资者合法权益，根据《预算法》和《国务院关于加强地方政府性债务管理的意见》（国发［2014］43 号），制定本办法。

第二条　地方政府一般债券（以下简称一般债券）是指省、自治区、直辖市政府（含经省级政府批准自办债券发行的计划单列市政府）为没有收益的公益性项目发行的、约定一定期限内主要以一般公共预算收入还本付息的政府债券。

一般债券采用记账式固定利率附息形式。

第三条　省、自治区、直辖市依照国务院下达的限额举借的债务，列入本级预算调整方案，报本级人民代表大会常务委员会批准。债券资金收支列入一般公共预算管理。

第四条　一般债券期限为 1 年、3 年、5 年、7 年和 10 年，由各地根据资金需求和债券市场状况等因素合理确定，但单一期限债券的发行规模不得超过一般债券当年发行规模的 30%。

第五条　一般债券由各地按照市场化原则自发自还，遵循公开、公平、公正的原则，发行和偿还主体为地方政府。

第六条　各地按照有关规定开展一般债券信用评级，择优选择信用评级机构，与信用评级机构签署信用评级协议，明确双方权利和义务。

第七条　信用评级机构按照独立、客观、公正的原则开展信用评级工作，遵守信用评级规定与业务规范，及时发布信用评级报告。

第八条　各地应及时披露一般债券基本信息、财政经济运行及债务情况等。

第九条　信息披露遵循诚实信用原则，不得有虚假记载、误导性陈述或重大遗漏。

投资者对披露信息进行独立分析，独立判断一般债券的投资价值，自行承担投资风险。

第十条　各地组建一般债券承销团，承销团成员应当是在中国境内依法成立的金融机构，具有债券承销业务资格，资本充足率、偿付能力或者净资本状况等指标达到监管标准。

第十一条　地方政府财政部门与一般债券承

销商签署债券承销协议，明确双方权利和义务。承销商可以书面委托其分支机构代理签署并履行债券承销协议。

第十二条 各地可以在一般债券承销商中择优选择主承销商，主承销商为一般债券提供发行定价、登记托管、上市交易等咨询服务。

第十三条 一般债券发行利率采用承销、招标等方式确定。采用承销或招标方式的，发行利率在承销或招标日前1至5个工作日相同待偿期记账式国债的平均收益率之上确定。

承销是指地方政府与主承销商商定债券承销利率（或利率区间），要求各承销商（包括主承销商）在规定时间报送债券承销额（或承销利率及承销额），按市场化原则确定债券发行利率及各承销商债券承销额的发债机制。

招标是指地方政府通过财政部国债发行招投标系统或其他电子招标系统，要求各承销商在规定时间报送债券投标额及投标利率，按利率从低到高原则确定债券发行利率及各承销商债券中标额的发债机制。

第十四条 各地采用承销方式发行一般债券时，应与主承销商协商确定承销规则，明确承销方式和募集原则等。

各地采用招标方式发行一般债券时，应制定招标规则，明确招标方式和中标原则等。

第十五条 各地应当加强发债定价现场管理，确保在发行定价过程中，不得有违反公平竞争、进行利益输送、直接或间接谋取不正当利益以及其他破坏市场秩序的行为。

第十六条 各地应积极扩大一般债券投资者范围，鼓励社会保险基金、住房公积金、企业年金、职业年金、保险公司等机构投资者和个人投资者在符合法律法规等相关规定的前提下投资一般债券。

第十七条 各地应当在一般债券发行定价结束后，通过中国债券信息网和本地区门户网站等媒体，及时公布债券发行结果。

第十八条 一般债券应当在中央国债登记结算有限责任公司办理总登记托管，在国家规定的证券登记结算机构办理分登记托管。一般债券发行结束后，符合条件的应按有关规定及时在全国银行间债券市场、证券交易所债券市场等上市交易。

第十九条 企业和个人取得的一般债券利息收入，按照《财政部、国家税务总局关于地方政府债券利息免征所得税问题的通知》（财税［2013］5号）规定，免征企业所得税和个人所得税。

第二十条 各地应切实履行偿债责任，及时支付债券本息、发行费等资金，维护政府信誉。

第二十一条 登记结算机构、承销机构、信用评级机构等专业机构和人员应当勤勉尽责，严格遵守职业规范和相关规则。对弄虚作假、存在违法违规行为的，列入负面名单并向社会公示。涉嫌犯罪的，移送司法机关处理。

第二十二条 财政部驻各地财政监察专员办事处加强对一般债券的监督检查，规范一般债券的发行、资金使用和偿还等行为。

第二十三条 各地应将本地区一般债券发行安排、信用评级、信息披露、承销团组建、发行兑付等有关规定及时报财政部备案。一般债券发行兑付过程中出现重大事项及时向财政部报告。一般债券每次发行工作完成后，应在15个工作日内将债券发行情况向财政部及财政部驻当地财政监察专员办事处报告；全年发行工作完成后，应在20个工作日内将年度发行情况向财政部及财政部驻当地财政监察专员办事处报告。

第二十四条 本办法自印发之日起施行。

财政部关于做好 2015 年地方政府一般债券发行工作的通知

2015 年 3 月 19 日 财库［2015］68 号

各省、自治区、直辖市、计划单列市财政厅（局、委），中央国债登记结算有限责任公司、中国证券登记结算有限责任公司，上海证券交易所、深圳证券交易所：

为规范 2015 年地方政府一般债券（以下简称一般债券）发行工作，根据《预算法》、《国务院关于加强地方政府性债务管理的意见》（国发［2014］43 号）、《财政部关于印发〈地方政府一般债券发行管理暂行办法〉的通知》（财库［2015］64 号）等有关规定，现就有关事宜通知如下：

一、一般债券由地方政府在限额内按照市场化原则自发自还

（一）省、自治区、直辖市（含经省政府批准自办债券发行的计划单列市）人民政府（以下简称省级政府）依法自行组织本地区一般债券发行、利息支付和本金偿还。一般债券发行兑付有关工作由省级政府财政部门（以下简称地方财政部门）负责办理。

（二）一般债券实行限额管理。省、自治区、直辖市政府发行的一般债券总规模不得超过当年本地区一般债券限额。2015 年一般债券限额包括为 2015 年 1 月 1 日起新增一般债务发行的新增一般债券规模、为置换截至 2014 年 12 月 31 日存量一般债务发行的置换一般债券规模。

（三）一般债券发行遵循市场化原则，地方财政部门、一般债券承销团成员（以下简称承销团成员）、信用评级机构及其他相关主体，不得以非市场化方式干扰一般债券发行工作。

（四）地方财政部门应当根据财政部有关制度规定，结合本地区实际情况，制定本地区一般债券发行有关制度。

二、遵循公开、公平、公正的原则组建承销团

（一）一般债券主要通过承销团面向全国银行间债券市场、证券交易所债券市场发行。地方财政部门根据市场环境和本地区一般债券发行规模等因素，确定承销团成员和主承销商（如有）的目标数量、选择方式、承销团组建流程和时间安排等。

（二）地方财政部门应当提前公布承销团组建通知（以下简称组团通知）和承销协议范本。组团通知应当包括承销团成员目标数量、报名要求、选择方式等内容。承销协议范本应当包括地方财政部门和承销团成员（包括主承销商）的权利、义务等内容。如金融机构存在以欺骗、利益输送等不正当手段加入承销团等重大违法、违规行为，地方财政部门应当依法通知其退出承销团。

（三）地方财政部门根据组团通知中规定的选择方式，择优选择承销团成员（包括主承销商）。地方财政部门应当按照《中华人民共和国合同法》等有关规定，与承销团成员在平等自愿基础上签订本地区一般债券承销协议。承销协

议有效期原则上不超过3年。此前已组建地方政府债券承销团的地区，承销协议仍在有效期之内的，2015年发行一般债券时可继续沿用此前的承销团。地方财政部门应当及时公布本地区承销团组建结果。

三、规范开展一般债券债项信用评级工作

（一）地方财政部门应当按照公开、公平、公正原则，从具备中国境内债券市场评级资质的信用评级机构中依法竞争择优选择一家信用评级机构，并按规定通过本单位门户网站、中国债券信息网等网站（以下简称指定网站）及时披露所选定的信用评级机构。

（二）一般债券只需进行债项信用评级，即信用评级机构对影响一般债券的诸多信用风险因素进行分析研究，就债券发行人按时、足额偿还债券的能力和意愿出具意见。

各地只需进行涵盖各期限一般债券（1年、3年、5年、7年和10年期）的综合性评级。首次评级进行一次，此后跟踪评级每年开展一次。

（三）地方财政部门要严格遵守信用评级协议约定，及时提供信用评级相关材料和信息，并对提供信息的真实性、准确性负责。要督促信用评级机构认真履行信用评级协议的各项义务，公开披露信用评级的方法和标准；按照项目立项与准备、信息收集与实地调查、信用分析和初评、结果反馈（及可能发生的复评）、评级结果发布、跟踪评级等流程规范开展信用评级操作，在信用评级协议规定时间内完成信用评级工作。地方财政部门不得以任何形式干预评级机构的公正评级。

（四）地方财政部门、信用评级机构应当在信用评级协议中明确债券存续期内每年出具跟踪评级报告的时间。一般债券信用评级的等级划分为三等九级，符号表示为AAA、AA、A、BBB、BB、B、CCC、CC、C（符号含义见附件1）。AAA级可用“-”符号进行微调，表示信用等级略低于本等级；AA级至B级可用“+”或“-”符号进行微调，表示信用等级略高于或低于本等级。

四、按照政府信息公开和债券市场监管有关规定进行信息披露

（一）地方财政部门应当不迟于一般债券发行日前5个工作日，通过指定网站披露以下信息：

1. 债券发行兑付相关制度办法。

2. 债券基本信息。包括发行数量、发行日期、手续费率、发行方式、发行款缴纳时间和账户信息、募集资金投向说明等。

3. 本地区经济运行、财政收支、债务等情况。经济运行情况，主要包括中长期经济规划、经济基本状况等；财政收支状况，公布经同级人大批准的政府预决算数据，主要包括一般公共预算收支、政府性基金预算收支和国有资本经营预算收支等信息；债务情况主要包括债务余额、期限结构、偿债计划等（详见附件2）。

4. 信用评级情况。包括首次信用评级报告和跟踪评级安排等。

（二）地方财政部门应当不迟于发行日日终，通过指定网站公告当期一般债券的实际发行规模、利率等信息。

（三）在一般债券还本到期日前，地方财政部门应当通过指定网站持续披露以下信息：

1. 按年度披露财政预决算，按季度披露经济运行等情况，按月度披露财政收支执行等情况。

2. 按年度披露地方政府性债务管理情况。

3. 不迟于信用评级机构出具跟踪评级结果后5个工作日，公布跟踪评级报告。

（四）在一般债券还本到期日前，地方政府发生可能影响其偿债能力的重大事项时，地方财政部门应当及时向市场披露。重大事项主要包括：

1. 地方政府一般债券、专项债券本息未按

期支付；

2. 重大的债务赎回或债务豁免；

3. 其他影响一般债券还本付息的重大事件。

地方财政部门应当制定重大事项的报告、传递、审核、披露程序。

（五）地方财政部门应当不迟于一般债券还本付息日前5个工作日，通过指定网站公布还本付息事项。代理还本付息机构在规定时间未及时足额收到还本付息资金的，应当及时向投资者公告相关地方财政部门未及时足额划付资金的事实。

（六）地方财政部门应当保证所披露的信息真实、准确、及时。参与一般债券发行的承销团成员、信用评级机构、登记结算机构和代理还本付息机构等所披露或出具的信息如含有虚假记载、误导性陈述或重大遗漏，应当承担相应责任。

（七）地方财政部门应当加强一般债券信息披露管理，逐步细化一般债券信息披露标准，扩大一般债券信息披露内容范围。在上述规定范围的基础上，鼓励地方财政部门根据投资者需求和有关实际情况，积极披露其他相关信息。

五、科学合理安排债券发行组织工作

（一）各地区每次发行的不同期限一般债券应当分别命名，名称格式为：2015年××省（区、市）政府一般债券（×期），如：2015年北京市政府一般债券（一期）。登记结算机构等应当专门制定一般债券登记托管等业务编码规则。

（二）地方财政部门应当在本地区一般债券限额内，根据资金需求、债券市场状况等因素合理确定一般债券发行安排。地方财政部门可选择通过财政部国债发行招投标系统、财政部证券交易所国债发行招投标系统（以下统称发行系统）等发行一般债券。一般债券原则上应当避开与同期限记账式国债在同一时段发行。不同地区相同期限的一般债券原则上不在同一时段发行。地方财政部门应当不迟于发行日前7个工作日将发行安排报财政部备案，财政部统筹把握一般债券发行节奏和进度，按照“先备案先得”的原则协调各地一般债券发行时间等发行安排。

中央国债登记结算有限责任公司（以下简称国债登记公司）、上海证券交易所、深圳证券交易所应当做好所负责维护的发行系统的日常运行维护工作，并按财政部要求，及时报送发行系统运行维护情况和相关数据。

（三）单一期次债券发行额在5亿元以上（含5亿元）的应当通过招标方式发行。采用招标方式发行时，地方财政部门应当制定一般债券招标发行规则，合理设定投标区间、中标方式和中标原则等。一般债券投标区间上下限由地方财政部门根据具体情况合理设定，下限不得低于发行日前1至5个工作日相同待偿期记账式国债收益率平均值。招投标系统客户端出现技术问题，承销团成员可按规定进行应急投标。

（四）采用承销方式发行时，地方财政部门应当与主承销商协商合理确定承销规则，明确申购办法和定价、配售方式等。簿记管理人应当提前向承销团成员和投资人询价，并记录询价情况。根据询价情况，簿记管理人应当同地方财政部门和其他主承销商商议决定发行利率区间，一般债券发行利率区间下限不得低于发行日前1至5个工作日相同待偿期记账式国债收益率平均值，并及时向社会公布。簿记管理人应当严格按照承销规则中披露的定价、配售方式确定发行利率、组织配售，并做好书面记录和说明。

（五）分销期内，中标的承销团成员可在交易场所采取场内挂牌和场外签订分销合同的方式向符合规定的投资者分销。承销团成员间不得分销。非承销团成员通过分销获得的一般债券债权额度，在分销期内不得转让。承销团成员根据市场情况自定分销价格。

（六）承销团成员不迟于缴款日将发行款缴入发行文件中规定的国家金库××省（自治区、直辖市、计划单列市）分库对应账户。地方财政部门在足额收到债券发行款后，应当按约定方式通知登记结算机构办理债权确认，并按约定费率向承销团成员支付发行费。

六、切实加强债券发行现场管理

（一）财政部授权国债登记公司为财政部国债发行招投标系统技术支持部门，授权上海证券交易所、深圳证券交易所为财政部证券交易所国债发行招投标系统技术支持部门。技术支持部门为发行现场提供技术支持、信息安全维护及现场保障等服务。

（二）采用招标方式发行时，发行现场应当由地方财政部门负责组织各项工作；采用承销方式发行时，发行现场应当由地方财政部门委托簿记管理人负责具体运作。

各地应当派出监督员负责监督发行现场相关工作合规有序进行，其中至少有一名非财政部门监督员。财政部可派出观察员现场观察发行情况，财政部观察员由财政部国库司或财政部国库司委托发债地区当地财政监察专员办事处派出。其他人员未经地方财政部门批准，不得进入发行现场。地方财政部门应当严格控制发行现场人数，并不迟于发行日前两个工作日，将进入发行现场的发行人员、监督员、观察员名单提供给技术支持部门并抄送财政部。

（三）相关人员进入发行现场应当履行登记手续，不得携带任何有通讯功能的设备进入发行现场。发行人员、监督员、观察员应当于发行开始前进入发行现场。债券招标或承销期间，进入发行现场的任何人员均不得离开，不得对外泄露发行信息。技术支持人员应当于发行开始前离开发行现场。发行过程中如有需要，发行人员在征得监督员同意后，使用专用电话通知技术支持人员进入发行现场。发行现场应当与其他区域严格隔离，并全程实施必要的无线电屏蔽。

（四）发行结果须经发行人员负责人、监督员共同签字确认后方能生效。监督员如发现发行现场出现违规行为并制止无效的，有权拒绝在发行结果上签字。

（五）技术支持部门应当妥善保存发行现场人员登记记录、发行现场专用电话录音等资料，保存期限不少于10年。技术支持部门及人员应当依法严格履行发行相关信息保密义务。

七、认真做好债券登记托管、还本付息和相关费用拨付工作

（一）国债登记公司承担一般债券的总登记托管职责；国债登记公司、中国证券登记结算有限责任公司（以下简称证券登记公司）分别承担在全国银行间债券市场、证券交易所债券市场的一般债券的分登记托管职责。

（二）采取招标方式发行时，发行结束后，各承销团成员应当按有关规定在国债登记公司，证券登记公司上海、深圳分公司选择分登记托管。采取承销方式发行时，簿记管理人协助承销团成员和投资者办理登记结算机构选择事宜。

（三）国债登记公司，证券登记公司上海、深圳分公司根据发行结果办理券种注册，根据各承销团成员选择的债券托管数据为各机构办理承销额度注册。

（四）各地发行的2015年1年、3年、5年、7年期一般债券按年付息，到期一次性还本；10年期一般债券按半年付息，到期一次性还本。

（五）地方财政部门应当制定完善一般债券还本付息相关制度，编制一般债券还本付息计划，及时拨付债券还本付息资金。代理还本付息机构应当确保还本付息资金于还本付息日足额划至各一般债券持有人账户。

（六）地方财政部门与登记结算机构、代理还本付息机构及承销团成员等应当商定合理的登记托管、代理还本付息服务费用及发行手续费标准，原则上应当不高于非政府债券标准。

八、加强组织领导，确保一般债券发行工作顺利完成

财政部将通过培训、答疑等方式，加强对地

方财政部门发行一般债券工作的指导；对发债经验不足的地区，将有针对性地进行帮扶，协助其做好制定相关制度、组织现场发行等工作。

地方财政部门要高度重视，完善一般债券发行管理相关制度，充实债券发行管理力量，明确岗位职责，加强内部控制，规范操作流程。组建承销团、开展信息披露和信用评级、组织一般债券发行兑付等相关文件原则上应当在对外公布前报财政部备案。在一般债券发行兑付过程中出现重大事项应当及时向财政部报告。

附件1：

一般债券信用评级等级符号及含义

一般债券信用评级等级划分为三等九级，符号表示为：AAA、AA、A、BBB、BB、B、CCC、CC、C。符号含义如下：

AAA级：偿还债务的能力极强，基本不受不利经济环境的影响，违约风险极低；

AA级：偿还债务的能力很强，受不利经济环境的影响不大，违约风险很低；

A级：偿还债务能力较强，较易受不利经济环境的影响，违约风险较低；

BBB级：偿还债务能力一般，受不利经济环境影响较大，违约风险一般；

BB级：偿还债务能力较弱，受不利经济环境影响很大，违约风险较高；

B级：偿还债务的能力较大地依赖于良好的经济环境，违约风险很高；

CCC级：偿还债务的能力极度依赖于良好的经济环境，违约风险极高；

CC级：基本不能偿还债务；

C级：不能偿还债务。

AAA级可用“－”符号进行微调，表示信用等级略低于本等级；AA级至B级可用“＋”或“－”符号进行微调，表示信用等级略高于或低于本等级。

附件2：

经济运行、财政收支、债务等情况公布内容

一、地方经济状况

（一）中长期经济规划。包括地区社会和经济发展战略规划、经济圈规划、行业发展等。

（二）近三年经济基本状况。包括地区金融环境、经济总量、经济增长、产业结构、固定资产投资、对外贸易、消费、居民生活、各类价格指数等。

以上内容均按省级政府全辖口径公布。

二、财政收支状况

（一）近三年一般公共预算收支。主要内容包括一般公共预算收入、转移性收入、地方政府债券收入，一般公共预算支出、地方政府债券还本支出、转移性支出等。

（二）近三年政府性基金预算收支。

（三）2015年国有资本经营预算收支。

其中：年度一般公共预算收支、年度政府性基金预算收支，2013年数据按决算口径公布，2014年数据在决算编制完成之前按预算口径公

布，在决算编制完成之后按决算口径公布，2015年数据按预算口径公布；2015年国有资本经营预算收支数据按预算口径公布。

以上内容均按省级政府本级口径公布。

三、地方政府债务状况

在截至2014年12月31日的地方政府存量债务清理甄别结果经全国人大常委会批准之前，公布经审计的截至2013年6月30日的地方政府性债务情况；存量债务清理甄别结果经全国人大常委会批准后，公布截至2014年12月31日的地方政府债务情况。

以上内容均按省级政府全辖、本级口径公布。

2015 年地方政府专项债券预算管理办法

（财预［2015］32 号）

第一章　总　　则

第一条　为规范 2015 年地方政府专项债券预算管理，根据《预算法》和《国务院关于加强地方政府性债务管理的意见》（国发［2014］43 号），制定本办法。

第二条　本办法所称 2015 年地方政府专项债券，包括为 2015 年 1 月 1 日起新增专项债务发行的新增专项债券、为置换截至 2014 年 12 月 31 日存量专项债务发行的置换专项债券。

第三条　省、自治区、直辖市政府（以下简称省级政府）发行的专项债券不得超过国务院确定的本地区专项债券规模。

第四条　专项债券收入、安排的支出、还本付息、发行费用纳入政府性基金预算管理。

第五条　省、自治区、直辖市政府为专项债券的发行主体，具体发行工作由省级财政部门负责。市县级政府确需发行专项债券的，应纳入本省、自治区、直辖市专项债券规模内管理，由省级财政部门代办发行，并统一办理还本付息。经省级政府批准，计划单列市政府可以自办发行专项债券。

第二章　预算编制和调整

第六条　财政部在全国人大或其常委会批准的地方政府举借债务的规模内，根据客观因素测算分地区新增专项债券规模和置换专项债券规模，报国务院批准后下达各省级财政部门。

第七条　省级财政部门在财政部下达的新增专项债券规模内，提出新增专项债券规模分配建议，编制预算调整方案，经省级政府同意后报省级人大常委会批准。如有分配至市县级的新增规模，应在省级人大常委会批准的市县级新增专项债券规模内，提出分市县新增专项债券规模的分配建议，报省级政府批准后下达各市县级财政部门。

第八条　省级财政部门在财政部下达的置换专项债券规模内，提出置换专项债券规模的分配建议，报省级政府批准后，分配省本级各部门和各市县级财政部门。

第九条　市县级财政部门在省级财政部门下达的新增专项债券规模内，编制预算调整方案，经本级政府同意后报本级人大常委会批准。

第十条　市县级财政部门在省级财政部门下达的置换专项债券规模内，提出置换专项债券规模的分配建议，报本级政府批准。

第十一条　根据政府性基金科目发行的专项债券收入，在政府性基金预算收入合计线下，按照专项债券对应的政府性基金预算收入科目明细反映。

第十二条　专项债券收入安排的项目支出，根据拟使用债务资金的项目支出情况，在政府性基金预算支出合计线上，按照专项债券对应的政府性基金预算支出科目明细反映；安排用于置换存量专项债务的支出，根据存量专项债务当年还本情况，在政府性基金预算支出合计线下，按照专项债务对应的政府性基金预算支出科目明细反映。

第十三条　专项债券付息支出根据专项债券发行规模、利率等情况，在政府性基金预算支出合计线上，按照专项债券对应的政府性基金预算支出科目明细反映。

第十四条　专项债券发行费用支出根据专项债券发行规模、费率等情况，在政府性基金预算支出合计线上，按照专项债券对应的政府性基金预算支出科目明细反映。

第十五条　上下级政府之间的专项债券资金转贷收入和支出，分别纳入政府性基金收入和支出预算管理。转贷收入根据协议约定的转贷金额，在贷入资金的下级政府本级政府性基金预算收入合计线下，按照专项债券对应的政府性基金预算收入科目明细反映。转贷支出根据协议约定的转贷金额，在贷出资金的上级政府本级政府性基金预算支出合计线下，按照专项债券对应的政府性基金预算支出科目明细反映。

第十六条　专项债券收支纳入政府基金预算管理后，应按照单项政府性基金收支平衡，不同政府性基金间不得调剂。执行中专项债券对应的单项政府性基金不足以偿还本金的，可以从相应的公益性项目单位调入专项收入弥补。调入政府性基金收入预算管理的专项收入，在政府性基金预算收入合计线下反映。

第三章　预算科目

第十七条　对《2015 年政府收支分类科目》相关内容进行修改，增设或调整有关政府性基金预算收支分类科目，完整反映地方政府专项债券的收入、安排支出、还本付息、发行费用、转贷等情况。

第十八条　在“债务收入（105）”类级科目下增设“地方政府债务收入（10504）”款级科目，款下增设“专项债务收入（1050402）”项级科目，项下按对应的政府性基金名称分设“××基金债务收入”目级科目，科目说明为“反映地方政府以××基金收入为偿债来源举借的专项债务收入”。

第十九条　修改政府性基金支出科目名称和科目说明。将“××基金安排的支出”修改为“××基金及对应专项债务收入安排的支出”，科目说明相应修改为“反映用××政府性基金收入及对应专项债务收入安排的支出”。

第二十条　删除“债务还本付息支出（228）”类级科目，增设“债务还本支出（231）”类级科目，类下增设“地方政府债务还本支出（23102）”款级科目。在“地方政府债务还本支出（23102）”款级科目下增设“专项债务还本支出（2310202）”项级科目，项下按对应的政府性基金名称分设“××基金债务还本支出”目级科目，科目说明为“反映地方政府用于归还××基金债务本金所发生的支出”。

第二十一条　增设“债务付息支出（232）”和“债务发行费用支出（233）”类级科目，比照“债务还本支出（231）”有关科目相应设置款级、项级、目级科目。

第二十二条　将“债券转贷收入（11011）”款级科目修改为“债务转贷收入（11011）”，款下增设“地方政府专项债务转贷收入（1101102）”项级科目，项下按对应的政府性基金名称分设“××基金债务转贷收入”目级科目，科目说明为“反映下级政府收到的上级政府转贷的××基金专项债务收入”。

第二十三条　将“债券转贷支出（23011）”款级科目修改为“债务转贷支出（23011）”，款下增设“地方政府专项债务转贷支出（2301102）”项级科目，项下按对应的政府性基金名称分设“××基金债务转贷支出”目级科目，科目说明为“反映向下级政府转贷的××基金专项债务支出”。

第二十四条　在“调入资金（11009）”款级项目下增设“调入专项收入（1100904）”项级科目，项下按对应的政府性基金名称分设“××基金调入专项收入”目级科目，科目说明为“反映地方政府为弥补××基金收入不足从公益性项目单位调入的用于偿付债务本金的收入”。

第三章　预算执行

第二十五条　专项债券收入缴库、安排支出的资金拨付、债券还本付息的资金拨付等，按照政府性基金预算管理有关规定执行，并纳入政府性基金预算进行会计核算。

第二十六条 专项债券按市场化原则在银行间债券市场、证券交易所市场等发行。鼓励符合条件的机构投资者和个人购买专项债券。

第二十七条 省级政府应按照有关规定，做好信息披露和信用评级等相关工作，披露专项债券基本信息、政府性基金财力及相关债务情况、偿债资金安排以及对投资者做出购买决策有重大影响的其他信息。

第二十八条 市县级政府申请省级财政部门代发专项债券的，应与省级财政部门签订代发和转贷协议。省级财政部门代市县级政府发行专项债券募集的资金，应按照代发和转贷协议及时转贷给市县级财政部门。

第二十九条 省级财政部门完成专项债券发行工作后，应在15个工作日内将发行情况报财政部预算司、国库司及财政部驻当地专员办备案。全年发行工作结束后，应在20个工作日内将年度发行情况报财政部预算司、国库司及财政部驻当地专员办备案。

第三十条 省级财政部门应按时兑付专项债券本息。省级财政部门代市县级政府发行的专项债券，市县级财政部门应按照协议约定及时向省级财政部门足额上缴还本付息资金。未按时足额缴纳还本付息资金的，按逾期支付额和逾期天数计算罚息，年度终了仍未缴纳的部分，省级财政部门采取适当方式予以扣回，并将违约情况及时向市场披露。

第四章 监督检查

第三十一条 地方财政部门应建立和完善相关制度，加强对各有关部门使用专项债券资金的管理和监督。

第三十二条 对存在发行专项债券弄虚作假、违规组织债券发行、改变债券资金用途、未按要求将债券收支纳入预算管理、未按期偿还到期债券本息等情形的地方，视情节轻重减少专项债券规模或暂停专项债券发行资格。违反《预算法》等法律法规的，依法追究有关人员责任，涉嫌犯罪的，移送司法机关依法处理。

第五章 附 则

第三十三条 各省级财政部门可根据本办法制定实施细则。

本办法由财政部负责解释，自印发之日起施行。

财政部关于印发《地方政府专项债券发行管理暂行办法》的通知

2015 年 4 月 2 日 财库［2015］83 号

各省、自治区、直辖市、计划单列市财政厅（局、委）：

为加强地方政府债务管理，规范地方政府专项债券发行行为，保护投资者等合法权益，根据《预算法》、《国务院关于加强地方政府性债务管理的意见》（国发［2014］43 号）和《财政部关于印发〈2015 年地方政府专项债券预算管理办法〉的通知》（财预［2015］32 号），我们制定了《地方政府专项债券发行管理暂行办法》。现印发给你们，请遵照执行。

附件：

地方政府专项债券发行管理暂行办法

第一条 为加强地方政府债务管理，规范地方政府专项债券发行行为，保护投资者等合法权益，根据《预算法》、《国务院关于加强地方政府性债务管理的意见》（国发［2014］43 号）和国家有关规定，制定本办法。

第二条 地方政府专项债券（以下简称专项债券）是指省、自治区、直辖市政府（含经省级政府批准自办债券发行的计划单列市政府）为有一定收益的公益性项目发行的、约定一定期限内以公益性项目对应的政府性基金或专项收入还本付息的政府债券。

第三条 专项债券采用记账式固定利率附息形式。

第四条 单只专项债券应当以单项政府性基金或专项收入为偿债来源。单只专项债券可以对应单一项目发行，也可以对应多个项目集合发行。

第五条 专项债券期限为 1 年、2 年、3 年、5 年、7 年和 10 年，由各地综合考虑项目建设、运营、回收周期和债券市场状况等合理确定，但 7 年和 10 年期债券的合计发行规模不得超过专项债券全年发行规模的 50%。

第六条 专项债券由各地按照市场化原则自发自还，遵循公开、公平、公正的原则，发行和偿还主体为地方政府。

第七条 各地按照有关规定开展专项债券信用评级，择优选择信用评级机构，与信用评级机构签署信用评级协议，明确双方权利和义务。

第八条 信用评级机构按照独立、客观、公正的原则开展信用评级工作，遵守信用评级规定与业务规范，及时发布信用评级报告。

第九条 各地应当按照有关规定及时披露专项债券基本信息、财政经济运行及相关债务情况、募投项目及对应的政府性基金或专项收入情况、风险揭示以及对投资者做出购买决策有重大影响的其他信息。

第十条 专项债券存续期内，各地应按有关规定持续披露募投项目情况、募集资金使用情况、对应的政府性基金或专项收入情况以及可能影响专项债券偿还能力的重大事项等。

第十一条 信息披露遵循诚实信用原则，不得有虚假记载、误导性陈述或重大遗漏。

投资者对披露信息进行独立分析，独立判断专项债券的投资价值，自行承担投资风险。

第十二条 各地组建专项债券承销团，承销团成员应当是在中国境内依法成立的金融机构，具有债券承销业务资格，资本充足率、偿付能力或者净资本状况等指标达到监管标准。

第十三条 地方政府财政部门与专项债券承销商签署债券承销协议，明确双方权利和义务。承销商可以书面委托其分支机构代理签署并履行债券承销协议。

第十四条 各地可以在专项债券承销商中择优选择主承销商，主承销商为专项债券提供发行定价、登记托管、上市交易等咨询服务。

第十五条 专项债券发行利率采用承销、招标等方式确定。采用承销或招标方式的，发行利率在承销或招标日前1至5个工作日相同待偿期记账式国债的平均收益率之上确定。

承销是指地方政府与主承销商商定债券承销利率（或利率区间），要求各承销商（包括主承销商）在规定时间报送债券承销额（或承销利率及承销额），按市场化原则确定债券发行利率及各承销商债券承销额的发债机制。

招标是指地方政府通过财政部国债发行招投标系统或其他电子招标系统，要求各承销商在规定时间报送债券投标额及投标利率，按利率从低到高原则确定债券发行利率及各承销商债券中标额的发债机制。

第十六条 各地采用承销方式发行专项债券时，应与主承销商协商确定承销规则，明确承销方式和募集原则等。

各地采用招标方式发行专项债券时，应制定招标规则，明确招标方式和中标原则等。

第十七条 各地应当加强发债定价现场管理，确保在发行定价和配售过程中，不得有违反公平竞争、进行利益输送、直接或间接谋取不正当利益以及其他破坏市场秩序的行为。

第十八条 各地应积极扩大专项债券投资者范围，鼓励社会保险基金、住房公积金、企业年金、职业年金、保险公司等机构投资者和个人投资者在符合法律法规等相关规定的前提下投资专项债券。

第十九条 各地应当在专项债券发行定价结束后，通过中国债券信息网和本地区门户网站等媒体，及时公布债券发行结果。

第二十条 专项债券应当在中央国债登记结算有限责任公司办理总登记托管，在国家规定的证券登记结算机构办理分登记托管。专项债券发行结束后，符合条件的应按有关规定及时在全国银行间债券市场、证券交易所债券市场等上市交易。

第二十一条 企业和个人取得的专项债券利息收入，按照《财政部 国家税务总局关于地方政府债券利息免征所得税问题的通知》（财税［2013］5号）规定，免征企业所得税和个人所得税。

第二十二条 各地应切实履行偿债责任，及时支付债券本息、发行费等资金，维护政府信誉。

第二十三条 登记结算机构、承销机构、信用评级机构等专业机构和人员应当勤勉尽责，严格遵守职业规范和相关规则。对弄虚作假、存在违法违规行为的，列入负面名单并向社会公示。涉嫌犯罪的，移送司法机关处理。

第二十四条 财政部驻各地财政监察专员办事处加强对专项债券的监督检查，规范专项债券的发行、资金使用和偿还等行为。

第二十五条 各地应当将本地区专项债券发行安排、信用评级、信息披露、承销团组建、发行兑付等有关规定及时报财政部备案。专项债券发行兑付过程中出现重大事项应当及时向财政部报告。专项债券每次发行工作完成后，应当在15个工作日内将债券发行情况向财政部及财政部驻当地财政监察专员办事处报告；全年发行工作完成后，应当在20个工作日内将年度发行情况向财政部及财政部驻当地财政监察专员办事处报告。

第二十六条 本办法自印发之日起施行。

财政部关于做好2015年地方政府专项债券发行工作的通知

2015年4月8日　财库［2015］85号

各省、自治区、直辖市、计划单列市财政厅（局、委），中央国债登记结算有限责任公司、中国证券登记结算有限责任公司，上海证券交易所、深圳证券交易所：

为规范2015年地方政府专项债券（以下简称专项债券）发行工作，根据《预算法》、《国务院关于加强地方政府性债务管理的意见》（国发［2014］43号）、《财政部关于印发〈2015年地方政府专项债券预算管理办法〉的通知》（财预［2015］32号，以下简称《预算办法》）、《财政部关于印发〈地方政府专项债券发行管理暂行办法〉的通知》（财库［2015］83号）等有关规定，现就有关事宜通知如下：

一、专项债券由地方政府在限额内按照市场化原则自发自还

（一）省、自治区、直辖市（含经省政府批准自办债券发行的计划单列市）人民政府（以下简称省级政府）依法自行组织本地区专项债券发行、利息支付和本金偿还。专项债券发行兑付有关工作由省级政府财政部门（以下简称地方财政部门）负责办理。

（二）专项债券实行限额管理。省、自治区、直辖市政府发行的专项债券总规模不得超过当年本地区专项债券限额。2015年专项债券限额包括为2015年1月1日起新增专项债务发行的新增专项债券规模、为置换截至2014年12月31日存量专项债务发行的置换专项债券规模。

（三）专项债券发行应当遵循市场化原则，地方财政部门、专项债券承销团成员（以下简称承销团成员）、信用评级机构及其他相关主体，不得以非市场化方式干扰专项债券发行工作。

（四）地方财政部门应当根据财政部有关制度规定，结合本地区实际情况，制定本地区专项债券发行操作具体办法。

二、遵循公开、公平、公正的原则组建承销团

（一）专项债券主要通过承销团面向全国银行间债券市场、证券交易所债券市场发行。专项债券可单独组建承销团，或与地方政府一般债券（以下简称一般债券）合并组建承销团。地方财政部门根据专项债券对应的政府性基金或专项收入情况、项目情况、本地区专项债券发行规模、市场环境等因素，确定承销团成员和主承销商（如有）的目标数量、选择方式、承销团组建流程和时间安排等。

（二）地方财政部门应当按照《中华人民共和国合同法》等有关规定，与承销团成员在平等自愿基础上签订本地区专项债券承销协议。此前已组建地方政府债券承销团的地区，承销协议仍在有效期之内的，经双方协商，2015年发行专项债券时可继续沿用此前的承销团。

三、规范开展专项债券债项信用评级工作，原则上对不同专项债券分别开展信用评级

（一）地方财政部门应当根据专项债券对应的政府性基金或专项收入、项目等情况，按照公开、公平、公正原则，从具备中国境内债券市场评级资质的信用评级机构中依法竞争择优选择一家信用评级机构，并通过本单位门户网站、中国债券信息网等网站（以下简称指定网站）及时披露所选定的信用评级机构。专项债券可单独选择信用评级机构，或与一般债券合并选择信用评级机构。

（二）专项债券只需进行债项信用评级。信用评级机构对专项债券进行信用评级时，应当充分结合专项债券对应的政府性基金或专项收入、项目等情况，客观公正出具评级意见。

各地原则上应当对不同专项债券分别开展信用评级。首次评级进行一次，此后跟踪评级每年开展一次。

（三）地方财政部门、信用评级机构应当在信用评级协议中明确债券存续期内每年出具跟踪评级报告的时间。专项债券信用评级的等级划分为三等九级，符号表示为 AAA、AA、A、BBB、BB、B、CCC、CC、C（符号含义见附件 1）。AAA 级可用“－”符号进行微调，表示信用等级略低于本等级；AA 级至 B 级可用“＋”或“－”符号进行微调，表示信用等级略高于或低于本等级。

四、按照政府信息公开和债券市场监管有关规定进行信息披露，重点披露专项债券对应的政府性基金、调入专项收入情况和项目主要情况

（一）地方财政部门应当不迟于专项债券发行日前 5 个工作日，通过指定网站披露以下信息：

1. 债券发行兑付相关制度办法。

2. 债券基本信息。

3. 本地区经济运行、财政收支、债务等情况。

4. 专项债券对应的政府性基金、调入专项收入情况。包括该政府性基金、调入专项收入最近三年的预决算数据、以该政府性基金、调入专项收入为还款来源的其他专项债券的发行及余额情况等。

5. 专项债券对应项目主要情况。

6. 信用评级情况。

其中，第 3、4、5 部分披露内容详见附件 2。

（二）地方财政部门应当不迟于发行日日终，通过指定网站公告当期专项债券的实际发行规模、利率等信息。

（三）在专项债券还本到期日前，地方财政部门应当按年度通过指定网站持续披露以下信息：

1. 财政预决算、经济运行、财政收支执行等情况。

2. 地方政府性债务管理情况。

3. 专项债券对应的政府性基金、调入专项收入预决算数据。

4. 专项债券对应项目主要情况、募集资金使用情况等。

5. 以专项债券对应的政府性基金、调入专项收入为还款来源的其他专项债券的发行及余额情况等。

6. 不迟于信用评级机构出具跟踪评级结果后 5 个工作日，公布跟踪评级报告。

（四）在专项债券还本到期日前，地方政府发生可能影响其偿债能力的重大事项时，地方财政部门应当及时向市场披露。重大事项主要包括：

1. 地方政府一般债券、专项债券本息未按期支付。

2. 重大的债务赎回或债务豁免。

3. 专项债券对应的政府性基金、调入专项

收入收支相关重大事项。

4. 专项债券对应项目出现与预期不符的重大事件。

5. 以专项债券对应的政府性基金、调入专项收入为还款来源的其他专项债券发行兑付出现相关重大事项。

6. 其他影响专项债券还本付息的重大事件。

（五）地方财政部门应当加强专项债券信息披露管理，逐步细化专项债券信息披露标准，扩大专项债券信息披露内容范围。在上述规定范围的基础上，鼓励地方财政部门根据投资者需求和有关实际情况，积极披露其他相关信息。

五、根据专项债券对应的政府性基金或专项收入情况、项目情况、资金需求、债券市场状况等因素合理确定专项债券发行安排

（一）单只（即单一期次）专项债券应当对应单项政府性基金发行。

（二）各地区发行的不同期次专项债券应当分别命名，名称格式为：2015 年××省（区、市）政府专项债券（×期），如：2015 年北京市政府专项债券（一期）。登记结算机构等应当专门制定专项债券登记托管等业务编码规则。

（三）专项债券期限原则上应当与对应项目建设周期、收益回收期等相协调。项目建设周期 3 年以上的，原则上应当根据各年资金需求量等情况采取分期发行专项债券的方式融资。

地方财政部门应当合理设计债券期限结构，避免今后因地方政府债券集中到期而出现偿债高峰，确保对应的政府性基金或专项收入能够足额支付债券本息。

（四）地方财政部门可选择通过财政部国债发行招投标系统、财政部证券交易所国债发行招投标系统（以下统称发行系统）等发行专项债券。专项债券原则上不与同期限记账式国债、同期限一般债券在同一时段发行。不同地区相同期限的专项债券原则上不在同一时段发行。地方财政部门应当不迟于发行日前 7 个工作日将发行安排报财政部备案，财政部统筹把握一般债券、专项债券发行节奏和进度，按照“先备案先得”的原则协调各地债券发行时间等发行安排。

中央国债登记结算有限责任公司（以下简称国债登记公司）、上海证券交易所、深圳证券交易所应当做好所负责维护的发行系统的日常运行维护工作，并按财政部要求，及时报送发行系统运行维护情况和相关数据。

（五）单一期次债券发行额在 5 亿元以上（含 5 亿元）的应当通过招标方式发行。专项债券投标区间上下限由地方财政部门根据具体情况合理设定，下限不得低于发行日前 1 至 5 个工作日相同待偿期记账式国债收益率平均值。

（六）采用承销方式发行时，簿记管理人应当根据询价情况同地方财政部门和其他主承销商商议决定发行利率区间，专项债券发行利率区间下限不得低于发行日前 1 至 5 个工作日相同待偿期记账式国债收益率平均值，并及时向社会公布。

六、认真做好债券登记托管、还本付息和相关费用拨付工作

（一）以招标或承销方式发行专项债券时，国债登记公司承担专项债券的总登记托管职责；国债登记公司、中国证券登记结算有限责任公司分别承担在全国银行间债券市场、证券交易所债券市场的专项债券的分登记托管职责。

（二）地方财政部门可根据专项债券对应项目具体情况，选择到期一次还本、定期付息，或分年还本、定期付息的偿还方式。

（三）地方财政部门应当充分结合专项债券的特点，按照《预算办法》和政府性基金预算管理有关规定，编制专项债券还本付息计划，建立健全专项债券还本付息相关工作机制，及时拨付债券还本付息资金。代理还本付息机构应当确保还本付息资金于还本付息日足额划至各专项债券持有人账户。

（四）地方财政部门与发行服务机构、登记结算机构、代理还本付息机构及承销团成员等应当商定合理的发行登记托管、代理还本付息服务费用及发行手续费等收费标准，原则上应当不高于非政府债券标准。

七、加强组织领导，确保专项债券发行工作顺利完成

地方财政部门要高度重视，统筹一般债券、专项债券发行工作，密切关注专项债券对应的政府性基金或专项收入情况、项目情况、金融市场动态，确保专项债券发行工作顺利完成。组建承销团、开展信息披露和信用评级、组织专项债券发行兑付等相关文件原则上应当在对外公布前报财政部备案。在专项债券发行兑付过程中出现重大事项应当及时向财政部报告。

鼓励地方财政部门在财政部指导下，在合法合规、风险可控的前提下，探索专项债券其他发行方式。

专项债券承销团组建、发行操作、发行现场管理等方面其他有关未尽事宜，比照《财政部关于做好2015年地方政府一般债券发行工作的通知》（财库［2015］68号）相关规定执行。

附件1：

专项债券信用评级等级符号及含义

专项债券信用评级等级划分为三等九级，符号表示为：AAA、AA、A、BBB、BB、B、CCC、CC、C。符号含义如下：

AAA级：对应的政府性基金或专项收入收支状况、对应项目建设运营状况极好，偿还债务的能力极强，基本不受不利经济环境的影响，违约风险极低；

AA级：对应的政府性基金或专项收入收支状况、对应项目建设运营状况很好，偿还债务的能力很强，受不利经济环境的影响不大，违约风险很低；

A级：对应的政府性基金或专项收入收支状况、对应项目建设运营状况较好，偿还债务能力较强，较易受不利经济环境的影响，违约风险较低；

BBB级：对应的政府性基金或专项收入收支状况、对应项目建设运营状况一般，偿还债务能力一般，受不利经济环境影响较大，违约风险一般；

BB级：对应的政府性基金或专项收入收支状况、对应项目建设运营状况较差，偿还债务能力较弱，受不利经济环境影响很大，违约风险较高；

B级：对应的政府性基金或专项收入收支状况、对应项目建设运营状况很差，偿还债务的能力较大地依赖于良好的经济环境，违约风险很高；

CCC级：对应的政府性基金或专项收入收支状况、对应项目建设运营状况极差，偿还债务的能力极度依赖于良好的经济环境，违约风险极高；

CC级：对应的政府性基金或专项收入收支状况、对应项目建设运营状况极差，基本不能偿还债务；

C级：对应的政府性基金或专项收入收支状况、对应项目建设运营状况极差，不能偿还债务。

AAA级可用“-”符号进行微调，表示信用等级略低于本等级；AA级至B级可用“+”或“-”符号进行微调，表示信用等级略高于或低于本等级。

附件2：

经济运行、财政收支、债务、专项债券对应的政府性基金、调入专项收入及项目等情况披露内容

一、地方经济状况

（一）中长期经济规划。包括地区社会和经济发展战略规划、经济圈规划、行业发展等。

（二）近三年经济基本状况。包括地区金融环境、经济总量、经济增长、产业结构、固定资产投资、对外贸易、消费、居民生活、各类价格指数等。

以上内容均按省级政府全辖口径公布。

二、财政收支状况

（一）近三年一般公共预算收支。主要内容包括一般公共预算收入、转移性收入、地方政府债券收入，一般公共预算支出、地方政府债券还本支出、转移性支出等。

（二）近三年政府性基金预算收支。

（三）2015年国有资本经营预算收支。

其中：年度一般公共预算收支、年度政府性基金预算收支，2013年数据按决算口径公布，2014年数据在决算编制完成之前按预算口径公布，在决算编制完成之后按决算口径公布，2015年数据按预算口径公布；2015年国有资本经营预算收支数据按预算口径公布。

以上内容均按省级政府本级口径公布。

三、地方政府债务状况

在截至2014年12月31日的地方政府存量债务清理甄别结果经全国人大常委会批准之前，公布经审计的截至2013年6月30日的地方政府性债务情况；存量债务清理甄别结果经全国人大常委会批准后，公布截至2014年12月31日的地方政府债务情况。

以上内容均按省级政府全辖、本级口径公布（专项债务有关情况应当单独公布）。

四、专项债券对应的政府性基金、调入专项收入情况

对应的政府性基金、调入专项收入最近三年的预决算数据，2013年数据按决算口径公布，2014年数据在决算编制完成之前按预算口径公布，在决算编制完成之后按决算口径公布，2015年数据按预算口径公布。此外，还应当公布以该政府性基金、调入专项收入为还款来源的其他专项债券最近三年发行情况、还本付息情况、余额情况等。

五、专项债券对应项目情况

对于为置换截至2014年12月31日存量专项债务发行的置换专项债券，应当公布近三年项目主要情况等；对于为2015年1月1日起新增专项债务发行的新增专项债券，应当公布项目可行性研究报告摘要、立项审批情况、预期项目情况等。

关于2015年采用定向承销方式发行地方政府债券有关事宜的通知

财库［2015］102号

各省、自治区、直辖市、计划单列市财政厅（局、委），人民银行上海总部、各分行、营业管理部、省会（首府）城市中心支行、副省级城市中心支行，各银监局：

经国务院批准，2015年省、自治区、直辖市（含经省政府批准自办债券发行的计划单列市）人民政府（以下简称省级政府）在财政部下达的置换债券限额内采用定向承销方式发行一定额度地方政府债券（以下简称地方债），用于置换部分存量债务。为做好地方债定向承销发行工作，根据《预算法》、《国务院关于加强地方政府性债务管理的意见》（国发［2014］43号）及地方债发行管理有关规定，现就有关事宜通知如下：

一、各地有关部门和相关机构要高度重视采用定向承销方式发行地方债工作

采用定向承销方式发行地方债，是指省级政府面向地方政府存量债务中特定债权人，采用簿记建档方式发行地方债，用以置换本地区地方政府相应的存量债务。定向承销方式进一步丰富了地方债发行方式，有利于推动地方政府高效、便捷地开展存量债务置换。省级政府财政部门（以下简称地方财政部门）会同各地中国人民银行省级分支机构、银监局共同组织开展相关工作。相关部门要高度重、密切协作；相关机构要积极参与，配合做好地方债定向承销发行工作。

二、采用定向承销方式发行地方债由地方财政部门与特定债权人按市场化原则协商开展

对于地方政府存量债务中的银行贷款部分，地方财政部门应当与银行贷款对应债权人协商后，采用定向承销方式发行地方债予以置换。对于地方政府存量债务中的信托、证券、保险等其他机构融资形成的债务，经各方协商一致，地方财政部门也可采用定向承销方式发行地方债予以置换。

各地中国人民银行省级分支机构、银监局要加强对金融机构指导，推动地方债定向承销发行工作顺利开展。

三、妥善处理好与采用公开发行方式发行地方债的政策衔接

2015年为新增地方政府债务发行的地方债，以及为置换存量债务发行的地方债（以下简称置换债券）中不采用定向承销方式发行的部分，仍按照《地方政府一般债券发行管理暂行办法》（财库［2015］64号）和《地方政府专项债券发行管理暂行办法》（财库［2015］83号）等有关规定，采用招标、公开承销方式发行。

四、抓紧完成针对2015年第1批置换债券额度的定向承销发行工作

经国务院批准，财政部已下达2015年第1批置换债券额度1万亿元，用于置换2015年到期债务，各地针对2015年第1批置换债券额度的定向承销发行工作，应当于2015年8月31日前完成。

五、严格按照操作规程规范开展相关工作

地方债定向承销发行工作涉及面广、政策性强、技术要求高，地方财政部门，中国人民银行省级分支机构、银监局和相关金融机构要严格按照《2015年采用定向承销方式发行地方政府债券操作规程》（附后），规范开展相关工作。执行中出现重大事项应当及时向财政部报告，并抄送中国人民银行、银监会。

四、国债发行、交易文件

财政部关于公布2015年关键期限国债、50年期国债、储蓄国债和第一季度国债发行计划的通知

2015年1月8日 财办库［2015］3号

储蓄国债承销团成员、记账式国债承销团成员，中国外汇交易中心、上海证券交易所、深圳证券交易所，中央国债登记结算有限责任公司、中国证券登记结算有限责任公司：

现公布2015年关键期限国债、50年期国债、储蓄国债和第一季度国债发行计划（见附件1、2、3）。执行中如有变动，届时以国债发行文件为准。

附件1：

2015年关键期限和50年期国债发行计划表

期限（年）	招标日期	新发/续发	付息方式
1	1月14日	新发	按年付息
	4月10日	新发	
	5月8日	新发	
	7月10日	新发	
	8月7日	新发	
	9月4日	新发	
	10月16日	新发	
	11月6日	新发	
3	3月25日	新发	按年付息
	4月17日	续发	
	5月13日	续发	
	6月10日	新发	
	7月29日	续发	
	8月26日	续发	
	9月23日	新发	
	10月28日	续发	
	11月25日	续发	
5	2月4日	新发	按年付息
	3月11日	续发	
	4月22日	续发	
	5月27日	新发	
	7月22日	续发	
	8月12日	续发	
	9月2日	新发	
	11月11日	续发	
	12月2日	续发	

附件2：

2015年储蓄国债发行计划表

品种	期限（年）	发行起始日	付息方式
凭证式	3	3月10日	到期一次还本付息
	5		
电子式	3	4月10日	每年付息一次
	5		
凭证式	3	5月10日	到期一次还本付息
	5		
电子式	3	6月10日	每年付息一次
	5		
电子式	3	7月10日	每年付息一次
	5		
电子式	3	8月10日	每年付息一次
	5		
凭证式	3	9月10日	到期一次还本付息
	5		
电子式	3	10月10日	每年付息一次
	5		
凭证式	3	11月10日	到期一次还本付息
	5		

附件 3：

2015 年第一季度国债发行计划表

品种	月份	招标日/发行起始日	期限（年）	新发/续发	付息方式
记账式国债	1 月	1 月 14 日	1	新发	按年付息
		1 月 21 日	7	新发	按年付息
		1 月 28 日	10	续发	按半年付息
	2 月	2 月 4 日	5	新发	按年付息
		2 月 25 日	7	续发	按年付息
	3 月	3 月 4 日	10	续发	按半年付息
		3 月 11 日	5	续发	按年付息
		3 月 18 日	7	续发	按年付息
		3 月 25 日	3	新发	按年付息
储蓄国债（凭证式）	3 月	3 月 10 日	3		到期一次还本付息
			5		

财政部关于公布2015年第二季度国债发行计划的通知

2015年3月30日 财办库［2015］55号

储蓄国债承销团成员、记账式国债承销团成员，中国外汇交易中心、上海证券交易所、深圳证券交易所，中央国债登记结算有限责任公司、中国证券登记结算有限责任公司：

现公布2015年第二季度国债发行计划（见附件）。执行中如有变动，以届时国债发行文件为准。

附件：

表1 2015年第二季度储蓄国债发行计划

月份	品种	期限（年）	发行起始日	付息方式
4月	电子式	3	4月10日	按年付息
		5		
5月	凭证式	3	5月10日	到期一次还本付息
		5		
6月	电子式	3	6月10日	按年付息
		5		

表2 2015年第二季度记账式贴现国债发行计划

月份	期限（天）	招标日期	付息方式
4月	182	4月13日	到期一次还本付息
	273	4月20日	到期一次还本付息
5月	182	5月15日	到期一次还本付息
	273	5月25日	到期一次还本付息
6月	182	6月12日	到期一次还本付息
	273	6月26日	到期一次还本付息

表3 2015年第二季度记账式附息国债发行计划

月份	期限（年）	指标日期	新发/续发	付息方式
4月	10	4月8日	新发	按半年付息
	1	4月10日	新发	按年付息
	7	4月15日	新发	按年付息
	3	4月17日	续发	按年付息
	5	4月22日	续发	按年付息
	20	4月24日	新发	按半年付息
5月	10	5月6日	续发	按半年付息
	1	5月8日	新发	按年付息
	3	5月13日	续发	按年付息
	7	5月20日	续发	按年付息
	50	5月22日	新发	按半年付息
	5	5月27日	新发	按年付息
6月	10	6月3日	续发	按半年付息
	3	6月10日	新发	按年付息
	7	6月17日	续发	按年付息
	2	6月24日	新发	按年付息

财政部关于公布2015年第三季度国债发行计划的通知

2015年6月26日　财办库［2015］232号

储蓄国债承销团成员、记账式国债承销团成员，中国外汇交易中心、上海证券交易所、深圳证券交易所，中央国债登记结算有限责任公司、中国证券登记结算有限责任公司：

现公布2015年第三季度国债发行计划（见附件）。执行中如有变动，以届时国债发行文件为准。

附件：

2015年第三季度国债发行计划表

表1　2015年第三季度储蓄国债发行计划

月份	品种	期限（年）	发起起始日	付息方式
7月	电子式	3	7月10日	按年付息
		5		
8月	电子式	3	8月10日	按年付息
		5		
9月	凭证式	3	9月10日	到期一次还本付息
		5		

表2　2015年第三季度记账式贴现国债发行计划

月份	期限（天）	招标日期	付息方式
7月	182	7月17日	到期一次还本付息
8月	182	8月21日	到期一次还本付息
9月	182	9月11日	到期一次还本付息

表3　2015年第三季度记账式附息国债发行计划

月份	期限（年）	招标日期	新发/续发	付息方式
7月	7	7月8日	新发	按年付息
	1	7月10日	新发	按年付息
	10	7月15日	新发	按半年付息
	5	7月22日	续发	按年付息
	30	7月24日	新发	按半年付息
	3	7月29日	续发	按年付息
8月	10	8月5日	续发	按半年付息
	1	8月7日	新发	按年付息
	5	8月12日	续发	按年付息
	7	8月19日	续发	按年付息
	3	8月26日	续发	按年付息
9月	5	9月2日	新发	按年付息
	10	9月9日	续发	按半年付息
	2	9月14日	续发	按年付息
	7	9月16日	续发	按年付息
	1	9月18日	新发	按年付息
	20	9月21日	新发	按半年付息
	3	9月23日	新发	按年付息

财政部关于公布2015年第四季度国债发行计划的通知

2015年10月10日 财办库［2015］311号

储蓄国债承销团成员、记账式国债承销团成员，中国外汇交易中心、上海证券交易所、深圳证券交易所，中央国债登记结算有限责任公司、中国证券登记结算有限责任公司：

现公布2015年第四季度国债发行计划（见附件）。执行中如有变动，以届时国债发行文件为准。

附件：

2015年第四季度国债发行计划表

表1 2015年第四季度储蓄国债发行计划

月份	品种	期限（年）	发行起始日	付息方式
10月	凭证式	3	10月10日	到期一次还本付息
		5		
11月	电子式	3	11月10日	按年付息
		5		

表2 2015年第四季度记账式贴现国债发行计划

月份	期限（天）	招标日期	付息方式
10月	91	10月9日	到期一次还本付息
	91	10月16日	到期一次还本付息
	182	10月23日	到期一次还本付息
	91		到期一次还本付息
	91	10月30日	到期一次还本付息
11月	91	11月6日	到期一次还本付息
	91	11月13日	到期一次还本付息
	182		到期一次还本付息
	91	11月20日	到期一次还本付息
	91	11月27日	到期一次还本付息
12月	91	12月4日	到期一次还本付息
	91	12月11日	到期一次还本付息
	182		到期一次还本付息
	91	12月18日	到期一次还本付息
	91	12月25日	到期一次还本付息

表3 2015年第四季度记账式附息国债发行计划

月份	期限（年）	招标日期	新发/续发	付息方式
10月	10	10月14日	新发	按半年付息
	1	10月16日	新发	按年付息
	30	10月19日	新发	按半年付息
	7	10月21日	新发	按年付息
	3	10月28日	续发	按年付息
11月	10	11月4日	续发	按半年付息
	1	11月6日	新发	按年付息
	5	11月11日	续发	按年付息
	7	11月18日	续发	按年付息
	50	11月20日	新发	按半年付息
	3	11月25日	续发	按年付息
12月	5	12月2日	续发	按年付息
	10	12月9日	续发	按半年付息
	7	12月16日	续发	按年付息

关于2015年记账式国债现货交易量排名的通知

财库便函［2016］5号

2015－2017年记账式国债承销团成员：

根据2015年记账式国债现货交易量情况，现公布2015年国债现货交易量排名，包括2015－2017年记账式国债承销团银行类成员排名、非银行类成员排名和柜台业务承办银行排名（见附件）。

附件：2015年记账式国债现货交易量排名表

2016年1月12日

附件：

2015年记账式国债现货交易量排名表

表1　2015－2017年记账式国债承销团成员排名

名次	机构名称
1	上海银行股份有限公司
2	汇丰银行（中国）有限公司
3	南京银行股份有限公司
4	中国银行股份有限公司
5	平安证券有限责任公司
6	杭州银行股份有限公司
7	摩根大通银行（中国）有限公司
8	洛阳银行股份有限公司
9	河北银行股份有限公司
10	徽商银行股份有限公司
11	平安银行股份有限公司
12	中国国际金融股份有限公司
13	长沙银行股份有限公司
14	宁波银行股份有限公司
15	国泰君安证券股份有限公司
16	恒丰银行股份有限公司
17	招商证券股份有限公司
18	第一创业证券股份有限公司
19	渣打银行（中国）有限公司
20	中信证券股份有限公司
21	东方证券股份有限公司
22	北京农村商业银行股份有限公司
23	中国光大银行股份有限公司
24	兴业银行股份有限公司
25	光大证券股份有限公司

续表

名次	机构名称
26	交通银行股份有限公司
27	北京银行股份有限公司
28	中信建投证券股份有限公司
29	广发证券股份有限公司
30	招商银行股份有限公司
31	中国民生银行股份有限公司
32	广发银行股份有限公司
33	中国建设银行股份有限公司
34	上海浦东发展银行股份有限公司
35	天津银行股份有限公司
36	浙商银行股份有限公司
37	中国农业银行股份有限公司
38	中国工商银行股份有限公司
39	中国邮政储蓄银行股份有限公司
40	申万宏源证券有限公司
41	中信银行股份有限公司
42	国海证券股份有限公司
43	江苏银行股份有限公司
44	宁波鄞州农村合作银行
45	上海农村商业银行股份有限公司
46	安信证券股份有限公司
47	华泰证券股份有限公司
48	华夏银行股份有限公司
49	国信证券股份有限公司

第五篇

附　　录

2015 年国家开发银行金融债券（人民币）发行情况表

序号	债券简称	债券代码	实际发行量（亿元）	发行人简称	发行日期	付息方式	票面利率（%）	债券期限	起息日	到期日
	总计		27698.75							
1	15 国开 01	150201	610.00	国开行	2015-01-06	附息式固定利率	3.8500	3 年	2015-01-08	2018-01-08
2	15 国开美元 1	1502019	13.30	国开行	2015-07-29	附息式浮动利率	1.6206	3 年	2015-08-05	2018-08-05
3	15 国开 02	150202	286.00	国开行	2015-01-29	附息式固定利率	3.6400	1 年	2015-02-05	2016-02-05
4	15 国开美元 2	1502029	6.70	国开行	2015-09-22	附息式浮动利率	1.6031	3 年	2015-09-29	2018-09-28
5	15 国开 03	150203	480.00	国开行	2015-02-03	附息式固定利率	3.7600	5 年	2015-02-05	2020-02-05
6	15 国开 04	150204	400.00	国开行	2015-02-03	附息式固定利率	3.8600	7 年	2015-02-05	2022-02-05
7	15 国开 05	150205	670.00	国开行	2015-02-03	附息式固定利率	3.8100	10 年	2015-02-05	2025-02-05
8	15 国开 06	150206	262.72	国开行	2015-03-31	附息式固定利率	3.9700	1 年	2015-04-08	2016-04-08
9	15 国开 07	150207	770.00	国开行	2015-03-31	附息式固定利率	4.1800	3 年	2015-04-03	2018-04-03
10	15 国开 08	150208	680.00	国开行	2015-04-07	附息式固定利率	4.1300	5 年	2015-04-13	2020-04-13
11	15 国开 09	150209	670.00	国开行	2015-04-07	附息式固定利率	4.2500	7 年	2015-04-13	2022-04-13
12	15 国开 10	150210	1610.00	国开行	2015-04-07	附息式固定利率	4.2100	10 年	2015-04-13	2025-04-13
13	15 国开 11	150211	389.76	国开行	2015-05-05	附息式固定利率	3.1900	1 年	2015-05-12	2016-05-12
14	15 国开 12	150212	370.00	国开行	2015-06-16	附息式固定利率	3.5400	3 年	2015-06-18	2018-06-18
15	15 国开 13	150213	530.00	国开行	2015-06-23	附息式固定利率	3.8600	5 年	2015-06-25	2020-06-25
16	15 国开 14	150214	40.00	国开行	2015-07-03	附息式浮动利率	3.3000	3 年	2015-07-08	2018-07-08
17	15 国开 15	150215	256.10	国开行	2015-06-30	附息式固定利率	2.6400	1 年	2015-07-07	2016-07-07
18	15 国开 16	150216	510.00	国开行	2015-07-07	附息式固定利率	3.9400	7 年	2015-07-10	2022-07-10
19	15 国开 17	150217	246.50	国开行	2015-08-18	附息式固定利率	3.2600	3 年	2015-08-27	2018-08-27
20	15 国开 18	150218	1869.00	国开行	2015-09-08	附息式固定利率	3.7400	10 年	2015-09-10	2025-09-10
21	15 国开 19	150219	100.00	国开行	2015-09-22	附息式固定利率	2.5000	1 年	2015-09-24	2016-09-24
22	15 国开 20	150220	590.00	国开行	2015-09-22	附息式固定利率	3.4600	5 年	2015-09-24	2020-09-24
23	15 国开 201	1502201	60.00	国开行	2015-03-30	附息式固定利率	4.9000	50 年	2015-04-02	2065-04-02
24	15 国开 21	150221	520.00	国开行	2015-10-20	附息式固定利率	3.5900	7 年	2015-10-22	2022-10-22
25	15 国开 22	150222	175.10	国开行	2015-10-27	附息式固定利率	2.4900	1 年	2015-11-04	2016-11-04
26	15 国开 23	150223	570.27	国开行	2015-10-27	附息式固定利率	2.9800	3 年	2015-11-04	2018-11-04
27	15 国开 24	150224	30.00	国开行	2015-11-17	附息式浮动利率	3.0800	2 年	2015-11-19	2017-11-19

数据来源：中国债券信息网

2015年中国进出口银行金融债券发行情况表

序号	债券简称	债券代码	实际发行量（亿元）	发行人简称	发行日期	付息方式	票面利率（%）	债券期限	起息日	到期日
1	15进出01	150301	230.00	进出口行	2015-01-22	附息式固定利率	3.7200	1年	2015-01-26	2016-01-26
2	15进出美元01	1503019	13.60	进出口行	2015-11-20	附息式浮动利率	1.6351	3年	2015-11-30	2018-11-30
3	15进出02	150302	270.00	进出口行	2015-01-22	附息式固定利率	3.7500	2年	2015-01-26	2017-01-26
4	15进出03	150303	370.00	进出口行	2015-01-22	附息式固定利率	3.8500	5年	2015-01-26	2020-01-26
5	15进出04	150304	350.00	进出口行	2015-01-22	附息式固定利率	3.9500	7年	2015-01-26	2022-01-26
6	15进出05	150305	430.00	进出口行	2015-02-05	附息式固定利率	3.9900	10年	2015-02-09	2025-02-09
7	15进出06	150306	350.00	进出口行	2015-03-19	附息式固定利率	4.1000	5年	2015-03-24	2020-03-24
8	15进出07	150307	140.00	进出口行	2015-03-26	附息式固定利率	3.7500	1年	2015-04-01	2016-04-01
9	15进出08	150308	600.00	进出口行	2015-04-02	附息式固定利率	4.2900	10年	2015-04-07	2025-04-07
10	15进出09	150309	280.00	进出口行	2015-04-15	附息式固定利率	4.0200	3年	2015-04-20	2018-04-20
11	15进出10	150310	240.00	进出口行	2015-05-13	附息式固定利率	3.9700	7年	2015-05-14	2022-05-14
12	15进出11	150311	360.00	进出口行	2015-05-28	附息式固定利率	2.6300	1年	2015-05-29	2016-05-29
13	15进出12	150312	320.00	进出口行	2015-06-05	附息式固定利率	3.5300	3年	2015-06-08	2018-06-08
14	15进出13	150313	390.00	进出口行	2015-06-05	附息式固定利率	3.8100	5年	2015-06-08	2020-06-08
15	15进出14	150314	910.00	进出口行	2015-09-10	附息式固定利率	3.8700	10年	2015-09-14	2025-09-14
16	15进出15	150315	100.00	进出口行	2015-11-12	附息式浮动利率	3.2300	3年	2015-11-16	2018-11-16
17	15进出16	150316	580.00	进出口行	2015-11-12	附息式固定利率	3.4800	5年	2015-11-16	2020-11-16
18	15进出17	150317	300.00	进出口行	2015-11-26	附息式固定利率	3.1800	3年	2015-11-30	2018-11-30
19	15进出18	150318	50.00	进出口行	2015-12-03	附息式固定利率	2.7000	1年	2015-12-09	2016-12-09
20	15进出19	150319	50.00	进出口行	2015-12-29	附息式固定利率	3.8800	20年	2016-01-12	2036-01-12

数据来源：中国债券信息网

2015 年中国农业发展银行金融债券发行情况表

序号	债券简称	债券代码	实际发行量（亿元）	发行人简称	发行日期	付息方式	票面利率（%）	债券期限	起息日	到期日
1	15 农发 02	150402	378.50	农发行	2015-01-12	附息式固定利率	4.0200	5 年	2015-01-14	2020-01-14
2	15 农发 03	150403	310.00	农发行	2015-02-09	附息式固定利率	3.6800	1 年	2015-02-27	2016-02-27
3	15 农发 04	150404	340.00	农发行	2015-02-09	附息式固定利率	3.9300	7 年	2015-02-27	2022-02-27
4	15 农发 05	150405	880.00	农发行	2015-02-09	附息式固定利率	3.9700	10 年	2015-02-27	2025-02-27
5	15 农发 06	150406	320.00	农发行	2015-03-05	附息式固定利率	3.8300	3 年	2015-03-10	2018-03-10
6	15 农发 07	150407	320.00	农发行	2015-03-09	附息式固定利率	4.0200	5 年	2015-03-12	2020-03-12
7	15 农发 08	150408	340.00	农发行	2015-03-23	附息式固定利率	3.9500	2 年	2015-03-26	2017-03-26
8	15 农发 09	150409	360.00	农发行	2015-04-16	附息式固定利率	3.9900	3 年	2015-04-22	2018-04-22
9	15 农发 10	150410	310.00	农发行	2015-04-20	附息式固定利率	3.9400	5 年	2015-04-23	2020-04-23
10	15 农发 11	150411	310.00	农发行	2015-04-27	附息式固定利率	3.2900	1 年	2015-04-29	2016-04-29
11	15 农发 12	150412	860.00	农发行	2015-04-29	附息式固定利率	4.1800	7 年	2015-05-04	2022-05-04
12	15 农发 13	150413	420.00	农发行	2015-05-20	附息式固定利率	2.6900	1 年	2015-05-22	2016-05-22
13	15 农发 14	150414	420.00	农发行	2015-05-20	附息式固定利率	3.4400	3 年	2015-05-22	2018-05-22
14	15 农发 15	150415	360.00	农发行	2015-05-20	附息式固定利率	3.7300	5 年	2015-05-22	2020-05-22
15	15 农发 16	150416	430.00	农发行	2015-07-15	附息式固定利率	2.8100	1 年	2015-07-17	2016-07-17
16	15 农发 17	150417	310.00	农发行	2015-07-15	附息式固定利率	3.5300	2 年	2015-07-17	2017-07-17
17	15 农发 18	150418	544.10	农发行	2015-07-15	附息式固定利率	3.5900	3 年	2015-07-17	2018-07-17
18	15 农发 19	150419	450.00	农发行	2015-08-19	附息式固定利率	2.7000	1 年	2015-08-21	2016-08-21
19	15 农发 20	150420	590.00	农发行	2015-08-26	附息式固定利率	3.5800	5 年	2015-08-28	2020-08-28

数据来源：中国债券信息网

2015 年商业银行金融债券发行情况表

序号	债券简称	债券代码	实际发行量（亿元）	发行人简称	发行日期	付息方式	票面利率（%）	债券期限	起息日	到期日
	总计		2009.00							
1	15 南京银行 01	1520001	20.00	南京银行	2015-02-03	附息式固定利率	4.7000	3 年	2015-02-05	2018-02-05
2	15 长江商行 01	1520003	5.00	江苏长江商业银行	2015-02-13	附息式固定利率	5.9000	3 年	2015-02-16	2018-02-16
3	15 民泰小微债 01	1520005	15.00	浙江民泰商业银行	2015-03-18	附息式固定利率	5.5000	3 年	2015-03-20	2018-03-20
4	15 富滇银行 01	1520006	20.00	富滇银行	2015-03-20	附息式固定利率	5.3000	3 年	2015-03-23	2018-03-23
5	15 南京银行 02	1520007	20.00	南京银行	2015-03-27	附息式固定利率	4.8500	3 年	2015-03-31	2018-03-31
6	15 长沙银行 01	1520008	5.00	长沙银行	2015-03-30	附息式固定利率	5.2500	5 年	2015-04-01	2020-04-01
7	15 温州银行小微 01	1520011	20.00	温州银行股份有限公司	2015-04-29	附息式固定利率	5.1800	3 年	2015-04-30	2018-04-30
8	15 潍坊银行 01	1520012	15.00	潍坊银行	2015-04-30	附息式固定利率	5.1900	3 年	2015-04-30	2018-04-30
9	15 日照银行 01	1520013	10.00	日照银行	2015-05-06	附息式固定利率	5.2000	3 年	2015-05-08	2018-05-08
10	15 天津银行 01	1520015	25.00	天津银行	2015-05-11	附息式固定利率	4.6400	3 年	2015-05-13	2018-05-13
11	15 石嘴山银行 01	1520016	10.00	石嘴山银行	2015-05-12	附息式固定利率	5.2000	3 年	2015-05-14	2018-05-14
12	15 温州银行小微 02	1520018	10.00	温州银行股份有限公司	2015-05-15	附息式固定利率	4.5900	3 年	2015-05-19	2018-05-19
13	15 天津银行 02	1520021	25.00	天津银行	2015-05-22	附息式固定利率	4.2700	3 年	2015-05-26	2018-05-26
14	15 哈尔滨银行 01	1520022	40.00	哈尔滨银行	2015-05-26	附息式固定利率	4.2000	3 年	2015-05-28	2018-05-28
15	15 长安银行债	1520024	20.00	长安银行	2015-06-09	附息式固定利率	4.5200	3 年	2015-06-11	2018-06-11
16	15 民泰小微债 02	1520026	15.00	浙江民泰商业银行	2015-06-16	附息式固定利率	4.9000	3 年	2015-06-18	2018-06-18
17	15 莱商银行债 01	1520028	5.00	莱商银行	2015-07-23	附息式固定利率	4.8000	3 年	2015-07-27	2018-07-27
18	15 莱商银行债 02	1520029	5.00	莱商银行	2015-07-23	附息式固定利率	5.0000	5 年	2015-07-27	2020-07-27
19	15 宁波银行债 01	1520031	5.00	宁波银行股份有限公司	2015-07-02	附息式固定利率	4.1200	3 年	2015-07-03	2018-07-03
20	15 义乌农商三农债 01	1520034	12.00	义乌农商银行	2015-07-16	附息式固定利率	4.8700	3 年	2015-07-20	2018-07-20
21	15 徽商银行 01	1520036	35.00	徽商银行	2015-07-28	附息式固定利率	4.1500	3 年	2015-07-30	2018-07-30
22	15 徽商银行 02	1520037	5.00	徽商银行	2015-07-28	附息式固定利率	4.3500	5 年	2015-07-30	2020-07-30
23	15 渤海银行 01	1520038	80.00	渤海银行	2015-07-28	附息式固定利率	4.1000	3 年	2015-07-29	2018-07-29
24	15 渤海银行 02	1520039	20.00	渤海银行	2015-07-28	附息式固定利率	4.2500	5 年	2015-07-29	2020-07-29
25	15 南京银行 03	1520041	40.00	南京银行	2015-08-07	附息式固定利率	4.2000	5 年	2015-08-10	2020-08-10
26	15 石嘴山银行 02	1520043	5.00	石嘴山银行	2015-08-20	附息式固定利率	4.6500	3 年	2015-08-24	2018-08-24

续表

序号	债券简称	债券代码	实际发行量（亿元）	发行人简称	发行日期	付息方式	票面利率（%）	债券期限	起息日	到期日
27	15 石嘴山银行 03	1520044	5.00	石嘴山银行	2015－08－20	附息式固定利率	5.0000	5 年	2015－08－24	2020－08－24
28	15 日照银行 02	1520045	10.00	日照银行	2015－08－25	附息式固定利率	4.6000	3 年	2015－08－27	2018－08－27
29	15 攀枝花商行债	1520046	20.00	攀枝花商行	2015－08－12	附息式固定利率	4.9000	3 年	2015－08－13	2018－08－13
30	15 包商银行小微 01	1520048	50.00	包商银行	2015－08－19	附息式固定利率	4.4000	3 年	2015－08－19	2018－08－19
31	15 长沙银行 02	1520050	15.00	长沙银行	2015－08－21	附息式固定利率	4.2500	5 年	2015－08－25	2020－08－25
32	15 长江商行 02	1520051	5.00	江苏长江商业银行	2015－09－16	附息式固定利率	5.2000	3 年	2015－09－18	2018－09－18
33	15 宁波银行债 02	1520053	95.00	宁波银行股份有限公司	2015－09－08	附息式固定利率	3.9800	3 年	2015－09－09	2018－09－09
34	15 徽商银行 03	1520056	35.00	徽商银行	2015－09－22	附息式固定利率	3.9000	3 年	2015－09－24	2018－09－24
35	15 徽商银行 04	1520057	5.00	徽商银行	2015－09－22	附息式固定利率	4.1000	5 年	2015－09－24	2020－09－24
36	15 富滇银行 02	1520058	15.00	富滇银行	2015－09－25	附息式固定利率	4.1000	3 年	2015－09－28	2018－09－28
37	15 富滇银行 03	1520059	15.00	富滇银行	2015－09－25	附息式固定利率	4.4000	5 年	2015－09－28	2020－09－28
38	15 台州银行 01	1520060	15.00	台州银行	2015－10－16	附息式固定利率	4.0000	3 年	2015－10－20	2018－10－20
39	15 北京银行 01	1520064	100.00	北京银行股份有限公司	2015－10－21	附息式固定利率	3.7000	3 年	2015－10－23	2018－10－23
40	15 北京银行 02	1520065	200.00	北京银行股份有限公司	2015－10－21	附息式固定利率	4.0000	5 年	2015－10－23	2020－10－23
41	15 潍坊银行 02	1520068	15.00	潍坊银行	2015－11－11	附息式固定利率	4.2400	3 年	2015－11－13	2018－11－13
42	15 泰隆商行 01	1520071	30.00	浙江泰隆商业银行	2015－11－26	附息式固定利率	4.1500	3 年	2015－11－27	2018－11－27
43	15 海口农商债	1521001	7.00	海口农商行	2015－03－10	附息式固定利率	5.5000	3 年	2015－03－11	2018－03－11
44	15 药都农商小微 01	1521004	10.00	亳州药都农商行	2015－04－30	附息式固定利率	5.7000	5 年	2015－05－05	2020－05－05
45	15 南昌农商债 01	1521006	10.00	南昌农商银行	2015－05－15	附息式固定利率	5.1000	3 年	2015－05－18	2018－05－18
46	15 滨海农商债 01	1521009	15.00	天津滨海农商行	2015－05－28	附息式固定利率	4.6300	3 年	2015－05－29	2018－05－29
47	15 瓯海农商三农债 01	1521012	10.00	瓯海农商银行	2015－06－09	附息式固定利率	4.9000	3 年	2015－06－11	2018－06－11
48	15 瑞丰农商小微债 01	1521013	10.00	瑞丰银行	2015－06－19	附息式固定利率	4.6000	3 年	2015－06－24	2018－06－24
49	15 杭联农商债	1521014	20.00	杭州联合银行	2015－07－08	附息式固定利率	4.5000	3 年	2015－07－10	2018－07－10
50	15 药都农商小微 02	1521017	10.00	亳州药都农商行	2015－09－15	附息式固定利率	4.9000	5 年	2015－09－17	2020－09－17
51	15 兴业银行 01	1528001	300.00	兴业银行	2015－01－16	附息式固定利率	4.9500	3 年	2015－01－19	2018－01－19
52	15 中信银行 01	1528003	70.00	中信银行股份公司	2015－05－21	附息式固定利率	3.9800	5 年	2015－05－25	2020－05－25
53	15 中信银行 02	1528008	80.00	中信银行股份公司	2015－11－13	附息式固定利率	3.6100	5 年	2015－11－17	2020－11－17
54	15 交通银行债	1528010	300.00	交通银行	2015－12－17	附息式固定利率	3.4500	5 年	2015－12－22	2020－12－22
55	15 浙商银行债	1528012	50.00	浙商银行股份公司	2015－12－24	附息式固定利率	3.8800	5 年	2015－12－25	2020－12－25

数据来源：中国债券信息网